TUTORIUM JURA

Weitere Bände in dieser Reihe
http://www.springer.com/series/5548

Otto Lagodny

Gesetzestexte suchen, verstehen und in der Klausur anwenden

Eine praxisorientierte Anleitung für rechtswissenschaftliches Arbeiten im Strafrecht, Öffentlichen Recht, Zivilrecht

2. Auflage

 Springer

Professor Dr. Otto Lagodny
Universität Salzburg
Fachbereich Öffentliches Recht
Kapitelgasse 5-7
5020 Salzburg
Österreich
otto.lagodny@sbg.ac.at

ISSN 1613-8724
ISBN 978-3-642-31243-4   ISBN 978-3-642-31244-1 (eBook)
DOI 10.1007/978-3-642-31244-1

Springer Heidelberg Dordrecht London New York

Die Deutsche Nationalbibliothek verzeichnet diese Publikation in der Deutschen Nationalbibliografie;
detaillierte bibliografische Daten sind im Internet über http://dnb.d-nb.de abrufbar.

Gedruckt auf säurefreiem Papier

Springer ist Teil der Fachverlagsgruppe Springer Science+Business Media (www.springer.com)

Vorwort zur und Widmung der 2. Auflage

I.

Für die Neuauflage habe ich zwei weitere Kapitel geschrieben. In einem fasse ich meine „Tipps" zusammen (Kap. F). Im anderen wende ich mich der zentralen Frage eines individuellen „Bauplanes" für wissenschaftliche (Seminar-)Arbeiten zu, die im Rahmen der universitären Schwerpunktsprüfung zu erstellen sind (Kap. E). Aus Gesetzen und Ihrer Lektüre lässt sich auch insoweit viel lernen. Ich war beispielsweise besonders überrascht über die banale Erkenntnis, dass z. B. die „Aufbauschemata" nichts anderes sind als standardisierte Baupläne für eine ganz bestimmte Art juristischer Texte, nämlich für Gutachten (und Urteile).

Die Rückmeldungen zur 1. Auflage haben mich sehr ermutigt. Dies gilt nicht nur für die Nominierung bei der JuS für „Die juristischen Ausbildungsbücher des Jahres 2008" (*Gostomzyk/Neureither/Norouzi*, JuS 2008, 1134, 1136), sondern auch für zahlreiche Zuschriften. Diese haben mir gezeigt, dass es an juristischem „Elementarunterricht" fehlt. Selbst wenn etwa neuerdings über juristische Didaktik diskutiert wird, dann auf einem Niveau, das nur fragt: Wie können wir potenzielle PrädikatsstudentInnen noch besser machen? Wenn die Universitäten und Landesjustizprüfungsämter aber wirklich und ernsthaft besorgt sind über die hohen DurchfallerInnen-Quoten und die niedrigen Durchschnittsnoten, dann müsste viel mehr wert auf solche „Banalitäten" gelegt werden, die in diesem Buch vermittelt werden sollen. Nicht selten bekam ich nämlich das nachdenklich stimmende Fazit nach Lektüre dieses Buches: „Endlich habe ich es kapiert!" Offensichtlich gelingt es bislang nicht in hinreichendem Maße zu vermitteln, dass das zentrale Lernziel lautet: „Erwerb von juristischer Begründungskompetenz" und nicht „Nachbeten irgendwelcher Autoritäten bzw. scheinbarer Theorien".

Auch bei der 2. Auflage haben wiederum viele an der Entstehung mitgewirkt. Frau Dr. *Brigitte Reschke* vom Springer-Verlag hat kreativ und dynamisch die Arbeiten begleitet. Nun endlich möchte ich aber auch meinen lieben Kollegen *Bernd Hecker*, Trier, erwähnen: Er gab mir seinerzeit den entscheidenden Tipp, mich mit meiner Idee an den Springer-Verlag und an Frau *Reschke* zu wenden. Mein Sohn *Christian Lagodny* hat die 1. Auflage sehr kritisch und konstruktiv aus der Sicht eines Adressaten durchgeschaut. Mein Team in Salzburg, namentlich Frau Dr. *Nina*

Marlene Schallmoser, Herr Ass. Prof. Dr. *Christian Rosbaud,* LL.M. (NYU*)* und Frau *Ulrike Grill*, hat mich wiederum fantastisch unterstützt.

Ihnen allen sei an dieser Stelle sehr herzlich gedankt!

II.

Diese Auflage widme ich meinem verstorbenen Freund und Kollegen

Günter Heine († 25. 6. 2011).

Er war zuletzt Ordinarius in Bern und mein Wegbegleiter auf gemeinsamen Stationen in Tübingen, Freiburg und Dresden[1]. Unzählbare und unersetzbare Gespräche über tausend Themen aus Recht, Un-Recht und Nicht-Recht waren das Fundament unserer Begegnung. Er war auch besonders angetan von diesem Buch und seiner Konzeption. Unser Plan war deshalb schnell gefasst: Wir wollten in diesem Jahr gemeinsam ein vergleichbares „Leselernbuch" für die Schweiz schreiben. Sein didaktisches Anliegen spürte ich nämlich schon als Student in Tübingen am Lehrstuhl *Eser*. Wie ein *basso continuo* kam schon dort immer seine Frage bei allen Themen: „*Wo ist das Problem?*" Das ist ein Kernsatz für jede juristische Tätigkeit und insbesondere für das Klausurenschreiben (siehe unten D II 2). Er sollte auch Sie, liebe Leserin und lieber Leser, bei Ihren weiteren juristischen Arbeiten begleiten.

im Dezember 2012   O. Lagodny
Freiburg/Salzburg

---

[1] Vgl. zu weiteren Wegen und Marksteinen seiner wissenschaftlichen Karriere unseren Nachruf *Gropp*, JZ 2011, 998, derjenige unseres akademischen Lehrers: *Eser,* GA 2012, 121, sowie seiner Kollegen in Bern: *Kunz/Vest*, SchwZStrR 129 (2011), 129.

Inhalt

A. Einführung 1
  I. Such- und Auslegungslesen.................................. 1
  II. Gang der Darstellung...................................... 11
B. SUCHLESEN: Wie finde ich eine bestimmte Norm? 13
  I. Überblick durch Strukturdenken 13
  II. Suche nach einem Gesetz 15
    1. Übersicht 15
    2. Die Suche nach einem Gesetz anhand der Struktur
       des „Schönfelder" 16
    3. Generelle Suchfragen 23
       a) Wo finden wir Gesetze zum „Strafrecht"? 23
       b) Wo finden wir Gesetze zum „Öffentlichen Recht"
          und zum „Zivilrecht"? 25
       c) Suchregeln... 26
          aa) „Eins vor und eins zurück" 26
          bb) Gliederungsebenen auf möglichst hoher Stufe ausscheiden . . 26
          cc) „Suchraum erweitern"............................. 27
    4. Die Suche nach einer bestimmten Norm innerhalb
       eines Gesetzes am Beispiel des StGB..................... 27
       a) Die Struktur des StGB im Überblick 28
          aa) Nach dem Gesetzestext........................... 28
          bb) OB oder WIE der Bestrafung...................... 29
       b) Untergliederung in einen „Allgemeinen" und einen
          „Besonderen Teil".................................... 29
       c) Übersicht über die Abschnitte des Besonderen Teils 32
       d) Der wesentliche Inhalt der einzelnen Abschnitte 34
       e) Lösung zu den Suchbeispielen 35
    5. Grundgesetz... 35
    6. BGB.. 37
    7. Verwaltungsrechtliche Gesetze 38
       a) Versammlungsgesetz (VersammlG) 38
       b) Betäubungsmittelgesetz (BtMG) 39
  III. Zusammenfassung 40

C. AUSLEGUNGSLESEN: Lesen und Verstehen
   der gefundenen Norm 41
   I. Nötig: Begründen statt Auswendiglernen 41
   II. Begründungsmöglichkeiten................................... 43
      1. Nicht durch auswendiggelernte BGH-Rechtsprechung 43
      2. Übersetzung von Alltagsurteilen in juristische Dogmatik
         als erster Schritt.. 46
   III. Begründen mit den juristischen Auslegungsmethoden 48
      1. Die anerkannten Auslegungsmethoden....................... 48
      2. Vorfrage: Gibt es eine Legaldefinition?................... 52
   IV. Voraussetzungen: Lesen, Strukturieren und Portionieren
         des Normwortlauts 55
      1. Einfach zu überschauender Wortlaut: Genaues Lesen 57
         a) § 40 StGB (Tagessatzsystem)........................... 57
         b) § 222 StGB (Fahrlässige Tötung)....................... 59
         c) § 32 StGB (Notwehr) 59
         d) §§ 34 und 35 StGB (Unterschiede bei Notstand) 61
         e) Überschriften des Gesetzgebers 62
      2. Schwierig zu überschauender Wortlaut: Strukturieren und
         Portionieren (Ziel: Wortlaut- und systematische Auslegung)...... 62
         a) Grundstrukturen und zentrale Normen erkennen 63
            aa) Portionieren selbst kleiner Sätze (§ 1 und § 153 StGB) 63
            bb) Satzstruktur erkennen (§ 240/§ 24 StGB)............ 64
            cc) Satzstruktur vergleichen (§ 30/§ 22/§ 20 StGB).......... 66
            dd) Wortlaut ernst nehmen (§ 267 StGB) 67
            ee) Wortlaut allein reicht nicht – Lernarbeit
                nötig (§ 263 StGB) 68
            ff) Beispiel aus dem BGB: §§ 823 ff. BGB 70
            gg) Zusammengefasst: Erleichterung durch
                grafische Strukturierung 71
         b) Vereinfachung durch Streichung von Beispielen 72
            aa) § 133 StGB als Ausgangsbeispiel.................... 72
            bb) Weitere Beispiele 74
            cc) Abhilfe: Auflistung mit Zwischenüberschriften:
                §§ 308 und 309 BGB 78
         c) Hilfe durch Erkennen der Bedeutung von „oder" bzw. „und" ... 80
            aa) Die zwei Bedeutungen des Wortes „oder" 80
            bb) Aufzählungen mit „oder" bzw. „und" (§ 68b/§ 66
                StGB/§ 204 BGB)................................ 84
            cc) „Oder-und" Kombination 87
         d) Unterschiede und Gemeinsamkeiten von Normen erkennen 89
         e) Umgang mit „Monstersätzen"........................... 93
         f) Speziell im Strafrecht: Tathandlung erkennen............. 98
         g) Speziell im Strafrecht: „Erweiterter Vorsatz"............. 104
         h) Zusammenfassung: Gesamtstrukturen bei Delikten erkennen ... 107

3. „Textbausteine" des Gesetzgebers erkennen 110
   a) „in der Regel" (§ 243 StGB) 110
   b) „Gewalt" (z. B. § 240 StGB) 111
   c) „kann"/„ist zu"/„hat"/„wird" etc 113
   d) „zur Folge" (§ 18 StGB) 115
   e) „es sei denn" etc. (Beweislast-Formulierungen) 116
   f) „Einvernehmen"/„Benehmen" im Verwaltungsrecht 117
4. Das Zusammenspiel von Allgemeinem und Besonderem Teil 118
   a) Zivilrecht 119
   b) Strafrecht 121
      aa) OB und WIE der Strafbarkeit 121
      bb) Übertragung der Straftat-Fragen auf jedes einzelne Delikt . . . 122
5. Gesetzeslektüre vor Lehrbuchlektüre 123
   a) § 13 StGB zum Unterlassungsdelikt 124
   b) § 16 Abs. 1 StGB zum Vorsatz 126
   c) § 20/§ 19/§ 17 StGB zum Schuldbegriff 127
V. Die vier Fragen beim verstehenden Lesen einer gefundenen Norm . . . 128
1. Welches tatsächliche Geschehen betrifft die Norm im
   „Normalfall"? (Wortlaut und Systematik – Frage 1)? 129
   a) Bildung von Normalfällen 129
      aa) Beispiel 1: „Sache" im Sinne von § 303 StGB 129
      bb) Beispiel 2: „Wohnung" im Sinne von Art. 13 Abs. 1 GG . . . 130
      cc) Beispiel 3: § 316 StGB: „führen" eines Kraftfahrzeugs 130
   b) Schwierigere Beispiele aus dem Strafrecht 130
   c) Beispiele aus dem Öffentlichen Recht 136
   d) Beispiele aus dem Zivilrecht 137
2. Was ist die Rechtsfolge der Norm? (Frage 2) 137
   a) Beispiele für Rechtsfolgen generell 139
   b) Spezifische Beispiele aus dem StGB 142
      aa) Tatbestandsausschluss 142
      bb) Strafaufhebung an der Grenze zur Strafzumessung 143
      cc) Strafverfolgungsvoraussetzungen 144
   c) Spezifische Beispiele aus dem Öffentlichen Recht 145
   d) Spezifische Beispiele aus dem Zivilrecht (insbesondere:
      Anspruchsgrundlage) 152
      aa) Anspruchsgrundlagen als solche erkennen 153
      bb) Mehrere Rechtsfolgen in einer Norm: Beispiel des § 493
          BGB (Überziehungskredit) 157
      cc) „Abnahme" in den §§ 640 ff. BGB 158
   e) Zusammenspiel von Normen aus verschiedenen Rechtsgebieten 159
      aa) Verwaltungsvorschrift (Verbotsnorm) und Sanktionsnorm . . 159
      bb) § 44/§ 69 StGB zum Verhältnis
          Strafrecht/Verwaltungsrecht 160
      cc) Verwaltungsakzessorietät an der Schnittstelle zwischen
          Öffentlichem Recht und Strafrecht 162

3. Was wäre, wenn es diese Norm nicht geben würde?
    (Teleologische Auslegung – Frage 3) 162
    a) Notwehr § 32 StGB. 164
    b) Schuldprinzip ohne Unterbringung? 165
    c) Weitere Beispiele aus dem Strafrecht 167
    d) Beispiele aus dem Öffentlichen Recht 170
    e) Beispiele aus dem Zivilrecht. 171
4. Wozu sagt die Norm NICHTS? (Frage 4) 173
    a) Beispiele 174
    b) Hintergrund: Das Denken in doppelter Verneinung 177
5. Schlussfolgerungen für das Lernen 178
6. Zusammenfassung. 178

D. **WIEDERERKENNUNGSLESEN: Das schnelle
Wieder-Erkennen in der Klausursituation** 181
  I.   Lesen und Lernen im Hinblick auf die Klausursituation:
       Zentrale Botschaften 181
  II. In der Klausursituation 183
       1. Folgenreiche Fehlvorstellungen 184
          a) „Urteilsstil“ oder „Gutachtenstil“? 184
          b) Bedeutung von Schemata: „Rechtswidrigkeit und Schuld
             sind gegeben…“ 186
          c) Umfang gedruckter „Muster“ lösungen ist kein Vorbild. 188
       2. Zentrale Frage: „Wo ist das Problem“? 189
          a) „Das“ Problem? 189
          b) Was ist und wie erkennt man ein „Problem“ in einer Klausur? . . . 189
          c) Typische Problemkonstellationen 189
       3. Allgemeine Hinweise zur Bearbeitung von Strafrechtsfällen 191
          a) Konzept. 191
             aa) Ziel des Konzeptes: Wo sind die „Probleme“? 191
             bb) Fragestellung der Klausur beachten 191
             cc) Sachverhalt genau lesen 191
             dd) Menschliches Verhalten (Tun/Unterlassen) als
                 Anknüpfungspunkte aus dem Sachverhalt 192
             ee) Aufteilung des Sachverhalts in Handlungsabschnitte. 192
             ff) Erfassung der in Betracht kommenden Tatbestände. 192
             gg) Umgang mit dem Gesetzestext. 193
             hh) Aufbauregeln 193
             ii) Zeitaufwand. 194
          b) Reinschrift. 194
             aa) Zeitpunkt. 194
             bb) Menschliches Verhalten (Tun/Unterlassen)
                 als Anknüpfungspunkte aus dem Sachverhalt 194
             cc) Prüfung = Subsumtion 195
             dd) Behauptungs- und Begründungsstil 196

4. Fallbeispiel 197
   a) Rechtliche Ausgangslage (kein Bestandteil der Reinschrift) 197
   b) Formulierungsvorschlag 198

**E. Der umgekehrte Weg: Erstellen des „Bauplans"
für juristische Texte** 201
  I. „Bauplan" = „Disposition" = „Exposé" 201
  II. Umsetzung des Themas im Aufbau: Strukturierung 205
    1. Gliederung des StGB als Übungsfeld 205
    2. Gliederungsfunktion von WORD® 207
    3. Bezeichnung der Gliederungsebenen (A, I, 1, a etc.) 208
  III. Disposition/Expose als sich ständig verändernde
    und notwendige Arbeitshilfe („Bauplan") 208
  IV. Ausarbeitung und Endfassung: Gliederung und Disposition
    fortschreiben als ständige Aufgabe 209
  V. Formulieren 209
    1. Textverarbeitungsprogramm 209
    2. Zentrale Dauerfrage: Wie mache ich es für den Leser
     am einfachsten? 210
    3. Stil und Sprache 211
    4. Gedankengang, vor allem Absatzbildung 212
    5. Schreibhemmungen 213
    6. Fußnoten und Verzeichnisse 213

F. Meine „Tipps" im Überblick 217
  I. Umgang mit den Strukturen eines Textes (insbesondere:
    Unterstreichungen) 217
  II. Klausuren 218
  III. Juristisches Lernen (für alle Fächer) 218
  IV. Klausur: Begründungen formulieren 220
  V. Zur Strafrechtsdogmatik 221

Anhang 1: Lösungen zu den Aufgaben 223

Anhang 2: Merkblatt für den Studienbeginn 229

Anhang 3: BGH, Beschl. v. 3.6.2008 (Taschenmesser-Fall) 233

Sachverzeichnis 243

A. Einführung

I. Such- und Auslegungslesen

Ein hervorragender Doktorats-Student hat jüngst nach einem Seminar zu mir gesagt: „An der Universität sind die Lehrveranstaltungen für Anfänger mit einem
Besuch in einem Restaurant vergleichbar. Man bekommt zwar ein hervorragendes
Menü serviert, aber weder Geschirr noch Besteck." Mit anderen Worten: Es fehlten
die Grundlagen für das Verständnis der Veranstaltungen.

Die Analyse ist zutreffend. Sicherlich arbeiten sich dann viele mehr oder weniger gut durch das hindurch, was ihnen am Anfang wie ein undurchschaubares
Bollwerk vorkommt. Dabei kann man es sich sehr viel leichter machen, wenn man
sich auf grundlegende Methoden besinnt und das Gesetz zu lesen beginnt. In diesem
Sinne soll dieses Buch das Besteck oder das Geschirr für die vielen kulinarischen
Kreationen liefern, die sie hoffentlich von meinen Kolleginnen und Kollegen serviert bekommen.

Viele Studierende sind nämlich überrascht, wenn ich sie in Lehrveranstaltungen
oder besonders bei Klausurbesprechungen darauf hinweise, dass fast alles, was zu
prüfen ist, im Gesetz steht. Man muss es nur

- finden,
- verstehen und
- auslegen.

Das wird den meisten erst gegen Ende des Studiums und damit viel zu spät bewusst
(manchen leider nie). Oft sind die Studierenden aber selbst zu diesem Zeitpunkt
nicht in der Lage, das StGB und seine Normen mit Textverständnis, Struktur und im
Detail zu lesen und zwar so, dass sie das Gelernte in den Normen wieder entdecken.
Nicht selten wird sogar losgelöst vom Text gelernt. Dann ist das Erstaunen über den
Inhalt des Gesetzes groß.

Doch ich gehe davon aus, dass Sie, liebe Leserin und lieber Leser, nicht zu diesen „vielen" gehören wollen. Sie können sich nämlich viel Arbeit und Mühe sparen,
wenn Sie frühzeitig verstehen, wie man juristische Texte sinnvoll und arbeitsspa-

O. Lagodny, *Gesetzestexte suchen, verstehen und in der Klausur anwenden,* Tutorium Jura,
DOI 10.1007/978-3-642-31244-1_1, © Springer-Verlag Berlin Heidelberg 2012

rend sucht und liest. Spätestens in der Klausur haben Sie nur noch den Gesetzestext
zur Verfügung: Was Sie dort nicht „herausholen", steht Ihnen entweder nicht zur
Verfügung oder Sie müssen Ihr Gedächtnis damit belasten und auswendig lernen. Je
besser Sie also mit dem Gesetzestext umgehen können, umso effektiver schreiben
Sie z. B. eine Klausur.

Die Klausursituation ist im Grunde genommen diejenige, in der sich Studierende
in den Jahren 1946 ff. nach Ende und in den Trümmern des 2.Weltkriegs befanden.
Wie mir Herr Kollege *Medicus*[1] in einem Gespräch über die Studiensituation zu
dieser Zeit bewusst gemacht hat, waren er und seine Kommilitonen froh, wenn sie
zum Lernen überhaupt einen aktuellen Gesetzestext hatten, weil es neue Lehrbücher
einfach noch nicht gab. Dass der geschätzte Kollege *Medicus* und seine Kommilitonen deshalb inhaltlich unzureichend studiert haben, kann man nicht annehmen.
Mangelnde Ausbildungsliteratur musste diese Generation – so denke ich – durch
vermehrte Neugier und vermehrtes kritisches Denken ausgleichen[2]. Genau daran
fehlt es heute oft, weil sich ein Denken in ECTS-Credits breitgemacht hat nach
dem Motto: Wie viele Seiten muss ich lesen, um wie viele Credits zu bekommen?
ECTS[3]-Credits heisst nämlich: innerhalb der EU vergleichbare Bewertungspunkte
für erbrachte Studienleistungen[4]. ECTS sind vor allem die neue „Währung" im studentischen Denken, mit der scheinbar karrierefeindliche studentische Neugier extern
konditioniert wird. Macht man sich dies bewusst, dann sieht man, welche Potenzial
im Gesetzestext steckt. In gewisser Weise muss ich deshalb auch sagen: „Back to the
roots" – zurück zu den didaktisch sinnvollen Ursprüngen. Natürlich kann ich diese
in philosophischen Konzepten sehen. Dann muss ich Ihnen aber vermitteln: Wie
verhalten sich diese Konzepte zum geltenden Recht? Dazu muss ich zwei Schritte
auf einmal machen. Beginne ich jedoch mit dem geltenden Recht, dann stoße ich
ebenfalls zu den hinter dem geltenden Recht steckenden philosophischen Konzepten
vor. So werden wir sehen, dass eine zentrale Frage zum Verständnis des geltenden
Rechts in der Frage besteht: „Was wäre ohne die Norm, die wir gerade lesen?"[5] Diese Frage kann uns sehr weit in Legitimationsfragen führen. Mit diesen möchte ich
mich hier aber gar nicht beschäftigen. Dazu gibt es schon sehr viele Darstellungen.

---

[1] Zur Bedeutung seiner Bücher s. u. C V 2 d (S. 157). – Dies ist die erste von über 200 Fußnoten
in diesem Buch. Diese sollen nicht den Lesefluss stören. Sie können sie also getrost überlesen.
Wenn Sie allerdings einen Begriff nicht kennen oder wenn Sie weiterführende Hinweise in anderen Büchern oder andere Stellen hier im Buch selbst („Verweisungen") suchen oder wenn mir
eine Seitenbemerkung wichtig erscheint, dann finden Sie diese hier in den Fußnoten. Besonders
wichtig im Sinne des Urheberrechts sind die Fußnoten jedoch, wenn ich darauf hinweise, dass ich
diesen Gedanken von jemand anderem habe. Auch diese muss man jedoch nicht lesen, um den
Sinn des Textes zu verstehen.

[2] Sehr lesenswert dazu auch: *Greiffenhagen*, Jahrgang 1928. Aus einem unruhigen Leben. München 1988.

[3] Zu Abkürzungen vgl. *Butz/Kirchner*, Abkürzungsverzeichnis der Rechtssprache, 5. Aufl., Berlin
2005, sowie als ersten recht brauchbaren Zugang etwa: „Abkürzungen/Gesetze und Recht" auf
Wikipedia.

[4] ECTS = „European Credit and Transfer System". Vgl. dazu für die erste Information die Erläuterung in Wikipedia mit den dort nachgewiesenen Originalquellen der EU.

[5] Siehe unten C V 3 (S. 168 ff.).

Dieses Buch soll Ihnen vielmehr eine Hilfestellung geben, wie Sie einen systematischen Weg beschreiten können, um Gesetzestexte rationeller und vor allem zielsicher finden, lesen und auslegen können. Dies bedeutet:

Suchlesen als erster Schritt: Man findet nur etwas, wenn man eine Vor-stellung davon hat, wo es zu suchen sein könnte. Deshalb muss man sich klarmachen: Wo muss ich ein Gesetz suchen? Wenn ich es gefunden habe: Was steht generell in dem Gesetz? Was steht in einem Paragrafen? In einem bestimmten Absatz? In einem bestimmten Satz?

Damit meine ich nicht die Antwort auf komplizierte Auslegungsfragen, sondern die schlichte Information über die Rechtslage für einen „Normalfall"[6], z. B. für einen eindeutigen Mord, für einen eindeutigen Diebstahl oder auch für eine eindeutige Notwehrsituation. Es geht mit anderen Worten zunächst darum: Steht zu einer bestimmten Frage überhaupt irgendetwas im StGB, im BGB, im GG?

1. Wie hoch muss eine Geldstrafe mindestens sein? Wie hoch darf sie höchstens sein?
2. Kann ein 10 jähriger mit seinem Taschengeld rechtswirksam etwas kaufen?
3. Darf der Bundespräsident dem Aufsichtsrat eines Unternehmens angehören?

Zur Beantwortung solcher Fragen genügt es, die einschlägige Norm oder einen Teil davon zu finden: Zu Frage 1 steht die Antwort wörtlich in § 40 Abs. 2 StGB; zu Frage 2 in § 110 BGB, zu Frage 3 in Art. 55 Abs. 2 GG. Aber wie findet man diese Normen in der Fülle der Gesetze? Mit dieser Frage wollen wir uns in Teil B beschäftigen.

Der Praxisbezug ist evident: Stellen Sie sich vor, Sie sind Anwalt und müssen sich durch vier Aktenordner innerhalb einer Stunde arbeiten, weil in einer Stunde ein Termin ist, bei dem Sie die Akten brauchen, diese aber erst jetzt bekommen haben. Wenn Sie es nicht gelernt haben, rationell und deshalb systematisch zu lesen, werden Sie in größte Probleme kommen.

Auslegungslesen als zweiter Schritt: Suchlesen allein reicht freilich nicht. Wenn Ihnen der generelle Inhalt eines Gesetzes klar ist und Sie eine bestimmte Norm gefunden haben, müssen Sie die Norm lesen und genauer verstehen. Erst dann stellen sich Detailfragen und damit Probleme der Auslegung einer bestimmten Norm.

Für den Anfänger ist jedoch bereits das schlichte und genaue Lesen schon das Problem, nicht erst die Auslegung. Machen Sie einen Test, ob Sie genau lesen: Ist folgender Rechtssatz[7] richtig oder falsch?

---

[6] Hinter diesem Stichwort verbirgt sich das „Strukturdenken" im juristischen Bereich. Es wurde von *Haft*, Strukturdenken – der Schlüssel zum erfolgreichen Reden und Verhandeln, München 1985, insbesondere S. 45 ff., 56 ff. geprägt. Vgl. z. B. auch die Lehrbücher von *Haft*, Strafrecht, Allgemeiner Teil, 9. Aufl. München 2004. Meine Darstellung ist maßgeblich geprägt von dieser Denkweise.

[7] Dieser Rechtssatz ist in Deutschland an keiner Stelle ausdrücklich geregelt. Er ist dem nur in Österreich vorfindbaren ausdrücklichen Rechtssatz von § 4 öStGB nachgebildet: „Strafbar ist nur, wer schuldhaft handelt." – Die Existenz des im Text angeführten Rechtssatzes ergibt sich

(Satz 1) Strafbar ist nur, wer rechtswidrig handelt.

Ohne dass Sie bereits strafrechtliche Kenntnisse haben, können Sie sich den Bedeutungsgehalt dieses Satzes folgendermaßen vor Augen halten: Setzen Sie statt des strafrechtsdogmatischen[8] Begriffes „rechtswidrig" den Begriff „verboten", dann lautet der Satz:

Strafbar ist nur, wer verboten handelt.

Dieser Satz ist evident richtig. Wäre er falsch, dann könnte man ihn etwas ausführlicher so schreiben:

Strafbar ist (*nicht*) nur, wer verboten handelt, (*sondern auch, wer erlaubt handelt.*)

Das kann nicht sein.
Lesen Sie jetzt aber folgenden Satz:

(Satz 2) Strafbar ist, wer nur rechtswidrig handelt.

Satz 2 unterscheidet sich von Satz 1 grammatikalisch nur ganz wenig, wie sich durch Formatierung verdeutlichen lässt:

(Satz 1) Strafbar ist **nur, wer** rechtswidrig handelt.

(Satz 2) Strafbar ist, **wer nur** rechtswidrig handelt.

Satz 1 bedeutet: Keine Strafe ohne verbotenes Handeln. Satz 2 hat eine völlig andere Bedeutung: Es reicht für die Strafbarkeit, dass jemand verboten (= rechtswidrig) handelt; es bedarf keiner weiteren Voraussetzungen, insbesondere nicht der Schuld. Vereinfacht gesprochen: Sobald jemand verboten handelt, wird er bestraft. Ob er – untechnisch gesprochen – etwas „dafür" kann/„Schuld an der Sache hat"/„anders handeln konnte"/„vorwerfbar" gehandelt hat, wäre gleichgültig.
Fazit: Man muss genau lesen; es kann auf die Stellung eines Beistrichs oder die Bedeutung eines einzelnen Wortes ankommen. Das ist nur ein Beispiel, welche Bedeutung das genaue Lesen hat. Es wird die Grundlage sein für die Auslegung von Normen und ihren Problemen.
Das genaue Lesen des Gesetzestextes allein hilft aber nur dann etwas, wenn man es mit dem Inhalt von Lehrbüchern in Übereinstimmung bringen kann. Ich kann mich insoweit an meine eigene Studienzeit erinnern. Zur Examensvorbereitung hatten wir eine 4er-AG gebildet und uns einen ganzen Nachmittag über die

---

nur im Wege des Umkehrschlusses aus ausdrücklich geregelten Rechtfertigungsgründen. So lautet etwa die Rechtsfolge der Notwehr: „Nicht rechtswidrig handelt [...]". Schwierigkeiten macht Anfängern in der Regel die doppelte Verneinung; dazu unten C IV 1 c (S. 59 f.). Zum Begriff „Rechtsfolge" s. u. C V 2 (S. 141 ff.).

[8] Zum Begriff „Dogmatik" siehe C II 2 (S. 47 und 50).

Struktur des § 24 Abs. 1 Satz 1 StGB die Köpfe heiß diskutiert, wie diese Norm vom Wortlaut her zu verstehen ist und wie dies zusammenpasst mit dem, was in den Lehrbüchern steht. Vor allem wussten wir nicht, wo die verschiedenen wirklichen und teilweise nur so genannten „Theorien" im Gesetzeswortlaut zu verorten sind.

§ 24 StGB
Rücktritt
(1) Wegen Versuchs wird nicht bestraft, wer freiwillig die weitere Ausführung der Tat aufgibt oder deren Vollendung verhindert.

Aus heutiger Sicht frage ich mich, warum uns das Problem des Rücktritts nach § 24 Abs. 1 StGB vor fast 25 Jahren so große Probleme bereitet hat. Wir haben fast einen Nachmittag zu dieser banalen Erkenntnis gebraucht. Ist es mein heutiger Kenntnisstand oder meine Erfahrung, die mir dies als „banal" erscheinen lässt? Ich sehe uns vier noch am Tisch sitzen, eingedeckt mit Büchern und Kopien sowie mit vielen Fragezeichen. Ich glaube das ist die typische Situation der Examens- oder Klausurvorbereitung. Man sieht vor lauter Bäumen den Wald nicht mehr. Was uns dann letztlich weitergeholfen hat, war der pure Wortlaut von § 24 Abs. 1 StGB und seine klare Struktur[9]. Wir waren aber derart angefüllt mit Rechtsprechung und Lehrmeinungen und Theorien, dass wir die Orientierung verloren hatten und uns unsicher waren. Das lag sicher daran, dass die Lehrbücher viel zu wenig vom Gesetzestext ausgegangen sind oder deren Verständnis als geradezu selbstverständlich vorausgesetzt haben. Wir brauchten aber lange Zeit, bis wir uns auf die Wurzeln besonnen hatten und den Gesetzestext strukturiert hatten. Dann fiel es uns wie Schuppen von den Augen, und wir konnten das, was in den Lehrbüchern stand, z. B. das Stichwort „Rücktrittshorizont"[10], an der richtigen Stelle verorten, nämlich als Kriterium zu Abgrenzung zwischen § 24 Abs. 1 Satz 1 Alternative 1 StGB (unbeendeter Versuch = „aufgibt") und § 24 Abs. 1 Satz 1 Alternative 2 StGB (beendeter Versuch = „verhindert"):

§ 24 StGB
Rücktritt
(1) Wegen Versuchs wird nicht bestraft, wer freiwillig die weitere Ausführung der Tat aufgibt oder deren Vollendung verhindert. Wird die Tat ohne Zutun des Zurücktretenden nicht vollendet, so wird er straflos, wenn er sich freiwillig und ernsthaft bemüht, die Vollendung zu verhindern.
[...]

Man mag jetzt einwenden, dass das doch in jedem Lehrbuch stehe (und seinerzeit auch schon gestanden habe), aber uns fehlte schlichtweg der Überblick, um das Problem so eindeutig zu verorten. Deshalb möchte ich Sie auch aus meiner persönlichen Erfahrung heraus dazu anleiten, den Gesetzestext mehr wahrzunehmen als manches

---

[9] Dazu unten C IV 2 a bb (S. 64 f.).

[10] Vgl. dazu die Lehrbücher zu § 24 StGB. Es geht um die Frage, aus welcher Sicht man einen Versuch für schon beendet oder noch unbeendet ansieht: aus der Sicht vor dem Versuch der Tat (z. B. wenn sich der Täter zum Haus des Opfers aufmacht, das er mit einem Messer töten will) oder aus der Sicht z. B. nach Ausführung der ersten Messerstiche (Rücktrittshorizont). Kann der Täter auch dann noch durch bloßes „Aufgeben" i. S. v. § 24 Abs. 1 Alternative 1 StGB straflos werden?

Lehrbuch dies nahe legt. Liest man das eine oder andere Lehrbuch, so entsteht der Eindruck, dass vieles von dem, was sich ohne weiteres aus dem Gesetz ergibt, theoretischer Stoff ist. Und dass man diesen auswendig lernen muss. Weit gefehlt!

Sicherlich haben uns unsere Privatüberlegungen zum Rücktritt sehr viel gebracht, aber wenn ich sagen würde, dass man sich alles allein erarbeiten soll, wäre ich ein schlechter, weil überflüssiger Lehrer. Das Lesen des Gesetzestextes ist erst der Anfang. Nur diesen Anfang soll mein Buch erleichtern und den Weg für viele juristische Diskussionen auf hohem und höchstem Niveau ermöglichen.

Ich selbst konnte sehr viel dadurch lernen, dass ich im Rahmen meiner Forschungsarbeiten im transnationalen Straf- und Strafprozessrecht immer wieder gezwungen war, mir völlig unbekannte und zum Teil nahezu unlesbare Vorschriften – ggf. auch in einer Fremdsprache – zu verstehen und einzuordnen, ohne dafür auf ein Lehrbuch oder einen Kommentar zurückgreifen zu können. Wie nützlich das ist, habe ich beim „Rücktransfer" dieser Lesemethode auf den klassischen Strafrechtsstoff entdeckt. Gehen wir zum Beispiel davon aus, Sie seien Strafverteidiger[11] und Ihr Mandant sei von deutschen Polizeibeamten im Wege der so genannten „Nacheile" auf österreichischem Territorium gestellt worden. Sie überlegen sich, ob das überhaupt geht und stoßen dabei auf Art. 41 des Schengener Durchführungsübereinkommens (SDÜ). Allein Abs. 1 Satz 1 dieser Vorschrift ist – anders als Satz 2 – ein sprachliches Monster:

> Art. 41 SDÜ
> (1) Beamte einer Vertragspartei, die in ihrem Land eine Person verfolgen, die auf frischer Tat bei der Begehung von oder der Teilnahme an einer Straftat nach Absatz 4 betroffen wird, sind befugt, die Verfolgung auf dem Hoheitsgebiet einer anderen Vertragspartei ohne deren vorherige Zustimmung fortzusetzen, wenn die zuständigen Behörden der anderen Vertragspartei wegen der besonderen Dringlichkeit der Angelegenheit nicht zuvor mit einem der in Artikel 44 vorgesehenen Kommunikationsmittel unterrichtet werden konnten oder nicht rechtzeitig zur Stelle sind, um die Verfolgung zu übernehmen. Gleiches gilt, wenn die verfolgte Person sich in Untersuchungshaft oder Strafhaft befand und aus der Haft geflohen ist. […]

Schon durch ganz wenige Hervorhebungen (nachfolgend: fett formatiert) wird die Struktur klar: Zu unterstreichen sind: Subjekt und Prädikat von Satz 1 und von Satz 2.

> Art. 41 SDÜ
> (1) **Beamte einer Vertragspartei**, die in ihrem Land eine Person verfolgen, die auf frischer Tat bei der Begehung von oder der Teilnahme an einer Straftat nach Absatz 4 betroffen wird, **sind befugt, die Verfolgung** auf dem Hoheitsgebiet einer anderen Vertragspartei ohne deren vorherige Zustimmung **fortzusetzen**, wenn die zuständigen Behörden der anderen Vertragspartei wegen der besonderen Dringlichkeit der Angelegenheit nicht zuvor mit einem der in Artikel 44 vorgesehenen Kommunikationsmittel unterrichtet werden konnten oder nicht rechtzeitig zur Stelle sind, um die Verfolgung zu übernehmen. **Gleiches gilt**, wenn die verfolgte Person sich in Untersuchungshaft oder Strafhaft befand und aus der Haft geflohen ist. […].

Sie sehen also: wenn die Voraussetzungen dieser Norm eingehalten worden sind, dann durften die deutschen Beamten Ihren Mandanten auch auf österreichischem

---

[11] Wenn ich im Nachfolgenden bei vergleichbaren Bezeichnungen nur die jeweils männliche Form wähle, so soll dies nicht diskriminieren, sondern die Lesbarkeit fördern.

Territorium weiter verfolgen. Ob Art. 41 SDÜ von seinen Voraussetzungen her vorliegt, soll uns nicht weiter beschäftigen. Jedenfalls wäre es für Sie als Anwalt notwendig, diese Norm überhaupt erst zu finden und zu verstehen.

Hierfür werden wir gar nicht auf eine solche Materie wie das Schengener Durchführungsübereinkommen zurückgreifen müssen. Allein das StGB oder das BGB liefern genügend Beispiele für Vorschriften, die schwer verständlich sind. Das ist zum Beispiel auch bei § 164 Abs. 2 BGB der Fall, obwohl es sich um eine recht kurze Norm handelt. Sie lautet:

> **§ 164 BGB**
> Wirkung der Erklärung des Vertreters
> [...]
> (2) Tritt der Wille, in fremdem Namen zu handeln, nicht erkennbar hervor, so kommt der Mangel des Willens, im eigenen Namen zu handeln, nicht in Betracht.

Diese Norm ist deshalb schwer verständlich, weil sie geradezu eine Meisterleistung sprachlicher Präzision und Kürze ist, die viel an Vorverständnis voraussetzt[12]. Oft sorgt der „moderne" Gesetzgeber aber durch eine geradezu erschlagende Fülle von Text dafür, dass man eine Norm erst gar nicht lesen möchte. Oder verstehen Sie folgende Regelungen auf Anhieb? Sie bestehen grammatikalisch jeweils aus einem einzigen Satz[13]. Gehen Sie dabei so vor, dass Sie erstens den Hauptsatz suchen und darin zweitens Subjekt und Prädikat. Dann haben Sie schon intuitiv erfasst, was jeweils die Rechtsfolge ist[14].

> **§ 218a StGB**
> Straflosigkeit des Schwangerschaftsabbruchs[15]
> [...]
> (2) **[66 Wörter:]** Der mit Einwilligung der Schwangeren von einem Arzt vorgenommene Schwangerschaftsabbruch ist nicht rechtswidrig, wenn der Abbruch der Schwangerschaft unter Berücksichtigung der gegenwärtigen und zukünftigen Lebensverhältnisse der Schwangeren nach ärztlicher Erkenntnis angezeigt ist, um eine Gefahr für das Leben oder die Gefahr einer schwerwiegenden Beeinträchtigung des körperlichen oder seelischen Gesundheitszustandes der Schwangeren abzuwenden, und die Gefahr nicht auf eine andere für sie zumutbare Weise abgewendet werden kann. [...]

> **§ 70 StGB**
> Anordnung des Berufsverbots[16]
> (1) **[94 Wörter:]** Wird jemand wegen einer rechtswidrigen Tat, die er unter Mißbrauch seines Berufs oder Gewerbes oder unter grober Verletzung der mit ihnen verbundenen Pflichten begangen hat, verurteilt oder nur deshalb nicht verurteilt, weil seine Schuldunfähigkeit erwiesen oder nicht auszuschließen ist, so kann ihm das Gericht die Ausübung des Berufs, Berufszweiges, Gewerbes oder Gewerbezweiges für die Dauer von einem Jahr bis zu fünf Jahren verbieten, wenn die Gesamtwürdigung des Täters und der Tat die Gefahr erkennen

---

[12] Vgl dazu näher unten C IV 4 (S. 118 ff.).

[13] Näher zu § 218a StGB siehe unten C V b aa; zu § 70 StGB siehe unten C IV 2 e (S. 93 ff.).

[14] Zur Frage nach der Rechtsfolge einer Norm vgl. unten C V 2 (S. 137 ff.).

[15] Zu § 218a StGB siehe unten V 2 b aa (S. 142).

[16] Dazu unten C IV 2 e (S. 93 ff.).

läßt, daß er bei weiterer Ausübung des Berufs, Berufszweiges, Gewerbes oder Gewerbezweiges erhebliche rechtswidrige Taten der bezeichneten Art begehen wird. […]

Selbstverständlich werden die Probleme nicht geringer, wenn man es mit umfang-
reicheren Vorschriften zu tun hat. Oft hat hier schon der Gesetzgeber für eine gewisse Leseerleichterung gesorgt, indem er den Text strukturiert und nicht als langes
Textband formuliert hat. Nehmen Sie als Beispiel nur den § 11 StGB. Diese Norm
enthält eine Reihe von Legaldefinitionen[17]. Der Gesetzgeber hat folgende Strukturierung vorgegeben:

§ 11 StGB
Personen- und Sachbegriffe
(1) Im Sinne dieses Gesetzes ist
1. Angehöriger:
   wer zu den folgenden Personen gehört:
   a) Verwandte und Verschwägerte gerader Linie, der Ehegatte, der Lebenspartner, der
      Verlobte, auch im Sinne des Lebenspartnerschaftsgesetzes, Geschwister, Ehegatten
      oder Lebenspartner der Geschwister, Geschwister der Ehegatten oder Lebenspart-
      ner, und zwar auch dann, wenn die Ehe oder die Lebenspartnerschaft, welche die
      Beziehung begründet hat, nicht mehr besteht oder wenn die Verwandtschaft oder
      Schwägerschaft erloschen ist,
   b) Pflegeeltern und Pflegekinder;
2. Amtsträger:
   wer nach deutschem Recht
   a) Beamter oder Richter ist,
   b) in einem sonstigen öffentlich-rechtlichen Amtsverhältnis steht oder
   c) sonst dazu bestellt ist, bei einer Behörde oder bei einer sonstigen Stelle oder in deren
      Auftrag Aufgaben der öffentlichen Verwaltung unbeschadet der zur Aufgabenerfül-
      lung gewählten Organisationsform wahrzunehmen;
3. Richter:
   wer nach deutschem Recht Berufsrichter oder ehrenamtlicher Richter ist;
4. für den öffentlichen Dienst besonders Verpflichteter:
   wer, ohne Amtsträger zu sein,
   a) bei einer Behörde oder bei einer sonstigen Stelle, die Aufgaben der öffentlichen Ver-
      waltung wahrnimmt, oder
   b) bei einem Verband oder sonstigen Zusammenschluß, Betrieb oder Unternehmen, die
      für eine Behörde oder für eine sonstige Stelle Aufgaben der öffentlichen Verwaltung
      ausführen, beschäftigt oder für sie tätig und auf die gewissenhafte Erfüllung seiner
      Obliegenheiten auf Grund eines Gesetzes förmlich verpflichtet ist;
5. rechtswidrige Tat:
   nur eine solche, die den Tatbestand eines Strafgesetzes verwirklicht;
6. Unternehmen einer Tat:
   deren Versuch und deren Vollendung;
7. Behörde:
   auch ein Gericht;
8. Maßnahmen:
   jede Maßregel der Besserung und Sicherung, der Verfall, die Einziehung und die
   Unbrauchbarmachung;
9. Entgelt:
   jede in einem Vermögensvorteil bestehende Gegenleistung.

---

[17] Zu Legaldefinitionen siehe inhaltlich: C III 2 (S. 52 ff.).

(2) Vorsätzlich im Sinne dieses Gesetzes ist eine Tat auch dann, wenn sie einen gesetzlichen Tatbestand verwirklicht, der hinsichtlich der Handlung Vorsatz voraussetzt, hinsichtlich einer dadurch verursachten besonderen Folge jedoch Fahrlässigkeit ausreichen läßt.
(3) Den Schriften stehen Ton- und Bildträger, Datenspeicher, Abbildungen und andere Darstellungen in denjenigen Vorschriften gleich, die auf diesen Absatz verweisen.

Man könnte den Text aber auch gleichsam am Stück wiedergeben. Dann wäre er sehr schwierig zu lesen, obwohl der Inhalt derselbe ist:

§ 11 StGB
Personen- und Sachbegriffe
(1) Im Sinne dieses Gesetzes ist 1. Angehöriger: wer zu den folgenden Personen gehört: a) Verwandte und Verschwägerte gerader Linie, der Ehegatte, der Lebenspartner, der Verlobte, auch im Sinne des Lebenspartnerschaftsgesetzes, Geschwister, Ehegatten oder Lebenspartner der Geschwister, Geschwister der Ehegatten oder Lebenspartner, und zwar auch dann, wenn die Ehe oder die Lebenspartnerschaft, welche die Beziehung begründet hat, nicht mehr besteht oder wenn die Verwandtschaft oder Schwägerschaft erloschen ist, b) Pflegeeltern und Pflegekinder; 2. Amtsträger: wer nach deutschem Recht a) Beamter oder Richter ist, b) in einem sonstigen öffentlich-rechtlichen Amtsverhältnis steht oder c) sonst dazu bestellt ist, bei einer Behörde oder bei einer sonstigen Stelle oder in deren Auftrag Aufgaben der öffentlichen Verwaltung unbeschadet der zur Aufgabenerfüllung gewählten Organisationsform wahrzunehmen; 3. Richter: wer nach deutschem Recht Berufsrichter oder ehrenamtlicher Richter ist; 4. für den öffentlichen Dienst besonders Verpflichteter: wer, ohne Amtsträger zusein, a) bei einer Behörde oder bei einer sonstigen Stelle, die Aufgaben der öffentlichen Verwaltung wahrnimmt, oder b) bei einem Verband oder sonstigen Zusammenschluß, Betrieb oder Unternehmen, die für eine Behörde oder für eine sonstige Stelle Aufgaben der öffentlichen Verwaltung ausführen, beschäftigt oder für sie tätig und auf die gewissenhafte Erfüllung seiner Obliegenheiten auf Grund eines Gesetzes förmlich verpflichtet ist; 5. rechtswidrige Tat: nur eine solche, die den Tatbestand eines Strafgesetzes verwirklicht; 6. Unternehmen einer Tat: deren Versuch und deren Vollendung; 7. Behörde: auch ein Gericht; 8. Maßnahmen: jede Maßregel der Besserung und Sicherung, der Verfall, die Einziehung und die Unbrauchbarmachung; 9. Entgelt: jede in einem Vermögensvorteil bestehende Gegenleistung. (2) Vorsätzlich im Sinne dieses Gesetzes ist eine Tat auch dann, wenn sie einen gesetzlichen Tatbestand verwirklicht, der hinsichtlich der Handlung Vorsatz voraussetzt, hinsichtlich einer dadurch verursachten besonderen Folge jedoch Fahrlässigkeit ausreichen läßt. (3) Den Schriften stehen Ton- und Bildträger, Datenspeicher, Abbildungen und andere Darstellungen in denjenigen Vorschriften gleich, die auf diesen Absatz verweisen.

In der Klausur könnten Sie aber jetzt diese schlechte Formatierung nicht wieder rückgängig machen. Aber Sie können unterstreichen! Das ist ein Hilfsmittel, das nach allen Prüfungsordnungen zugelassen ist bzw. sein müsste. Die meisten der nachfolgenden Überlegungen kann man nämlich durch sinnvolles Unterstreichen im Gesetzestext umsetzen. Diese Thematik wird uns also ständig begleiten: Wie lässt sich das gerade Dargestellte und hier insbesondere durch Formatierung hervorgehobene auch durch Unterstreichen im Gesetzestext hervorheben.

▶ **Tipp:** Das Unterstreichen soll das sinnvolle Strukturieren durch Formatieren insoweit ersetzen. Deshalb lautet die Frage, die Sie sich immer stellen sollen: Wie unterstreiche ich sinnvoll?

Eines kann ich insoweit hier schon sagen: So wenig wie möglich unterstreichen. Auf keinen Fall sollten Sie alles unterstreichen oder mit einem Textmarker bemalen. Dann wird nämlich wiederum nichts hervorgehoben.

Unterstreichungen dürfen aber auch – wie es in Prüfungsvorschriften steht – kein System erkennen lassen. Sehr wohl dürfen sie aber das System des Gesetzes erkennbar machen. Das werden wir im Nachfolgenden intensiv üben. Im Strafrecht hilft es hier schon sehr, wenn man die Tathandlung eines Delikts erkennt. Also müssen wir diese unterstreichen.

Im Nachfolgenden werden wir insbesondere sehen, wie wir gewissermaßen das fortsetzen können, was der Gesetzgeber oder der Herausgeber einer Gesetzessammlung uns an diesem Beispiel vorexerziert hat.

Dabei werde ich mich nicht auf Beispiele aus dem Strafrecht und dort insbesondere das Strafgesetzbuch (StGB) beschränken, sondern auch auf das Öffentliche Recht mit dem Beispiel des Grundgesetzes (GG) und das Zivilrecht anhand des Bürgerlichen Gesetzbuches (BGB) zu sprechen kommen. Aus dem Verwaltungsrecht werde ich das Versammlungsgesetz (VersammlG) und das Betäubungsmittelgesetz (BtMG) verwenden. Diese beiden Gesetze sind in der dtv-Ausgabe des StGB abgedruckt und deshalb für Sie leicht zugänglich.

Je weiter ich in mit dem Manuskript zu diesem Buch vorangeschritten bin, um so mehr wurde mir bewusst: Die Lektüre-Fragen, um die es mir in diesem Buch primär geht, sind in allen drei Rechtsgebieten mehr oder weniger dieselben. Die zentralen Unterschiede beim Lesen[18] ergeben sich für mich erst bei der Frage: „Was ist die Rechtsfolge der Norm?"[19]. Hier kommt es erstens auf Vorkenntnisse an, zweitens auf die spezifischen Rechtsfolgen eines Rechtsgebietes und drittens auf dessen spezifische Gewohnheiten. Ansonsten stellen sich die Probleme in allen drei Rechtsgebieten grundsätzlich gleich: Wie man etwa einen grammatikalisch höchst komplizierten Satz in kleine Einheiten aufteilt, die man leichter verstehen kann.

Das ist in allen Rechtsgebieten gleich schwierig und nach denselben Prinzipien zu erreichen. Wenn ich deshalb nachfolgend vor allem oder zunächst auf strafrechtliche Beispiele zurückgreife, dann geschieht das, weil ich mich mit dieser Materie insgesamt doch am meisten beschäftige. Meine innere „Prüfungsfrage" als Autor muss ich dabei aber bejaht haben: Nützt dieses strafrechtliche Beispiel auch für das Verständnis in den anderen Rechtsgebieten? Wenn ich hier oder dort doch auf strafrechtliche Sachfragen zu sprechen komme, dann deshalb, weil sich dahinter ein Lektüreproblem versteckt, das verallgemeinert werden kann.

Ich greife aber auch auf Beispiele zurück, die Ihnen als Anfänger erst später begegnen. Weil es aber um das Lesen von Normen geht, habe ich mich dabei von folgendem Gedanken leiten lassen: Nach einer bekannten Trainingsregel gilt: Wenn man 100 % Leistung bringen will, muss man auf – sagen wir – 150 % trainieren. Wenn Sie also auch mit sehr schwierigen Beispielen konfrontiert werden: Überspringen Sie diese nicht, sondern nehmen Sie diese „Stiere" bei den Hörnern und

---

[18] Es geht mir nur um das Lesen der Normen als solches; nicht um die Inhalte; diese sind natürlich verschieden.

[19] Siehe eingehend dazu unten C V 2 (S. 137 ff.).

versuchen Sie, das Gesagte zu verstehen. *Lesen Sie also den gesamten Normtext!* Die sonstigen Normen werden Sie dann geradezu „mit links" aufnehmen.

II. Gang der Darstellung

Aus diesen Grundgedanken heraus ergibt sich folgender Gang der Darstellung: Wir werden uns zunächst mit dem Suchlesen befassen und nach bestimmten Normen suchen (nachfolgend B). Dann soll uns erst das Auslegungslesen beschäftigen, nämlich wie lese und verstehe ich die gefundene Norm (nachfolgend C). Abgerundet und auf Ihr primäres Interesse abzielend widmen wir uns dann dem Wiedererkennen des Gelesenen in der Klausur. Dies schließt Überlegungen zum Lernen und zum Umgang mit Lehrbüchern mit ein. Durch sinnvolles Lesen und pragmatische Lernarbeit kann man sich nämlich viel überflüssige Arbeit sparen (nachfolgend D).

B. SUCHLESEN: Wie finde ich eine bestimmte Norm?

In diesem Abschnitt wollen wir lernen, wie man eine bestimmte Norm findet. Dazu werden wir uns klarmachen, was Strukturdenken ist (unten I) und wie wir dieses zur Suche einer Norm einsetzen können (unten II).

I. Überblick durch Strukturdenken

Strukturdenken bedeutet, dass man etwas Schwieriges, etwas Umfangreiches oder Kompliziertes in kleinere Teile aufteilt und über- sowie untergeordnete Beziehungen dieser Teile zueinander erkennt oder herstellt. Es geht also immer darum, hierarchisch zu strukturieren und zu fragen: Gibt es zu einem bestimmten Punkt über- oder untergeordnete Gesichtspunkte? Dies erleichtert den Zugang in sehr großem Maße.

Beispiel 1: Navigieren im Handy-Menü Man kann sich das Denken in Strukturen am Beispiel eines Handy-Bedienungsmenüs verdeutlichen. Da Sie wahrscheinlich ein Handy haben: versuchen Sie einmal bei einem fremden Handy z. B. den Punkt „Verfassen einer Kurzmitteilung" zu finden. Nehmen Sie beispielsweise meines, das zugegebener Maßen älterer Natur ist. Anders als bei „modernen" Handys wird das Menü nicht durch Bildsymbole dargestellt, sondern noch durch Worte: Wo das „Menü" ist, lässt sich leicht finden. Dann sieht man auf dessen erster Gliederungsebene (oder der zweiten, je nachdem, wie Sie zählen wollen) die Unterteilung:

Menü
- *Mitteilungen*
- *Anruflisten*
- *Profile*
- *Einstellungen*
[...]

O. Lagodny, *Gesetzestexte suchen, verstehen und in der Klausur anwenden*, Tutorium Jura,   13
DOI 10.1007/978-3-642-31244-1_2, © Springer-Verlag Berlin Heidelberg 2012

Es ist schnell klar, dass Sie in das Untermenü „Mitteilungen", dort in das Untermenü „Kurzmitteilungen" und dort weiter in das Untermenü „Mitteilung verfassen" gehen müssen.

Grafisch sieht das so aus:

> – *Mitteilungen*
>   *→Kurzmitteilungen*
>   *→Mitteilungen verfassen*
> – *Anruflisten*
> – *Profile*
> – *Einstellungen*
> *[...]*

An diesem Beispiel sehen Sie die Vorteile des Strukturdenkens: Man kann sehr schnell eine schwierige Aufgabe lösen, wenn man sich in der vorgegebenen Struktur, im vorgegebenen Sachaufbau bewegt.

Beispiel 2: Suche des Schreibtischstandorts Man kann sich das Suchlesen auch bildlich klarmachen mit folgender Situation: Ich suche mein Büro in der Universität, das hier für die gesuchte Norm stehen soll.

Beginne ich auf der höchsten denkbaren Ebene, im Weltall, verläuft meine Suche folgendermaßen, etwa wenn man sich vorstellt, man zoome sich in „Google Earth" heran:

> –*Weltall*
>   *→Planet (hier: Erde)*
>   *→Erdteil (hier: Europa)*
>   *→Land (hier: Österreich)*
>   *→Stadt (hier: Salzburg)*
>   *→Straße (hier: Kapitelgasse)*
>   *→Gebäude (hier: 5-7)*
>   *→Stockwerk (hier: 3. Stock)*
>   *→Zimmer (hier: 3.08)*

Auf jeder Ebene muss ich mich zwischen mehreren Möglichkeiten entscheiden. Genau dasselbe findet statt, wenn man eine Norm in einem bestimmten Gesetz sucht, nur bewegen wir uns nicht über die Erde, Europa, Österreich und Salzburg auf die Kapitelgasse zu, sondern über den Teil, den Abschnitt, den Paragraf etc auf die konkrete Norm.

Es geht also bei der Suche nach einer Norm ähnlich von statten wie bei der Suche nach einem Zimmer: Bei jeder „Abzweigung" muss man sich entscheiden: diesen Weg weiter oder jenen? Entscheidet man sich etwa bei der Frage „Welche Stadt?" nicht für Salzburg, sondern für Wien, werden Sie mein Zimmer nie finden. Ähnlich ist es, wenn Sie eine Norm im falschen Gesetz suchen. Entsprechendes gilt für die Kapitelgasse und z. B. den Paragrafen eines gefundenen Gesetzes.

▶ **Tipp:** Dieses Beispiel macht zudem für das Erstellen von Klausuren besonders deutlich: Je weiter oben Sie sich falsch entscheiden, umso weiter entfernt sind Sie von der Lösung. Suchen Sie im falschen Gesetz (nehmen Sie also den falschen „Planeten"), dann driften Sie völlig ab und können die richtige Norm nicht finden. Das ist bereits die erste Lektion für das Lösen von Klausuren, auf die wir unten noch näher eingehen werden[1].

Für die Suche nach einem bestimmten Gesetz gilt also dasselbe: Man muss sich die Strukturen oder Untergliederungen klarmachen, innerhalb derer man sucht. Die Strukturen eines Gesetzes werden klar sichtbar in seiner Gliederung. Die Strukturen des Rechts beispielsweise in der Gliederung einer Gesetzessammlung.
   Damit werden wir uns nun intensiv beschäftigen.

II. Suche nach einem Gesetz

1. Übersicht

Gerade als Anfänger bereitet es große Schwierigkeiten, das „richtige" Gesetz zu finden. Diese Arbeit nehmen einem die Lehrveranstaltungen für die ersten Semester zunächst ab. Sie haben in aller Regel nur ein einziges Gesetz pro Fach als Gegenstand: Im Zivilrecht beschäftigt man sich mit dem Bürgerlichen Gesetzbuch (BGB), im Öffentlichen Recht mit dem Grundgesetz (GG) und im Strafrecht mit dem Strafgesetzbuch (StGB). Deshalb widmet sich diese Darstellung primär diesen Gesetzen.
   Dies darf aber nicht den Blick dafür verstellen, dass Sie es mit einer didaktisch sinnvollen Vorauswahl zu tun haben, die sich im Rechtsstudium schon sehr lange bewährt hat. Es ist deshalb wichtig, dass Sie sich schon von Anfang an damit vertraut machen, dass Sie es in der weiteren Ausbildung und ganz sicher in der Praxis mit einer Vielzahl von Gesetzen zu tun haben werden. Geradezu sinnlich wahrnehmbar verkörpert wird dies durch die beiden Gesetzessammlungen „Schönfelder" (im Wesentlichen: das Zivilrecht und das Strafrecht) und „Sartorius (im Wesentlichen: das Öffentliche Recht): Es handelt sich um die „großen roten Keulen", an denen man jedenfalls fortgeschrittene Studierende erkennt. Für mich selbst war es immer ein Zeichen, dass es noch nicht „so ernst" ist in meinem Studium, solange ich mich noch nicht mit diesen Ungetümen ausstatten musste. Aber die Zeit des gleichsam beschaulichen juristischen Heranwachsens mit nur wenigen Gesetzen findet schneller ein Ende als man wahrhaben will. Die erste Begegnung mit fremden und neuen Gesetzesnormen findet vielleicht schon in einem Fall aus einer Anfängerübung statt: Eine Norm aus einem fremden Gesetz wird im Aufgabentext abgedruckt, etwa noch mit dem Zusatz

---

[1] Unten D (S. 181 ff.).

falls für die Lösung relevant: § 229 BGB (Selbsthilfe) lautet: [...].

§ 229 BGB

Selbsthilfe

Wer zum Zwecke der Selbsthilfe eine Sache wegnimmt, zerstört oder beschädigt oder wer zum Zwecke der Selbsthilfe einen Verpflichteten, welcher der Flucht verdächtig ist, festnimmt oder den Widerstand des Verpflichteten gegen eine Handlung, die dieser zu dulden verpflichtet ist, beseitigt, handelt nicht widerrechtlich, wenn obrigkeitliche Hilfe nicht rechtzeitig zu erlangen ist und ohne sofortiges Eingreifen die Gefahr besteht, daß die Verwirklichung des Anspruchs vereitelt oder wesentlich erschwert werde.

Eine solche Vorgabe z. B. in einer Strafrechtsklausur führt nicht selten zu einer Verunsicherung und zu Fragen wie: Warum denn jetzt eine Norm aus dem BGB? Wo soll denn diese Norm relevant werden? Was regelt Sie? Ohne Anlass wird sie wohl kaum abgedruckt worden sein. In einer solchen Klausursituation ist es sehr hilfreich, wenn man eine grobe Orientierung hat und weiß, was für Gesetze es gibt[2].

▶ **Tipp:** Deshalb ist es sehr sinnvoll und von hohem Lernwert, wenn Sie sich anhand der Inhaltsverzeichnisse der beiden Gesetzessammlungen einen Überblick verschaffen und ein Gefühl dafür bekommen: „Was steht wo?" Eine Hilfestellung hierfür geben die Inhaltsverzeichnisse der Gesetzessammlungen „Schönfelder" und „Sartorius". Diese weisen nämlich eine Gliederung mit klarer Struktur auf. Man muss insofern unterscheiden: Jede Gliederung ist in Gliederungsstufen aufgebaut. Es gibt

Überschriften der 1. Ordnung

   → Überschriften der 2. Ordnung

      → Überschriften der 3. Ordnung

        etc.

Entsprechend ist jede Überschrift das „Thema" dieser Gliederungsstufe.

2. Die Suche nach einem Gesetz anhand der Struktur des „Schönfelder"

Betrachten wir unter diesem Aspekt das Inhaltsverzeichnis des „Schönfelder", so entdecken wir folgende Struktur:

Inhaltsverzeichnis des SCHÖNFELDER (nur Überschriften der 1. Ordnung)

A. Verfassungsrecht

B. Bürgerliches Recht

C. Miete, Pacht und Wohnung

D. Straßenverkehrsrecht

E. Handels- und Wirtschaftsrecht

F. Gewerblicher Rechtsschutz

G. Arbeitsrecht

---

[2] Im konkreten Beispiel hat man auch dann eine Orientierung, wenn man den Grundsatz der „Einheit der Rechtsordnung" kennt und weiß, dass es Rechtfertigungsgründe nicht nur im StGB gibt. Das führt zur Annahme: § 229 BGB wird wohl auf der Ebene der Rechtfertigungsgründe relevant werden.

H. Strafrecht
I. Gerichtsverfassung und Zivilverfahren
J. Kostenrecht
K. Gebührentabelle

Die Gliederungsebene der 1. Ordnung mit den Gliederungsziffern „A"–„K" gibt also die erste Unterteilung an. Wenn wir jetzt unsere drei Gesetze, das Grundgesetz (GG), das Bürgerliche Gesetzbuch (BGB) und das Strafgesetzbuch (StGB) suchen, dann haben wir es vergleichsweise einfach, weil uns schon durch die ersten Vorlesungen klar ist: das GG gehört zum Verfassungsrecht, also zu „A"; das BGB gehört, wie schon die Bezeichnung ausdrückt, zum Bürgerlichen Recht, also zu „B"; ebenso das StGB zu Punkt „H".

Blenden wir zu den Überschriften der 1. Ordnung (s. oben A–K) noch diejenigen der 2. Ordnung, also die einzelnen Gesetze, ein, dann scheint uns die Vielfalt schon zu erschlagen[3]. Weil wir uns aber an der Gliederung erster Ordnung orientieren und nur die Gliederungspunkte A, B und H näher anschauen, haben wir sehr schnell die Orientierung wieder gefunden. Dies wird hier in der nachfolgenden Übersicht durch Hervorhebung in „fett" veranschaulicht. Als wichtigen Nebeneffekt erhalten wir einen Überblick über einen großen Teil des Rechts insgesamt. Das sind – neben den im Sartorius abgedruckten Gesetzen – die wichtigsten. Machen Sie sich deshalb die Mühe und lesen Sie auch alle anderen nachfolgend aufgelisteten Gesetzesbezeichnungen. Je früher Sie eine solche Orientierung haben, umso effektiver können Sie arbeiten. Fehl am Platze ist es an der Universität zu sagen: das muss ich „noch nicht" wissen, weil es erst im 3. oder 4. Semester „dran" ist[4].

„A. Verfassungsrecht

1. Grundgesetz (GG)

B. Bürgerliches Recht

20. Bürgerliches Gesetzbuch (BGB)

20. Bürgerliches Gesetzbuch vor SchuldR-Modernisierung (BGB 31.12.2001) aK

*. Bürgerliches Gesetzbuch vor Schadensrechtsreform (BGB 31.7.2002) aK

21. Einführungsgesetz zum Bürgerlichen Gesetzbuche (EGBGB)

21a. Verordnung über vertragliche Schuldverhältnisse (Rom I) (VO (EG) 593/2008) [EU]

21b. EU-VO Gesetzliche Schuldverhältnisse (VO (EG) 864/2007) [EU]

22. BGB-Informationspflichten-Verordnung (BGB-InfoV)

23. Beurkundungsgesetz (BeurkG)

*. Verbraucherkreditgesetz (VerbrKrG) aK

*. Haustürwiderrufsgesetz (HaustürWG) aK

25. Teilzeit-Wohnrechtegesetz (TzWrG) aK

*. Schlichtungsstellenverfahrensverordnung (SchlichtVerfV)

26. AGB-Gesetz (AGB-Gesetz) aK

---

[3] Entnommen aus „Beck Online" < http://beck-online.beck.de >.
[4] Vgl. dazu Punkt 2 meiner „Empfehlungen zum Studienbeginn" unten im Anhang 2 (S. 229).

27. Produkthaftungsgesetz (ProdHaftG)

28. Umwelthaftungsgesetz (UmweltHG)

29. Fernabsatzgesetz (FernAbsG) aK

*. EG-VerbraucherschutzdurchsetzungsG (VSchDG)

29a. Prostitutionsgesetz (ProstG)

32. Bauforderungssicherungsgesetz (BauFordSiG)

32a. Makler- und Bauträgerverordnung (MaBV)

32c. VOB Teil B (VOB/B)

33. Haftpflichtgesetz (HPflG)

43. Lebenspartnerschaftsgesetz (LPartG)

45. Verschollenheitsgesetz (VerschG)

45a. Einkommensteuergesetz (EStG)

45b. Bundeskindergeldgesetz (BKGG)

45c. Bundeserziehungsgeldgesetz (BErzGG) aK

45d. Unterhaltsvorschussgesetz (UnterhVG)

45e. Bundeselterngeld- und Elternzeitgesetz (BEEG)

45k. Gesetz über die religiöse Kindererziehung (RelKErzG)

46. Sozialgesetzbuch VIII: Kinder- und Jugendhilfe (SGB VIII)

*. Kindesschutz-Kooperations-Gesetz (KKG)

*. Kindesunterhalt-FormularVO (KindUFV)

47. Düsseldorfer Tabelle (DüssTab)

47/1. Unterhaltsleitlinien des OLG Düsseldorf (UnterhL D)

47a. Berliner Tabelle (BlnTab)

47b. Süddeutsche Unterhaltsleitlinien (SüdL)

47c. Unterhaltsleitlinien des KG (UnterhL KG)

47d. Unterhaltsleitlinien des OLG Brandenburg (UnterhL BRB)

47e. Unterhaltsrechtliche Leitlinien des OLG Braunschweig (UnterhL BS) [NDS]

47f. Unterhaltsleitlinien des OLG Bremen (UnterhL HB)

47f/1. Bremer Tabelle (BremTab)

47g. Unterhaltsleitlinien des OLG Celle (UnterhL CE)

47h. Unterhaltsleitlinien des OLG Dresden (UnterhL DD)

47i. Unterhaltsgrundsätze des OLG Frankfurt/Main (UnterhGrds F)

47k. Unterhaltsleitlinien des OLG Hamburg (UnterhL HH)

47l. Unterhaltsleitlinien des OLG Hamm (UnterhL HAM)

47m. Thüringer Tabelle (ThürTab)

47n. Unterhaltsleitlinien des OLG Koblenz (UnterhL KO)

47o. Unterhaltsleitlinien des OLG Köln (UnterhL K)

47p. Unterhaltsleitlinien des OLG Naumburg (UnterhL NMB)

47q. Unterhaltsrechtliche Leitlinien des OLG Oldenburg (UnterhL OL)

47r. Unterhaltsleitlinien des OLG Rostock (UnterhL HRO)

47s. Unterhaltsrechtliche Tabellenwerte und Selbstbehaltssätze des OLG Saarbrücken (UnterhL SB)

47t. Unterhaltsrechtliche Leitlinien des OLG Schleswig (UnterhL SL)

48. Versorgungsausgleichsgesetz (VersAausglG)

48a. Versorgungsausgleich-Härtegesetz (VAHRG) aK

48b. Bürgerliches Gesetzbuch vor Versorgungsausgleich-Strukturreform (BGB 31.8.2009) aK

48c. Barwert-Verordnung (BarwertVO) aK

49. Gewaltschutzgesetz (GewSchG)

49b. Vormünder- und Betreuervergütungsgesetz (VBVG)

*. Betreuungsbehördengesetz (BtBG)

*. Erwachsenenschutzübereinkommens-Ausführungsgesetz (ErwSÜ-AG)

C. Miete, Pacht und Wohnung

*. Bürgerliches Gesetzbuch vor MietR-Reform (BGB 31.8.2001) aK

*. Miethöheregelungsgesetz (MHG) aK

30. Bürgerliches Gesetzbuch vor MietR-Reform (BGB 31.8.2001) aK

30b. Zweite Berechnungsverordnung (II. BV)

30b/1. Betriebskostenverordnung (BetrKV)

30c. Verordnung über Heizkostenabrechnung (HeizkostenV)

30d. Wohnflächenverordnung (WoFlV)

31. Wohnungsvermittlungsgesetz (WoVermittG)

37. Wohnungseigentumsgesetz (WEG)

39. Landpachtverkehrsgesetz (LPachtVG)

39a. Landwirtschaftsverfahrensgesetz (LwVG)

40. Grundstückverkehrsgesetz (GrdstVG)

41. Erbbaurechtsgesetz (ErbbauRG)

42. Pachtkreditgesetz (PachtKredG)

D. Verkehrsrecht

35. Straßenverkehrsgesetz (StVG)

*. Straßenverkehrsgesetz vor Schadensrechtsreform (StVG 31.7.2002) aK

35a. Straßenverkehrsordnung (StVO)

35b. Straßenverkehrs-Zulassungs-Ordnung (StVZO)

35c. Autobahn-Richtgeschwindigkeits-V (ABRichtgV)

35d. Fahrerlaubnis-Verordnung (FeV)

*. Erste AusnahmeVO zur FahrerlaubnisVO (1. FeVAusnVO)

*. Zweite AusnahmeVO zur FahrerlaubnisVO (2. FeVAusnVO)

36. Luftverkehrsgesetz (LuftVG)

36a. EG-Fluggastrechte-VO (VO (EG) 261/2004) [EU]

E. Handels- und Wirtschaftsrecht

50. Handelsgesetzbuch (HGB)

50a. Einführungsgesetz zum Handelsgesetzbuch (EGHGB)

50b. Partnerschaftsgesellschaftsgesetz (PartGG)

50c. UN-Kaufrechts-Übereinkommen (CISG) [IntV]

51. Aktiengesetz (AktG)

51a. Einführungsgesetz zum Aktiengesetz (EGAktG)

*. Societas Europaea-Verordnung (VO (EG) 2157/2001) [EU]

*. SE-Ausführungsgesetz (SEAG)

*. Kapitalanleger-Musterverfahrensgesetz (KapMuG)

51b. Spruchverfahrensgesetz (SpruchG)

52. GmbH-Gesetz (GmbHG)

52/1. GmbHG-Einführungsgesetz (EGGmbHG)

52a. Umwandlungsgesetz (UmwG)

52b. Publizitätsgesetz (PublG)

53. Genossenschaftsgesetz (GenG)

*. MitbestimmungsG bei einer grenzüberschreitenden Verschmelzung (MgVG)

54. Wechselgesetz (WG)

56. Scheckgesetz (ScheckG)

57. REIT-Gesetz (REITG)

58. Wertpapierhandelsgesetz (WpHG)

*.WpHG-Mitarbeiteranzeigeverordnung (WpHGMaAnzV)

59. Depotgesetz (DepotG)

62. Versicherungsvertragsgesetz (VVG)

*. Versicherungsvertragsgesetz in der bis 31.12.2007 gültigen Fassung aK

62a. Einführungsgesetz zum Versicherungsvertragsgesetz (EGVVG)

62c. Versicherungsbedingungen-Hausrat (VHB10QM)

62d. Versicherungsbedingungen-Wohngebäude (VGB10WM, Stand 1.1.2011)

62e. AVB Reisegepäck 1992 (Fassung 1994)

62f. Versicherungsbedingungen-Kraftfahrt 2008 (AKB 2008)

62g. Versicherungsbedingungen-Rechtsschutz 2010 (ARB 2010)

62h. Versicherungsbedingungen-Leben (KbLVAB, Stand 23.8.2010)

62i. Versicherungsbedingungen-Unfall (AUB 2010)

62c. Informationspflichtenverordnung (VVG-InfoV)

63. Pflichtversicherungsgesetz (PflVG)

63a. Kraftfahrzeug-Pflichtversicherungsverordnung (KfzPflVV)

*. Versicherungsvermittlungsverordnung (VersVermV)

*. Telemediengesetz (TMG)

*. Unternehmensregisterverordnung (URV)

F. Gewerblicher Rechtsschutz

65. Urheberrechtsgesetz (UrhG)

65a. Urheberrechtswahrnehmungsgesetz (WahrnG)

66. Verlagsgesetz (VerlG)

66a. Buchpreisbindungsgesetz (BPrBindG)

67. Kunsturhebergesetz (KunstUrhG)

69. Geschmacksmustergesetz (GeschmMG)

70. Patentgesetz (PatG)

70a. Patentverordnung (PatV)

70b. Patentkostengesetz (PatKostG)

70c. Vertretergebühren-Erstattungsgesetz (VertrGebErstG)

71. Gebrauchsmustergesetz (GebrMG)

72. Markengesetz (MarkenG)

72a. Markenverordnung (MarkenV)

*. Patentanwaltsordnung (PatAnwO)

73. Unlauterer Wettbewerb-Gesetz (UWG)

*. Unlauterer Wettbewerb-Gesetz 1909 (UWG 1909) aK

73a. Preisangabenverordnung (PAngV)

74. Kartellgesetz (GWB)

G. Arbeitsrecht

34. Allgemeines Gleichbehandlungsgesetz (AGG)

78. Arbeitszeitgesetz (ArbZG)

78a. Nachweisgesetz (NachwG)

78b. Teilzeit- und Befristungsgesetz (TzBfG)

*.Wissenschaftszeit-
vertragsgesetz (Wiss-
ZeitVG)

79. Mutterschutzgesetz
(MuSchG)

80. Entgeltfortzahlungs-
gesetz (EFZG)

80a. Aufwendungsaus-
gleichsgesetz (AAG)

80b. Bundesurlaubsge-
setz (BUrlG)

81. Tarifvertragsgesetz
(TVG)

*. Tarifvertragsgesetz-
Durchführungsverord-
nung (TVGDV)

82. Betriebsverfassungs-
gesetz (BetrVG)

82a. Mitbestimmungs-
gesetz (MitbestG)

82b. Montan-Mitbestim-
mungsgesetz (Montan-
MitbestG)

82c. Montan-Mitbestim-
mungsergänzungsgesetz
(MontanMitbestErgG)

82d. Drittelbeteiligungs-
gesetz (DrittelbG)

83. Arbeitsgerichtsgesetz
(ArbGG)

84. Kündigungsschutz-
gesetz (KSchG)

84a. Arbeitnehmerüber-
lassungsgesetz (AÜG)

*. Arbeitnehmerüberlas-
sungsgesetz-Meldestel-
lenVO (AÜGMeldstellV)

H. Strafrecht

85. Strafgesetzbuch
(StGB)

*. Therapieunter-
bringungsgesetz (ThUG)

85a. Strafgesetzbuch-
Einführungsgesetz
(EGStGB)

*. Völkerstrafgesetzbuch
(VStGB)

86. Betäubungsmittel-
gesetz (BtMG)

86a. Betäubungsmittel-
Verschreibungsverord-
nung (BtMVV)

*. Grundstoffüberwa-
chungsgesetz (GÜG)

88. Wirtschaftsstrafge-
setz 1954 (WiStG)

88a. Geldwäschegesetz
(GwG)

88b. Abgabenordnung
(AO)

89. Jugendgerichtsgesetz
(JGG)

*. Richtlinien zum
Jugendgerichtsgesetz
(RiJGG)

90. Strafprozessordnung
(StPO)

90a. Einführungsgesetz
zur Strafprozeßordnung
(EGStPO)

*. IStGH-Gesetz
(IStGHG)

*. IStGH-Gleichstel-
lungsgesetz (IStGHGG)

*. Eurojust-Gesetz (EJG)

90b. Zeugenschutz-
Harmonisierungsgesetz
(ZSHG)

90c. Anordnung über
Mitteilungen in Strafsa-
chen (MiStra)

90d. Strafvollstreckungs-
ordnung (StVollstrO)

90e. Straf- und Bußgeld-
verfahren-Richtlinien
(RiStBV)

90h. Internationales
Rechtshilfegesetz (IRG)

91. Strafvollzugsgesetz
(StVollzG)

91a. Untersuchungs-
haftvollzugsordnung
(UVollzO)

*. Jugendarrestvollzugs-
ordnung (JAVollzO)

92. Bundeszentralregis-
tergesetz (BZRG)

93. Strafverfolgungs-
entschädigungsgesetz
(StrEG)

93a. Opferentschädi-
gungsgesetz (OEG)

94. Ordnungswidrigkei-
tengesetz (OWiG)

94a. Bußgeldkatalog-
Verordnung (BKatV)

94b. Schwarzarbeits-
bekämpfungsgesetz
(SchwarzArbG)

I. Gerichtsverfassung und Zivilverfahren

95. Gerichtsverfassungsgesetz (GVG)

95a. GVG-Einführungsgesetz (EGGVG)

95b. Rechtsprechungs-Einheitlichkeitsgesetz (RsprEinhG)

96. Rechtspflegergesetz (RPflG)

97. Deutsches Richtergesetz (DRiG)

98. Bundesrechtsanwaltsordnung (BRAO)

98/1. Berufsordnung für Rechtsanwälte (BORA)

98/2. Fachanwaltsordnung (FAO)

*. EU-Rechtsanwälte-Gesetz (EuRAG)

98a. Bundesnotarordnung (BNotO)

*. Testamentsregister-Verordnung (ZTRV)

98b. Beratungshilfegesetz (BerHG)

99. Rechtsdienstleistungsgesetz (RDG)

99a. RDG-Einführungsgesetz (RDGEG)

100. Zivilprozessordnung (ZPO)

*. De-MailG (DeMailG)

100. Zivilprozeßordnung vor ZPO-Reform (ZPO 31.12.2001) aK

101. Einführungsgesetz-Zivilprozessordnung (EGZPO)

102. Schuldnerverzeichnisverordnung (SchuVVO)

103. EG-Anerkennungs-/Vollstreckungs-ZustVO (EuGVO) [EU]

103a. Anerkennungs- und Vollstreckungsausführungsgesetz (AVAG)

103b. EG-EhesachenVO (EuEheVO) [EU]

103c. EU-Schriftstücke-ZustellungsVO (EuZVO) [EU]

103d. EG-Beweisaufnahmeverordnung Zivilsachen (EuBVO) [EU]

103f. EG-VollstreckungstitelRL - Unbestrittene Forderungen (EuVTVO) [EU]

103l. Haager Kindesentführungsübereinkommen (KindEntfÜbk) [IntV]

103m. Europäisches Sorgerechtsübereinkommen (EuSorgeRÜbk) [IntV]

103n. Internationales Familienrechtsverfahrensgesetz (IntFamRVG)

103o. Auslandsunterhaltsgesetz (AUG)

104. Schlichtungsgesetz (SchlG) [BW]

104a. Bayerisches Schlichtungsgesetz (BaySchlG) [BAY]

104b. Brandenburgisches Schlichtungsgesetz (BbgSchlG) [BRB]

104b. Brandenburgisches Gütestellengesetz (BbgGüteStG) [BRB]

104c. Hessisches Schlichtungsgesetz (HSchlichtG) [HES]

104d. Justizgesetz Nordrhein-Westfalen (JustG NRW) [NRW]

104e. Landesschlichtungsgesetz (LSchlG) [SL]

104f. Schiedsstellen- und Schlichtungsgesetz Sachsen-Anhalt (SchStG) [LSA]

104g. Landesschlichtungsgesetz (LSchliG) [SH]

104h. Landesschlichtungsgesetz (LSchlG) [RPF]

104i. Schiedsstellen- und SchlichtungsG (SchStG M-V) [M-V]

104j. Niedersächsisches Schlichtungsgesetz (NSchlG) [NDS]

105. Unterlassungsklagengesetz (UKlaG)

108. Zwangsversteigerungsgesetz (ZVG)

*. ZwangsverwalterVO (ZwVwV)

109. Geschäftsanweisung für Gerichtsvollzieher (GVGA)

109a. Gerichtsvollzieher-ordnung (GVO)

110. Insolvenzordnung (InsO)

110a. Insolvenzord-nung-Einführungsgesetz (EGInsO)

110b. VO (EG) Nr. 1346/2000 über In-solvenzverfahren (EuInsVO) [EU]

*. Insolvenzrechtsvergü-tungsVO (InsVV)

*. Verbraucherinsolvenz-vordruckverordnung (VbrInsVV)

*. Insolvenz-Internet-Be-kanntmachungsverord-nung (InsIntBekV)

111. Anfechtungsgesetz (AnfG)

112. Familienverfahrens-gesetz (FamFG)

112a. FGG-Reformge-setz (FGG-RG)

112b. Freiwillige Ge-richtsbarkeit-Gesetz (FGG) aK

112c. Zivilprozessord-nung vor FGG-Reform (ZPO 31.8.2009) aK

113. Personenstandsge-setz (PStG)

114. Grundbuchordnung (GBO)

*. Justiz-Bundesamt-Er-richtungsgesetz (BfJG)

*. Zugänglichmachungs-verordnung (ZMV)

J. Kostenrecht

115. Gerichtskostenge-setz (GKG)

*. Zeugen- und Sach-verständigenentschädi-gungsgesetz (ZSEG) aK

116. Justizvergütungs-und -entschädigungsge-setz (JVEG)

*. Bundes-Rechtsan-waltsgebührenordnung (BRAGO) aK

117. Rechtsanwaltsver-gütungsgesetz (RVG)

118. Familiengerichts-kostengesetz (FamGKG)

119. Kostenordnung (KostO)

120. Justizverwal-tungs-kostenordnung (JVKostO)

*. Justizbehörden-Zah-lungsverkehr-Gesetz (ZahlVGJG)

122. Justizbeitreibungs-ordnung (JBeitrO)

123. Gerichtsvollzieher-kostengesetz (GvKostG)

K. Gebührentabelle

*. Gebührentabelle (GebTab)

Kommen wir zum Suchen zurück: Weil wir uns vorab Gedanken gemacht haben, wo wir weitersuchen werden, können wir unsere Suche – wie bereits angedeutet – auf drei der elf Überschriften erster Ordnung (A–K) beschränken. Die anderen acht interessieren uns jetzt überhaupt nicht. Was uns zunächst als ein Riesenberg erschienen sein mag, schrumpft durch diese kleine Überlegung enorm zusammen. Das Inhaltsverzeichnis des „Schönfelder" ist also beschränkt auf:

„A. Verfassungsrecht
1. Grundgesetz (GG)
B. Bürgerliches Recht
20. Bürgerliches Gesetzbuch (BGB)
H. Strafrecht
85. Strafgesetzbuch (StGB)"

Aufgabe 1
Übertragen Sie diesen Gedankengang auf die Gesetzessammlung „Sartorius"
und suchen Sie das Bundeswasserstraßengesetz. Zur Lösung vgl. die Angaben im Anhang 1.

3. Generelle Suchfragen

a) Wo finden wir Gesetze zum „Strafrecht"?

Wir haben uns schon generell im „Schönfelder" orientiert und gesehen: Das Strafgesetzbuch (StGB) ist dort unter Ziffer 85 zu finden. Für die Zwecke des Studienbe-
ginns ist dies auch hinreichend. Unter Ziffer 86 finden wir das Betäubungsmittelgesetz (BtMG), das in der Praxis eine sehr große Rolle spielt. Auf das BtMG werden
wir an verschiedenen Stellen auch zurückgreifen, zumal Sie es in der dtv-Ausgabe
zum StGB finden.

Wenn Sie schon einen Blick in die Gesetze im „Sartorius" geworfen haben, stellen Sie fest: Teilweise finden Sie auch dort Normen, in denen „Freiheitsstrafe" angedroht wird. Diese Normen müssen also auch strafrechtliche sein. So finden sich
etwa im Versammlungsgesetz eine ganze Reihe von Strafvorschriften, wie etwa das
strafbewehrte Vermummungsverbot (§§ 27 Abs. 1 Nr. 2 i. V. m. 17a Abs. 2 Nr. 1
VersammlG):

§ 17a VersammlG
[Schutzwaffenverbot, Vermummungsverbot]
(1) Es ist **verboten**, bei öffentlichen Versammlungen unter freiem Himmel, Aufzügen oder
sonstigen öffentlichen Veranstaltungen unter freiem Himmel oder auf dem Weg dorthin
Schutzwaffen oder Gegenstände, die als Schutzwaffen geeignet und den Umständen nach
dazu bestimmt sind, Vollstreckungsmaßnahmen eines Trägers von Hoheitsbefugnissen
abzuwehren, mit sich zu führen.
(2) Es ist auch **verboten,**
  1. an derartigen Veranstaltungen in einer Aufmachung, die geeignet und den Umstän-
     den nach darauf gerichtet ist, die Feststellung der Identität zu verhindern, teilzu-
     nehmen oder den Weg zu derartigen Veranstaltungen in einer solchen Aufmachung
     zurückzulegen,
  2. bei derartigen Veranstaltungen oder auf dem Weg dorthin Gegenstände mit sich zu
     führen, die geeignet und den Umständen nach dazu bestimmt sind, die Feststellung
     der Identität zu verhindern.
  [...]

§ 27 VersammlG
[Führung von Waffen]
(1) Wer bei öffentlichen Versammlungen oder Aufzügen Waffen oder sonstige Gegenstände, die ihrer Art nach zur Verletzung von Personen oder Beschädigung von Sachen
geeignet und bestimmt sind, mit sich führt, ohne dazu behördlich ermächtigt zu sein, wird
mit Freiheitsstrafe bis zu einem Jahr oder mit Geldstrafe bestraft. Ebenso wird bestraft, wer
ohne behördliche Ermächtigung Waffen oder sonstige Gegenstände im Sinne des Satzes 1
auf dem Weg zu öffentlichen Versammlungen oder Aufzügen mit sich führt, zu derartigen
Veranstaltungen hinschafft oder sie zur Verwendung bei derartigen Veranstaltungen bereithält oder verteilt.

(2) Wer

1. **entgegen § 17a Abs.** 1 bei öffentlichen Versammlungen unter freiem Himmel, Aufzügen oder sonstigen öffentlichen Veranstaltungen unter freiem Himmel oder auf dem Weg dorthin Schutzwaffen oder Gegenstände, die als Schutzwaffen geeignet und den Umständen nach dazu bestimmt sind, Vollstreckungsmaßnahmen eines Trägers von Hoheitsbefugnissen abzuwehren, mit sich führt,

2. **entgegen § 17a Abs. 2 Nr. 1** an derartigen Veranstaltungen in einer Aufmachung, die geeignet und den Umständen nach darauf gerichtet ist, die Feststellung der Identität zu verhindern, teilnimmt oder den Weg zu derartigen Veranstaltungen in einer solchen Aufmachung zurücklegt

oder [… wird bestraft]

Das Versammlungsgesetz ist ebenfalls in der dtv-Ausgabe des StGB abgedruckt.

In der Praxis haben wir es also mit einer Fülle von weiteren Gesetzen zu tun. Deshalb nur zur ersten Information: Das StGB wird auch als „Kernstrafrecht" bezeichnet, während alle weiteren Strafrechtsnormen in anderen Gesetzen als „Nebenstrafrecht" bezeichnet werden[5]. Im universitären Pflichtbereich werden Sie sich jedoch in Sachen „materielles Strafrecht" fast ausschließlich mit dem StGB und den im Schönfelder wiedergegebenen Normen befassen.

Nun werden Sie aber im StGB kaum Normen zum Strafverfahren finden. Dessen zentraler Regelungsort ist die Strafprozessordnung (StPO). Sie ist unter Ziffer 90 im Schönfelder abgedruckt und wird Sie erst im weiteren Verlauf Ihres Studiums beschäftigen. StGB und StPO stehen aber für eine Unterscheidung, die für alle Rechtsbereiche wichtig ist: die Aufteilung in „materielles" und in „formelles Recht": Das materielle Strafrecht normiert, unter welchen einzelnen Voraussetzungen ein Mensch bestraft werden darf. Das ist die Frage nach dem sachlichen „OB" und dem „WIE" der Strafbarkeit.

Das OB betrifft die staatliche Strafbefugnis, also die Frage, unter welchen Voraussetzungen der Staat den Einzelnen strafen darf. Das WIE setzt voraus, dass das OB bejaht worden ist. Beim WIE der Strafbarkeit geht es darum, auf welche Weise, mit welchen Mitteln (z. B. Freiheitsstrafe, Geldstrafe, Fahrverbot, Entziehung der Fahrerlaubnis, Berufsverbot, Einziehung, etc.) der Staat auf ein strafbares Verhalten reagieren darf. Das Strafprozessrecht – oder das Strafverfahrensrecht – regelt, in welchem Verfahren diese staatliche Befugnis umgesetzt werden kann. Das Strafprozessrecht wird teilweise auch als „formelles Strafrecht" bezeichnet, um ein Gegenstück zum Begriff des „materiellen" Rechts zu bilden. Grafisch kann man sich dies folgendermaßen verdeutlichen:

Die Unterscheidung materielles – formelles Recht wird in der gesamten Rechtsordnung vorgenommen: Zum BGB enthält die ZPO die wichtigsten prozessualen Regelungen; zum GG ist das Bundesverfassungsgerichtsgesetz (BVerfGG) einschlägig.

Die Unterscheidung hat zum einen eine didaktisch und ordnend wirkende Funktion. Zum anderen soll sie dogmatisch bedeutsam sein. Jedenfalls hilft sie sehr, den

---

[5] Vgl. dazu meine Einführung ins transnationale Nebenstrafrecht: Einleitung, in: *Joecks/Miebach* (Hrsg) Münchener Kommentar zum Strafgesetzbuch, Band. 6, JGG (Auszug) und Nebenstrafrecht I, 2. Aufl. München 2013, S. 3–11.

Abb. 2.1 Sachliche
Aufgliederung des
Strafrechts

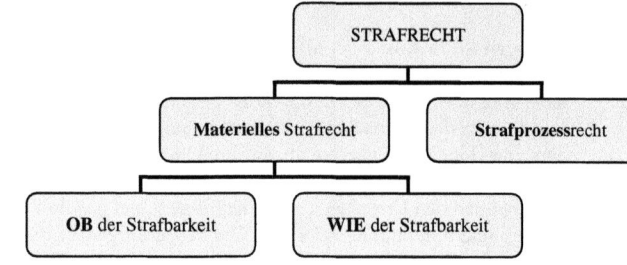

gesamten Rechtsstoff zu gliedern und zu strukturieren. Wir werden uns deshalb auch bei den anderen Rechtsgebieten mit ihr weiterhelfen.

b) Wo finden wir Gesetze zum „Öffentlichen Recht" und zum „Zivilrecht"?

Mit den beiden anderen Rechtsgebieten ist es grundsätzlich einfacher, weil es keine Unterscheidung zwischen einem „Kern-", einem „Nebenbereich" des Privatrechts bzw. des Öffentlichen Rechts gibt. Das „Öffentliche Recht" finden wir grundsätzlich im „Sartorius", das Zivilrecht grundsätzlich im „Schönfelder". Aber dies gilt eben nur „grundsätzlich". Gerade im Öffentlichen Recht ist es z. B. sehr wichtig, dass man für einen Fall ein ganz bestimmtes einschlägiges Gesetz findet. Hier wird auch die Unterscheidung zwischen Bundes- und Landesrecht eine zentrale Rolle einnehmen. Wenn wir zusätzlich nach dem Landesrecht suchen, dann müssen wir z. B. die Landesgesetze von Baden-Württemberg konsultieren. Methodisch müssen Sie den „Suchraum" erweitern und in drei statt in zwei Gesetzessammlungen suchen.

Manchmal besteht der „Clou" einer Klausur im öffentlichen Recht darin, ein einschlägiges Gesetz zu finden, dessen Anwendung dann ganz unproblematisch ist, weil man es „nur" noch lesen muss. Ein Kollege aus dem Verwaltungsrecht hat das hervorgehoben und gemeint: In einer Verwaltungsrechtsklausur gehe es oft darum, ein Gesetz und darin eine Norm zu finden, die man zuvor noch nie gelesen hat und danach nie wieder lesen wird.

▶ **Tipp:** Es ist deshalb sehr sinnvoll, wenn man nicht erst in der Klausur zum ersten Mal im „Sartorius" oder im „Schönfelder" blättert. Orientieren Sie sich schon früh an deren Inhalt.

c) Suchregeln

Gleichgültig, wonach Sie suchen: Ich möchte zusammenfassend drei Suchregeln hervorheben, die sehr hilfreich sind, besonderes für das Lösen von Klausuren[6]. Man kann diese Suchregeln aber auch auf nichtjuristische Problemstellungen anwenden. Denken Sie etwa an die Situation, dass Sie Ihr Auto auf den 10 000 Stellplätzen eines Einkaufszentrums nicht mehr finden:

---

[6] Siehe unten D (S. 181 ff.), insbesondere II 3 a (S. 191 ff.).

Abb. 2.2 Sachliche Aufgliederung des Strafrechts in Strukturen

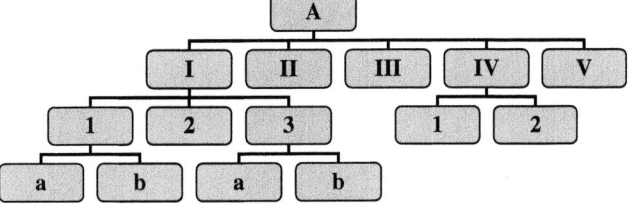

aa) „Eins vor und eins zurück"

Eine generelle Vorgehensweise beim Suchen einer Norm oder eines Normteils besteht in der Regel: „Eins vor und eins zurück" lesen: Hat man eine möglicherweise einschlägige Überschriftenordnung (z. B. „Norm") gefunden, dann sollte man immer noch die unmittelbar vorausgehende Norm und die unmittelbar nachfolgende Norm anschauen, um vielleicht einen anderen Gesichtspunkt zu finden, der im konkreten Fall sogar näher liegt.

Der Gedanke gilt für alle Gliederungsebenen: Paragraf, Absatz, Satz. Man muss also auch einen Absatz oder einen Satz etc. „vor und einen zurück" lesen.

Der Hintergrund dieser Regel ist, dass der Gesetzgeber sich bei der Reihenfolge der Paragrafen etc. etwas gedacht hat. Dass dies im Einzelfall eine Fehlannahme sein kann, ist typisch für eine „Regel". (Wenn juristisch von einer „Regel" gesprochen wird, dann bedeutet dies vor allem auch, dass es hiervon eine Ausnahme geben kann – und meist auch gibt). Die konkrete Auswirkung dieses Gedankens bei der Auslegung werden wir noch kennenlernen[7].

bb) Gliederungsebenen auf möglichst hoher Stufe ausscheiden

Sie grenzen die Suche ein, indem Sie Gliederungs- oder Strukturebenen auf möglichst hoher Stufe ausscheiden. Der Grund ist evident: Man erspart sich das Durchforsten der ausgeschiedenen Ebenen. Im Beispiel des Schönfelders oben: Die Gliederungspunkte C–G und I–K brauchen Sie gar nicht anschauen. Dieses Prinzip müssen Sie beim Jurastudium immer wieder anwenden. Wir werden deshalb noch an vielen Stellen darauf zurückkommen.

cc) „Suchraum erweitern"

Eine andere Ausprägung dieses Gedankens ist die Regel „Suchraum[8] erweitern": Wenn Sie merken, dass Sie innerhalb einer Gliederungsebene nicht weiter kommen, dann müssen Sie eine Ebene höher gehen.

Grafisch lassen sich diese drei Suchregeln zusammen mit einem „Entscheidungsbaum" (Abb. 2.2) verdeutlichen.

„Eins vor und eins zurück" bedeutet: Befindet man sich im Feld A II und findet keine Unterpunkte, muss man über „A" zu den Feldern A I und A III gehen.

---

[7] Siehe unten C V 4 (S. 173 ff.) zum 4. Satz: „Wozu sagt die Norm nichts?"

[8] Der Begriff „Suchraum" stammt aus der Informatik und bezeichnet „die Menge, die nach den zu findenden Objekten durchsucht werden soll. Von der Beschaffenheit dieser Menge hängt es ab, welche Suchverfahren geeignet sind" (Wikipedia, Stichwort „Suchraum", abgefragt am 29.3.2012).

„Gliederungsebenen auf möglichst hoher Stufe ausscheiden": Man beginnt die Suche im Feld I und durchforstet dann dessen direkte Unterpunkte (1–3). Entweder man findet in den Punkten 1–3 etwas und sucht ggf. dort weiter z. B. in den Punkten 1a und 1b. Oder man findet dort nichts, dann braucht man dort auch nicht weiter zu den Unterpunkten 1a oder 1b gehen.

„Suchraum erweitern": Sie suchen in Punkt I und seinen Unterpunkten: Die „Lösung" ist aber in Punkt IV 2 zu finden. Um dahin zu gelangen, müssen Sie den Suchraum „I" verlassen und sich zu Suchraum „IV" vorarbeiten.

4. Die Suche nach einer bestimmten Norm innerhalb eines Gesetzes am Beispiel des StGB

Die Orientierungs- und Sucharbeit, die wir gerade für Gesetze gemacht haben, setzen wir auf der nächsten Ebene fort: Wir haben ein bestimmtes Gesetz gefunden und suchen innerhalb dieses Gesetzes bestimmte Normen. Dafür ist es wiederum sinnvoll, sich einen Überblick zu verschaffen, indem wir uns fragen: Was ist denn in diesem Gesetz alles enthalten? Wie sind seine Strukturen, mithin seine Untergliederungen? Ich möchte dies mit Ihnen hier zunächst am Beispiel des StGB durchgehen und Ihnen zum GG (unten 5) und zum BGB (unten 6) nur ergänzende Hinweise geben. Die Sucharbeit unterscheidet sich nämlich nicht grundsätzlich in den jeweiligen Rechtsgebieten.

Als Fragen, die uns durch die weitere Lektüre beschäftigen soll, können wir uns vornehmen:

1. Gibt es einen speziellen Straftatbestand „Computersabotage"?
2. Falls es diesen gibt: Welche Verjährungsfrist gilt dann?

a) Die Struktur des StGB im Überblick
aa) Nach dem Gesetzestext
Wenn Sie jetzt statt eines Gesetzes eine Norm *innerhalb* des gefundenen Gesetzes suchen wollen, dann setzen Sie das Strukturdenken gewissermaßen „nach unten" fort und beginnen mit der Gesetzesbezeichnung als „Gesamtüberschrift". Die weitere Vorgangsweise können wir uns am Beispiel des StGB verdeutlichen. Die Untergliederung des StGB sieht folgendermaßen aus:

Überschrift der 1. Ordnung ist die Unterscheidung Allgemeiner/Besonderer Teil
Überschriften der 2. Ordnung sind die „Abschnitte"
Überschriften der 3. Ordnung sind die „Titel"
Überschriften der 4. Ordnung sind die „Paragrafen"[9].
Überschriften der 5. Ordnung sind die Absätze der Paragrafen.

---

[9] An manchen Stellen im Allgemeinen Teil wird noch eine weitere unbenannte Gliederungsebene zwischengeschaltet, so finden Sie z. B. im 6. Titel des AT bei den Maßregeln der Sicherung und Besserung die Zwischenüberschriften „Freiheitsentziehende Maßregeln" (vor den §§ 63 ff.), „Führungsaufsicht" (§§ 68 ff.); „Entziehung der Fahrerlaubnis" (§§ 69 ff.). Diese haben aber mehr ordnenden Charakter.

Überschriften der 6. Ordnung sind gewissermaßen die einzelnen Sätze innerhalb der Absätze. Zu den Absätzen und Sätzen werden aber keine „Überschriften" gebildet, weil das beim Suchlesen[10] verwirren würde. Es hilft aber, sich diese Überschriften gedanklich bewusst zu machen.

Überschriften der 7. Ordnung wären schließlich die einzelnen Wörter der Sätze. Es erscheint Ihnen vielleicht befremdlich, ein einziges Wort als „Überschrift" zu verstehen. Aber schauen Sie z. B. nur in einen Kommentar zum StGB. Dort finden Sie etwa zu dem Wort „töten" in § 212 StGB eine ganze Reihe von Auslegungsproblemen (z. B. Wann beginnt/wann endet das menschliche Leben?). Man kann deshalb sagen: Die intensivste juristische Beschäftigung wird darin bestehen, einzelne Wörter mit „Unterüberschriften" anzufüllen.

Fassen wir für das Beispiel des StGB zusammen: Das StGB hat folgende Struktur:

StGB
  →Teil
    →Abschnitte
      →Titel
        →Paragraf
          →Absatz
            →Satz (ggf.: Halbsatz)
            →Wörter

bb) OB oder WIE der Bestrafung

Eine weitere Unterscheidung lässt sich dem Text des StGB nur mittelbar entnehmen. Sie müssen nämlich nach den Rechtsfolgen[11] eines Rechtssatzes[12] unterscheiden, um sie zu verstehen: Betrifft er das OB oder das WIE der Strafbarkeit? Das OB betrifft die Frage, ob sich eine Person überhaupt strafbar gemacht hat. Diese Frage nennt man auch „Aufbau der Straftat". Es handelt sich um die materiellen Voraussetzungen, die gegeben sein müssen, damit man jemanden überhaupt bestrafen darf. In der Dogmatik[13] hat man für dieses OB die folgenden zwingend aufeinander aufbauenden Voraussetzungen entwickelt:

1. Tatbestandsmäßigkeit
2. Rechtswidrigkeit
3. Schuld
4. Strafaufhebungsgründe

entwickelt[14].

---

[10] Vgl. aber zum Auslegungslesen das Beispiel der §§ 308 und 309 BGB (unten C IV 2 b cc [S. 78 ff.]).

[11] Zum Begriff siehe unten C V 2 (S. 137 ff.).

[12] Ein Rechtssatz besteht grammatikalisch aus einem einzigen Satz, der etwas verbindlich vorschreibt. Ein solcher Satz kann der Inhalt eines ganzen Paragrafen oder eines ganzen Absatzes sein.

[13] Zum Begriff „Dogmatik" vgl. C II 2 (S. 46).

[14] Vgl. dazu *Gropp*, Allgemeiner Teil, 3. Aufl. Berlin u.a., 2005, § 3 RN. 48–65 und § 4 RN. 27–82.

Erst wenn das OB bejaht werden kann, kommt man zur Frage des WIE, also der Strafzumessung. Zum OB gehören insbesondere die Delikte des Besonderen Teils sowie aus dem Allgemeinen Teil die §§ 1–37 StGB.

b) Untergliederung in einen „Allgemeinen" und einen „Besonderen Teil"

Das StGB ist ausdrücklich untergliedert in einen Besonderen und in einen Allgemeinen Teil. Dies ist die Unterscheidung auf der ersten Gliederungsebene. Bevor wir zu weiteren Gliederungsebenen, hier also den Abschnitten gehen, müssen wir uns klarmachen: Was regeln beide Teile und wie verhalten sie sich zueinander? Nur dann können wir sinnvoll weitersuchen[15]. Erinnern Sie sich an das Beispiel mit der Suche meines Schreibtisches: Wenn wir an dieser Stelle falsch entscheiden und z. B. im Besonderen Teil statt im Allgemeinen Teil suchen, kommen wir nie zum Ziel.

Im Allgemeinen Teil hat der Gesetzgeber das geregelt, was für die weiteren „Teile" gilt, hier also für den Besonderen Teil. Der Gedanke ist derselbe wie derjenige in der Mathematik, wenn man etwas in einer Gleichung „vor die Klammer zieht": Was *vor* der Klammer (hier: im Allgemeine Teil) steht, gilt für alles, was sich *in* der Klammer (hier: im Besonderen Teil) befindet. Genau dies hat der Gesetzgeber getan und bei vielen Gesetzen einen „Allgemeinen Teil" vorgesehen.

Um es an einem Beispiel aus dem StGB zu erläutern: Die §§ 38 und 39 StGB betreffen die Freiheitsstrafe und deren Bemessung:

§ 38 StGB
Dauer der Freiheitsstrafe
(1) Die Freiheitsstrafe ist zeitig, wenn das Gesetz nicht lebenslange Freiheitsstrafe androht.
(2) Das Höchstmaß der zeitigen Freiheitsstrafe ist fünfzehn Jahre, ihr Mindestmaß ein Monat.

§ 39 StGB
Bemessung der Freiheitsstrafe
Freiheitsstrafe unter einem Jahr wird nach vollen Wochen und Monaten, Freiheitsstrafe von längerer Dauer nach vollen Monaten und Jahren bemessen.

Die §§ 38 und 39 StGB gelten für jedes der Delikte im Besonderen Teil, also nicht nur für Mord und Totschlag, sondern auch für Diebstahl, Raub etc., mithin für die §§ 80–358 StGB. Wären die §§ 38 und 39 StGB nicht „nach vorne" in den Allgemeinen Teil gezogen, müsste jedes Delikt zwei weitere Absätze enthalten, in denen das steht, was in §§ 38 und 39 geregelt ist. Hypothetisch würde der Raub (§ 249 StGB) also lauten:

§ 249 StGB
Raub
(1) Wer mit Gewalt gegen eine Person oder unter Anwendung von Drohungen mit gegenwärtiger Gefahr für Leib oder Leben eine fremde bewegliche Sache einem anderen in der Absicht wegnimmt, die Sache sich oder einem Dritten rechtswidrig zuzueignen, wird mit Freiheitsstrafe nicht unter einem Jahr bestraft.

---

[15] Zur Bedeutung der Unterscheidung Allgemeiner/Besonderer Teil für die Auslegung siehe unten C IV 4 (S. 118 ff.).

(2) In minder schweren Fällen ist die Strafe Freiheitsstrafe von sechs Monaten bis zu fünf Jahren.
Hypothetisch ergänzt um:
(3) Die Freiheitsstrafe ist zeitig, wenn das Gesetz nicht lebenslange Freiheitsstrafe androht. Das Höchstmaß der zeitigen Freiheitsstrafe ist fünfzehn Jahre, ihr Mindestmaß ein Monat.
(4) Freiheitsstrafe unter einem Jahr wird nach vollen Wochen und Monaten, Freiheitsstrafe von längerer Dauer nach vollen Monaten und Jahren bemessen.

Weil im Allgemeinen Teil aber nicht nur die §§ 38 und 39 StGB enthalten sind, müsste der Inhalt des *gesamten* Allgemeinen Teils bei jedem Delikt aufgeführt sein. Das wäre eine sinnlose Aufblähung des Gesetzestextes.

Im Besonderen Teil sind – wie wir schnell erkennen – die einzelnen Delikte enthalten. **Der Allgemeine Teil enthält alle Vorschriften, die auch für den Besonderen Teil und seine Delikte gelten.** Beispiele: § 223 Abs. 1 StGB stellt die Körperverletzung unter Strafe; § 303 Abs. 1 StGB die Sachbeschädigung. Dort heißt es:

§ 223 StGB
Köperverletzung:
(1) Wer eine andere Person körperlich mißhandelt oder an der Gesundheit schädigt, wird mit Freiheitsstrafe bis zu fünf Jahren oder mit Geldstrafe bestraft. [...]

§ 303 StGB
Sachbeschädigung
(1) Wer rechtswidrig eine fremde Sache beschädigt oder zerstört, wird mit Freiheitsstrafe bis zu zwei Jahren oder mit Geldstrafe bestraft. [...]

Man mag sich nun angesichts der Weite der angedrohten Strafe (bis zu fünf Jahren oder Geldstrafe bei § 223 StGB oder immerhin bis zu zwei Jahren Freiheitsstrafe oder Geldstrafe bei § 303 StGB) fragen, welche Strafe denn nun genau verhängt werden darf, wenn jemand eine Körperverletzung oder eine Sachbeschädigung begangen hat. Dies Frage können wir nicht allein durch die Lektüre von § 223 StGB oder § 303 StGB lösen. Dazu benötigen wir aus dem Allgemeinen Teil die Vorschriften im dritten Abschnitt über die „Rechtsfolgen der Tat" (§§ 38 ff., konkret: § 39 und §§ 46–51 StGB). Sie gelten für alle Delikte, vom „Mord" (§ 211 StGB) bis zur „Vorbereitung eines Angriffskrieges" (§ 80 StGB). Wären sie nicht im Allgemeinen Teil geregelt, dann müssten alle Delikte des Besonderen Teils gleich lautende Vorschriften zur Strafbemessung enthalten.

Aus der Lektüre von § 223 oder § 303 StGB allein wird aber noch nicht ersichtlich, ob die Körperverletzung oder die Sachbeschädigung vorsätzlich begangen sein muss oder ob auch Fahrlässigkeit genügt. Um es an einem Beispiel zu verdeutlichen: Genügt es, dass man die wertvolle chinesische Vase – umgangssprachlich – nur „aus Versehen" (rechtlich im weitesten Sinne: fahrlässig) von der Vitrine gestoßen hat oder muss der Täter mit „Wissen und Wollen", also vorsätzlich, gehandelt haben. Hierzu benötigen wir die Norm des § 15 StGB, die im Allgemeinen Teil steht, und folglich sowohl für § 223 StGB wie auch für § 303 StGB gilt:

§ 15 StGB
Vorsätzliches und fahrlässiges Handeln
Strafbar ist nur vorsätzliches Handeln, wenn nicht das Gesetz fahrlässiges Handeln ausdrücklich mit Strafe bedroht.

Wir müssen also beide Vorschriften um den Inhalt des § 15 StGB ergänzen. Sie würden dann lauten:

§ 223 StGB
Köperverletzung:
(1) Wer eine andere Person **vorsätzlich** körperlich mißhandelt oder an der Gesundheit schädigt, wird mit Freiheitsstrafe bis zu fünf Jahren oder mit Geldstrafe bestraft. [...]

§ 303 StGB
Sachbeschädigung
(1) Wer rechtswidrig eine fremde Sache vorsätzlich beschädigt oder zerstört, wird mit Freiheitsstrafe bis zu zwei Jahren oder mit Geldstrafe bestraft. [...]

Sofort mag man sich nach der Strafbarkeit der *fahrlässigen* Begehung fragen. Nach § 15 StGB muss eine solche ausdrücklich mit Strafe bedroht sein. Für die Körperverletzung findet man diese in § 229 StGB:

§ 229 StGB:
Fahrlässige Körperverletzung
Wer durch Fahrlässigkeit die Körperverletzung einer anderen Person verursacht, wird mit Freiheitsstrafe bis zu drei Jahren oder mit Geldstrafe bestraft.

Für die Sachbeschädigung gibt es keine Fahrlässigkeitsnorm. Die fahrlässige Sachbeschädigung ist deshalb nach dem StGB nicht strafbar. Als „Nebenprodukt" unserer Überlegungen ergibt sich mithin: fahrlässige Sachbeschädigung ist nicht strafbar. Freilich begründet sie sehr wohl *zivilrechtliche* Schadensersatzansprüche nach § 823 Abs. 1 BGB; das ist hier aber kein Thema.

Was ist – so könnte man zur Vertiefung fragen – wenn die vorsätzliche Körperverletzung aus Notwehr begangen wurde? Dann sagt uns § 32 StGB, dass der Täter „nicht rechtswidrig" gehandelt hat. Er lautet

§ 32 StGB
Notwehr
(1) Wer eine Tat begeht, die durch Notwehr geboten ist, handelt nicht rechtswidrig. [...]

Wie wir bereits oben gesehen haben, gibt es im StGB keinen Rechtssatz, der schlicht sagt: „Strafbar ist nur, wer rechtswidrig handelt". Einen solchen Satz zu normieren erschien dem Gesetzgeber wohl zu banal. Wer also in Notwehr gehandelt hat, wird nicht bestraft.

Zusammengefasst kann man sich das Verhältnis zwischen Allgemeinem und Besonderem Teil entweder des StGB oder jedes anderen Gesetzbuches mit dem Satz bewusst machen:
Der Allgemeine Teil betrifft diejenigen Voraussetzungen, die für alle Vorschriften des Besonderen Teils gelten.

c) Übersicht über die Abschnitte des Besonderen Teils
Doch kehren wir zurück zum Verhältnis Allgemeiner/Besonderer Teil: Wir haben an dem Beispiel gesehen: Der Allgemeine Teil enthält diejenigen Normen, die grundsätzlich für alle Delikte des Besonderen Teils gelten. Wegen des Bestimmtheits-

gebots nach § 1 StGB[16] sagen uns die Delikte genau, welches Verhalten strafbar ist. Die Delikte sind im Besonderen Teil des StGB enthalten. Deshalb werden wir unseren weiteren Blick ins StGB im Besonderen Teil fortsetzen, weil wir erst von dort zum Allgemeinen Teil gelangen.

Auch den Besonderen Teil könnten wir jetzt von vorn bis hinten und Wort für Wort durchlesen. Das wäre aber höchst unökonomisch und auch kontraproduktiv. Wir würden uns mit einer Fülle von Details belasten, die wir jetzt gar nicht brauchen. Für unsere erste Orientierung reicht nämlich völlig, dass wir uns die Überschriften der Abschnitte des Besonderen Teiles des StGB anschauen.

Wir wollen uns zunächst nur anhand der Abschnittsüberschriften klarmachen, welche Regelungen im Besonderen Teil des StGB zu erwarten sind. Schauen wir ins Inhaltsverzeichnis und betrachten die Abschnitte, dann erhalten wir folgenden Überblick:

Erster Abschnitt. Friedensverrat, Hochverrat und Gefährdung des demokratischen Rechtsstaates
Zweiter Abschnitt. Landesverrat und Gefährdung der äußeren Sicherheit
Dritter Abschnitt. Straftaten gegen ausländische Staaten
Vierter Abschnitt. Straftaten gegen Verfassungsorgane sowie bei Wahlen und Abstimmungen
Fünfter Abschnitt. Straftaten gegen die Landesverteidigung
Sechster Abschnitt. Widerstand gegen die Staatsgewalt
Siebenter Abschnitt. Straftaten gegen die öffentliche Ordnung
Achter Abschnitt. Geld- und Wertzeichenfälschung
Neunter Abschnitt. Falsche uneidliche Aussage und Meineid
Zehnter Abschnitt. Falsche Verdächtigung
Elfter Abschnitt. Straftaten, welche sich auf Religion und Weltanschauung beziehen
Zwölfter Abschnitt. Straftaten gegen den Personenstand, die Ehe und die Familie
Dreizehnter Abschnitt. Straftaten gegen die sexuelle Selbstbestimmung
Vierzehnter Abschnitt. Beleidigung
Fünfzehnter Abschnitt. Verletzung des persönlichen Lebens- und Geheimbereichs
Sechzehnter Abschnitt. Straftaten gegen das Leben
Siebzehnter Abschnitt. Straftaten gegen die körperliche Unversehrtheit
Achtzehnter Abschnitt. Straftaten gegen die persönliche Freiheit
Neunzehnter Abschnitt. Diebstahl und Unterschlagung
Zwanzigster Abschnitt. Raub und Erpressung
Einundzwanzigster Abschnitt. Begünstigung und Hehlerei
Zweiundzwanzigster Abschnitt. Betrug und Untreue
Dreiundzwanzigster Abschnitt. Urkundenfälschung
Vierundzwanzigster Abschnitt. Insolvenzstraftaten
Fünfundzwanzigster Abschnitt. Strafbarer Eigennutz
Sechsundzwanzigster Abschnitt. Straftaten gegen den Wettbewerb
Siebenundzwanzigster Abschnitt. Sachbeschädigung

---

[16] Näher unten C V 3 (S. 162) sowie C III 1 (S. 48 ff.).

Achtundzwanzigster Abschnitt. Gemeingefährliche Straftaten
Neunundzwanzigster Abschnitt. Straftaten gegen die Umwelt
Dreißigster Abschnitt. Straftaten im Amt

Das ist noch recht unübersichtlich. Wenn wir aber die Worte „[…] Abschnitt" sowie die Formulierung „Strafbare Handlungen gegen […]" oder vergleichbare Wendungen weglassen, weil sie ohnehin nur das umschreiben, worum es generell im
Besonderen Teil geht, nämlich um die einzelnen strafbaren Handlungen, die nach
gewissen Angriffsrichtungen gegliedert sind, dann ergibt sich folgende Aufteilung,
die optisch noch durch Spiegelpunkte hervorgehoben wird:

- Friedensverrat, Hochverrat und Gefährdung des demokratischen Rechtsstaates
- Landesverrat und Gefährdung der äußeren Sicherheit
- Straftaten gegen ausländische Staaten
- Verfassungsorgane sowie Wahlen und Abstimmungen
- Landesverteidigung
- Staatsgewalt
- öffentliche Ordnung
- Geld- und Wertzeichenfälschung
- Falsche uneidliche Aussage und Meineid
- Falsche Verdächtigung
- Religion und Weltanschauung
- Personenstand, Ehe und Familie
- sexuelle Selbstbestimmung
- Beleidigung
- persönlicher Lebens- und Geheimbereich
- Leben
- körperliche Unversehrtheit
- persönliche Freiheit
- Diebstahl und Unterschlagung
- Raub und Erpressung
- Begünstigung und Hehlerei
- Betrug und Untreue
- Urkundenfälschung
- Insolvenzstraftaten
- Strafbarer Eigennutz
- Wettbewerb
- Sachbeschädigung
- Gemeingefährliche Straftaten
- Umwelt
- Straftaten im Amt

Das ist schon etwas übersichtlicher. Wir haben jetzt eine Vorstellung, welche Verhaltensweisen der Gesetzgeber mit dem StGB erfasst hat. Insgesamt bekommt man
auch heute noch den Eindruck, dass es um die grundlegenden Regelungen unseres

gesellschaftlichen Zusammenlebens geht. In der Tat kommt dem Besonderen Teil des StGB auch die Aufgabe zu, eine moderne Version der „Zehn Gebote" zu sein.

d) Der wesentliche Inhalt der einzelnen Abschnitte

Wir haben an diesen Beispielen gesehen, wie wir uns schon allein anhand der Abschnittsüberschriften recht schnell orientieren können. Um dies auch für den gesamten Besonderen Teil in Angriff nehmen zu können, müssen wir aber eine ungefähre Vorstellung davon haben, was im Besonderen Teil des StGB enthalten ist.

Dazu lesen Sie bitte ein „Einführung" zum Strafrecht und insbesondere zum StGB von *Weigend*, in der von ihm herausgegebenen dtv-Ausgabe des StGB (S. IX–XXXIII). Dort wird in meisterlicher Kürze das Wesentliche dargestellt, das Sie benötigen, um eine erste Orientierung zum Suchen zu haben. Bevor Sie das lesen: Überfliegen Sie die Überschriften doch selbst und versuchen Sie, eine Vorstellung davon zu entwickeln, was in den einzelnen Abschnitten enthalten ist. Denn: Sie lernen um so besser, je mehr eigene Gedankenarbeit Sie dafür aufwenden – auch wenn das gegen den Zeitgeist ist, der Ihnen suggeriert, man könne alles genauso schnell aufnehmen wie einen „Big Mac".

e) Lösung zu den Suchbeispielen

Oben haben wir uns folgende Fragen gestellt:

1. Gibt es einen Straftatbestand „Computersabotage"?
2. Falls es diesen gibt: Welche Verjährungsfrist gilt dann?

Für Frage 1 müssen wir im Besondern Teil suchen, weil wir inzwischen wissen: Straftatbestände (oder „Delikte") sind im Besonderen und nicht im Allgemeinen Teil geregelt. „Sabotage" könnte in den ersten Titeln (Friedensverrat, Hochverrat, etc.) zu suchen sein. Aber „Sabotage" ist beim Wort „Computersabotage" offensichtlich in einem anderen Sinn gemeint: der Computer (nicht der Staat) wird sabotiert. Von den Abschnittsüberschriften kommt deshalb nur noch der 27. Abschn. mit § 303b StGB in Betracht.

Für Frage 2 müssen wir im Allgemeinen Teil suchen und werden im 5. Abschn. (§§ 78 ff. StGB) fündig. Mit Verjährungsfrist meint man in der Regel die Verfolgungsverjährung (§§ 78 ff. StGB) und nicht die Vollstreckungsverjährung (§§ 79 ff. StGB). Ein Blick in § 78 StGB sagt uns: Es kommt auf die Strafdrohung von § 303b StGB an. Dort wird Freiheitsstrafe „bis zu fünf Jahren" (oder – was hier nicht interessiert: Geldstrafe) angedroht. Damit ist § 78 Abs. 3 Nr. 4 StGB einschlägig, weil das Höchstmaß bei § 303b StGB fünf Jahre beträgt. Die Verjährungsfrist für die Verfolgung der Computersabotage beträgt deshalb fünf Jahre.

5. Grundgesetz

Im Grundgesetz können wir uns grundsätzlich nach demselben Muster orientieren, wie wir es gerade beim StGB kennen gelernt haben. Allerdings kennt das Grundgesetz keine Aufteilung in einen Allgemeinen und einen Besonderen Teil.

Die wesentliche Struktur erkennen wir aber auch hier an den Gliederungsüberschriften der ersten Ebene:

Präambel
I.   Die Grundrechte
II.   Der Bund und die Länder
III.   Der Bundestag
IV.   Der Bundesrat
IVa.   Gemeinsamer Ausschuß
V.   Der Bundespräsident
VI.   Die Bundesregierung
VII.   Die Gesetzgebung des Bundes
VIII. Die Ausführung der Bundesgesetze und die Bundesverwaltung
VIIIa. Gemeinschaftsaufgaben
IX.   Die Rechtsprechung
X.   Das Finanzwesen
Xa.   Verteidigungsfall
XI.   Übergangs- und Schlußbestimmungen

Fassen wir dies zusammen, indem wir in Gedanken Zwischenüberschriften bilden: Zunächst geht es um das Verhältnis des Einzelnen zum Staat, also um die Grundrechte (I), sowie um das grundsätzliche Verhältnis zwischen dem Bund und den Ländern (II). Dann werden verschiedene Staatsorgane geregelt (III–VI), die drei Staatsgewalten (VII–IX) und schließlich zwei besondere Staatsaufgaben (X und Xa). Alles wird durch Übergangs- und Schlussbestimmungen abgerundet. Fügen wir in kursiver Schrift diese weitere Untergliederung ein, so ergibt sich folgender Aufbau:

A. I. Die Grundrechte
B. II. Der Bund und die Länder
C. Staatsorgane
     III. Der Bundestag
     IV. Der Bundesrat
     IVa. Gemeinsamer Ausschuß
     V. Der Bundespräsident
     VI. Die Bundesregierung
D. Staatsgewalten
     VII. Die Gesetzgebung des Bundes
     VIII. Die Ausführung der Bundesgesetze und die Bundesverwaltung
     VIIIa. Gemeinschaftsaufgaben
     IX. Die Rechtsprechung
E. Das Finanzwesen
F. Verteidigungsfall
G. Übergangs- und Schlußbestimmungen

Wenn es Sie stört, dass die Überschriften zweiter Ordnung nicht jedes Mal neu ge-
zählt werden, dann können Sie die Gliederung des Grundgesetzes in Gedanken auch
folgendermaßen wahrnehmen[17]:

A. I. Die Grundrechte
B. II. Der Bund und die Länder
C. Staatsorgane
    I. Der Bundestag
    II. Der Bundesrat
    III. Gemeinsamer Ausschuß
    IV. Der Bundespräsident
    V. Die Bundesregierung
D. Staatsgewalten
    I. Die Gesetzgebung des Bundes
    II. Die Ausführung der Bundesgesetze und die Bundesverwaltung
    III. Gemeinschaftsaufgaben
    IV. Die Rechtsprechung
E. Das Finanzwesen
F. Verteidigungsfall
G. Übergangs- und Schlußbestimmungen

Wenn wir nun beispielsweise eine Regelung zu Bundesgerichten suchen würden,
dann wäre uns klar: primärer Suchort ist der Abschn. IX (Rechtsprechung); suchen
wir etwas zu den Befugnissen des Bundeskanzlers, dann müssen wir zwar aus unserem Allgemeinwissen hinzufügen: Der Bundeskanzler ist Teil der „Bundesregierung", werden dadurch aber schnell im Abschn. VI. (Bundesregierung) fündig.

Aufgabe 2[18]:
a) Haben Bundestagsabgeordnete ein besonderes Zeugnisverweigerungsrecht?
b) Ist die Wohnung „unverletzlich"?
c) Enthält das GG eine Regelung zu Rechtsverordnungen?

6. BGB

Das StGB ist aus der Sicht eines Anfängers relativ plastisch formuliert. Man kann
sich etwas Konkretes unter „Betrug" oder „Diebstahl" vorstellen und hat auch eine
Alltagsvorstellung, was „Freiheitsstrafe auf Bewährung" oder „Geldstrafe" ist. Das

---

[17] Seien Sie sich aber bewusst, dass bei einer solchen „Neugliederung" z. B. die Information verloren geht, dass der Abschnitt „VIIIa" in dieser Nummerierung nicht mehr als „VIIIa" auftaucht.
Dann weiß man von der Gliederung her nicht mehr, dass es ein nach 1949 nachträglich hinzu-
gekommener Abschnitt ist.
[18] Lösungen im Anhang 1.

Grundgesetz und seine Begrifflichkeit sind aus dem Gemeinschaftskundeunterricht oder aus Presse und Fernsehen gegenwärtig und verständlich. Das BGB jedoch ist gerade für Anfänger sehr schwer zugänglich, obwohl es doch sachlich „am nächsten" liegt, weil es auch und vor allem alltägliche Rechtsbeziehungen von Privatpersonen im Verhältnis untereinander regelt, wie etwa meine Rechte gegenüber einem Kaufhaus beim Kauf eines Kopfhörers.

Versucht man sich den Regelungen des BGB auf ähnliche Weise zu nähern, wie wir es zuvor schon beim StGB und beim GG gemacht haben, so stellt sich ein Wiedererkennungseffekt ein: Auch das BGB kennt einen Allgemeinen Teil, aber offensichtlich mehrere Besondere Teile. Es ist zunächst in „Bücher" unterteilt. Der Allgemeine Teil (Buch 1) gilt demgemäß für die Bücher 2–5:

Buch 1 Allgemeiner Teil
Buch 2 Recht der Schuldverhältnisse
Buch 3 Sachenrecht
Buch 4 Familienrecht
Buch 5 Erbrecht

Was sich aber hinter den einzelnen „Büchern" verbirgt, kann man nur beim 4. und 5. Buch erahnen. Die Unterscheidung zwischen dem „Recht der Schuldverhältnisse" (Buch 2) und dem Sachenrecht (Buch 3) kann man nicht erklären, ohne gleichsam mitten ins Bürgerliche Recht einzusteigen. Das kann und soll hier nicht geleistet werden.

▶ **Tipp:** Gerade für Anfänger ist es aber sehr hilfreich, etwa die Einführung von *Hartmut Köhler* in der BGB-Textausgabe „Beck-Texte im dtv" zu lesen. Auf solche Kurzdarstellungen werden Sie in universitären Lernunterlagen oder in Lehrbüchern kaum hingewiesen. Sie sind aber gerade zu Beginn sehr nützlich. Es ist nämlich sehr schwierig, etwas Kompliziertes nicht nur kurz, sondern gleichzeitig verständlich darzustellen. Gleichwohl möchte ich in dieser Darstellung auf Normen des BGB nicht verzichten. Vielmehr soll auch und gerade das BGB hier dazu dienen, ein hervorragend systematisiertes Gesetz als Beispiel heranzuziehen, wie man sowohl das Suchen wie auch die verständige Lektüre üben kann.

7. Verwaltungsrechtliche Gesetze

Mit dem Verwaltungsrecht werden Sie in aller Regel erst ab dem 3. oder 4. Semester vertraut gemacht. Was jedoch das Lesen von Gesetzen anbelangt, können Sie dazu aber auch schon jetzt Wichtige üben. Die hier beispielhaft behandelten Gesetze, das Versammlungsgesetz (VersammlG) und das Betäubungsmittelgesetz (BtMG), sind in dtv-Ausgabe StGB abgedruckt.

a) Versammlungsgesetz (VersammlG)

Das Versammlungsgesetz regelt, wie die Exekutive (Polizei, Verwaltungsbehörden) mit Versammlungen umgehen darf. Hat sie die Befugnis, diese

- zu kontrollieren,
- zu verhindern,
- aufzulösen,

sowie

- etwaige Verstöße zu bestrafen?

Um uns im Versammlungsgesetz zu orientieren, schauen wir uns wiederum die Gliederung an. Sie weist folgende Struktur auf:

- Abschn. I: Allgemeines
- Abschn. II: Öffentliche Versammlungen in geschlossenen Räumen
- Abschn. III: Öffentliche Versammlungen unter freiem Himmel und Aufzüge
- Abschn. IV: Straf- und Bußgeldvorschriften
- Abschn. V: Schlußbestimmungen

Schon diese Struktur zeigt uns beispielsweise, dass das Gesetz streng unterscheidet zwischen öffentlichen Versammlungen in *geschlossenen* Räumen und *unter freiem Himmel* (nebst Aufzügen). Schmökern Sie mal schon hier im Versammlungsgesetz und achten Sie darauf, wie sich diese Unterscheidung auswirkt. Der Hintergrund ist die Unterscheidung in Art. 8 GG: nur Versammlungen unter freiem Himmel können „durch Gesetz oder auf Grund eines Gesetzes" beschränkt werden.

b) Betäubungsmittelgesetz (BtMG)

Etwas weniger plastisch ist der Regelungsgegenstand des Betäubungsmittelgesetzes. Es geht um Substanzen, die man landläufig als „Drogen" bezeichnet, vom Haschisch bis zum Heroin. Schauen wir uns zunächst wieder die Struktur des Gesetzes an, dann sind wir überrascht:

Erster Abschnitt. Begriffsbestimmungen
Zweiter Abschnitt. Erlaubnis und Erlaubnisverfahren
Dritter Abschnitt. Pflichten im Betäubungsmittelverkehr
Vierter Abschnitt. Überwachung
Fünfter Abschnitt. Vorschriften für Behörden
Sechster Abschnitt. Straftaten und Ordnungswidrigkeiten
Siebenter Abschnitt. Betäubungsmittelabhängige Straftäter
Achter Abschnitt. Übergangs- und Schlußvorschriften

[Anlage]
Anlage I (nicht verkehrsfähige Betäubungsmittel)
Anlage II (verkehrsfähige, aber nicht verschreibungsfähige Betäubungsmittel)
Anlage III (verkehrsfähige und verschreibungsfähige Betäubungsmittel)

Wir sind überrascht, weil es um ein Erlaubnisverfahren gehen soll. „Wo kann man denn die Erlaubnis für den Konsum von Cannabis bekommen?", mögen Sie jetzt fragen. Das wäre aber nicht die zentrale Frage für das BtMG. Das Erlaubnisverfahren betrifft vor allem z. B. Apotheker, die morphinhaltige Schmerzmittel vorrätig halten müssen. Darum geht es in den Abschnitten zwei bis vier. In der breiten Öffentlichkeit ist nur der sechste Abschnitt bekannt, das Betäubungsmittelstrafrecht.

III. Zusammenfassung

Unsere Überlegungen zum Suchlesen kann man folgendermaßen zusammenfassen:

1. Zentraler Orientierungspunkt jeder Suche ist die Gliederung.
2. Die Suche hat immer von der höchsten (= allgemeinsten) Gliederungsebene zu den tieferen (= spezielleren) Gliederungsebenen stattzufinden.
3. a) Suchen wir ein bestimmtes Gesetz, so empfiehlt sich spätestens im fortgeschrittenen Studium eine Orientierung an den Inhaltsverzeichnissen von „Schönfelder" und „Sartorius".
   b) Suchen wir innerhalb eines Gesetzes eine bestimmte Normierung, so müssen wir entsprechend die Gliederungsebenen „hinabschreiten", also z. B. von

Abschnitt
  →zu Paragraph
    →zu Absatz
      →zu Satz
        →zu Halbsatz
          →zu Wort.

4. Eine sinnvolle Suche setzt voraus, dass wir uns zumindest vom Grobinhalt der übergeordneten Gliederungsebenen eine ungefähre inhaltliche Vorstellung machen können (Was ist in dem Gesetz enthalten? Was im Abschnitt? Was im Paragraf? etc).
5. Suchregeln:

   a) „Eins vor und eins zurück".
   b) „Gliederungsebenen auf möglichst hoher Stufe ausscheiden".
   c) „Suchraum erweitern".

C. AUSLEGUNGSLESEN: Lesen und Verstehen der gefundenen Norm

Sie haben sich jetzt also grundsätzlich im StGB, im GG und auch im BGB orientiert. Sie haben eine erste Vorstellung davon, was wir wo finden können. Sie kennen aber noch keine Norm dieser Gesetze genauer. Der Teufel steckt bekanntlich im Detail. Und in der Tat ist die juristische Hauptarbeit darin zu suchen, wie man eine bestimmte Norm auslegen muss oder kann. Dazu müssen wir verstanden haben, weshalb es so wichtig ist, *dass* man als Jurist auslegen und begründen können muss (unten I). Erst dann stellen wir uns die Frage, *wie* man begründen kann (unten II). Der mögliche Wortlaut einer Norm stellt dabei im Strafrecht die unüberwindliche Grenze für jede Auslegung dar. In den beiden anderen Rechtsgebieten ist der Wortlaut jedenfalls der Ausgangspunkt jeder Interpretation. Deshalb ist es insgesamt wichtig, dass wir eine Norm genau lesen (unten III). Erst auf dieser Grundlage können wir uns dann verdeutlichen, welche Fragen uns beim Lesen und Verstehen leiten müssen (unten IV).

I. Nötig: Begründen statt Auswendiglernen

Als Jurist müssen Sie immer prüfen, ob ein Ihnen vorliegender Sachverhalt unter bestimmte Normen fällt und zwar nicht nur dann, wenn Sie Richter sind. Als Berater eines Unternehmens müssen Sie darlegen, wie dieses eine Strafbarkeit vermeidet. Als Anwalt müssen Sie z. B. Ihrem Mandanten erklären, dass eine bestimmte Verhaltensweise strafbar ist und ihn beraten, wie er eine Strafbarkeit vermeidet. Als Staatsanwältin müssen Sie entscheiden, ob Sie in einem konkretem Fall Anklage erheben oder nicht.

Es kommt also immer darauf an, ob die Norm anzuwenden ist und – wenn ja – welche Folgen sich daraus ergeben. Der juristische Fachausdruck dafür ist: Ob der Sachverhalt unter die Norm *subsumiert* werden kann, ob der konkrete Einzelfall unter die abstrakten Voraussetzungen der Norm fällt. Dazu muss man diese abstrakten Voraussetzungen auslegen. Das ist also die Hauptarbeit jedes Juristen, jeder

Juristin: **Normen auslegen und subsumieren**. Damit steht unser Leseziel fest: Ich lese einen Gesetzestext, weil ich ihn auslegen und subsumieren will.

Das kann einfach sein, etwa wenn im Sachverhalt steht: „A schießt B mit einer Pistole ins Bein", dann erfüllt A die Voraussetzungen des § 223 Abs. 1 Alt. 2 StGB Dieser lautet: (1) Wer eine andere Person [...] an der Gesundheit schädigt, wird mit Freiheitsstrafe bis zu fünf Jahren oder mit Geldstrafe bestraft.

Bei einem Schuss in das Bein des Opfers ist das Erfordernis der „Gesundheitsschädigung" eindeutig erfüllt. Aber wie sieht es aus, wenn A nicht mit einer Pistole auf den B schießt, sondern ihm per Post eine Briefbombe schickt, die den B beim Öffnen am Bein verletzt, nachdem der Briefträger ihm den Brief ausgehändigt hat (und wieder gegangen ist)? Wer hat hier eine andere Person „an der Gesundheit geschädigt" im Sinne von § 223 Abs. 1 Alt. 2 StGB:

- der A, weil er den Brief abgeschickt hat?
- Der Briefträger, weil er den Brief überbracht hat?
- Oder nur B selbst, weil er den Brief geöffnet hat?

Diese Frage ist schon etwas schwieriger zu lösen. Wir könnten auf verschiedenen Wegen begründen, dass A den B im Sinne des § 223 an der Gesundheit geschädigt hat (Überlegen Sie doch kurz, bevor Sie weiterlesen!). Eine aus heutiger Sicht der Dogmatik[1] jedenfalls (mir) einleuchtende Begründung lautet: A hat B an der Gesundheit geschädigt, weil er gehandelt hat und seine Handlung ursächlich („kausal") für die Schädigung des B war und diese Schädigung zudem objektiv dem von A geschaffen unerlaubten Risiko zurechenbar war. Der Briefträger hat zwar ebenfalls kausal gehandelt, aber kein unerlaubtes Risiko geschaffen. Auch das Opfer hat kausal gehandelt (ohne Öffnen des Briefes keine Gesundheitsschädigung), aber sein Verhalten schließt es nicht aus, dem A den Erfolg zuzurechnen. Vom Alltagssprachgebrauch her und ohne juristische Kenntnisse würden wir jedoch nie daran denken, dass das Absenden eines Briefs ein „an der Gesundheit schädigen" im Sinne von § 223 sein könnte.

Ein zweites Beispiel: A tötet vorsätzlich den Kampfhund seines Nachbarn N mit einer Pistole, weil der Hund auf A losstürmt. Der Hund stirbt sofort und ohne weitere Qualen. Hat A sich wegen der Tötung des Hundes strafbar gemacht? Der Hund ist kein Mensch (kein „anderer") im Sinne von § 212 StGB (Totschlag), also scheidet diese Norm aus. § 222 StGB (fahrlässige Tötung) scheidet aus demselben Grund aus. Wenn die Tötung des Hundes nicht als Sachbeschädigung nach § 303 StGB erfassbar ist, dann ist es straflos, weil § 17 Tierschutzgesetz hier evident nicht einschlägig ist.

§ 17 Tierschutzgesetz
[Straftaten]
Mit Freiheitsstrafe bis zu drei Jahren oder mit Geldstrafe wird bestraft, wer
1. ein Wirbeltier ohne vernünftigen Grund tötet oder
2. einem Wirbeltier
   a) aus Roheit erhebliche Schmerzen oder Leiden oder
   b) länger anhaltende oder sich wiederholende erhebliche Schmerzen oder Leiden zufügt.

---

[1] Zum Begriff „Dogmatik" siehe unten C IV 2 (S. 46 ff.)

Zwar sträubt man sich vom Alltagssprachgebrauch her, ein Tier juristisch als eine „Sache" zu verstehen. Nur dann kann man den hier angesprochenen Fall aber unter ein Delikt subsumieren. Kein Gegenargument ist es, dass das Zivilrecht sehr wohl neben den „Personen" und den „Sachen" noch das „Tier" als eigenständiges weiteres Rechtssubjekt versteht. § 90a BGB bestimmt für „Tiere" in Abgrenzung zu Sachen deshalb: „*Tiere sind keine Sachen. Sie werden durch besondere Gesetze geschützt. Auf sie sind die für Sachen geltenden Vorschriften entsprechend anzuwenden, soweit nicht etwas anderes bestimmt ist.*" Das Zivilrecht und das Strafrecht regeln nämlich verschiedene Fragen. So würde jedenfalls die Begründung zu diesem Fall nach der vorherrschenden Meinung lauten: Die Tötung des Hundes ist für A als Sachbeschädigung nach § 303 Abs. 1 StGB strafbar[2].

Wir sehen also an diesen Beispielen: es kommt auf die Begründung an. Genau das müssen Sie lernen. Und dem Begründen wollen wir uns jetzt nähern.

Nur nebenbei bemerkt: Die nachfolgende Methode gilt nicht nur für Normen des StGB, des BGB oder des GG, bei denen Sie im Zweifel in einen Kommentar oder in ein Lehrbuch schauen werden, um die momentan vorherrschende Auslegung zu erfahren. Sie gilt vor allem für Normen, zu denen Sie niemals einen Kommentar oder ein Lehrbuch finden werden, etwa den Allgemeinen Geschäftsbedingungen des Unternehmens X, die Sie als Anwalt interpretieren müssen, um für Ihren Mandanten z. B. zu klären, ob auf Seiten des Unternehmens ein betrügerisches oder wucherisches Verhalten vorliegt. Nehmen Sie als Beispiel nur die Allgemeinen Geschäftsbedingungen des Telekommunikationsunternehmens mit dem Sie z. B. einen DSL-Vertrag abgeschlossen haben. Sie wollen wissen, wie Sie vorzeitig aus der in der Regel 24-monatigen Bindung herauskommen, wenn die DSL-Verbindung oft streikt. Ich kann mir gut vorstellen, dass auch Sie[3] sich daran schon die Zähne ausgebissen haben.

II. Begründungsmöglichkeiten

1. Nicht durch auswendiggelernte BGH-Rechtsprechung

Eine landläufige Vorstellung vom Jura-Studium ist, dass man da sehr viel auswendig lernen müsse: „*Die vielen Gesetze und so...*". Ich selbst kann mich an meine

---

[2] Zu einem eigenständigen Schutz von Tieren im Kernstrafrecht, also im StGB, konnte man sich in Deutschland bislang nicht durchringen. Vgl. demgegenüber § 222 des österreichischen StGB („Tierquälerei"): „*(1) Wer ein Tier 1. roh misshandelt oder ihm unnötige Qualen zufügt, 2. aussetzt, obwohl es in der Freiheit zu leben unfähig ist, oder 3. mit dem Vorsatz, dass ein Tier Qualen erleide, auf ein anderes Tier hetzt, ist mit Freiheitsstrafe bis zu einem Jahr oder mit Geldstrafe bis zu 360 Tagessätzen zu bestrafen. (2) Ebenso ist zu bestrafen, wer, wenn auch nur fahrlässig, im Zusammenhang mit der Beförderung mehrerer Tiere diese dadurch, dass er Fütterung oder Tränke unterlässt, oder auf andere Weise längere Zeit hindurch einem qualvollen Zustand aussetzt. (3) Ebenso ist zu bestrafen, wer ein Wirbeltier mutwillig tötet.*"

[3] Mir half in meinem Fall nur die Drohung mit einer Strafanzeige wegen Verdachts des Wuchers nach § 291 StGB, weil die vom Unternehmen stammenden Mängel nur über eine Hotline zu 1,24 Euro/Min. beseitigt werden konnten. Das ist etwa so, wie wenn ein Dachdecker nur dann das schlampig gedeckte Dach ausbessert, wenn Sie ihm das Taxi bezahlen.

ersten Eindrücke von den prall gefüllten Regalen der juristischen Bibliothek in Tübingen erinnern: „Diese vielen Bücher soll ich alle lesen?" – fragte ich mich naiv und fühlte mich erschlagen von der Masse der Bücher. Erst im Laufe der Zeit wurde mir bewusst, dass diese „vielen" Bücher gleichsam „auf Vorrat" vorhanden sind, damit jeder jederzeit auf jedes Urteil/jedes Buch/jeden Aufsatz zugreifen kann. Aus heutiger Sicht: eine typische Erfahrung eines Anfängers.

Wie Ihnen aber hoffentlich schon durch die bisherigen Überlegungen bewusst geworden ist, geht es keinesfalls darum, dass Sie Gesetze auswendig lernen sollen[4]. Naja, werden Sie jetzt einwenden: „Aber die Auslegung der Gesetze durch die Rechtsprechung muss man aber doch auswendig lernen." Dabei mag die laienhafte Vorstellung mitschwingen, dass alles in den Gesetzen geregelt sei; man müsse es nur herauslesen. Das ist nichts anderes als die Vorstellung von *Montesquieu* und seinem Werk „Vom Geist der Gesetze" aus dem Jahr 1748. Danach ist der Richter nur der Mund des Gesetzes („la bouche de la loi").

Das ist aus mehren Gründen nicht zielführend:

Ziehen Sie eine Parallele zum Mathematik-Unterricht und seinen Klausuren in der Schule: Würden Sie tatsächlich meinen, Sie müssten einzelne Rechnungen oder gar Ergebnisse auswendig lernen, um eine gute Klausur zu schreiben? Es kommt immer auf den Rechen*weg* an. Dazu muss man die Regeln verstanden haben und sie auf eine neue Aufgabe anwenden können. Durchaus ähnlich ist es mit dem juristischen Lernen. Es kommt auf den Begründungs*weg* an.

Entscheidungen der Gerichte legen für die Betroffenen verbindlich fest, was erlaubt und verboten ist, was strafbar ist, wofür man Schadensersatz leisten muss, etc. Weil es in Deutschland – wie in jedem Staat – eine Vielzahl von Gerichten gibt, welche dieselbe Art von Rechtssachen (z. B. Strafsachen) entscheiden, gibt es eine letzte Instanz, die für ganz Deutschland entscheidet. In Straf- oder in Zivilsachen ist das der Bundesgerichtshof (BGH) in Karlsruhe, für Verfassungsrechtsfragen das Bundesverfassungsgericht, etc.

Die Entscheidungen des BGH sind erstens nicht rechtlich, sondern nur faktisch bindend. Rechtlich bindend sind nur Entscheidungen des Bundesverfassungsgerichts nach § 31 BVerfGG

§ 31 BVerfGG
[Verbindlichkeit der Entscheidungen]
(1) Die Entscheidungen des Bundesverfassungsgerichts binden die Verfassungsorgane des Bundes und der Länder sowie alle Gerichte und Behörden.
(2) In den Fällen des § 13 Nr. 6, 6a, 11, 12 und 14 hat die Entscheidung des Bundesverfassungsgerichts Gesetzeskraft. Das gilt auch in den Fällen des § 13 Nr. 8a, wenn das Bundesverfassungsgericht ein Gesetz als mit dem Grundgesetz vereinbar oder unvereinbar oder für nichtig erklärt. Soweit ein Gesetz als mit dem Grundgesetz oder sonstigem Bundesrecht vereinbar oder unvereinbar oder für nichtig erklärt wird, ist die Entscheidungsformel durch das Bundesministerium der Justiz im Bundesgesetzblatt zu veröffentlichen. Entsprechendes gilt für die Entscheidungsformel in den Fällen des § 13 Nr. 12 und 14.

---

[4] Notiz am Rande: Das gilt auch für mündliche Prüfungen. Ich höre aber immer wider von dem Unsinn, dass manche KollegInnen den Gebrauch von Gesetzestexten dort einschränken wollen. Das müssen Sie gegebenenfalls eben hinnehmen, spiegelt aber eine nicht-juristische Vorgehensweise wieder. Selbst bei grundlegenden Rechtssätzen tut es gut, wenn man sich auf ihre Formulierung besinnt (siehe das Beispiel oben A I in Anlehnung an § 4 öStGB).

Faktisch gibt es in der Praxis natürlich eine Bindung: Ein Amts- oder Landgericht könnte auch völlig konträr zu einem BGH-Urteil entscheiden. Allerdings wird dann die Partei ein Rechtsmittel ergreifen, zu deren Nachteil das Amtsgericht entschieden hat. Dieses Rechtsmittel führt zur Aufhebung des Urteils des Amtsgerichts. Diese Tatsache wird sich negativ auf Beförderungen unseres Amtsrichters auswirken, zumindest, wenn so etwas öfter vorkommt. Deshalb wird er es in aller Regel unterlassen, eine Entscheidung zu treffen, die im Widerspruch zur Rechtsprechung des BGH ist. Die Berufung auf die Praxis eines höheren Gerichts ist für ein Untergericht mithin nur eine Kurzformel der Begründung.

Es gibt zweitens nicht zu jeder Auslegungsfrage eine BGH-Entscheidung. Dann muss man die Frage als Richter zunächst selbst entscheiden, also auslegen und dies natürlich begründen können, sonst behauptet man nur ein bestimmtes Ergebnis.

Gibt es jedoch eine BGH-Entscheidung aus dem Bereich, um den es geht, muss man drittens in der Lage sein zu begründen, ob und warum diese Entscheidung auf den Fall, mit dem man zu tun hat, anwendbar ist oder auch nicht.

Ist auch das zu bejahen, kann man viertens vor der Frage stehen: Ist die BGH-Entscheidung inhaltlich überzeugend oder nicht? Das mag auch im Alltag beispielweise eines Strafverteidigers nicht allzu häufig vorkommen, ist aber dann doch zentral entscheidend. Angenommen, es gibt seit 10 Jahren eine bestimmte BGH-Entscheidung. Diese sei negativ für das konkrete Anliegen des Mandanten. Vor 2 Jahren habe aber der Europäische Gerichtshof für Menschenrechte (EuGMR) entschieden, dass die Auslegung des BGH gegen die Europäische Menschenrechtskonvention verstößt. Dann kommt es darauf an, dass Sie als Strafverteidiger in einem Verfahren aufzeigen: Es gibt zwar die zehn Jahre alte Entscheidung des BGH, aber weil der EuGMR so entschieden hat, kann diese BGH-Entscheidung heute nicht mehr aufrechterhalten werden. Dazu muss man begründen können; die Kenntnis der BGH-Entscheidung allein nützt gar nichts.

Wenn sich die Praxis deshalb so oft als möglich auf den BGH beruft, so ist dies letztlich nur eine vereinfachte Form der Begründung. Sie ersetzt nicht eigenes Denken und eigene Gedanken.

Nur vor diesem Hintergrund ist auch die Einrichtung des „Großen Senats" nach § 132 GVG zu erklären. Der BGH ist nämlich keineswegs ein Gericht, das nur aus einem Spruchkörper besteht. Er wird vielmehr in Form von Senaten tätig (§ 130 GVG), die aus fünf Richtern bestehen (vgl. § 139 Abs. 1 GVG). Für das Strafrecht bestehen zurzeit 5 Senate. Der Große Senat entscheidet z. B. dann, wenn der 1. Senat von der Rechtsprechung des 5. Senats in einer speziellen Rechtsfrage abgehen will.

So wurde die Frage, wie viele Menschen für eine „Bande" im Sinne von § 244 Abs. 1 Nr. 2 StGB notwendig sind, verschieden beantwortet:

§ 244 StGB
Diebstahl mit Waffen; Bandendiebstahl; Wohnungseinbruchdiebstahl
(1) Mit Freiheitsstrafe von sechs Monaten bis zu zehn Jahren wird bestraft, wer
1. einen Diebstahl begeht, bei dem er oder ein anderer Beteiligter
   a) eine Waffe oder ein anderes gefährliches Werkzeug bei sich führt,
   b) sonst ein Werkzeug oder Mittel bei sich führt, um den Widerstand einer anderen Person durch Gewalt oder Drohung mit Gewalt zu verhindern oder zu überwinden,

2. als Mitglied einer **Bande**, die sich zur fortgesetzten Begehung von Raub oder Diebstahl verbunden hat, unter Mitwirkung eines anderen Bandenmitglieds stiehlt oder

3. einen Diebstahl begeht, bei dem er zur Ausführung der Tat in eine Wohnung einbricht, einsteigt, mit einem falschen Schlüssel oder einem anderen nicht zur ordnungsmäßigen Öffnung bestimmten Werkzeug eindringt oder sich in der Wohnung verborgen hält.

(2) Der Versuch ist strafbar. […]

Manche Gerichte sagten: mindestens aus zwei Menschen, andere: mindestens drei Menschen. Im Jahr 2001 hat der Große Senat des BGH entschieden: Mindestens drei Menschen[5].

Gäbe es die Institution der verstärken Senate nicht, dann müsste entweder der später entscheidende Senat sich nach dem „Erst-Senat" richten. Dann würde in der Sache eine Rechtsfrage innerhalb des BGH nach dem Prinzip entschieden: „Wer zuerst entscheidet, hat recht". Oder man müsste damit leben, dass ein- und dieselbe Rechtsfrage innerhalb Deutschlands verschieden ausgelegt wird. Das wäre mit dem Gedanken der Einheit der Rechtsordnung nicht zu vereinbaren.

Deshalb entscheidet der BGH auch dann, wenn Oberlandesgerichte voneinander in einer Rechtsfrage abweichen wollen (§ 121 Abs. 2 GVG). Darum ging es im jüngst vom BGH entschiedenen „Taschenmesser"-Fall (Beschl. v. 3.6.2008 – 3 StR 246/07). Der 3. Senat zeigt geradezu vorbildlich auf, was ein Rechtsproblem ist und wie man es behandelt. Die Entscheidung ist wegen ihrer didaktischen Bedeutung im Anhang abgedruckt. Es ging um die Frage, ob erstens ein Taschenmesser grundsätzlich ein „gefährliches Werkzeug" im Sinne des § 244 Abs. 1 Nr. 1 Buchst. a StGB ist und ob dies zweitens unabhängig davon gilt, ob der Dieb es allgemein für den Einsatz gegen Menschen vorgesehen hat. Im konkreten Fall sollte es nur dazu benutzt werden, Preisetiketten von Flaschen abzulösen. Der BGH hat beide Fragen – geradezu zähneknirschend – bejaht und den Gesetzgeber zu einer Nachbesserung aufgefordert.

Freilich kommen solche Situationen selten vor. Sie illustrieren aber, worum es geht: Juristische Entscheidungen sind zu begründen. Nur dann sind sie nachvollziehbar. Um es noch deutlicher und gleichzeitig einfacher zu sagen: Das Jura-Studium ist in vielerlei Hinsicht nicht anderes, als den gesunden Menschenverstand (aber leider auch: die Stammtischparolen!) in juristische Argumente umzuformen. Dieser Gedanke wird uns weiterhelfen.

2. Übersetzung von Alltagsurteilen in juristische Dogmatik als erster Schritt

Mit anderen Worten: Sie müssen unbedingt lernen, begründen zu können. Dazu reicht es nicht, dass Sie etwas als „ungerecht" bezeichnen. Das kann nur ausnahmsweise in Betracht kommen, nämlich wenn einem nichts Besseres einfällt. In der Dogmatik benutzt man dann meistens die Kategorie „sui generis". Der Regelfall in Theorie und Praxis ist, dass Sie Ihr Ergebnis mit einer akzeptierten juristischen Methode begründen.

---

[5] BGHSt 46, 321 (Beschl. v. 22. März 2001 – GSSt 1/00).

Dies geschieht, indem Sie sich mit der einschlägigen Dogmatik vertraut machen und diese beherrschen. Das Wort „Dogmatik" kommt von „Dogma", also „nicht näher zu begründender Lehrsatz". Wenn Sie so wollen, ist das aktuell geltende Gesetz das gerade existierende „Dogma". Im Gegensatz zu Dogmen in anderen Bereichen, sind die gegenwärtigen Gesetze aber nicht unabänderlich. Sie werden vielmehr laufend geändert und dem Bedürfnis der Wirklichkeit angepasst.

Die „Dogmatik" und ihre Sätze sind deshalb oft ebenfalls nur Kurzformen von Begründungen, gewissermaßen eine Kurzformel der Argumentation. Eine vergleichbare Funktion haben in der Praxis die Urteile von Gerichten, insbesondere höchstrichterliche Urteile wie diejenigen des BGH.

▶ **Tipp:** Vor diesem Hintergrund wird für Sie deutlich: Begründen müssen Sie ganz besonders üben. Das ist das Zentrale am Jura-Studium.

Natürlich können Sie das zuhause im stillen Kämmerlein erledigen. Sinnvoller ist es aber, wenn Sie zusätzlich mit anderen zusammen eine Lerngruppe bilden oder aktiv an der Vorlesung oder Übung teilnehmen und sich nicht „berieseln" lassen: Wenn Sie selbst eine Frage formuliert haben oder wenn Sie selbst etwas erklärt haben, dann sitzt das viel besser als wenn Sie das nur lesen. Im Zweifel bleibt da nämlich nur wenig hängen, wenn man sich nicht diskursiv mit der Thematik beschäftigt.

▶ **Tipp:** Gute Erfahrungen habe ich in Lehrveranstaltungen mit folgendem Weg gemacht: Wenn das Rechtsproblem klar formuliert ist (z. B.: Ist ein Taschenmesser eine Waffe im Sinne von § 244 Abs. 1 Nr. 1a StGB?)[6], dann begründen Sie Ihr „Ja" oder ihr „Nein" in einem ersten Schritt zunächst mit Alltagsbegründungen (bis hin zu „ungerecht"). In einem zweiten Schritt versuchen Sie dann, diese Alltagsargumente entweder in juristisch-dogmatische umzuwandeln; oder Sie kommen zur Erkenntnis, dass es sich um eine nicht „übersetzbare" Alltagsbegründung handelt.

George P. Fletcher bringt die Dinge auf den Punkt, wenn er formuliert: „Eine gute Dogmatik muß konsequent sein und gleichzeitig darauf achten, dass ihre strengen Prinzipien nicht zu ungerechten Ergebnissen führen."[7] *Fletcher* ist einer der wenigen angloamerikanischen Wissenschaftler, der sich ernsthaft mit der deutschen Dogmatik und insgesamt mit dem nicht-amerikanischen Rechtsdenken auseinandersetzt. Der Spiegel, den er uns vorhält, macht Dinge deutlich, die wir zu wenig sehen, wenn wir uns nur im eigenen Kreis drehen.

---

[6] Zu diesem Rechtsproblem vgl näher die in Anhang 3 abgedruckte Grundsatzentscheidung des BGH, die diese Frage beispielhaft erörtert (S. 233 ff.).

[7] *Fletcher*, Deutsche Strafrechtsdogmatik aus ausländischer Sicht, in: *Eser/Hassemer/Burkhardt* (Hrsg.), Die deutsche Strafrechtswissenschaft vor der Jahrtausendwende, München 2000, S. 235, 248.

III.   Begründen mit den juristischen Auslegungsmethoden

1. Die anerkannten Auslegungsmethoden

Juristisch-methodisch begründet man seine Auslegung über die anerkannten Auslegungsmethoden. Diese sind die

- Wortlaut-Auslegung: Was ist vom Wortlaut der Norm her noch gedeckt?
- Historische Auslegung: Was war der Wille des Gesetzgebers?
- Systematische Auslegung: Wie verhält sich die auszulegende Norm zu anderen Stellen innerhalb der Norm, zu Normen innerhalb des Gesetzes oder auch zu Normen anderer Gesetze?
- Teleologische Auslegung: Was ist der Zweck (griechisch: *telos*)[8] der Norm?

Beispiel für eine Auslegungsfrage[9]: Fällt eine Leibesfrucht, die sich zwar noch im Mutterleib befindet, aber schon außerhalb des Mutterleibes im Brutkasten selbständig überlebensfähig wäre, unter den Totschlag nach § 212 StGB? Die Rechtsfrage lautet also konkret: Ist eine solche Leibesfrucht ein „anderer" im Sinne dieser Norm?

Mit dem *Wortlaut* des § 212 StGB („Wer eine anderen tötet [...]") wäre das wohl noch zu vereinbaren. Wenn man den Zweck von § 212 StGB generell im Schutz des Lebens sieht, würde auch die *teleologische* Auslegung zur Bejahung führen. Hielte man dem entgegen, dass es nur um den Schutz des geborenen Lebens gehe, dann hätte man in die Definition des Zweckes bereits die erwünschte Antwort hineingelegt. Die *historische* Auslegung gibt zur Frage nichts her. Aber die *systematische* Auslegung führt zur Verneinung der Frage: § 212 StGB erfasst nur das geborene Leben, weil sonst für den Schwangerschaftsabbruch nach §§ 218 ff. StGB kein Raum bliebe.

Für das weitere Verständnis mögen deshalb folgende Erläuterungen der Auslegungsmethoden genügen[10]:

Die *Wortlaut-Auslegung* fragt nach der vom Sprachgebrauch her noch möglichen Wortbedeutung. Maßstab hierfür können beispielsweise sein: der Duden, andere Wörterbücher oder Lexika.

---

[8] Deshalb nicht zu verwechseln mit einer „*theologischen*" Auslegung, die es im weltlichen Recht nicht geben kann.

[9] Vgl. dazu *Gropp*, Der Embryo als Mensch, GA 2000, 1 ff.

[10] Näher dazu: *Wank*, Die Auslegung von Gesetzen, 2005, sowie ein interessant zu lesendes Vorlesungsskript von *Herberger* (Saarbrücken), Einführung in das juristische Denken und Arbeiten, über das Internet zugänglich und ausdrücklich zur Weitergabe freigegeben: <http://www.jurawiki.de/JuristischesDenkenUndArbeiten>.

Im Strafrecht hat der Wortlaut eine ganz besondere Bedeutung: Er ist die unüberwindbare Schranke der Auslegung,[11] weil sich die Adressaten des Strafrechts, also jeder Mensch, auf den Wortlaut verlassen können muss. Er muss wissen oder jedenfalls in Erfahrung bringen können: Dieses Verhalten ist verboten und strafbar, jenes nicht. Nur über einen bestimmten oder wenigstens bestimmbaren Wortlaut kann das Bestimmtheitsgebot nach § 1 StGB erfüllt werden[12]. Es bedurfte allerdings einer Entscheidung des Bundesverfassungsgerichts, um einzusehen, dass schlichtes Nichtstun in Form des sog. „passiven Widerstands" bei Straßenblockaden keine „Gewalt" im Sinne der Nötigung nach § 240 Abs. 1 StGB ist[13]. Wegen des Wortlauts darf man auch keine Analogie[14] zu Lasten des Täters vornehmen. Deshalb konnte man seinerzeit als der Hausstrom als Energiequelle aufkam und damit auch die Praxis des „Abzapfens" von Strom durch den Nachbarn zunahm, nicht den § 242 StGB (Diebstahl) analog auf solche Fälle des Stromdiebstahls anwenden. Man konnte also nicht sagen, das Abzapfen von Strom ist ähnlich zu behandeln wie der Diebstahl eines Buches. Denn § 242 StGB setzt die Wegnahme einer „beweglichen Sache" voraus. Wesentlich für die Sacheigenschaft ist aber die Körperlichkeit eines Gegenstandes. Diese fehlt dem Strom. Deshalb bedurfte es der Vorschrift des § 248c StGB. Vergleichen Sie die beiden Normen:

§ 242 StGB
Diebstahl
(1) Wer eine fremde **bewegliche Sache** einem anderen in der Absicht **wegnimmt**, die Sache sich oder einem Dritten rechtswidrig zuzueignen, wird mit Freiheitsstrafe bis zu fünf Jahren oder mit Geldstrafe bestraft.
§ 248c StGB
Entziehung elektrischer Energie
(1) Wer einer elektrischen Anlage oder Einrichtung **fremde elektrische Energie mittels eines Leiters entzieht**, der zur ordnungsmäßigen Entnahme von Energie aus der Anlage oder Einrichtung nicht bestimmt ist, wird, wenn er die Handlung in der Absicht begeht, die

---

[11] Zur Auslegung speziell im Strafrecht vgl. Schönke/Schröder–*Eser*, StGB, 28. Aufl. München 2010, § 1 RN 25–56.

[12] Zum Bestimmtheitsgebot näher Schönke/Schröder–*Eser*, StGB, 28. Aufl. München 2010, § 1 RN 1–56.

[13] BVerfGE 92, 1. Diese Entscheidung wird vom BGH durch seine „Zweite-Reihe-Rechtsprechung" (BGHSt 41, 182, 184 f.) umgangen, was seinerseits erstaunlicherweise vom BVerfG gebilligt wird (BVerfG NJW 2011, 3020, 3021). Zur diametral entgegengesetzten Auffassung in Österreich, wonach Nötigung *nie* durch psychische (also: unkörperliche) „Gewalt" begangen werden kann vgl. *Kienapfel/Schroll*, Strafrecht Besonderer Teil I, 5. Aufl. Wien 2008, § 105 RN 11–13 und 21 m. w. N. Vgl. zum Unterschied zwischen Österreich und Deutschland auch: *Lagodny*, How the Austrians or Germans do without it?, in: *Grafl/Medogovic* (Hrsg.), FS Manfred Burgstaller zum 65. Geburtstag, Wien 2004, S. 409–419, 412 ff.

[14] Ein Schluss vom *einen* Besonderen auf das darin enthaltene Allgemeine, von dem man wieder auf ein *anderes* Besonderes schließt: Äpfel sind Früchte. Früchte sind deshalb auch Birnen, weil Birnen dieselben Merkmale aufweisen, die Äpfel als Früchte charakterisieren. Damit ist zugleich die Gefahr einer Analogie angedeutet: man darf Äpfel und Birnen nicht verwechseln.

elektrische Energie sich oder einem Dritten rechtswidrig zuzueignen, mit Freiheitsstrafe bis zu fünf Jahren oder mit Geldstrafe bestraft.

In den anderen Rechtsgebieten (Öffentliches Recht; Zivilrecht) gilt das Bestimmtheitsgebot nicht im selben strengen Maße wie im Strafrecht,[15] doch sorgt Art. 103 Abs. 2 GG auch hier für eine Eingrenzung der Auslegung: Der Wortlaut der Norm ist auch hier zumindest der Ausgangspunkt jeder Auslegung. Im Zivilrecht kann man den Wortlaut einer vertraglichen Klausel aber z. B. unter dem klassischen Grundsatz „falsa demonstratio non nocet" (die falsche Bzeichnung schadet nicht) ignorieren. Und die amtliche Überschrift[16] von § 911 BGB, „Überfall", hat nichts mit einem Banküberfall zu tun, sondern ist eine typisch juristische Wortwahl, um auszudrücken, dass ein reifer Apfel vom Baum des Nachbarn in das eigene Gründstück hin „überfällt":

> § 911 BGB
> Überfall
> Früchte, die von einem Baume oder einem Strauche auf ein Nachbargrundstück hinüberfallen, gelten als Früchte dieses Grundstücks. Diese Vorschrift findet keine Anwendung, wenn das Nachbargrundstück dem öffentlichen Gebrauch dient.

Ob man das sprachlich eleganter und verständlicher hätte ausdrücken können, sei hier dahingestellt.

Für die *historische Auslegung* kommt es darauf an, was der Gesetzgeber mit seiner Regelung bezwecken und erreichen wollte. Hierfür muss man die Gesetzesmaterialien heranziehen, also z. B. Bundestags-Drucksachen, Bundesrats-Drucksachen, Plenarprotokolle oder Ausschussberichte, insbesondere des Rechts-ausschusses. Im Laufe der Zeit können sich jedoch die faktischen gesellschaftlichen Bedürfnisse verändern. Deshalb kann man sagen: Je älter ein Gesetz ist, umso weniger bedeutsam *kann* der historische Wille des Gesetzgebers sein (nicht: „ist"!). In der Klausur werden Kenntnisse hierzu nicht erwartet, weil es schlicht unmöglich ist, zu den sich stellenden Problemen auch die Gesetzesmaterialien zu kennen[17].

Die *systematische Auslegung* hat zum Ziel, eine in sich stimmige Auslegung der Gesamtheit des Rechts oder jedenfalls des anzuwendenden Gesetzes herbeizuführen. Das oben genannte Beispiel zu §§ 218/212 StGB beruht auf dem Grundgedanken, dass die eine Norm (hier: § 212 StGB) nicht so ausgelegt werden darf, dass andere Normen (§§ 218 StGB) sinn- und zwecklos werden würden. Die nach-

---

[15] *Jarass/Pieroth*, GG, 11. Aufl. München 2011, Art. 103 RN 43, Art. 20 RN 57.

[16] Zu den Überschriften als Auslegungsgegenstand: siehe unten C III.

[17] Hinweis für Fortgeschrittene: Eine Ausnahme gilt insoweit für die Auslegung völkerrechtlicher Verträge nach der Wiener Vertragsrechtskonvention: Die Präambel zu solchen Verträgen, insbesondere zu multilateralen Konventionen, liefert eine Fülle von Informationen zur Entstehungsgeschichte. Die Präambel ist Bestandteil solcher Rechtstexte und beginnt vor dem ersten Artikel z. B. „In Erwägung, dass [...]". Oft handelt es sich um sehr ausführliche Darlegungen, auch zum historischen Zweck.

folgenden Überlegungen zur Analyse von Normen werden uns viele Ansatzpunkte liefern.

Sie werden mich jetzt fragen: Wie finde ich eine weitere Norm, die im Gegensatz zu der auszulegenden stehen könnte? Genau hier beginnt das originäre juristische Lernen: Sie müssen entweder positiv wissen, was es für Normen gibt und wo sie sind. Weil es aber sinnlos ist, den gesamten Normbestand unserer Rechtsordnung zu kennen, wird es in Ihrem Studium darum gehen, nur einen gewissen Grundbestand an Normen im geschilderten Sinne zu kennen und ansonsten ein *Gespür* dafür zu entwickeln, wo etwas stehen *könnte*.

Die *teleologische Auslegung* ist sehr wichtig. In einem Rechtsstaat kommt es ganz zentral auf den Zweck (oder: die Zwecke) einer Norm an. Im Strafrecht ist dies beispielsweise eine Grundlage für die Argumentation über so genannte „Rechtsgüter" einer Norm,[18] aber auch im Verfassungsrecht ist der Zweck ein Dreh- und Angelpunkt etwa für eine Grundrechtsprüfung. Jede Norm muss nämlich einem legitimen Zweck dienen.

Die Probleme jeder Argumentation über den Zweck besteht nun darin: *Wer* darf *welchen* Zweck begründen? Wenn man auf die Zwecke des Gesetzgebers festgelegt wäre, bestünde kaum mehr ein Unterschied zur historischen Auslegung. Wenn dann aber auch andere, nämlich die Gemeinschaft der Auslegenden,[19] ihre privat oder in öffentlicher Funktion gefundenen Zwecke zugrunde legen können, dann könnten darauf Schlussfolgerungen gestützt werden, die erhebliche Konsequenzen haben. Strikte Abtreibungsgegner könnten den Lebensschutz absolut setzen. Dann könnte man – methodisch in sich zunächst konsequent – begründen, dass jede Abtreibung von privater Hand im Wege der Notwehr in Form der Nothilfe[20] nach § 32 StGB unterbunden werden könnte. Jeder könnte also in einen Operationssaal eindringen und einen Arzt am gerade stattfindenden Schwangerschaftsabbruch hindern. Das wäre im Hinblick auf das Gewaltverbot schlicht untragbar (systematisches oder übergeordnetes teleologisches Argument)[21]. Darüber hinaus birgt die teleologische Auslegung die Gefahr, dass man den Zweck so wählt, dass das gewünschte Ergebnis herauskommt. Juristisch-methodisch ist dies also der Ausgangspunkt für die Beschreibung juristischen Argumentierens von *Mephisto* in *Goethes „Faust I"*: „Legt man nichts aus, so legt man was rein." Im Strafrecht gilt zudem die absolute Grenze des Wortlauts.

Auf der Grundlage dieser Auslegungsmethoden hat sich inzwischen in Deutschland (wie auch in vielen anderen Staaten) eine Rechtsdogmatik entwickelt. Diese hat zum Ziel: „die an bestimmten Methoden ausgerichtete Entwicklung von Rechts-

---

[18] Zur fast uferlosen Diskussion über das Rechtsgut vgl. *Hefendehl/von Hirsch/Wohlers* (Hrsg.), Die Rechtsgutstheorie, Baden-Baden 2003.

[19] In dieser „Gemeinschaft" spielen die Gerichte natürlich eine zentrale Rolle, weil sie von der Rechtsordnung notwendigerweise mit der Macht ausgestattet sind, „das (vorläufig) letzte Wort" zu sprechen. Ebenfalls dazu zählen etwa: wir Wissenschaftler.

[20] Abwehr des Angriffs nicht von „sich", sondern „von einem anderen".

[21] Näher zu dieser Sachfrage: C V 3 a (S. 164).

regeln, das heißt derjenigen Sätze, um welche das Gesetz ergänzt werden muss, damit eine notwendige Bedingung der Gleichbehandlungsforderung erfüllt werden kann: die deduktiv vollständige Entscheidungsbegründung." Dogmatik diene stets „der Vorbereitung der Produktion von Rechtsregeln, der Begründung oder Kritik solcher Regeln sowie ihrer Systematisierung und Stabilisierung."[22]

Dogmatik soll mithin das geltende Recht darauf untersuchen, ob es allgemeine Lehren enthält. Dazu bildet und erläutert sie ein System, mit dem sich das geltende Recht erklären und erläutern lässt. Besonders im Strafrecht (aber eben nicht nur dort) versucht sie gleichzeitig, den Anforderungen des Bestimmtheitsgebotes nach Art. 103 Abs. 2 GG dadurch Rechnung zu tragen, dass sie verallgemeinerbare und damit voraussehbare Begründungen aufstellt[23]. Sie schafft damit einen Begründungsvorrat. Hierzu muss die Dogmatik dieses System und seine Legitimation hinterfragen. Nur so kann das geltende Recht einheitlich und gerecht angewendet werden. Dies soll Rechtseinheit und zugleich Einzelfallgerechtigkeit gewährleisten. Der Dogmatik muss es aber immer auch darum gehen, das geltende Recht zu verbessern. Sonst tendiert Dogmatik schnell dazu, bloßes Glasperlenspiel zu sein oder das bestehende Recht zu zementieren.

Damit haben wir einen unmittelbaren Bezug zu unserem Thema: Je genauer und überlegter wir lesen können, um so mehr können wir bereits aus dem Text der Normen „herausholen". Das bisher behandelte „Suchlesen" hat uns auf die systematische Auslegung vorbereitet. Wenn wir dann jetzt den Wortlaut einer Norm näher untersuchen, ist das zum einen die Grundlage für die Wortlautinterpretation. Und wie wir später noch sehen werden, liefert uns die unten[24] näher erläuterte Frage „Was wäre ohne die Norm?" gute Ansätze für die teleologische Auslegung. Viel Raum für das juristische Lernen wird uns schließlich die Frage zeigen: „Wozu sagt die Norm nichts?". Deshalb müssen wir mit der Lektüre des Normwortlauts beginnen.

2. Vorfrage: Gibt es eine Legaldefinition?

Bevor wir an die Auslegung gehen, müssen wir sicher sein, was wir auslegen müssen. Wenn der Gesetzgeber nämlich ein bestimmtes Merkmal in einer anderen Vorschrift oder in einem anderen Absatz näher definiert, wäre es fatal, würden wir dies übersehen und den Ausgangsbegriff nach eigenem Gutdünken interpretieren. Die erste Frage lautet deshalb: Definiert das Gesetz schon selbst einige Vorausset-

---

[22] *Burkhardt,* Geglückte und folgenlose Strafrechtsdogmatik, in: *Eser/Hassemer/Burkhardt* (Hrsg.), Die deutsche Strafrechtswissenschaft vor der Jahrtausendwende, München 2000, S. 111, 112 f., der auf S. 117–119 vertiefend noch sieben Funktionen der Dogmatik identifiziert (die konstitutive, die rechtsstaatliche, die kontrollierende, die entlastende, die didaktische, die vorbereitende und die anpassende Funktion). Vgl. aus der Sicht des öffentlichen Rechts auch *Schlink,* Abschied von der Dogmatik. Verfassungsrechtsprechung und Verfassungsrechtswissenschaft im Wandel, JZ 2007, 157–162.

[23] Vgl. die gerade für Anfänger sehr verständliche Erläuterung von *Gropp,* Allgemeiner Teil, 3. Aufl. Berlin u. a. 2005, § 2 RN 57–62.

[24] S. unten C V 3 (S. 162 ff.).

zungen im Wege einer so genannten „Legaldefinition"? Wenn ja, dann müssen wir diese auslegen, soweit sie einschlägig ist.

Mit § 11 StGB haben wir bereits oben (A I) ein Musterbeispiel für solche „Legaldefinitionen" kennen gelernt. Dass z. B. eine „Behörde" im Sinne des StGB „auch ein Gericht" ist (§ 11 Abs. 1 Nr. 7 StGB), ist weder selbstverständlich noch vom Alltagsverständnis her nahe liegend. Wer also bei unbefangener Lektüre meinen würde, gegenüber einem Gericht könne das Delikt „Vortäuschen einer Straftat" nach § 145d StGB nicht begangen werden, der läge sehr „daneben":

§ 145d StGB
Vortäuschen einer Straftat
(1) Wer wider besseres Wissen einer **Behörde** oder einer zur Entgegennahme von Anzeigen zuständigen Stelle vortäuscht,
1. daß eine rechtswidrige Tat begangen worden sei oder
2. daß die Verwirklichung einer der in § 126 Abs. 1 genannten rechtswidrigen Taten bevorstehe,
wird mit Freiheitsstrafe bis zu drei Jahren oder mit Geldstrafe bestraft, wenn die Tat nicht in § 164, § 258 oder § 258a mit Strafe bedroht ist.
(2) Ebenso wird bestraft, wer wider besseres Wissen eine der in Absatz 1 bezeichneten Stellen über den Beteiligten
1. an einer rechtswidrigen Tat oder
2. an einer bevorstehenden, in § 126 Abs. 1 genannten rechtswidrigen Tat
zu täuschen sucht.
[…]

Bisweilen sind Legaldefinitionen aber auch im laufenden Text enthalten und werden nur durch eine Klammerbemerkung als solche erkennbar, wie hier in § 87 Abs. 1 Nr. 6 StGB für den Begriff „Sabotageagent) sowie in § 87 Abs. 2 StGB für den Begriff „Sabotagehandlung":

§ 87 StGB
Agententätigkeit zu Sabotagezwecken
(1) Mit Freiheitsstrafe bis zu fünf Jahren oder mit Geldstrafe wird bestraft, wer einen Auftrag einer Regierung, Vereinigung oder Einrichtung außerhalb des räumlichen Geltungsbereichs dieses Gesetzes zur Vorbereitung von Sabotagehandlungen, die in diesem Geltungsbereich begangen werden sollen, dadurch befolgt, daß er
1. sich bereit hält, auf Weisung einer der bezeichneten Stellen solche Handlungen zu begehen,
2. Sabotageobjekte auskundschaftet,
3. Sabotagemittel herstellt, sich oder einem anderen verschafft, verwahrt, einem anderen überlässt oder in diesen Bereich einführt,
4. Lager zur Aufnahme von Sabotagemitteln oder Stützpunkte für die Sabotagetätigkeit einrichtet, unterhält oder überprüft,
5. sich zur Begehung von Sabotagehandlungen schulen läßt oder andere dazu schult oder
6. die Verbindung zwischen einem **Sabotageagenten (Nummern 1 bis 5)** und einer der bezeichneten Stellen herstellt oder aufrechterhält,
und sich dadurch absichtlich oder wissentlich für Bestrebungen gegen den Bestand oder die Sicherheit der Bundesrepublik Deutschland oder gegen Verfassungsgrundsätze einsetzt.
(2) **Sabotagehandlungen im Sinne des Absatzes 1 sind**
1. Handlungen, die den Tatbestand der §§ 109e, 305, 306 bis 306c, 307 bis 309, 313, 315, 315b, 316b, 316c Abs. 1 Nr. 2, der §§ 317 oder 318 verwirklichen, und

2. andere Handlungen, durch die der Betrieb eines für die Landesverteidigung, den Schutz der Zivilbevölkerung gegen Kriegsgefahren oder für die Gesamtwirtschaft wichtigen Unternehmens dadurch verhindert oder gestört wird, daß eine dem Betrieb dienende Sache zerstört, beschädigt, beseitigt, verändert oder unbrauchbar gemacht oder dass die für den Betrieb bestimmte Energie entzogen wird.

(3) Das Gericht kann von einer Bestrafung nach diesen Vorschriften absehen, wenn der Täter freiwillig sein Verhalten aufgibt und sein Wissen so rechtzeitig einer Dienststelle offenbart, daß Sabotagehandlungen, deren Planung er kennt, noch verhindert werden können.

▶ **Tipp:** Wichtig ist also nicht, dass man Legaldefinitionen auswendig kennt, sondern dass man weiß, dass es sie gibt, sonst macht man im günstigsten Fall überflüssige Arbeit, zeigt aber auch wenig Sachverständnis.

Das gilt besonders für dynamische Legaldefinitionen, wie sie z. B. im Betäubungsmittelgesetz enthalten sind. Sie können durch die Exekutive im Rahmen des Art. 80 Abs. 1 GG relativ schnell neuen Entwicklungen angepasst werden. Es bedarf also keiner Gesetzesänderung durch das Parlament. Diese müsste das Verfahren nach den Art. 76–78 GG einhalten.

§ 1 BtMG
Betäubungsmittel
(1) **Betäubungsmittel** im Sinne dieses Gesetzes sind die in den **Anlagen I bis III** aufgeführten Stoffe und Zubereitungen.
(2) **Die Bundesregierung wird ermächtigt,** nach Anhörung von Sachverständigen durch Rechtsverordnung mit Zustimmung des Bundesrates die **Anlagen I bis III zu ändern oder zu ergänzen,** wenn dies
1. nach wissenschaftlicher Erkenntnis wegen der Wirkungsweise eines Stoffes, vor allem im Hinblick auf das Hervorrufen einer Abhängigkeit,
2. wegen der Möglichkeit, aus einem Stoff oder unter Verwendung eines Stoffes Betäubungsmittel herstellen zu können, oder
3. zur Sicherheit oder zur Kontrolle des Verkehrs mit Betäubungsmitteln oder anderen Stoffen oder Zubereitungen wegen des Ausmaßes der mißbräuchlichen Verwendung und wegen der unmittelbaren oder mittelbaren Gefährdung der Gesundheit
erforderlich ist. In der Rechtsverordnung nach Satz 1 können einzelne Stoffe oder Zubereitungen ganz oder teilweise von der Anwendung dieses Gesetzes oder einer auf Grund dieses Gesetzes erlassenen Rechtsverordnung ausgenommen werden, soweit die Sicherheit und die Kontrolle des Betäubungsmittelverkehrs gewährleistet bleiben.
(3) **Das Bundesministerium für Gesundheit wird ermächtigt, in dringenden Fällen** zur Sicherheit oder zur Kontrolle des Betäubungsmittelverkehrs durch Rechtsverordnung ohne Zustimmung des Bundesrates **Stoffe und Zubereitungen,** die nicht Arzneimittel sind, in die Anlagen I bis III **aufzunehmen,** wenn dies wegen des Ausmaßes der mißbräuchlichen Verwendung und wegen der unmittelbaren oder mittelbaren Gefährdung der Gesundheit erforderlich ist. Eine auf der Grundlage dieser Vorschrift erlassene Verordnung tritt nach Ablauf eines Jahres außer Kraft.
(4) **Das Bundesministerium für Gesundheit (Bundesministerium) wird ermächtigt, durch Rechtsverordnung** ohne Zustimmung des Bundesrates die Anlagen I bis III oder die auf Grund dieses Gesetzes erlassenen Rechtsverordnungen **zu ändern,** soweit das auf Grund von Änderungen der Anhänge zu dem Einheits-Übereinkommen von 1961 über Suchtstoffe in der Fassung der Bekanntmachung vom 4. Februar 1977 (BGBl. II S. 111) und

dem Übereinkommen von 1971 über psychotrope Stoffe (BGBl. 1976 II S. 1477) (Internationale Suchtstoffübereinkommen) in ihrer jeweils für die Bundesrepublik Deutschland verbindlichen Fassung erforderlich ist.

IV. Voraussetzungen: Lesen, Strukturieren und Portionieren des Normwortlauts

Die juristische Sprache ist für Laien in der Regel schwer bis gar nicht verständlich. Zu einem Großteil ist das juristische Studium deshalb dem Erwerb dieser Sprache gewidmet. Sie ist deshalb für Laien schwer verständlich, weil sie immer die Tendenz hat oder zumindest haben soll, komplexe und schwierige Dinge zusammenzufassen. Als Beispiel, auf das wir noch zurückkommen werden, sei nochmals[25] § 70 Abs. 1 Satz 1 StGB zu den Voraussetzungen eines Berufsverbots erwähnt. Lesen Sie bitte Zeile für Zeile:

> (1) Wird jemand wegen einer rechtswidrigen Tat, die er unter Mißbrauch seines Berufs oder Gewerbes oder unter grober Verletzung der mit ihnen verbundenen Pflichten begangen hat, verurteilt oder nur deshalb nicht verurteilt, weil seine Schuldunfähigkeit erwiesen oder nicht auszuschließen ist, so kann ihm das Gericht die Ausübung des Berufs, Berufszweiges, Gewerbes oder Gewerbezweiges für die Dauer von einem Jahr bis zu fünf Jahren verbieten, wenn die Gesamtwürdigung des Täters und der Tat die Gefahr erkennen läßt, daß er bei weiterer Ausübung des Berufs, Berufszweiges, Gewerbes oder Gewerbezweiges erhebliche rechtswidrige Taten der bezeichneten Art begehen wird.

Haben Sie diesen einen (!) Satz auf Anhieb verstanden? Sie wären ein juristisches Genie, wenn Sie diesen Satz als Anfänger sofort verstehen. Aber nur wenn wir diesen Gesetzestext verstanden haben, können wir uns eine Vorstellung von der Ausgangsfrage machen: Was regelt denn die Norm im „Normalfall"[26]? Wir müssen also Wege suchen, wie wir uns Klarheit darüber verschaffen, was diese Norm im Regel- oder Normalfall erfasst und regelt. Damit wollen wir uns in diesem längeren Abschnitt befassen, insbesondere mit der Frage, wie wir eine solche lange „Textwurst" in sinnvolle „Häppchen" aufteilen.

Den Normalfall können wir uns nämlich recht einfach klarmachen, wenn es sich um einfach strukturierte Sätze handelt; dann müssen wir diese „nur" genau lesen (unten 1). Das macht aber nur dann Sinn, wenn wir die Norm inhaltlich in vollem Umfang erfasst haben. Wir müssen deshalb vor allem längere Sätze in kleinere Sinneinheiten aufteilen, um den Gesamtinhalt verstehen zu können. Dazu müssen wir sie strukturieren und portionieren (unten 2). Als Nebenprodukt dieser Vorgehensweise werden wir sehen, dass manche Satz-Elemente auch in anderen Vorschriften enthalten sind. Das wird uns die Lernarbeit erleichtern, weil man grundsätzlich die Erkenntnisse aus der einen auf die andere Vorschrift desselben oder eines anderen Gesetzes übertragen kann (unten 3). Weiter wird das Verhältnis eines „Allgemeinen

---

[25] Siehe schon in der Einführung (S. 7 f.).

[26] Siehe unten Frage 1 C V 1 (S. 129 ff.).

Teils" eines Gesetzes zu einem oder mehreren „Besonderen Teil(en) zu erläutern sein (unten 4). Am Ende werden wir uns nochmals vor Augen halten, wie Sie die dabei gewonnenen Erkenntnisse auf Ihr konkretes Lernverhalten übertragen können (unten 5).

Methodisch fügen wir also in diesem zentralen Abschnitt des Buches zwischen die Gliederungsebene „Satz" und die Gliederungsebene „Wort" eine Zwischenebene ein, die man „Satzteile" nennen kann. Damit ist indirekt bereits das ange-sprochen, was wir im Grunde hier machen: Wir „sezieren" den Gesetzestext auch grammati-kalisch in einer Weise, wie wir es aus Übersetzungen kennen. Besonders hilfreich ist es, wenn Sie aus dem Lateinischen ins Deutsche übersetzt haben. Das wichtigste müssten Sie aber auch aus jedem anderen Fremdsprachenunterricht kennen.

- Wir schauen, wie viele **Haupt- und Nebensätze** eine Norm oder ein Absatz enthält.
- Jeden Satz analysieren wir nach dem Muster: **Subjekt – Prädikat – Objekt**.

Wem diese Zusammenhänge nicht geläufig sind, der sollte sich dringend mit die-sen grammatikalischen Grundbegriffen vertraut machen. Ich setze sie im Weiteren voraus. Wenn man nämlich das Prädikat eines (langen) Satzes gefunden hat und diesen Satz vom Prädikat her „aufdröselt", dann erschließt sich der Inhalt viel eher, als wenn man die Wörter des Satzes der Reihe nach liest. Das mag sich alles banal anhören, ist es aber nicht. Zumindest zeigt mir der Lehralltag, dass diese einfach erscheinenden Fragen nicht von allen Studierenden beherrscht werden. Deshalb werde ich sie nachfolgend ausführlich mit Ihnen üben.

▶ **Tipp:** Aus dieser Parallele zwischen Fremdsprachenerwerb und juristischer Methodik ergibt sich, dass man gewisse Rückschlüsse aus den Sprachfähigkeiten einer
Person auf deren juristisches Potenzial ziehen kann. Das können Sie auch für sich
selbst fruchtbar machen: Wenn Sie solche Überlegungen wie die vorstehenden
eher langweilig finden, dann ist das eine ganz konkrete Frage an Sie selbst: Ist Jura
das richtige Fach für mich?

Eine weitere Unterscheidung ist wichtig. Wir werden sie zwar ausführlich be-sprechen[27], müssen uns die sprachliche Bedeutung aber schon hier bewusst ma-chen: Normen unterscheiden zwischen der **Rechtsfolge** und den Voraussetzungen der Rechtsfolge. Fast jede Norm enthält eine Rechtsfolge, die eintritt, wenn die Rechtsnorm-Voraussetzungen vorliegen. Ein einfaches Beispiel sind die Delikte des StGB:

§ 303 StGB
Sachbeschädigung
(1) Wer rechtswidrig eine fremde Sache beschädigt oder zerstört, wird mit Freiheitsstrafe
bis zu zwei Jahren oder mit Geldstrafe bestraft.

---

[27] Siehe unten C V 2 (S. 137 ff.).

Der Teilsatz: „**wird** mit Freiheitsstrafe bis zu zwei Jahren oder mit Geldstrafe **bestraft.**" stellt die Rechtfolge dar. Der Teilsatz „Wer rechtswidrig eine fremde Sache beschädigt oder zerstört" betrifft die Voraussetzungen dieser Rechtfolge. Es handelt sich also immer um ein „**Wenn"-„Dann"-Schema**: *Wenn* die Voraussetzungen der Rechtsnorm vorliegen, *dann* tritt deren Rechtfolge ein.

Die Rechtfolge muss nicht unbedingt am Ende des Satzes stehen. Sie kann auch am Anfang stehen, wie in § 3 StGB (Rechtfolge ist fett formatiert):

§ 3 StGB
Geltung für Inlandstaten
Das deutsche Strafrecht gilt für Taten, die im Inland begangen werden.

Sie kann auch in der Mitte des Satzes stehen wie bei § 34 Satz 1 StGB:

§ 34 StGB
Rechtfertigender Notstand
Wer in einer gegenwärtigen, nicht anders abwendbaren Gefahr für Leben, Leib, Freiheit, Ehre, Eigentum oder ein anderes Rechtsgut eine Tat begeht, um die Gefahr von sich oder einem anderen abzuwenden, *handelt nicht rechtswidrig,* wenn bei Abwägung der widerstreitenden Interessen, namentlich der betroffenen Rechtsgüter und des Grades der ihnen drohenden Gefahren, das geschützte Interesse das beeinträchtigte wesentlich überwiegt.

Beispiele aus dem Zivilrecht oder dem Öffentlichen Recht:

§ 823 BGB
Schadensersatzpflicht
(1) Wer vorsätzlich oder fahrlässig das Leben, den Körper, die Gesundheit, die Freiheit, das Eigentum oder ein sonstiges Recht eines anderen widerrechtlich verletzt, ist dem anderen **zum Ersatz des** daraus entstehenden **Schadens verpflichtet.**

§ 16 VersammlG
[Bannkreise]
(1) Öffentliche Versammlungen unter freiem Himmel und Aufzüge **sind innerhalb des befriedeten Bannkreises** der Gesetzgebungsorgane des Bundes oder der Länder sowie des Bundesverfassungsgerichts **verboten.** Ebenso **ist es verboten,** zu öffentlichen Versammlungen unter freiem Himmel oder Aufzügen nach Satz 1 aufzufordern.
[…]

1. Einfach zu überschauender Wortlaut: Genaues Lesen

Oft reicht es schon aus, dass man sich klarmacht, was das Gesetz bei genauer Lektüre enthält und was nicht. Handelt es sich um einen einfachen Wortlaut, dann ergibt sich das Wesentliche bereits aus dem Gesetz. Man muss es nur lesen und geistig aufnehmen.

a) § 40 StGB (Tagessatzsystem)

So umschreibt beispielsweise § 40 StGB sehr präzise das so genannte „Tagessatzsystem" bei der Geldstrafe:

§ 40 StGB
Verhängung in Tagessätzen

(1) Die Geldstrafe wird in Tagessätzen verhängt. Sie beträgt mindestens fünf und, wenn das Gesetz nichts anderes bestimmt, höchstens dreihundertsechzig volle Tagessätze.

(2) Die Höhe eines Tagessatzes bestimmt das Gericht unter Berücksichtigung der persönlichen und wirtschaftlichen Verhältnisse des Täters. Dabei geht es in der Regel von dem Nettoeinkommen aus, das der Täter durchschnittlich an einem Tag hat oder haben könnte. Ein Tagessatz wird auf mindestens einen und höchstens dreißigtausend Euro festgesetzt.

(3) Die Einkünfte des Täters, sein Vermögen und andere Grundlagen für die Bemessung eines Tagessatzes können geschätzt werden.

(4) In der Entscheidung werden Zahl und Höhe der Tagessätze angegeben.

Beginnt man mit Absatz 4, dann sieht man sofort: die Geldstrafe wird bestimmt durch die Zahl und die Höhe der Tagessätze. Abschnitte 1 gibt die Mindest- und Höchstzahl der Tagesätze an. Absatz 2 gibt vor, die man die Höhe des Tagessatzes bestimmt. Absatz 3 enthält eine ergänzende Angabe zur Bestimmung der nach Absatz 2 maßgeblichen Einkünfte des Täters.

Hat der Verurteilte Zahlungsprobleme, so ermöglicht § 42 StGB Zahlungserleichterungen:

§ 42 StGB
Zahlungserleichterungen
Ist dem Verurteilten nach seinen persönlichen oder wirtschaftlichen Verhältnissen nicht zuzumuten, die Geldstrafe sofort zu zahlen, so bewilligt ihm das Gericht eine Zahlungsfrist oder gestattet ihm, die Strafe in bestimmten Teilbeträgen zu zahlen. Das Gericht kann dabei anordnen, daß die Vergünstigung, die Geldstrafe in bestimmten Teilbeträgen zu zahlen, entfällt, wenn der Verurteilte einen Teilbetrag nicht rechtzeitig zahlt. Das Gericht soll Zahlungserleichterungen auch gewähren, wenn ohne die Bewilligung die Wiedergutmachung des durch die Straftat verursachten Schadens durch den Verurteilten erheblich gefährdet wäre; dabei kann dem Verurteilten der Nachweis der Wiedergutmachung auferlegt werden.

Diese Inhalte muss man nicht auswendig lernen. Primär muss man wissen, dass sie ausdrücklich im Gesetz geregelt sind und wo das Gesetz und seine einschlägigen Normen zu finden sind. Freilich sind die in §§ 40 und 42 StGB enthaltenen Regeln so grundlegend, dass man sie im Laufe der Zeit ohnehin kennt. Aber das ist etwas völlig anderes: Ob man eine Norm geradezu mechanisch auswendig lernt oder ob man deren wesentlichen Inhalt kennt, weil man sich so oft mit ihr beschäftigt.

So spielt der Grundsatz von Treu und Glauben nach § 242 BGB an vielen Stellen eine Rolle. Deshalb beschäftigt man sich im Laufe der Zeit immer wieder mit ihm. Das setzt aber nicht voraus, dass man die Norm des § 242 BGB auswendig kann. Vielmehr kann es Situationen geben, in denen man sich den genauen Wortlaut in Erinnerung rufen muss:

§ 242 BGB
Der Schuldner ist verpflichtet, die Leistung so zu bewirken, wie Treu und Glauben mit Rücksicht auf die Verkehrssitte es erfordern.

Hier hilft nur der berühmte „Blick ins Gesetz"; alles andere – also: sich auf Auswendiggelerntes zu verlassen – wäre grob fahrlässig.

b) § 222 StGB (Fahrlässige Tötung)

§ 222 StGB regelt die fahrlässige Tötung, indem er formuliert:

> § 222 StGB
> Fahrlässige Tötung
> Wer durch Fahrlässigkeit den Tod eines Menschen verursacht, ist mit Freiheitsstrafe bis zu
> fünf Jahren oder mit Geldstrafe bestraft.

Auch dies ist vom Normalfall sehr klar: Wer in der geschlossenen Ortschaft zu schnell fährt und dadurch den Tod eines Fußgängers herbeiführt, ist nach dieser Norm strafbar. Dieses Beispiel können wir ohne weitere juristische Kenntnisse bilden.

c) § 32 StGB (Notwehr)

Auch § 32 Abs. 1 StGB hat eine klare Aussage:

> (1) Wer eine Tat begeht, die durch Notwehr geboten ist, handelt nicht rechtswidrig.

Was aber, so müssten wir dann fragen, geschieht, wenn jemand „nicht rechtswidrig" oder – sprachlich hier[28] gleichbedeutend – „rechtmäßig" handelt. Dazu sagt das StGB nichts, denn es enthält keine Norm, die sagen würde:

> Wer rechtmäßig handelt, wird nicht bestraft.

oder negativ formuliert:

> Wer nicht rechtswidrig handelt, wird nicht bestraft.

Diesen Satz gibt es nicht als ausdrückliche Norm. Man kann ihn nur erschließen aus der Existenz der so genannten Rechtfertigungsgründe. Dass ein solcher klarer Satz fehlt, mag daran liegen, dass er so selbstverständlich ist.

Mit der Formulierung „nicht rechtswidrig" haben wir auch bereits eine typisch juristische Spracheigenart kennen gelernt: die zweifache Verneinung. Statt zu sagen: „erlaubt" sagt man „nicht unerlaubt", genauer: „nicht rechtswidrig". Vielleicht liegt dies daran, dass sich Juristen nicht gerne festlegen oder sich immer ein Türchen offen halten wollen. „Nicht schlecht" ist eben nicht „gut", sondern zwischen „schlecht" und „gut". Die juristische „Null-Nummer". Vielleicht wird einem das Gekünstelte an diesen Wendungen an der schwäbischen Formulierung für die positive Wertschätzung einer Frau deutlich, wenn „Mann" meint, die Frau sei „schön" (sogar: außerordentlich und ganz besonders schön): „Sie isch koi Wiaschte…". Ins Hochdeutsche übersetzt bedeutet dies etwa: „Sie ist keine Hässliche". Allerdings kennen wir die doppelte Verneinung auch aus dem alltäglichen Sprachgebrauch:

---

[28] Zum Problem bei doppelter Verneinung vgl. unter S. 110, 177 f.

Wie oft sagt man: „nicht schlecht" und meint eigentlich „gut", will das aber nicht so deutlich sagen oder denkt sich nichts dabei[29].

§ 32 Abs. 2 definiert dann kurz und bündig das Wort „Notwehr" aus Abs. 1:

(2) Notwehr ist die Verteidigung, die erforderlich ist, um einen gegenwärtigen rechtswidrigen Angriff von sich oder einem anderen abzuwenden.

Wollte man versuchen Abs. 2 in Abs. 1 hineinzulesen, so würde der Satz lauten

Wer eine Tat begeht, die zur [= durch eine] Verteidigung geboten ist, und die erforderlich ist um einen gegenwärtigen rechtswidrigen Angriff von sich oder einem anderen abzuwenden ....

Der Gesetzgeber hat uns einen solchen Satz erspart. Immerhin wird uns an diesem hypothetischen Satz deutlich: Der Gesetzgeber hat zweimal sachlich dasselbe gefordert: Die Verteidigung muss „geboten" und „erforderlich" sein. „Geboten" und „erforderlich" drücken aber sachlich dasselbe aus. Dafür hat er einen ganz wichtigen Satz weggelassen, der folgendermaßen lauten müsste[30]:

Die Handlung ist jedoch nicht gerechtfertigt, wenn es offensichtlich ist, das dem Angegriffenen bloß ein geringer Nachteil droht und die Verteidigung, insbesondere wegen der Schwere der zu Abwehr nötigen Beeinträchtigung des Angreifers, unangemessen ist[31].

Bei der Neuformulierung von § 32 StGB im Jahr 1975 war man sich hierüber genauso wenig einig wie heute. Deshalb müssen deutsche Studierende sich durch die hierzu vertretenen Meinungen arbeiten[32]. Österreichische Studierende finden folgenden Satz 2 im Gesetz, der das Wesentliche aussagt und pragmatisch klarstellt:

§ 3 öStGB
Notwehr
(1) Nicht rechtswidrig handelt, wer sich nur der Verteidigung bedient, die notwendig ist, um einen gegenwärtigen oder unmittelbar drohenden rechtswidrigen Angriff auf Leben, Gesundheit, körperliche Unversehrtheit, Freiheit oder Vermögen von sich oder einem anderen abzuwehren. **Die Handlung ist jedoch nicht gerechtfertigt, wenn es offensichtlich ist, daß dem Angegriffenen bloß ein geringer Nachteil droht und die Verteidigung, insbesondere wegen der Schwere der zur Abwehr nötigen Beeinträchtigung des Angreifers, unangemessen ist.**

---

[29] Vgl. näher auch unten C V 4b.

[30] Dies zugleich als Vorgriff auf die Frage 4: „Wozu sagt die Norm nichts?" (siehe unten C V 4 [S. 173 ff.]).

[31] Dies ist der Wortlaut von § 3 Abs. 1 Satz 2 des österreichischen StGB (ebenfalls aus dem Jahre 1975).

[32] Vgl. dazu *Kühl*, Allgemeiner Teil, 6. Aufl. München 2008, § 7 RN 4, 116, 157–265 (!); prägnanter: *Eser/Burkhardt*, Juristischer Studienkurs I, Schwerpunkt allgemeine Verbrechenslehre, 4. Aufl. München 1992, 10 A 45 ff.

d) §§ 34 und 35 StGB (Unterschiede bei Notstand)

Für Studienanfänger im Strafrecht[33] ist der grundlegende Unterschied zwischen einer Rechtfertigung und einer Entschuldigung oft nicht klar. Bei einer Rechtfertigung durfte der Täter so handeln, wie er gehandelt hat. Bei einer Entschuldigung durfte er nicht so handeln, aber das Recht erhebt keinen strafrechtlichen Vorwurf.

Mit der nachfolgenden Tabelle kann man sich die grundlegenden und wichtigen Unterschiede zwischen dem rechtfertigenden (§ 34 StGB) und dem nur entschuldigenden Notstand (§ 35 StGB) vor Augen halten. Die Tabelle enthält in normaler Formatierung nur den Gesetzestext; entscheidende Unterschiede werden durch fett-Formatierung hervorgehoben; meine Anmerkungen sind kursiv gesetzt.

▶ **Tipp:** Es hilft sehr, wenn man beim Lernen selbst solche Tabellen zu den verschiedensten Fragen erstellt. Dies fördert das Denken in Strukturen. Die Tabelle illustriert zugleich, wie sinnvoll es ist, sich den Inhalt einer Regelung zunächst anhand des Gesetzestextes klarzumachen, um erst dann ein Lehrbuch zu konsultieren[34].

§ 34 StGB	§ 35 StGB
Rechtsfolge: „handelt **nicht rechtwidrig**"	*Rechtsfolge:* „handelt **ohne Schuld**"
Wer	Wer
in einer gegenwärtigen	in einer gegenwärtigen
nicht anders abwendbaren	nicht anders abwendbaren
Gefahr für Leben, Leib, Freiheit, Ehre, Eigentum oder ein anderes Rechtsgut	Gefahr für **Leben, Leib oder Freiheit**
eine Tat begeht	eine **rechtswidrige** Tat begeht
um die Gefahr **von sich oder einem anderen** abzuwenden,	um die Gefahr **von sich**, einem Angehörigen **oder einer anderen ihm nahestehenden Person** abzuwenden
Voraussetzung: wenn bei Abwägung der widerstreitenden Interessen, namentlich der betroffenen Rechtsgüter und des Grades der ihnen drohenden Gefahren, das geschützte Interesse das beeinträchtigte **wesentlich überwiegt**. Dies gilt jedoch nur, soweit die Tat ein angemessenes Mittel ist, die Gefahr abzuwenden	*Ausnahme:* Dies gilt nicht, soweit dem Täter nach den Umständen […] **zugemutet** werden konnte, die Gefahr hinzunehmen […]

---

[33] Machen Sie sich z. B. im Zivilrecht den Unterschied zwischen § 823 und § 831 BGB auf diese Weise klar; im öffentlichen Recht zwischen Indemnität (Art. 46 Abs. 1 GG) und Immunität (Art. 46 Abs. 2 GG).

[34] Zusammenfassend dazu unten C IV 5 und D I (S. 123 ff. und 181 f.).

Die ersten Voraussetzungen sind identisch. Beim entschuldigenden Notstand kommt aber erstens nur eine Gefahr für die drei genannten Rechtgüter (Leben, Leib oder Freiheit) in Betracht. § 35 greift zweitens nur bei einer rechtswidrigen Tat. Drittens kommt entschuldigender Notstand nur bei nahe stehenden Personen in Betracht. Viertens wird zwar kein überwiegendes Interesse gefordert (sonst käme ohnehin rechtfertigender Notstand in Betracht), sondern Unzumutbarkeit der Gefahrhinnahme, mithin die Unzumutbarkeit rechtmäßigen Handelns und seiner Konsequenzen.

Zugegeben: Es ist etwas aufwändig, diese Überlegungen anzustellen. Aber sie ergeben sich fast alle bereits aus dem Wortlaut. Ich möchte Sie nachdrücklich dazu ermuntern, solche und ähnliche Vorüberlegungen anzustellen, bevor Sie in ein Lehrbuch schauen. Erst mit einem solchen Vorverständnis durch Normlektüre können Sie nicht wenige Lehrbücher erst mit Gewinn lesen.

e) Überschriften des Gesetzgebers

Überschriften gehören zum Gesetzestext, wenn die Überschriften vom Gesetzgeber selbst stammen und nicht etwa vom Herausgeber einer Gesetzessammlung. Die Überschriften im StGB und – seit 2002[35] – im BGB hat der Gesetzgeber formuliert. Die Überschriften in der dtv-Textausgabe zum GG stehen in eckigen Klammern. Das ist ein übliches Zeichen, dass sie *nicht* vom Gesetzgeber (im Fall des GG: vom *Verfassungsgeber*) verfasst worden sind, sondern vom Herausgeber. Da dieser eine private Person und nicht der demokratisch legitimierte Gesetzgeber ist, darf man diese Überschriften nicht zur Auslegung heranziehen. Indirekt wird man sie von der Sache her mitberücksichtigen, weil sie versuchen, den Inhalt der Artikel zusammenzufassen. Ist dies dem Herausgeber aber nicht gelungen, dann haben Sie Pech gehabt.

2. Schwierig zu überschauender Wortlaut: Strukturieren und Portionieren (Ziel: Wortlaut- und systematische Auslegung)

Das genaue Lesen allein hilft oft nicht weiter. Bei der Wortlaut- und bei der systematischen Auslegung kommt es nämlich zentral auf das Verständnis nicht nur der Wörter einer Norm, sondern vor allem auch auf ihren systematischen Zusammenhang an.

Das Strukturieren und Portionieren des Wortlauts von Normen kann auf verschiedenen Wegen und mit verschiedenen Zielrichtungen zu einem besseren Verständnis der Norm führen. Die nachfolgend aufgezeigten Punkte sind deshalb nicht abschließend gedacht, sondern sollen Ideen vermitteln, wie man sich den Inhaltsdschungel juristischer Regelungen gleichsam mit einer methodischen Machete begehbar macht.

Deshalb beginnen wir dieses wichtige und umfangreiche Kapitel mit Grundstrukturen und zentralen Normen (unten a). Viele Normen lassen sich sehr vereinfachen, indem man sich die darin genannten Beispiele wegdenkt; dann wird die Satzstruktur erkennbar (unten b). Zentral wird ebenfalls sein, dass wir die verschiedenen

---

[35] Siehe *Mertens*, Gesetzgebungskunst im Zeitalter der Kodifikationen, Tübingen 2004, S. 436 mit Fn. 637.

Bedeutungen der Worte „und" bzw. „oder" auseinander halten (unten c). Allein mit diesen Mitteln lassen sich schwierig erscheinende Normen vergleichen und verstehen (unten d). Auch vor „Monstersätzen" brauchen wir dann nicht zurückschrecken (unten e). Speziell für das Strafrecht ziehen wir Nutzen, indem wir nach der Tathandlung verschiedenster Delikte suchen (unten f) oder uns nach dem „erweiterten Vorsatz" fragen (unten g). Dann können wir Gesamtstrukturen erkennen (unten h).

a) Grundstrukturen und zentrale Normen erkennen
aa) Portionieren selbst kleiner Sätze (§ 1 und § 153 StGB)
Wenn wir mit ganz kleinen Schritten beginnen, dann auch deshalb, weil das Nachfolgende eine Vorstufe für den Punkt: „Lehrbuchlektüre"[36] ist. Es fördert das Verständnis, wenn man selbst kleine und übersichtliche Sätze strukturiert

§ 1 StGB
Keine Strafe ohne Gesetz
Eine Tat kann nur bestraft werden, wenn die Strafbarkeit gesetzlich bestimmt war, bevor die Tat begangen wurde.

Strukturiert sieht dies folgendermaßen aus:

„Eine Tat kann nur bestraft werden, wenn die Strafbarkeit
* gesetzlich
* bestimmt war
* bevor die Tat begangen wurde."

Wenn wir uns bei dieser einfachen Struktur bereits Gedanken darüber machen, wozu die Norm nichts sagt[37], dann haben wir uns bereits ganz wesentliche Inhalte des § 1 StGB bewusst gemacht:

„Eine Tat kann nur
* *bestraft* werden
  (*es geht also nicht z. B. um die Zahlung von Schadensersatz*)
  wenn die Strafbarkeit
* *gesetzlich*
  (*also nicht etwa durch Gewohnheitsrecht oder durch die Exekutive*)
* *bestimmt* war
  (*eine ungenaue gesetzliche Regelung genügt also nicht*)
* *bevor* die Tat begangen wurde"
  (*„danach" geht es also nicht*).

An diesem Beispiel wird bereits eine Denkweise deutlich, die uns später noch eingehender beschäftigen wird: Die „typisch" juristische Frage: Was wird über die

---

[36] Unten C IV 5 (S. 123 ff.).
[37] Siehe die 3. Frage unten C V 3 (S. 162 ff.).

positive Formulierung der Norm implizit ausgeschlossen – oder kurz: Wozu sagt die Norm nichts?

Sehr wichtig ist es, dass wir zielsicher das Prädikat des Satzes finden. Bei § 153 Abs. 1 StGB ist es relativ einfach zu finden, wenn man den Satz strukturiert.

Ohne Strukturierung lautet er:

> § 153 StGB
> Falsche uneidliche Aussage
> Wer vor Gericht oder vor einer anderen zur eidlichen Vernehmung von Zeugen oder Sachverständigen zuständigen Stelle als Zeuge oder Sachverständiger **uneidlich falsch aussagt,** wird mit Freiheitsstrafe von drei Monaten bis zu fünf Jahren bestraft.

Sie können diesen Satz folgendermaßen strukturieren und das Prädikat am Ende finden. Man kann dabei an die „W-Fragen" denken (Wer? Wann? Wo? Was? Wem? Warum?):

> § 153 StGB
> Falsche uneidliche Aussage
> Wer
> vor Gericht oder vor einer anderen zur eidlichen Vernehmung von Zeugen oder Sachverständigen zuständigen Stelle
> als Zeuge oder Sachverständiger
> **uneidlich falsch aussagt,**
> wird mit Freiheitsstrafe von drei Monaten bis zu fünf Jahren bestraft.

Um uns bewusst zu machen, warum wir den Satz so und nicht anders strukturiert haben, denken wir uns die jeweiligen Teilfragen hinzu:

> § 153 Falsche uneidliche Aussage
> **WER?** –Wer
> **WO?** – vor Gericht oder vor einer anderen zur eidlichen Vernehmung von Zeugen oder Sachverständigen zuständigen Stelle
> **ALS WAS?** – als Zeuge oder Sachverst ndiger
> **WAS MACHT:** – uneidlich falsch aussagt,
> **WAS FOLGT DANN?**[38]: – wird mit Freiheitsstrafe von drei Monaten bis zu fünf Jahren bestraft.

bb) Satzstruktur erkennen (§ 240/§ 24 StGB)

Selbst einfach erscheinende klassische Delikte kann man leichter erfassen, wenn man sie strukturiert. Das wurde mir bewusst, als ein Student in Dresden fragte, ob er meine Folie zur Nötigung nach § 240 StGB kopieren könne. Diese hat den Wortlaut

> (1) Wer einen Menschen rechtswidrig mit Gewalt oder durch Drohung mit einem empfindlichen Übel zu einer Handlung, Duldung oder Unterlassung nötigt, wird mit Freiheitsstrafe bis zu drei Jahren oder mit Geldstrafe bestraft.

Ich habe ihn folgendermaßen strukturiert und per Overhead-Folie an die Hörsaal-Wand projiziert:

---

[38] Das ist die „Rechtsfolge", dazu unten C V 2 (S. 137 ff.).

Wer

- einen Menschen
- rechtswidrig
- mit Gewalt _oder_ durch Drohung mit einem empfindlichen Übel
- zu einer Handlung, Duldung oder Unterlassung

nötigt, […]

Der Student bestand auf der Kopie selbst dann, als ich ihm sagte: „Sie enthält nichts als den reinen Wortlaut. Den haben Sie in Ihrem Gesetzestext." Anhand dieser kleinen Begebenheit wurde mir bewusst, dass selbst solche Strukturierungsübungen wie am Beispiel von § 240 Abs. 1 StGB Sinn machen. Das wollen wir – gewissermaßen zum Aufwärmen – an klassischen Delikten probieren. Dann wird uns klar: Vieles von dem, was in den Lehrbüchern mit solchen grafischen Mitteln hervorgehoben wird, ergibt sich entweder aus dem Wortlaut oder aus der Struktur des bloßen Gesetzestextes. Schauen Sie sich hierauf das Lehrbuch durch, mit dem Sie gerade arbeiten. Ich halte mindestens ein „Aha"-Erlebnis für sehr wahrscheinlich.

Wenden wir uns einem weiteren Beispiel aus dem Strafrecht zu: Versuch und Rücktritt vom Versuch sind vom Grundgedanken her sehr einfach, aber höchst kompliziert in den Details. Die genaue Lektüre von § 24 Abs. 1 hilft einem sehr viel, um die Grundsätze und die Details in Rechtsprechung und Lehre zu verstehen[39]:

§ 24 Abs. 1 betrifft den Rücktritt des Alleintäters vom Versuch, also müssen wir uns hier keine Gedanken zum Rücktritt mehrerer machen; dieser ist in Absatz 2 geregelt. Ich hoffe, dass Sie dazu selbst in der Lage sind, wenn Sie mit mir den Abs. 1 analysiert haben.

§ 24
Rücktritt
(1) Wegen Versuchs wird nicht bestraft, wer freiwillig die weitere Ausführung der Tat aufgibt oder deren Vollendung verhindert. Wird die Tat ohne Zutun des Zurücktretenden nicht vollendet, so wird er straflos, wenn er sich freiwillig und ernsthaft bemüht, die Vollendung zu verhindern.
(2) […]

Die Rechtsfolge von Absatz 1 lautet: „Wegen Versuchs wird nicht bestraft". Damit wird im Ausgangspunkt schon klargestellt, wozu die Norm nichts sagt: Eine etwaige Bestrafung wegen Vollendung eines anderen Delikts wird davon nicht berührt[40]. Beispiel: Der Schuss geht nicht ins Herz und ist tödlich, sondern er geht in den Arm und führt zu einer klaffenden Wunde: Eine Körperverletzung nach § 223 StGB ist auf jeden Fall vollendet. Ob unser Täter auch vom Versuch des Totschlags nach §§ 212, 22 StGB zurückgetreten ist, richtet sich nach § 24 Abs. 1 StGB und steht auf einem ganz anderen Blatt:

---

[39] Siehe dazu mein eingangs (oben A I [S. 4 f.]) erwähntes Beispiel aus meiner eigenen Studienzeit.

[40] Zur Frage wozu die Norm nichts sagt, siehe unten C V 4 (S. 173 ff.).

Strukturiert man § 24 Abs. 1, so ergibt sich folgendes grafisches Bild: Beginnen wir mit *Satz 1*:

Wegen Versuchs wird nicht bestraft, wer
- freiwillig
- die weitere Ausführung der Tat aufgibt [Alternative 1]
- oder[41]
- deren Vollendung verhindert [Alternative 2].

Satz 2 bezieht sich offensichtlich nur auf Alternative 2:

Wird die Tat ohne Zutun des Zurücktretenden nicht vollendet, so wird er straflos, wenn er sich freiwillig und ernsthaft bemüht, die Vollendung zu verhindern.

Deshalb müssen wir uns nur Satz 1 näher anschauen. Dieser stellt mithin folgendes auf:

Der Täter muss
1. freiwillig
2a. die weitere Ausführung der Tat aufgeben[42]
oder
2b. die Vollendung verhindern[43].

Aus dem Satzbau wird deutlich ersichtlich: „freiwillig" also die Voraussetzung 1 muss der Täter in beiden Fällen handeln. Formuliert man das aus, dann würde die Norm lauten:

(1) Wegen Versuchs wird nicht bestraft, wer entweder freiwillig die weitere Ausführung der Tat aufgibt oder deren Vollendung freiwillig verhindert.

Worin besteht der wichtigste Unterschied zwischen den beiden Alternativen? Alternative 2a setzt voraus, dass eine „weitere Ausführung der Tat" noch möglich ist, dass also z. B. noch eine Kugel im Revolver ist. Deshalb nennt man diese Alternative den „unbeendeten Versuch". Bei Alternative 2b ist schon alles Erforderliche getan, die Tat nimmt ihren Lauf. Man kann ihr Ergebnis, den „Erfolg", nur noch verhindern; bildlich gesprochen: Die schon scharf gestellt Zeitbombe wieder entschärfen.

cc) Satzstruktur vergleichen (§ 30/§ 22/§ 20 StGB)

§ 30 StGB ist eine Vorschrift, deren Inhalt schwierig zu sein scheint. Schon die Überschrift („Versuch der Beteiligung") deutet an: Es geht um eine Kombination der Beteiligung mehrerer, die in §§ 25–27 StGB geregelt ist, mit den Regeln des Versuchs nach § 22 StGB. Schauen wir nur § 30 Abs. 1 Satz 1 StGB an:

§ 30 StGB
Versuch der Beteiligung
(1) Wer einen anderen zu bestimmen versucht, ein Verbrechen zu begehen oder zu ihm anzustiften, wird nach den Vorschriften ber den Versuch des Verbrechens bestraft.

---

[41] Zu „oder" und seinen Bedeutungen siehe unten C IV 2 c (S. 80).

[42] Beispiel: Nicht mehr weiterschießen.

[43] Beispiel: Für das angeschossene Opfer professionelle Hilfe herbeiholen.

Wir erkennen: § 30 StGB setzt sich zusammen aus: § 26 und § 23 Abs.1 StGB:

§ 26 StGB
Anstiftung
Als Anstifter wird gleich einem Täter bestraft, wer vorsätzlich einen anderen zu dessen vorsätzlich begangener rechtswidriger Tat bestimmt hat.

§ 23 StGB
Strafbarkeit des Versuchs
(1) Der Versuch eines Verbrechens ist stets strafbar, der Versuch eines Vergehens nur dann, wenn das Gesetz es ausdrücklich bestimmt.

In § 26 StGB geht es um die zentrale „Haupttat". Hierzu stiftet der Anstifter an. In § 30 StGB geht es nur um den Versuch einer solchen Anstiftung, also um den Versuch einer Anstiftung zu einer Haupttat. In § 30 StGB geht es deshalb nicht schon um den Versuch der (Haupt-)Tat selbst, sondern um den Versuch des zeitlich früher anzusiedelnden Anstiftens. Grafisch kann man sich das folgendermaßen klarmachen:

§ 26: Anstiftung zu → Haupttat

§ 30: Versuch der Anstiftung zu → Haupttat

dd) Wortlaut ernst nehmen (§ 267 StGB)
Ein einfach erscheinender Wortlaut kann gehörige Tücken haben. Das gilt z. B. für die Urkundenfälschung nach § 267 StGB. Lesen Sie dessen Absatz 1 und gehen Sie von folgendem Fall aus:
A erledigt einige Besorgungen für den B und hat dabei Geldauslagen, die er vorstreckt. A fügt am Montag einer der Rechnungen eine Null hinzu („300 €" statt „30 €"). Ist § 267 Abs. 1 StGB am Montag, also schon dann erfüllt, wenn A die Null hinzufügt oder erst dann, wenn er – etwa am nächsten Tag – die „frisierte" Rechnung dem B vorlegt, um 300 € zu erhalten?

§ 267 StGB
Urkundenfälschung
(1) Wer zur Täuschung im Rechtsverkehr eine unechte Urkunde herstellt, eine echte Urkunde verfälscht oder eine unechte oder verfälschte Urkunde gebraucht, wird mit Freiheitsstrafe bis zu fünf Jahren oder mit Geldstrafe bestraft.

Schon vom Wortlaut her, genügt das Herstellen. Es muss nur zu diesem Zeitpunkt „zur Täuschung im Rechtsverkehr" geschehen[44]. Das Herstellen ist deshalb am Montag vollendet, wenn A die Rechnung „zur Täuschung" verwenden will.
Auch die verschiedenen Alternativen von § 267 Abs. 1 kann man durch genaue Lektüre in eine sinnvolle Reihenfolge bringen: Abs. 1 kennt drei Tathandlungen:

• herstellen (Alt. 1)
• verfälschen (Alt. 2)
• gebrauchen (Alt. 3)

---

[44] Näher zu solchen Delikten mit „erweitertem Vorsatz" siehe unten C IV 2 g (S. 104).

Die Alternative 3 (gebrauchen) baut entweder auf der Herstellung einer unechten Urkunde (Alternative 1) oder auf der Verfälschung einer echten Urkunde (Alternative 2) auf. Diesen Zusammenhang kann man sich grafisch auf einer imaginären Zeitachse folgendermaßen verdeutlichen:

→ 1. Herstellen/Verfälschen → 2. Gebrauchen

A ist in unserem Beispiel also bereits am Montag strafbar.

Macht man sich jetzt noch bewusst, dass das „Gebrauchen" typischerweise für einen Betrug geschieht, dann wird ersichtlich, dass die Urkundenfälschung nach § 267 ein typisches Vorbereitungsdelikt zum Betrug ist. Jetzt wird uns nämlich klar: Wer „zur Täuschung im Rechtsverkehr" (so der Wortlaut des § 267 Abs. 1 StGB) etwas herstellt, bereitet zugleich oft eine Betrug vor, bei dem man ebenfalls täuschen muss. Zudem sagt uns § 267 Abs. 1 Alt. 3 StGB, dass das Gebrauchen im Rechtsverkehr gesondert erfasst wird[45].

Sie sehen also: Man muss den Wortlaut des § 267 StGB ernst nehmen. Sonst denkt man vielleicht assoziativ in Kategorien des Betrugs und erwartet ein Opfer, das es bei § 267 gar nicht geben muss.

Noch deutlicher wird dies bei § 265 StGB, dem Versicherungsmissbrauch. Hier besteht die Tathandlung z. B. bereits im Beschädigen einer Sache, wenn diese hiergegen versichert ist und der Täter zum Zeitpunkt des Beschädigens die Absicht hat, von der Versicherung Geld für die beschädigte Sache zu verlangen:

§ 265 StGB
Versicherungsmissbrauch
(1) Wer eine gegen Untergang, Beschädigung, Beeinträchtigung der Brauchbarkeit, Verlust oder Diebstahl versicherte Sache **beschädigt**, zerstört, in ihrer Brauchbarkeit beeinträchtigt, beiseite schafft oder einem anderen überlsst, um sich oder einem Dritten Leistungen aus der Versicherung zu verschaffen, wird mit Freiheitsstrafe bis zu drei Jahren oder mit Geldstrafe bestraft, wenn die Tat nicht in § 263 mit Strafe bedroht ist.

Die Beispiele des § 267 und des § 265 StGB zeigen also, dass man den Gesetzeswortlaut auch wirklich für bare Münze nehmen muss und ihn nicht etwa „anreichern" durch Alltagsvorstellungen, etwa weil man denkt, dass die Urkundenfälschung doch erst dann strafbar sein kann, wenn ein anderer involviert wird, nicht aber, wenn sich das Geschehen noch „im stillen Kämmerlein" abspielen kann.

ee) Wortlaut allein reicht nicht – Lernarbeit nötig (§ 263 StGB)
Es gibt aber umgekehrt auch Fälle, in denen der pure Wortlaut nicht weiterführt, weil er von Rechtsprechung und Literatur weiter entwickelt worden ist. Das ist im Strafrecht beispielsweise bei § 263 Abs. 1 StGB der Fall. Gehen wir von dessen Wortlaut aus, um bereits etwas in den durchaus schwierigen Betrugstatbestand „hineinzuschnuppern":

---

[45] Vgl. näher zu Delikten mit „erweitertem Vorsatz" C IV 2 g (S. 104).

§ 263 StGB
Betrug
(1) Wer in der Absicht, sich oder einem Dritten einen rechtswidrigen Vermögensvorteil zu verschaffen, das Vermögen eines anderen dadurch beschädigt, daß er durch Vorspiegelung falscher oder durch Entstellung oder Unterdrückung wahrer Tatsachen einen Irrtum erregt oder unterhält, wird mit Freiheitsstrafe bis zu fünf Jahren oder mit Geldstrafe bestraft. [...]

Wenn man diesen Wortlaut zunächst nur strukturiert, ergibt sich folgende Bild:

Wer in der
– **Absicht,** sich oder einem Dritten einen rechtswidrigen Vermögensvorteil zu ver–
    schaffen,
    – das **Vermögeneines** anderen
    – dadurch **beschädigt,**
– dass er durch **Vorspiegelung** falscher oder durch **Entstellung** oder **Unterdrü-**
    ckung wahrer Tatsachen einen **Irrtum** erregt oder unterhält,
wird mit Freiheitsstrafe bis zu fünf Jahren oder mit Geldstrafe bestraft.

Dieser Normwortlaut würde sich vom Aufbau her folgendermaßen darstellen:

objektiv:
1. Tathandlung
    a. Vorspiegelung falscher oder
    b. Entstellung oder Unterdrückung wahrer Tatsachen
2. dadurch Irrtum
    a. erregen oder
    b. unterhalten
3. dadurch das Vermögen eines anderen beschädigen.

subjektiv:
4. Absicht, sich oder einen Dritten einen Vermögensvorteil zu verschaffen.

Diese Voraussetzungen werden in Rechtsprechung und Lehre folgendermaßen zusammengefasst:

objektiv:
1. Täuschung
2. Irrtum
3. Vermögensverfügung (des Getäuschten und Irrenden)
4. Vermögensschaden

subjektiv:
5. Bereicherungsabsicht.

Hier wird ersichtlich, dass das Merkmal 3, die Vermögensverfügung, als ungeschriebenes (weil einschränkendes) und damit zulässiges Tatbestandsmerkmal hinzugekommen ist und die übrigen objektiven Merkmale der Tathandlung zusammengefasst werden unter „1. Täuschung". Wenn man diese Entwicklung und das daraus hervor-gegangene Schema nicht kennt und sich in einer Klausur nur am Wortlaut orientiert, wenn man also, mit anderen Worten, noch nichts zu § 263 StGB gelernt hat, dann kann sich das fatal auswirken. Denn das ist ein Fall, in dem bei jedem Prüfer die Alarmglocken angehen: „Achtung! Kandidat scheint keine Grundkenntnisse zu § 263 StGB zu haben!" Selbst wenn der Eindruck falsch sein sollte, so etwas setzt sich fest.

ff) Beispiel aus dem BGB: §§ 823 ff. BGB

Die deliktsrechtlichen Vorschriften des BGB, die §§ 823 ff., sind im Prinzip ähnlich zu strukturieren wie strafrechtliche Delikte. Ich nehme an, dass man im Zivilrecht deshalb oft mit den Regelungen der §§ 823 ff. BGB im Studium beginnt. Sie zielen freilich auf eine andere Rechtsfolge als das Strafrecht, nämlich auf die Zahlung von Schadensersatz durch den Schädiger an den Geschädigten. Eine Geldstrafe geht demgegenüber vom Täter an den Staat, nicht an den Geschädigten. Das ist ein bei Anfängern oft anzutreffendes Missverständnis.

Aufgabe 3
Strukturieren Sie die nachfolgend abgedruckten Vorschriften[46].

---

§ 823 BGB
Schadensersatzpflicht
(1) Wer vorsätzlich oder fahrlässig das Leben, den Körper, die Gesundheit, die Freiheit, das Eigentum oder ein sonstiges Recht eines anderen widerrechtlich verletzt, ist dem anderen zum Ersatz des daraus entstehenden Schadens verpflichtet.
(2) Die gleiche Verpflichtung trifft denjenigen, welcher gegen ein den Schutz eines anderen bezweckendes Gesetz verstößt. Ist nach dem Inhalt des Gesetzes ein Verstoß gegen dieses auch ohne Verschulden möglich, so tritt die Ersatzpflicht nur im Falle des Verschuldens ein.

§ 830 BGB
Mittäter und Beteiligte
(1) Haben mehrere durch eine gemeinschaftlich begangene unerlaubte Handlung einen Schaden verursacht, so ist jeder für den Schaden verantwortlich. Das Gleiche gilt, wenn sich nicht ermitteln läßt, wer von mehreren Beteiligten den Schaden durch seine Handlung verursacht hat.
(2) Anstifter und Gehilfen stehen Mittätern gleich.

§ 832 BGB
Haftung des Aufsichtspflichtigen
(1) Wer kraft Gesetzes zur Führung der Aufsicht über eine Person verpflichtet ist, die wegen Minderjährigkeit oder wegen ihres geistigen oder körperlichen Zustands der Beaufsich-tigung bedarf, ist zum Ersatz des Schadens verpflichtet, den diese Person einem Dritten widerrechtlich zufügt. Die Ersatzpflicht tritt nicht ein, wenn er seiner Aufsichtspflicht genügt oder wenn der Schaden auch bei gehöriger Aufsichtsführung entstanden sein würde.
(2) Die gleiche Verantwortlichkeit trifft denjenigen, welcher die Führung der Aufsicht durch Vertrag übernimmt.

---

[46] Vorschläge im Anhang 1 (S. 223 ff.).

§ 836 BGB
Haftung des Grundstücksbesitzers
(1) Wird durch den Einsturz eines Gebäudes oder eines anderen mit einem Grundstück verbundenen Werkes oder durch die Ablösung von Teilen des Gebäudes oder des Werkes ein
Mensch getötet, der Körper oder die Gesundheit eines Menschen verletzt oder eine Sache
beschädigt, so ist der Besitzer des Grundstücks, sofern der Einsturz oder die Ablösung die
Folge fehlerhafter Errichtung oder mangelhafter Unterhaltung ist, verpflichtet, dem Verletzten den daraus entstehenden Schaden zu ersetzen. Die Ersatzpflicht tritt nicht ein, wenn
der Besitzer zum Zwecke der Abwendung der Gefahr die im Verkehr erforderliche Sorgfalt
beobachtet hat.
(2) Ein früherer Besitzer des Grundstücks ist für den Schaden verantwortlich, wenn der
Einsturz oder die Ablösung innerhalb eines Jahres nach der Beendigung seines Besitzes
eintritt, es sei denn, daß er während seines Besitzes die im Verkehr erforderliche Sorgfalt
beobachtet hat oder ein späterer Besitzer durch Beobachtung dieser Sorgfalt die Gefahr
hätte abwenden können.
(3) Besitzer im Sinne dieser Vorschriften ist der Eigenbesitzer.

gg) Zusammengefasst: Erleichterung durch grafische Strukturierung

Die vielen Beispiele haben gezeigt: Schon die grafische Strukturierung des Gesetzestextes erleichtert den Zugang. Dies sei anhand einer völlig anderen Norm
nochmals in zwei Versionen verdeutlicht. § 232 BGB behandelt die verschiedenen
Möglichkeiten, eine Sicherheit für jemanden anderen zu leisten. Relevant wird das
immer dann, wenn verhindert werden soll, dass eine Seite sonst aus einem vorübergehenden einen endgültigen Zustand machen könnte (vgl. z. B. § 843 oder § 273
Abs. 3 BGB). Wird § 232 Abs. 1 BGB als „Textwurst" dargestellt, hat man erhebliche Probleme, den Inhalt zu erfassen:

§ 232 BGB
Arten
(1) Wer Sicherheit zu leisten hat, kann dies bewirken durch Hinterlegung von Geld oder
Wertpapieren, durch Verpfändung von Forderungen, die in das Bundesschuldbuch oder das
Landesschuldbuch eines Landes eingetragen sind, durch Verpfändung beweglicher Sachen,
durch Bestellung von Schiffshypotheken an Schiffen oder Schiffsbauwerken, die in einem
deutschen Schiffsregister oder Schiffsbauregister eingetragen sind, durch Bestellung von
Hypotheken an inländischen Grundstücken, durch Verpfändung von Forderungen, für die
eine Hypothek an einem inländischen Grundstück besteht, oder durch Verpfändung von
Grundschulden oder Rentenschulden an inländischen Grundstücken.

Strukturiert man die Aufzählung grafisch, dann springt einem der Inhalt fast automatisch ins Auge:

§ 232 BGB
Arten
Wer Sicherheit zu leisten hat, kann dies bewirken
– durch Hinterlegung von Geld oder Wertpapieren,
– durch Verpfändung von Forderungen, die in das Bundesschuldbuch oder das Landesschuldbuch eines Landes eingetragen sind,
– durch Verpfändung beweglicher Sachen, durch Bestellung von Schiffshypotheken an Schiffen oder Schiffsbauwerken, die in einem deutschen Schiffsregister oder
  Schiffsbauregister eingetragen sind,
– durch Bestellung von Hypotheken an inländischen Grundstücken,

– durch Verpfändung von Forderungen, für die eine Hypothek an einem inländischen Grundstück besteht, oder
– durch Verpfändung von Grundschulden oder Rentenschulden an inländischen Grundstücken.

Wenn der Text grafisch so aufbereitet ist, dann merkt man bereits beim zweiten Beispiel („Verpfändung von Forderungen…"): das geht so weiter: Es folgen jetzt weitere Beispiele. Man braucht also nicht mehr die ganze Vorschrift zu lesen, um zu wissen, was sie enthält, weil das bereits zu Beginn steht.

▶ **Tipp:** Dies zeigt uns abschließend einen ganz wichtigen Effekt, der aber durch alle Unterstreichungen gewährleistet werden soll: „Zeitgewinn durch schnellere inhaltliche Erfassung".

b) Vereinfachung durch Streichung von Beispielen

Viele Normen sind deshalb nicht auf Anhieb verständlich, weil sie eine Vielzahl von Beispielen enthalten. Hier nützt es schon, wenn man die Beispiele streicht und dadurch zur Struktur vordringt. Dazu muss man zunächst nach dem Prädikat des Satzes suchen. Im Strafrecht sind dies bei Delikten des Besonderen Teils die Tathandlungen[47]. Danach muss man die Satzobjekte suchen, bei strafrechtlichen Delikten also in der Regel die Tatobjekte. Wenn man auf diese Weise die Struktur des Satzes herausgearbeitet hat, fällt es leichter, die Struktur einer Aufzählung zu erkennen. Diese kann man durch die Streichung von Beispielen erheblich vereinfachen.

aa) § 133 StGB als Ausgangsbeispiel

Um mit einem kurzen, aber inhaltlich doch schwer zugänglichen Beispiel zu beginnen, sollten Sie folgende Norm zunächst „am Stück" lesen.

§ 133
Verwahrungsbruch
(1) Wer Schriftstücke oder andere bewegliche Sachen, die sich in dienstlicher Verwahrung befinden oder ihm oder einem anderen dienstlich in Verwahrung gegeben worden sind, zerstört, beschädigt, unbrauchbar macht oder der dienstlichen Verfügung entzieht, wird mit Freiheitsstrafe bis zu zwei Jahren oder mit Geldstrafe bestraft.
[…]

Schritt 1 zur Vereinfachung: Subjekt und Prädikat suchen

(1) **Wer** Schriftstücke oder andere bewegliche Sachen, die sich in dienstlicher Verwahrung befinden oder ihm oder einem anderen dienstlich in Verwahrung gegeben worden sind, **zerstört, beschädigt, unbrauchbar macht oder der dienstlichen Verfügung entzieht,** wird mit Freiheitsstrafe bis zu zwei Jahren oder mit Geldstrafe bestraft.

---

[47] Dazu auch unten C IV 2 f (S. 98 ff.).

Schritt 2: Satzobjekte suchen:

> (1) Wer **Schriftstücke oder andere bewegliche Sachen, die sich in dienstlicher Verwahrung befinden oder ihm oder einem anderen dienstlich in Verwahrung gegeben worden sind,** zerstört, beschädigt, unbrauchbar macht oder der dienstlichen Verfügung entzieht, wird mit Freiheitsstrafe bis zu zwei Jahren oder mit Geldstrafe bestraft.

Wir erkennen an diesen beiden Schritten: § 133 Abs. 1 StGB hat viele Tathandlungen und viele Tatobjekte. Das macht sein Verständnis schwierig. Genau das müssen wir also ändern, indem wir z. B. folgendermaßen zusammenfassen:

Tathandlungen (Prädikate):
zerstört, beschädigt, unbrauchbar macht oder der dienstlichen Verfügung entzieht

Tatobjekte (Satzobjekte):
Schriftstücke oder andere bewegliche Sachen, die sich in dienstlicher Verwahrung befinden oder ihm oder einem anderen dienstlich in Verwahrung gegeben worden sind

Ordnet man sich diese beiden Aufzählungspunkte, dann ergibt sich geradezu automatisch ein „Prüfungsschema" für das Delikt des § 133 StGB:

Tathandlungen
- zerstört,
- beschädigt,
- unbrauchbar macht oder
- der dienstlichen Verfügung entzieht.

Tatobjekte
- Schriftstücke oder
- andere bewegliche Sachen,
  die sich
    in dienstlicher Verwahrung befinden oder
    ihm oder einem anderen dienstlich in Verwahrung gegeben worden sind.

Dieses Prüfungsschema werden Sie wahrscheinlich nirgendwo so finden. Falls doch, wäre es eine unnötige Belastung Ihres Gedächtnisses, wenn Sie das Schema auswendig lernten. In die Sprache der Computerwelt: Ihre Festplatte würde mit Datenmüll belastet. Warum „Datenmüll"? Weil Sie sich das Schema leicht anhand des Gesetzeswortlauts herleiten oder rekonstruieren können und es deshalb nicht auswendig lernen müssen. Wir werden das noch an andere Stelle vertiefen[48].

▶ **Tipp:** Seien Sie bequem und lernen Sie so wenig wie möglich auswendig. Auswendiglernen gaukelt Ihnen nur eine vermeintliche Sicherheit vor.

---

[48] Unten C IV 2 f (S. 98 ff.).

Ich weiß, dass manche Kolleginnen und Kollegen das anders sehen, möchte Sie aber eindringlich davor warnen. Das „Auswendiglernen" vermittelt das Gefühl, doch „etwas" und deshalb – das ist der Fehlschluss – das Erforderliche gemacht zu haben. Ich muss in diesem Zusammenhang an einen Studienkollegen denken, der das Erste Staatsexamen erst auf den zweiten Anlauf und dann auch nicht weit über der Bestehensgrenze geschafft hat: Er konnte „den Medicus"[49] auswendig und sogar seitenscharf wiedergeben. Aber er hat offensichtlich wenig davon verstanden.

bb) Weitere Beispiele

Worum es bei § 138 StGB in der Sache geht, erfährt man schon in der amtlichen Überschrift: um die „Nichtanzeige geplanter Straftaten". Wo aber steht dieser Satz?

§ 138

Nichtanzeige geplanter Straftaten

(1) Wer von dem Vorhaben oder der Ausführung

1. einer Vorbereitung eines Angriffskrieges (§ 80),
2. eines Hochverrats in den Fällen der §§ 81 bis 83 Abs. 1,
3. eines Landesverrats oder einer Gefährdung der äußeren Sicherheit in den Fällen der §§ 94 bis 96, 97a oder 100,
4. einer Geld- oder Wertpapierfälschung in den Fällen der §§ 146, 151, 152 oder einer Fälschung von Zahlungskarten mit Garantiefunktion und Vordrucken für Euroschecks in den Fällen des § 152b Abs. 1 bis 3,
5. eines Mordes (§ 211) oder Totschlags (§ 212) oder eines Völkermordes (§ 6 des Völkerstrafgesetzbuches) oder eines Verbrechens gegen die Menschlichkeit (§ 7 des Völkerstrafgesetzbuches) oder eines Kriegsverbrechens (§§ 8, 9, 10, 11 oder 12 des Völkerstrafgesetzbuches),
6. einer Straftat gegen die persönliche Freiheit in den Fällen des § 232 Abs. 3, 4 oder Abs. 5, des § 233 Abs. 3, jeweils soweit es sich um Verbrechen handelt, der §§ 234, 234a, 239a oder 239b,
7. eines Raubes oder einer räuberischen Erpressung (§§ 249 bis 251 oder 255) oder
8. einer gemeingefährlichen Straftat in den Fällen der §§ 306 bis 306c oder 307 Abs. 1 bis 3, des § 308 Abs. 1 bis 4, des § 309 Abs. 1 bis 5, der §§ 310, 313, 314 oder 315 Abs. 3, des § 315b Abs. 3 oder der §§ 316a oder 316c

zu einer Zeit, zu der die Ausführung oder der Erfolg noch abgewendet werden kann, glaubhaft erfährt und es unterläßt, der Behörde oder dem Bedrohten rechtzeitig Anzeige zu machen, wird mit Freiheitsstrafe bis zu fünf Jahren oder mit Geldstrafe bestraft.

Wir müssen dazu die grammatikalische Satzstruktur erkennen: Das Subjekt steht gleich zu Beginn „Wer"; wo aber ist das oder sind die Prädikate: Hierbei hilft es uns, wenn wir uns bewusst machen: Nummern 1–8 sind Teile einer alternativen Aufzählung (s. „oder" zwischen Nr. 7 und Nr. 8).

Wir finden das Prädikat des 1. Relativsatzes sehr schnell: Wer [...] „erfährt". Damit können wir auch schon das Prädikat des 2. Relativsatzes entdecken: „und es unterlässt". Subjekt ist „Wer", also: jeder, vor allem der Unbeteiligte. Wenn wir

---

[49] Siehe unten C V 2 d (S. 152).

diese grammatikalische Struktur durch Fettdruck hervorheben bzw. in unserer Gesetzessammlung unterstreichen, sieht dies schon sehr viel klarer aus:

§ 138 StGB
Nichtanzeige geplanter Straftaten
(1) **Wer** von dem Vorhaben oder der Ausführung
1. einer Vorbereitung eines Angriffskrieges (§ 80),
2. eines Hochverrats in den Fällen der §§ 81 bis 83 Abs. 1,
3. eines Landesverrats oder einer Gefährdung der äußeren Sicherheit in den Fällen der §§ 94 bis 96, 97a oder 100,
4. einer Geld- oder Wertpapierfälschung in den Fällen der §§ 146, 151, 152 oder einer Fälschung von Zahlungskarten mit Garantiefunktion und Vordrucken für Euroschecks in den Fällen des § 152b Abs. 1 bis 3,
5. eines Mordes (§ 211) oder Totschlags (§ 212) oder eines Völkermordes (§ 6 des Völkerstrafgesetzbuches) oder eines Verbrechens gegen die Menschlichkeit (§ 7 des Völkerstrafgesetzbuches) oder eines Kriegsverbrechens (§§ 8, 9, 10, 11 oder 12 des Völkerstrafgesetzbuches),
6. einer Straftat gegen die persönliche Freiheit in den Fällen des § 232 Abs. 3, 4 oder Abs. 5, des § 233 Abs. 3, jeweils soweit es sich um Verbrechen handelt, der §§ 234, 234a, 239a oder 239b,
7. eines Raubes oder einer räuberischen Erpressung (§§ 249 bis 251 oder 255) **oder**
8. einer gemeingefährlichen Straftat in den Fällen der §§ 306 bis 306c oder 307 Abs. 1 bis 3, des § 308 Abs. 1 bis 4, des § 309 Abs. 1 bis 5, der §§ 310, 313, 314 oder 315 Abs. 3, des § 315b Abs. 3 oder der §§ 316a oder 316c
zu einer Zeit, zu der die Ausführung oder der Erfolg noch abgewendet werden kann, glaubhaft **erfährt und es unterläßt,** der Behörde oder dem Bedrohten rechtzeitig Anzeige zu machen, wird mit Freiheitsstrafe bis zu fünf Jahren oder mit Geldstrafe bestraft.

Optisch wird hieran erkennbar: Die Aufzählung in Nummern 1–8 ist gewissermaßen die überdimensionierte „Füllung" oder „Anfüllung" der einfachen Satzstruktur. Um den wesentlichen Inhalt des § 138 zu erfassen, müssen wir also diese „Füllung" beiseite lassen. Wenn Sie sich auf diese Weise vorbereitet haben, dann sind Sie „reif" für die Lektüre eines Lehrbuchs zu § 138 StGB.

Nachdem wir die lange Vorschrift des § 138 Abs. 1 StGB bewältigt haben, ist § 102 Abs. 1 StGB geradezu ein Kinderspiel. Die Version in der Gesetzessammlung ist deshalb nicht so leicht zu lesen, weil verschiedene Funktionsträger als Tatobjekt in Betracht kommen:

§ 102 StGB
Angriff gegen Organe und Vertreter ausländischer Staaten
(1) Wer einen Angriff auf Leib oder Leben eines ausländischen Staatsoberhaupts, eines Mitglieds einer ausländischen Regierung oder eines im Bundesgebiet beglaubigten Leiters einer ausländischen diplomatischen Vertretung begeht, während sich der Angegriffene in amtlicher Eigenschaft im Inland aufhält, wird mit Freiheitsstrafe bis zu fünf Jahren oder mit Geldstrafe, in besonders schweren Fällen mit Freiheitsstrafe nicht unter einem Jahr bestraft.

Wir strukturieren § 102 Abs. 1 StGB folgendermaßen:

Wer einen **Angriff auf Leib oder Leben**
eines ausländischen **Staatsoberhaupts,** eines Mitglieds einer ausländischen Regierung **oder** eines im Bundesgebiet beglaubigten Leiters einer ausländischen diplomatischen Vertretung
begeht,

während sich der Angegriffene in amtlicher Eigenschaft im Inland aufhält,
wird mit Freiheitsstrafe bis zu fünf Jahren oder mit Geldstrafe, in besonders schweren Fällen mit Freiheitsstrafe nicht unter einem Jahr bestraft.

Damit wird uns klar: Tatobjekt kann sein:

- ein ausländisches Staatsoberhaupt,
- ein Mitglied einer ausländischen Regierung **oder**
- ein im Bundesgebiet beglaubigter Leiters einer ausländischen diplomatischen Vertretung

Nur diese Aufzählung macht den § 102 Abs. 1 StGB so „spröde".

Noch ein Beispiel: § 184 Abs. 1 StGB erscheint uns zunächst sehr umfangreich. Aber § 184 Abs. 1 ist viel einfacher: Jede Ziffer bildet zusammen mit den einleitenden Worten „Wer pornographische Schriften…" einen kompletten Satz. Deshalb liegt keine „Sandwich"-Struktur wie bei § 138 Abs. 1 StGB vor. Zu beachten ist nur das „oder" zwischen Nr. 8 und Nr. 9:

§ 184 StGB
Verbreitung pornographischer Schriften
(1) Wer pornographische Schriften (§ 11 Abs. 3)
1. einer Person unter achtzehn Jahren anbietet, überläßt oder zugänglich macht,
2. an einem Ort, der Personen unter achtzehn Jahren zugänglich ist oder von ihnen eingesehen werden kann, ausstellt, anschlägt, vorführt oder sonst zugänglich macht,
3. im Einzelhandel außerhalb von Geschäftsräumen, in Kiosken oder anderen Verkaufsstellen, die der Kunde nicht zu betreten pflegt, im Versandhandel oder in gewerblichen Leihbüchereien oder Lesezirkeln einem anderen anbietet oder überläßt,
3a. im Wege gewerblicher Vermietung oder vergleichbarer gewerblicher Gewährung des Gebrauchs, ausgenommen in Ladengeschäften, die Personen unter achtzehn Jahren nicht zugänglich sind und von ihnen nicht eingesehen werden können, einem anderen anbietet oder überläßt,
4. im Wege des Versandhandels einzuführen unternimmt,
5. öffentlich an einem Ort, der Personen unter achtzehn Jahren zugänglich ist oder von ihnen eingesehen werden kann, oder durch Verbreiten von Schriften außerhalb des Geschäftsverkehrs mit dem einschlägigen Handel anbietet, ankündigt oder anpreist,
6. an einen anderen gelangen läßt, ohne von diesem hierzu aufgefordert zu sein,
7. in einer öffentlichen Filmvorführung gegen ein Entgelt zeigt, das ganz oder überwiegend für diese Vorführung verlangt wird,
8. herstellt, bezieht, liefert, vorrätig hält oder einzuführen unternimmt, um sie oder aus ihnen gewonnene Stücke im Sinne der Nummern 1 bis 7 zu verwenden oder einem anderen eine solche Verwendung zu ermöglichen, **oder**
9. auszuführen unternimmt, um sie oder aus ihnen gewonnene Stücke im Ausland unter Verstoß gegen die dort geltenden Strafvorschriften zu verbreiten oder öffentlich zugänglich zu machen oder eine solche Verwendung zu ermöglichen,
wird mit Freiheitsstrafe bis zu einem Jahr oder mit Geldstrafe bestraft.

§ 203 StGB enthält in Absatz 1 und Absatz 2 jeweils lange Aufzählungen, die das „Tatobjekt" (also: das „Geheimnis"), näher definieren. Wenn wir uns das Satzgerüst vor Augen halten („Wer ein Geheimnis offenbart, das ihm als […] anvertraut worden ist"), dann schrecken wir nicht mehr vor der Länge zurück:

§ 203 StGB
Verletzung von Privatgeheimnissen

(1) Wer unbefugt ein fremdes Geheimnis, namentlich ein zum persönlichen Lebensbereich gehörendes **Geheimnis** oder ein Betriebs- oder Geschäftsgeheimnis, **offenbart, das ihm als**

1. Arzt, Zahnarzt, Tierarzt, Apotheker oder Angehörigen eines anderen Heilberufs, der für die Berufsausübung oder die Führung der Berufsbezeichnung eine staatlich geregelte Ausbildung erfordert,
2. Berufspsychologen mit staatlich anerkannter wissenschaftlicher Abschlußprüfung,
3. Rechtsanwalt, Patentanwalt, Notar, Verteidiger in einem gesetzlich geordneten Verfahren, Wirtschaftsprüfer, vereidigtem Buchprüfer, Steuerberater, Steuerbevollmächtigten oder Organ oder Mitglied eines Organs einer Rechtsanwalts-, Patentanwalts-, Wirtschaftsprüfungs-, Buchprüfungs- oder Steuerberatungsgesellschaft,
4. Ehe-, Familien-, Erziehungs- oder Jugendberater sowie Berater für Suchtfragen in einer Beratungsstelle, die von einer Behörde oder Körperschaft, Anstalt oder Stiftung des öffentlichen Rechts anerkannt ist,
4a. Mitglied oder Beauftragten einer anerkannten Beratungsstelle nach den §§ 3 und 8 des Schwangerschaftskonfliktgesetzes,
5. staatlich anerkanntem Sozialarbeiter oder staatlich anerkanntem Sozialpädagogen oder
6. Angehörigen eines Unternehmens der privaten Kranken-, Unfall- oder Lebensversicherung oder einer privatärztlichen, steuerberaterlichen oder anwaltlichen Verrechnungsstelle

anvertraut worden oder sonst bekanntgeworden **ist,** wird mit Freiheitsstrafe bis zu einem Jahr oder mit Geldstrafe bestraft.

(2) Ebenso wird bestraft, wer unbefugt ein **fremdes Geheimnis,** namentlich ein zum persönlichen Lebensbereich gehörendes Geheimnis oder ein Betriebs- oder Geschäftsgeheimnis, **offenbart,** das ihm als

1. Amtsträger,
2. für den öffentlichen Dienst besonders Verpflichteten,
3. Person, die Aufgaben oder Befugnisse nach dem Personalvertretungsrecht wahrnimmt,
4. Mitglied eines für ein Gesetzgebungsorgan des Bundes oder eines Landes tätigen Untersuchungsausschusses, sonstigen Ausschusses oder Rates, das nicht selbst Mitglied des Gesetzgebungsorgans ist, oder als Hilfskraft eines solchen Ausschusses oder Rates,
5. öffentlich bestelltem Sachverständigen, der auf die gewissenhafte Erfüllung seiner Obliegenheiten auf Grund eines Gesetzes förmlich verpflichtet worden ist, oder
6. Person, die auf die gewissenhafte Erfüllung ihrer Geheimhaltungspflicht bei der Durchführung wissenschaftlicher Forschungsvorhaben auf Grund eines Gesetzes förmlich verpflichtet worden ist,

anvertraut worden oder sonst bekanntgeworden **ist.** Einem Geheimnis im Sinne des Satzes 1 stehen Einzelangaben über persönliche oder sachliche Verhältnisse eines anderen gleich, die für Aufgaben der öffentlichen Verwaltung erfaßt worden sind; Satz 1 ist jedoch nicht anzuwenden, soweit solche Einzelangaben anderen Behörden oder sonstigen Stellen für Aufgaben der öffentlichen Verwaltung bekanntgegeben werden und das Gesetz dies nicht untersagt.

(2a) Die Absätze 1 und 2 gelten entsprechend, wenn ein Beauftragter für den Datenschutz unbefugt ein fremdes Geheimnis im Sinne dieser Vorschriften offenbart, das einem in den Absätz 1 und 2 Genannten in dessen beruflicher Eigenschaft anvertraut worden oder sonst bekannt geworden ist und von dem er bei der Erfüllung seiner Aufgaben als Beauftragter für den Datenschutz Kenntnis erlangt hat.

(3) Einem in Absatz 1 Nr. 3 genannten Rechtsanwalt stehen andere Mitglieder einer Rechtsanwaltskammer gleich. Den in Absatz 1 und Satz 1 Genannten stehen ihre berufsmäßig tätigen Gehilfen und die Personen gleich, die bei ihnen zur Vorbereitung auf den Beruf tätig sind. Den in Absatz 1 und den in Satz 1 und 2 Genannten steht nach dem Tod des zur Wahrung des Geheimnisses Verpflichteten ferner gleich, wer das Geheimnis von dem Verstorbenen oder aus dessen Nachlaß erlangt hat.

(4) Die Absätze 1 bis 3 sind auch anzuwenden, wenn der Täter das fremde Geheimnis nach dem Tod des Betroffenen unbefugt offenbart.

(5) Handelt der Täter gegen Entgelt oder in der Absicht, sich oder einen anderen zu bereichern oder einen anderen zu schädigen, so ist die Strafe Freiheitsstrafe bis zu zwei Jahren oder Geldstrafe.

cc) Abhilfe: Auflistung mit Zwischenüberschriften: §§ 308 und 309 BGB

Der Reformgesetzgeber des BGB hat im Jahr 2001 wesentliche gestalterische Erleichterungen eingeführt, um die gedankliche Erfassung längerer Normen zu erleichtern: Er hat generell amtliche Überschriften zu jeder Vorschrift formuliert[50]. Darüber hinaus hat er bei den umfangreichen §§ 308 und 309 BGB die einzelnen Nummern mit Zwischenüberschriften in Klammern versehen. Bei diesen Vorschriften geht es um die Frage, welche Klauseln in allgemeinen Geschäftsbedingungen unwirksam sind. Die Zwischenüberschriften haben auch sachliche Bedeutung, weil im Klammerzusatz vom Gesetzgeber selbst (und nicht etwa vom Herausgeber der Gesetzessammlung) der wesentliche Sachgesichtspunkt angegeben wird. Dies ist wichtig für die Anwendung und Auslegung[51].

Für unsere Zwecke hier können wir aber hiervon etwas Generelles übernehmen: Lange Auflistungen werden durch Zusammenfassungen in Klammern strukturiert. Zur Verdeutlichung habe ich diese Zwischenüberschriften hier noch fett formatiert. Sofort werden diese Vorschriften übersichtlicher:

§ 308 BGB
Klauselverbote mit Wertungsmöglichkeit
In Allgemeinen Geschäftsbedingungen ist insbesondere unwirksam
1. (**Annahme- und Leistungsfrist**) eine Bestimmung, durch die sich der Verwender unangemessen lange oder nicht hinreichend bestimmte Fristen für die Annahme oder Ablehnung eines Angebots oder die Erbringung einer Leistung vorbehält; ausgenommen hiervon ist der Vorbehalt, erst nach Ablauf der Widerrufs- oder Rückgabefrist nach § 355 Abs. 1 bis 3 und § 356 zu leisten;
2. (**Nachfrist**) eine Bestimmung, durch die sich der Verwender für die von ihm zu bewirkende Leistung abweichend von Rechtsvorschriften eine unangemessen lange oder nicht hinreichend bestimmte Nachfrist vorbehält;
3. (**Rücktrittsvorbehalt**) die Vereinbarung eines Rechts des Verwenders, sich ohne sachlich gerechtfertigten und im Vertrag angegebenen Grund von seiner Leistungspflicht zu lösen; dies gilt nicht für Dauerschuldverhältnisse;
4. (**Änderungsvorbehalt**) die Vereinbarung eines Rechts des Verwenders, die versprochene Leistung zu ändern oder von ihr abzuweichen, wenn nicht die Vereinbarung der Änderung oder Abweichung unter Berücksichtigung der Interessen des Verwenders für den anderen Vertragsteil zumutbar ist;
[…].

---

[50] *Mertens*, Gesetzgebungskunst im Zeitalter der Kodifikationen, Tübingen 2004, S. 436 Fn. 637.

[51] Siehe oben C IV 1 e (S. 62).

§ 309 BGB
Klauselverbote ohne Wertungsmöglichkeit
Auch soweit eine Abweichung von den gesetzlichen Vorschriften zulässig ist, ist in Allgemeinen Geschäftsbedingungen unwirksam

1. (**Kurzfristige Preiserhöhungen**) eine Bestimmung, welche die Erhöhung des Entgelts für Waren oder Leistungen vorsieht, die innerhalb von vier Monaten nach Vertragsschluss geliefert oder erbracht werden sollen; dies gilt nicht bei Waren oder Leistungen, die im Rahmen von Dauerschuldverhältnissen geliefert oder erbracht werden;

2. (**Leistungsverweigerungsrechte**) eine Bestimmung, durch die
   a) das Leistungsverweigerungsrecht, das dem Vertragspartner des Verwenders nach § 320 zusteht, ausgeschlossen oder eingeschränkt wird oder
   b) ein dem Vertragspartner des Verwenders zustehendes Zurückbehaltungsrecht, soweit es auf demselben Vertragsverhältnis beruht, ausgeschlossen oder eingeschränkt, insbesondere von der Anerkennung von Mängeln durch den Verwender abhängig gemacht wird;

3. (**Aufrechnungsverbot**) eine Bestimmung, durch die dem Vertragspartner des Verwenders die Befugnis genommen wird, mit einer unbestrittenen oder rechtskräftig festgestellten Forderung aufzurechnen;

4. (**Mahnung, Fristsetzung**) eine Bestimmung, durch die der Verwender von der gesetzlichen Obliegenheit freigestellt wird, den anderen Vertragsteil zu mahnen oder ihm eine Frist für die Leistung oder Nacherfüllung zu setzen;

5. (**Pauschalierung von Schadensersatzansprüchen**) die Vereinbarung eines pauschalierten Anspruchs des Verwenders auf Schadensersatz oder Ersatz einer Wertminderung, wenn
   a) die Pauschale den in den geregelten Fällen nach dem gewöhnlichen Lauf der Dinge zu erwartenden Schaden oder die gewöhnlich eintretende Wertminderung übersteigt oder
   b) dem anderen Vertragsteil nicht ausdrücklich der Nachweis gestattet wird, ein Schaden oder eine Wertminderung sei überhaupt nicht entstanden oder wesentlich niedriger als die Pauschale;

6. (**Vertragsstrafe**) eine Bestimmung, durch die dem Verwender für den Fall der Nichtabnahme oder verspäteten Abnahme der Leistung, des Zahlungsverzugs oder für den Fall, dass der andere Vertragsteil sich vom Vertrag löst, Zahlung einer Vertragsstrafe versprochen wird;
[...]

An diesem Beispiel wird mithin deutlich: Wir können uns das Erfassen und das Verständnis einer langen Norm erheblich erleichtern, wenn wir sie uns in kleinere Einheiten aufteilen und diese Einheiten benennen.

▶ **Tipp:** In Ihrem Gesetzestext können Sie das freilich nur durch Unterstreichen erreichen. Aber Sie sehen anhand dieser Erläuterungen: Sie müssen sinnvoll und sparsam damit umgehen. Dies können wir uns bei anderen Vorschriften zu nutze machen

Aufgabe 4
Nachfolgend finden Sie den Wortlaut von § 261 StGB. Strukturieren Sie diesen Wortlaut selbst. Meinen Vorschlag hierzu finden Sie im Anhang.

§ 261 StGB
Geldwäsche; Verschleierung unrechtmäßig erlangter Vermögenswerte
(1) Wer einen Gegenstand, der aus einer in Satz 2 genannten rechtswidrigen Tat herrührt, verbirgt, dessen Herkunft verschleiert oder die Ermittlung der Herkunft, das Auffinden, den Verfall, die Einziehung oder die Sicherstellung eines solchen Gegenstandes vereitelt oder gefährdet, wird mit Freiheitsstrafe von drei Monaten bis zu fünf Jahren bestraft. Rechtswidrige Taten im Sinne des Satzes 1 sind
1. Verbrechen,
2. Vergehen nach
   a) § 332 Abs. 1, auch in Verbindung mit Abs. 3, und § 334,
   b) § 29 Abs. 1 Satz 1 Nr. 1 des Betäubungsmittelgesetzes und § 19 Abs. 1 Nr. 1 des Grundstoffüberwachungsgesetzes,
3. Vergehen nach § 373 und nach § 374 Abs. 2 der Abgabenordnung, jeweils auch in Verbindung mit § 12 Abs. 1 des Gesetzes zur Durchführung der Gemeinsamen Marktorganisationen und der Direktzahlungen,
4. Vergehen
   a) nach den §§ 152a, 181a, 232 Abs. 1 und 2, § 233 Abs. 1 und 2, §§ 233a, 242, 246, 253, 259, 263 bis 264, 266, 267, 269, 271, 284, 326 Abs. 1, 2 und 4, § 328 Abs. 1, 2 und 4 sowie § 348,
   b) nach § 96 des Aufenthaltsgesetzes, § 84 des Asylverfahrensgesetzes, nach § 370 der Abgabenordnung, nach § 38 Absatz 1 bis 3 und 5 des Wertpapierhandelsgesetzes sowie nach den §§ 143, 143a und 144 des Markengesetzes, den §§ 106 bis 108b des Urheberrechtsgesetzes, § 25 des Gebrauchsmustergesetzes, den §§ 51 und 65 des Geschmacksmustergesetzes, § 142 des Patentgesetzes, § 10 des Halbleiterschutzgesetzes und § 39 des Sortenschutzgesetzes,
   die gewerbsmäßig oder von einem Mitglied einer Bande, die sich zur fortgesetzten Begehung solcher Taten verbunden hat, begangen worden sind, und
5. Vergehen nach § 89a und nach den §§ 129 und 129a Abs. 3 und 5, jeweils auch in Verbindung mit § 129b Abs. 1, sowie von einem Mitglied einer kriminellen oder terroristischen Vereinigung (§§ 129, 129a, jeweils auch in Verbindung mit § 129b Abs. 1) begangene Vergehen.
Satz 1 gilt in den Fällen der gewerbsmäßigen oder bandenmäßigen Steuerhinterziehung nach § 370 der Abgabenordnung für die durch die Steuerhinterziehung ersparten Aufwendungen und unrechtmäßig erlangten Steuererstattungen und -vergütungen sowie in den Fällen des Satzes 2 Nr. 3 auch für einen Gegenstand, hinsichtlich dessen Abgaben hinterzogen worden sind.
(2) Ebenso wird bestraft, wer einen in Absatz 1 bezeichneten Gegenstand
1. sich oder einem Dritten verschafft oder
2. verwahrt oder für sich oder einen Dritten verwendet, wenn er die Herkunft des Gegenstandes zu dem Zeitpunkt gekannt hat, zu dem er ihn erlangt hat.
[…]

c) Hilfe durch Erkennen der Bedeutung von „oder" bzw. „und"
aa) Die zwei Bedeutungen des Wortes „oder"
Wie verschiedentlich schon angesprochen, spielt die Verknüpfung von Sätzen und Satzteilen mit „und" bzw. „oder" eine große Rolle. Bedeutsam ist vor allem das „oder". Schauen wir uns zunächst ein einfaches Beispiel an:

§ 226 Abs. 1 Nr. 1 StGB
Schwere Körperverletzung
(1) Hat die Körperverletzung zur Folge, daß die verletzte Person

das Sehvermögen auf einem Auge _oder_ beiden Augen, das Gehör, das Sprechvermögen _oder_ die Fortpflanzungsfähigkeit verliert,
[...]
so ist die Strafe Freiheitsstrafe von einem Jahr bis zu zehn Jahren.

Abs. 1 Nr. 1 enthält zweimal „oder". Es handelt sich in beiden Fällen um ein so genanntes „alternatives oder" innerhalb eines einzigen Satzes und bedeutet: „entweder – oder".

In der Aussagelogik kennt man folgende Bedeutungen von „oder":

entweder – oder (im Sinne von _Kontravalenz_)
das eine oder das andere oder beides (im Sinne von _Disjunktion_)
das eine oder das andere oder beides nicht (im Sinne von _Exklusion_)[52].

Es wird im Folgenden jedoch „nur" um das „oder" im Sinne von „entweder – oder" gehen.

Ein weiteres Beispiel für eine eindeutig alternative „oder"-Aufzählung ist § 238 Abs. 1 StGB, auf neudeutsch besser bekannt als „Stalking":

§ 238 StGB
Nachstellung
(1) Wer einem Menschen unbefugt nachstellt, indem er beharrlich
1. seine räumliche Nähe aufsucht,
2. unter Verwendung von Telekommunikationsmitteln oder sonstigen Mitteln der Kommunikation oder über Dritte Kontakt zu ihm herzustellen versucht,
3. unter missbräuchlicher Verwendung von dessen personenbezogenen Daten Bestellungen von Waren oder Dienstleistungen für ihn aufgibt oder Dritte veranlasst, mit diesem Kontakt aufzunehmen,
4. ihn mit der Verletzung von Leben, körperlicher Unversehrtheit, Gesundheit oder Freiheit seiner selbst oder einer ihm nahe stehenden Person bedroht **oder**
5. eine andere vergleichbare Handlung vornimmt
und dadurch seine Lebensgestaltung schwerwiegend beeinträchtigt, wird mit Freiheitsstrafe bis zu drei Jahren oder mit Geldstrafe bestraft

Halten wir insofern fest: Wichtig ist: Es handelt sich immer um ein „alternatives oder".

Darüber hinaus können wir uns das Normverständnis erleichtern, wenn wir uns verdeutlichen: Bei jeder Verwendung von „oder" im alternativen Sinne im Gesetzestext geht es immer darum, zwei Sachbereiche (oder: juristische Sinneinheiten) voneinander zu unterscheiden. Bei § 226 Abs. 1 Nr. 1 StGB sind es Verletzungsvarianten, die sich auf verschiedene Tatobjekte beziehen; die Tathandlung ist aber immer dieselbe. Bei § 238 StGB geht es um verschiedene Tatvarianten und damit Verhaltensvarianten. Dies können bei anderen Beispielen – wie wir noch sehen werden – vielleicht an verschiedene weitere Voraussetzungen geknüpft werden. Es ist wichtig, dies erfassen zu können, weil man sich dadurch das Normverständnis erleichtert.

---

[52] _Joerden_, Logik im Recht, 2. Aufl. Berlin 2010, S. 15, 17–19.

Eine mögliche Hilfe dabei ist folgende Unterscheidung: Das „oder" in § 226 Abs. 1 Nr. 1 StGB steht innerhalb eine Satzes und verbindet einzelne Satzteile („einem Auge _oder_ beiden Augen"). Wir können es deshalb „_satzinternes oder_" nennen. Das „oder" in § 238 Abs. 1 zwischen Nr. 4 und Nr. 5 StGB verbindet hingegen zwei aufeinander folgende Nebensätze, die alle beginnen mit „indem er [...]". Grammatikalisch ist das „oder" im Beispiel von § 238 StGB eine „Konjunktion". Darunter versteht man die Verbindung zwischen einem Haupt- und einem Nebensatz bzw. zwischen zwei Nebensätzen. Insoweit möchte ich von einem _Satzverbindungs-„oder"_ sprechen. Für das Norm-Verständnis ist dies deshalb wichtig, weil ein Satzverbindungs-„oder" jedenfalls deutlicher als ein satzinternes „oder" auf zwei juristisch voneinander zu unterscheidende Sinneinheiten, wie etwa Tatbestandsalternativen, hinweist.

▶ Wichtig ist jedoch, dass beide Arten des „oder" alternativ zu verstehen sind im Sinne von „entweder – oder".

Ein „Satzverbindungs-oder" werde ich bei den nachfolgenden Beispielen in **fetter Schrift** formatieren; ein „satzinternes oder" _kursiv und unterstrichen_.

Diese Überlegungen wollen wir jetzt an mehreren Beispielen konkretisieren. Schauen wir uns ein schwierigeres Beispiel an: § 318 Abs. 1 StGB enthält insgesamt 7 × den Begriff „oder" und wird dadurch sehr unübersichtlich.

§ 318 StGB:
Beschädigung wichtiger Anlagen
(1) Wer Wasserleitungen, Schleusen, Wehre, Deiche, Dämme oder andere Wasserbauten oder Brücken, Fähren, Wege oder Schutzwehre oder dem Bergwerksbetrieb dienende Vorrichtungen zur Wasserhaltung, zur Wetterführung oder zum Ein- und Ausfahren der Beschäftigten beschädigt oder zerstört und dadurch Leib oder Leben eines anderen Menschen gefährdet, wird mit Freiheitsstrafe von drei Monaten bis zu fünf Jahren bestraft.

Wenn wir unsere Überlegungen auf § 318 Abs. 1 StGB anwenden, dann ergibt sich: Diese Vorschrift enthält nur satzinterne „oder":

§ 318 StGB
Beschädigung wichtiger Anlagen
Wer Wasserleitungen, Schleusen, Wehre, Deiche, Dämme _oder_ andere Wasserbauten _oder_ Brücken, Fähren, Wege _oder_ Schutzwehre _oder_ dem Bergwerksbetrieb dienende Vorrichtungen zur Wasserhaltung, zur Wetterführung _oder_ zum Ein- und Ausfahren der Beschäftigten beschädigt _oder_ zerstört
und dadurch Leib _oder_ Leben eines anderen Menschen gefährdet, wird mit Freiheitsstrafe von drei Monaten bis zu fünf Jahren bestraft.

Weitere Beispiele:

§ 225 StGB
Misshandlung von Schutzbefohlenen
(1) Wer eine Person unter achtzehn Jahren _oder_ eine wegen Gebrechlichkeit _oder_ Krankheit wehrlose Person, die
1. seiner Fürsorge _oder_ Obhut untersteht,
2. seinem Hausstand angehört,

3. von dem Fürsorgepflichtigen seiner Gewalt überlassen worden **oder**
4. ihm im Rahmen eines Dienst- oder Arbeitsverhältnisses untergeordnet ist, quält *oder* roh misshandelt,

oder wer durch böswillige Vernachlässigung seiner Pflicht, für sie zu sorgen, sie an der Gesundheit schädigt, wird mit Freiheitsstrafe von sechs Monaten bis zu zehn Jahren bestraft. […]

§ 9 StGB
Ort der Tat
(1) Eine Tat ist an jedem Ort begangen, an dem der Täter gehandelt hat **oder**[53] im Falle des Unterlassens hätte handeln müssen **oder** an dem der zum Tatbestand gehörende Erfolg eingetreten ist **oder** nach der Vorstellung des Täters eintreten sollte.
(2) Die Teilnahme ist sowohl an dem Ort begangen, an dem die Tat begangen ist, als auch an jedem Ort, an dem der Teilnehmer gehandelt hat **oder** im Falle des Unterlassens hätte handeln müssen **oder** an dem nach seiner Vorstellung die Tat begangen werden sollte. Hat der Teilnehmer an einer Auslandstat im Inland gehandelt, so gilt für die Teilnahme das deutsche Strafrecht, auch wenn die Tat nach dem Recht des Tatorts nicht mit Strafe bedroht ist.

§ 31 StGB
Rücktritt vom Versuch der Beteiligung
(1) Nach § 30 wird nicht bestraft, wer freiwillig
1. den Versuch aufgibt, einen anderen zu einem Verbrechen zu bestimmen, und eine etwa bestehende Gefahr, daß der andere die Tat begeht, abwendet,
2. nachdem er sich zu einem Verbrechen bereit erklärt hatte, sein Vorhaben aufgibt **oder,**
3. nachdem er ein Verbrechen verabredet **oder** das Erbieten eines anderen zu einem Verbrechen angenommen hatte, die Tat verhindert.

Schauen wir uns noch eine Kombination an, bei der noch ein „und" hinzukommt: Die Norm des § 7 StGB ist auch deshalb so komplex, weil sie viele Alternativen mit „oder" und „und" zeigt. Zum besseren Verständnis der Norm: § 3 StGB sieht die deutsche Strafgewalt für Inlandstaten vor, die §§ 5–7 für Auslandstaten. § 7 Abs. 1 regelt die Auslandstaten gegen Deutsche. Für alle anderen Taten gelten zwar auch die §§ 5 und 6. Soweit diese aber nicht einschlägig sind, gilt für Ausländer die Vorschrift des § 7 Abs. 2 StGB. Dieser lautet:

§ 7 StGB
Geltung für Auslandstaten in anderen Fällen
(1) […]
(2) Für andere Taten, die im Ausland begangen werden, gilt das deutsche Strafrecht, wenn die Tat am Tatort mit Strafe bedroht ist **oder** der Tatort keiner Strafgewalt unterliegt **und**[54] wenn der Täter
1. zur Zeit der Tat Deutscher war **oder** es nach der Tat geworden ist **oder**
2. zur Zeit der Tat Ausländer war, im Inland betroffen *und*, obwohl das Auslieferungsgesetz seine Auslieferung nach der Art der Tat zuließe, nicht ausgeliefert wird, weil ein Auslieferungsersuchen innerhalb angemessener Frist nicht gestellt **oder** abgelehnt wird **oder** die Auslieferung nicht ausführbar ist.

---

[53] In § 9 StGB werden jeweils Relativsätze durch das „oder" verbunden.
[54] Das „und" verbindet hier zwei Nebensätze, die jeweils mit „wenn" beginnen.

Dies ergibt grafisch folgende Struktur:

> (2) Für andere Taten, die im Ausland begangen werden, gilt das deutsche Strafrecht, wenn
> **[A]** die Tat am Tatort mit Strafe bedroht ist **oder** der Tatort keiner Strafgewalt unterliegt
> **und**
> **[B]** wenn der Täter
> 1. zur Zeit der Tat Deutscher war **oder** es nach der Tat geworden ist
> **oder**
> 2. zur Zeit der Tat Ausländer war, im Inland betroffen *und*, obwohl das Auslieferungs-
>   gesetz seine Auslieferung nach der Art der Tat zuließe, nicht ausgeliefert wird, weil ein
>   Auslieferungsersuchen innerhalb angemessener Frist nicht gestellt *oder* abgelehnt wird
>   *oder* die Auslieferung nicht ausführbar ist.

Das „und" trennt also die beiden Teilsätze [A] und [B], die natürlich beide vorliegen müssen. Wenn man das erkannt hat, erschließt einem sich die weitere Struktur des § 7 Abs. 2 StGB sehr viel leichter.

bb) Aufzählungen mit „oder" bzw. „und" (§ 68b/§ 66 StGB/§ 204 BGB)

§ 68b StGB ist ein Beispiel für viele Normen im gesamten Recht mit einer sehr langen Aufzählung. Bei diesen stellt sich immer die Frage: ist die Aufzählung kumulativ oder alternativ, d. h. müssen *alle* genannten Voraussetzung zusammen vorliegen (kumulativ) oder genügt es, wenn *eine* vorliegt (alternativ).

Man kann dies leicht an der Verknüpfung zwischen dem letzten und dem vorletzten Glied der Aufzählung erkennen, hier also zwischen Nr. 10 und Nr. 11. Weil hier „oder" steht, handelt es sich um eine alternative Aufzählung. Stünde „und", dann wäre dies ein Indiz für eine kumulative Aufzählung.

Aber: „und" kann auch dieselbe Bedeutung wie „oder" haben, nämlich im Sinne eines „und auch". So wäre es zu verstehen, wenn hier in § 68b zwischen Nr. 11 und Nr. 12 „und" statt „oder" stehen würde.

> § 68b StGB
> Weisungen
> Das Gericht kann die verurteilte Person für die Dauer der Führungsaufsicht oder für eine
> kürzere Zeit anweisen,
> 1. den Wohn- oder Aufenthaltsort oder einen bestimmten Bereich nicht ohne Erlaubnis der
>   Aufsichtsstelle zu verlassen,
> 2. sich nicht an bestimmten Orten aufzuhalten, die ihr Gelegenheit oder Anreiz zu weiteren
>   Straftaten bieten können,
> 3. zu der verletzten Person oder bestimmten Personen oder Personen einer bestimmten
>   Gruppe, die ihr Gelegenheit oder Anreiz zu weiteren Straftaten bieten können, keinen
>   Kontakt aufzunehmen, mit ihnen nicht zu verkehren, sie nicht zu beschäftigen, auszu-
>   bilden oder zu beherbergen,
> 4. bestimmte Tätigkeiten nicht auszuüben, die sie nach den Umständen zu Straftaten miss-
>   brauchen kann,
> 5. bestimmte Gegenstände, die ihr Gelegenheit oder Anreiz zu weiteren Straftaten bieten
>   können, nicht zu besitzen, bei sich zu führen oder verwahren zu lassen,
> 6. Kraftfahrzeuge oder bestimmte Arten von Kraftfahrzeugen oder von anderen Fahrzeu-
>   gen nicht zu halten oder zu führen, die sie nach den Umständen zu Straftaten missbrau-
>   chen kann,

7. sich zu bestimmten Zeiten bei der Aufsichtsstelle, einer bestimmten Dienststelle oder der Bewährungshelferin oder dem Bewährungshelfer zu melden,
8. jeden Wechsel der Wohnung oder des Arbeitsplatzes unverzüglich der Aufsichtsstelle zu melden,
9. sich im Fall der Erwerbslosigkeit bei der zuständigen Agentur für Arbeit oder einer anderen zur Arbeitsvermittlung zugelassenen Stelle zu melden,
10. keine alkoholischen Getränke oder andere berauschende Mittel zu sich zu nehmen, wenn aufgrund bestimmter Tatsachen Gründe für die Annahme bestehen, dass der Konsum solcher Mittel zur Begehung weiterer Straftaten beitragen wird, und sich Alkohol- oder Suchtmittelkontrollen zu unterziehen, die nicht mit einem körperlichen Eingriff verbunden sind,
11. sich zu bestimmten Zeiten oder in bestimmten Abständen bei einer Ärztin oder einem Arzt, einer Psychotherapeutin oder einem Psychotherapeuten oder einer forensischen Ambulanz vorzustellen. Das Gericht hat in seiner Weisung das verbotene oder verlangte Verhalten genau zu bestimmen, **oder**
12. die für eine elektronische Überwachung ihres Aufenthaltsortes erforderlichen technischen Mittel ständig in betriebsbereitem Zustand bei sich zu führen und deren Funktionsfähigkeit nicht zu beeinträchtigen.

In § 57 Abs. 1 StGB befindet sich ein echtes kumulatives „und“: Die Voraussetzungen der Nr. 1–3 müssen allesamt vorliegen; nur dann ist die „Bewährung“, also die „Aussetzung des Strafrestes bei zeitiger Freiheitsstrafe“ zulässig.

§ 57 StGB
Aussetzung des Strafrestes bei zeitiger Freiheitsstrafe
(1) Das Gericht setzt die Vollstreckung des Restes einer zeitigen Freiheitsstrafe zur Bewährung aus, wenn
1. zwei Drittel der verhängten Strafe, mindestens jedoch zwei Monate, verbüßt sind,
2. dies unter Berücksichtigung des Sicherheitsinteresses der Allgemeinheit verantwortet werden kann, **und**
3. die verurteilte Person einwilligt.
[...]

Ein „und“ in einer Aufzählung kann jedoch nicht nur kumulativ zu verstehen sein wie bei § 57 StGB; es kann auch die Bedeutung eines alternativen „oder“ haben wie in § 204 Abs. 1 BGB zwischen Nr. 13 und 14.

§ 204 BGB
Hemmung der Verjährung durch Rechtsverfolgung
(1) Die Verjährung wird gehemmt durch
1. die Erhebung der Klage auf Leistung _oder_ auf Feststellung des Anspruchs, auf Erteilung der Vollstreckungsklausel _oder_ auf Erlass des Vollstreckungsurteils,
2. die Zustellung des Antrags im vereinfachten Verfahren über den Unterhalt Minderjähriger,
3. die Zustellung des Mahnbescheids im Mahnverfahren oder des Europäischen Zahlungsbefehls im Europäischen Mahnverfahren nach der Verordnung (EG) Nr. 1896/2006 des Europäischen Parlaments und des Rates vom 12. Dezember 2006 zur Einführung eines Europäischen Mahnverfahrens (ABl. EU Nr. L 399 S. 1)
4. die Veranlassung der Bekanntgabe des Güteantrags, der bei einer durch die Landesjustizverwaltung eingerichteten _oder_ anerkannten Gütestelle _oder_, wenn die Parteien den Einigungsversuch einvernehmlich unternehmen, bei einer sonstigen Gütestelle, die Streitbeilegungen betreibt, eingereicht ist; wird die Bekanntgabe demnächst nach der Einreichung des Antrags veranlasst, so tritt die Hemmung der Verjährung bereits mit der Einreichung ein,

5. die Geltendmachung der Aufrechnung des Anspruchs im Prozess,
6. die Zustellung der Streitverkündung,
7. die Zustellung des Antrags auf Durchführung eines selbständigen Beweisverfahrens,
8. den Beginn eines vereinbarten Begutachtungsverfahrens *oder* die Beauftragung des Gutachters in dem Verfahrens nach § 641a,
9. die Zustellung des Antrags auf Erlass eines Arrests, einer einstweiligen Verfügung *oder* einer einstweiligen Anordnung, *oder*, wenn der Antrag nicht zugestellt wird, dessen Einreichung, wenn der Arrestbefehl, die einstweilige Verfügung *oder* die einstweilige Anordnung innerhalb eines Monats seit Verkündung *oder* Zustellung an den Gläubiger dem Schuldner zugestellt wird,
10. die Anmeldung des Anspruchs im Insolvenzverfahren *oder* im Schifffahrtsrechtlichen Verteilungsverfahren,
11. den Beginn des schiedsrichterlichen Verfahrens,
12. die Einreichung des Antrags bei einer Behörde, wenn die Zulässigkeit der Klage von der Vorentscheidung dieser Behörde abhängt und innerhalb von drei Monaten nach Erledigung des Gesuchs die Klage erhoben wird; dies gilt entsprechend für bei einem Gericht *oder* bei einer in Nummer 4 bezeichneten Gütestelle zu stellende Anträge, deren Zulässigkeit von der Vorentscheidung einer Behörde abhängt,
13. die Einreichung des Antrags bei dem höheren Gericht, wenn dieses das zuständige Gericht zu bestimmen hat und innerhalb von drei Monaten nach Erledigung des Gesuchs die Klage erhoben **oder** der Antrag, für den die Gerichtsstandsbestimmung zu erfolgen hat, gestellt wird, **und**
14. die Veranlassung der Bekanntgabe des erstmaligen Antrags auf Gewährung von Prozesskostenhilfe oder Verfahrenskostenhilfe; wird die Bekanntgabe demnächst nach der Einreichung des Antrags veranlasst, so tritt die Hemmung der Verjährung bereits mit der Einreichung ein.

Ein kumulatives „und" kann schließlich auch fehlen. Dies muss man aus dem Gesamtzusammenhang der Norm erschließen, wie etwa in der früheren Fassung von § 492 BGB. Dieser regelte, was ein Verbraucherdarlehensvertrag (etwa beim Autokauf) mindestens enthalten muss. Am Ende von Absatz 1 ist zwischen Nr. 6 und Nr. 7 weder ein „und" noch ein „oder" enthalten. Letzteres würde aber keinen Sinn machen. Deshalb kann nur gemeint sein, dass alle Voraussetzungen gegeben sein müssen. Inzwischen ist § 492 BGB neu gefasst. In seinem Absatz 2 wird jetzt verwiesen auf „Artikel 247 §§ 6 bis 13 des Einführungsgesetzes zum Bürgerlichen Gesetzbuches". Das „bis" ist immerhin deutlicher als die bisherige Fassung, weil sich daraus ergibt, dass es sich um eine kumulative Aufzählung handelt.

§ 492 BGB a. F.
Schriftform, Vertragsinhalt
(1) Verbraucherdarlehensverträge sind, soweit nicht eine strengere Form vorgeschrieben ist, schriftlich abzuschließen. Der Abschluss des Vertrags in elektronischer Form ist ausgeschlossen. Der Schriftform ist genügt, wenn Antrag und Annahme durch die Vertragsparteien jeweils getrennt schriftlich erklärt werden. Die Erklärung des Darlehensgebers bedarf keiner Unterzeichnung, wenn sie mit Hilfe einer automatischen Einrichtung erstellt wird. Die vom Darlehensnehmer zu unterzeichnende Vertragserklärung muss angeben:
1. den Nettodarlehensbetrag, gegebenenfalls die Höchstgrenze des Darlehens,
2. den Gesamtbetrag aller vom Darlehensnehmer zur Tilgung des Darlehens sowie zur Zahlung der Zinsen und sonstigen Kosten zu entrichtenden Teilzahlungen, wenn der Gesamtbetrag bei Abschluss des Verbraucherdarlehensvertrags für die gesamte Laufzeit der Höhe nach feststeht, bei Darlehen mit veränderlichen Bedingungen, die in Teilzahlungen getilgt werden, einen Gesamtbetrag auf der Grundlage der bei Abschluss des Vertrags maßgeblichen Darlehensbedingungen,

   3. die Art und Weise der Rückzahlung des Darlehens oder, wenn eine Vereinbarung hierüber nicht vorgesehen ist, die Regelung der Vertragsbeendigung,

   4. den Zinssatz und alle sonstigen Kosten des Darlehens, die, soweit ihre Höhe bekannt ist,
im Einzelnen zu bezeichnen, im Übrigen dem Grunde nach anzugeben sind, einschließlich etwaiger vom Darlehensnehmer zu tragender Vermittlungskosten,

   5. den effektiven Jahreszins oder, wenn eine Änderung des Zinssatzes oder anderer preis-
bestimmender Faktoren vorbehalten ist, den anfänglichen effektiven Jahreszins; zusammen mit dem anfänglichen effektiven Jahreszins ist auch anzugeben, unter welchen
Voraussetzungen preisbestimmende Faktoren geändert werden können und auf welchen
Zeitraum Belastungen, die sich aus einer nicht vollständigen Auszahlung oder aus einem
Zuschlag zu dem Darlehen ergeben, bei der Berechnung des effektiven Jahreszinses
verrechnet werden,

   6. die Kosten einer Restschuld- oder sonstigen Versicherung, die im Zusammenhang mit
dem Verbraucherdarlehensvertrag abgeschlossen wird,

   7. zu bestellende Sicherheiten.

[…]

cc) „Oder-und" Kombination

Insbesondere im Strafrecht gibt es eine Reihe von Normen mit einer „oder-und"-
Kombination: Zuerst erfolgt – meist im Rahmen einer kürzeren oder längeren Aufzählung – ein satzinternes „oder", an das sich dann ein zweiter Nebensatz schließt,
der mit „und" verbunden wird. Das durchaus schwierige Beispiel des § 70b StGB
soll dies verdeutlichen. Sachlich geht es um die Frage, wann ein Berufsverbot wieder „aktiviert" werden muss, nachdem das Gericht es zuvor vorläufig „angehalten"
hat. Juristisch gemeint ist die Situation, dass das Berufsverbot „ausgesetzt" worden
ist und dann diese „Aussetzung" eben „widerrufen" werden muss mit der Folge,
dass das Berufsverbot wieder aktiv ist.

§ 70b StGB
Widerruf der Aussetzung und Erledigung des Berufsverbots
(1) Das Gericht widerruft die Aussetzung eines Berufsverbots, wenn die verurteilte Person
   1. während der Bewährungszeit unter Missbrauch ihres Berufs oder Gewerbes oder unter
grober Verletzung der mit ihnen verbundenen Pflichten eine rechtswidrige Tat begeht,
   2. gegen eine Weisung gröblich oder beharrlich verstößt **oder**
   3. sich der Aufsicht und Leitung der Bewährungshelferin oder des Bewährungshelfers
beharrlich entzieht
und
sich daraus ergibt, dass der Zweck des Berufsverbots dessen weitere Anwendung erfordert.

Es muss also nur eine der Voraussetzungen unter Nr. 1–3 vorliegen („oder"), aber es
muss zusätzlich vorliegen, dass „sich daraus ergibt, dass der Zweck des Berufsverbots dessen weitere Anwendung erfordert." Nur die Nr. 1, 2 oder 3 reicht also nicht.

   Wenden wir uns einem anderen Beispiel zu: Im Strafrecht sind die §§ 315–315c
StGB einerseits recht schwierig zu lesen, andererseits kommen sie doch öfters in
Klausuren vor. Schon deshalb lohnt sich ein näherer Blick. Testen Sie kurz Ihr Pro-
blembewusstsein und lesen Sie § 315 StGB:

§ 315 StGB
Gefährliche Eingriffe in den Bahn-, Schiffs- und Luftverkehr

(1) Wer die Sicherheit des Schienenbahn-, Schwebebahn-, Schiffs- oder Luftverkehrs dadurch beeinträchtigt, daß er

1. Anlagen oder Beförderungsmittel zerstört, beschädigt oder beseitigt,
2. Hindernisse bereitet,
3. falsche Zeichen oder Signale gibt **oder**
4. einen ähnlichen, ebenso gefährlichen Eingriff vornimmt,

und dadurch Leib oder Leben eines anderen Menschen oder fremde Sachen von bedeutendem Wert gefährdet, wird mit Freiheitsstrafe von sechs Monaten bis zu zehn Jahren bestraft.

(2) Der Versuch ist strafbar.

(3) [...]

Die §§ 315–315c StGB sind alle gekennzeichnet durch die „oder-und"-Struktur. Sie ist auch nachfolgend hervorgehoben. Die Wendung „und dadurch … gefährdet" ist eine typische Formulierung, um auf eine so genannte „konkrete Gefährdung" (anstelle eines realen Erfolges[55]) hinzuweisen. Die §§ 315–315c gehören deshalb zu den sog. konkreten Gefährdungsdelikten, nicht zu den Erfolgsdelikten: Es reicht für den objektiven Tatbestand, wenn die Gefährdung eintritt; der Erfolg muss nicht eintreten. Sehr vereinfachend: Die Videoaufnahme[56] muss nur bis kurz vor den Eintritt des Erfolges gehen. Dieser braucht nicht einzutreten. Daraus folgt zugleich: Ist der betreffende Mensch verletzt oder gar tot, dann wurde sein Leib oder sein Leben auf jeden Fall (für eine juristische Sekunde) gefährdet.

§ 315a StGB
Gefährdung des Bahn-, Schiffs- und Luftverkehrs
(1) Mit Freiheitsstrafe bis zu fünf Jahren oder mit Geldstrafe wird bestraft, wer
1. ein Schienenbahn- oder Schwebebahnfahrzeug, ein Schiff oder ein Luftfahrzeug führt, obwohl er infolge des Genusses alkoholischer Getränke oder anderer berauschender Mittel *oder* infolge geistiger *oder* körperlicher Mängel nicht in der Lage ist, das Fahrzeug sicher zu führen, **oder**
2. als Führer eines solchen Fahrzeugs *oder* als sonst für die Sicherheit Verantwortlicher durch grob pflichtwidriges Verhalten gegen Rechtsvorschriften zur Sicherung des Schienenbahn-, Schwebebahn-, Schiffs- *oder* Luftverkehrs verstößt
und dadurch Leib oder Leben eines anderen Menschen oder fremde Sachen von bedeutendem Wert **gefährdet**.
(2) In den Fällen des Absatzes 1 Nr. 1 ist der Versuch strafbar.
(3) Wer in den Fällen des Absatzes 1
1. die Gefahr fahrlässig verursacht oder
2. fahrlässig handelt und die Gefahr fahrlässig verursacht, wird mit Freiheitsstrafe bis zu zwei Jahren oder mit Geldstrafe bestraft.

§ 315b StGB
Gefährliche Eingriffe in den Straßenverkehr
(1) Wer die Sicherheit des Straßenverkehrs dadurch beeinträchtigt, daß er
1. Anlagen *oder* Fahrzeuge zerstört, beschädigt *oder* beseitigt,
2. Hindernisse bereitet **oder**
3. einen ähnlichen, ebenso gefährlichen Eingriff vornimmt,

---

[55] „Erfolg" wird verstanden als „sinnlich wahrnehmbare Veränderung der Außenwelt", siehe näher auch unten C IV 5 a (S. 124).

[56] Siehe hierzu näher unten C IV 2 f (S. 98; 106).

und dadurch Leib *oder* Leben eines anderen Menschen *oder* fremde Sachen von bedeutendem Wert **gefährdet,** wird mit Freiheitsstrafe bis zu fünf Jahren *oder* mit Geldstrafe bestraft.

(2) Der Versuch ist strafbar.

[...]

§ 315c StGB
Gefährdung des Straßenverkehrs
(1) Wer im Straßenverkehr
1. ein Fahrzeug führt, obwohl er
   a) infolge des Genusses alkoholischer Getränke *oder* anderer berauschender Mittel **oder**
   b) infolge geistiger *oder* körperlicher Mängel nicht in der Lage ist, das Fahrzeug sicher zu führen, **oder**
2. grob verkehrswidrig und rücksichtslos
   a) die Vorfahrt nicht beachtet,
   b) falsch überholt *oder* sonst bei Überholvorgängen falsch fährt,
   c) an Fußgängerüberwegen falsch fährt,
   d) an unübersichtlichen Stellen, an Straßenkreuzungen, Straßeneinmündungen *oder* Bahnübergängen zu schnell fährt,
   e) an unübersichtlichen Stellen nicht die rechte Seite der Fahrbahn einhält,
   f) auf Autobahnen *oder* Kraftfahrstraßen wendet, rückwärts *oder* entgegen der Fahrtrichtung fährt *oder* dies versucht **oder**
   g) haltende *oder* liegengebliebene Fahrzeuge nicht auf ausreichende Entfernung kenntlich macht, obwohl das zur Sicherung des Verkehrs erforderlich ist,
und dadurch Leib oder Leben eines anderen Menschen oder fremde Sachen von bedeutendem Wert **gefährdet,** wird mit Freiheitsstrafe bis zu fünf Jahren oder mit Geldstrafe bestraft.

(2) [...]

Bisweilen ist die Figur der konkreten Gefährdung, wie wir sie gerade bei §§ 315–315c StGB kennengelernt haben, auch gekoppelt mit einem „erweiterten Vorsatz"[57], wie in § 100a Abs. 1 StGB:

§ 100a StGB
Landesverräterische Fälschung
(1) Wer wider besseres Wissen gefälschte oder verfälschte Gegenstände, Nachrichten darüber oder unwahre Behauptungen tatsächlicher Art, die im Falle ihrer Echtheit oder Wahrheit für die äußere Sicherheit oder die Beziehungen der Bundesrepublik Deutschland zu einer fremden Macht von Bedeutung wären, an einen anderen gelangen läßt oder öffentlich bekanntmacht, **um** einer fremden Macht **vorzutäuschen,** daß es sich um echte Gegenstände oder um Tatsachen handele, **und dadurch** die Gefahr eines schweren Nachteils für die äußere Sicherheit oder die Beziehungen der Bundesrepublik Deutschland zu einer fremden Macht herbeiführt, wird mit Freiheitsstrafe von sechs Monaten bis zu fünf Jahren bestraft.

d) Unterschiede und Gemeinsamkeiten von Normen erkennen

Man kann sich das Lernen und Verstehen ganz erheblich erleichtern, wenn man erkennt, dass sich verschiedene Delikte auf einheitliche Parallelstrukturen zurückführen lassen. Damit kann man selbst schwierig erscheinenden Vorschriften etwas die Spitze nehmen.

---

[57] Zum Begriff „erweiterter Vorsatz" siehe unten C IV 2 g (S. 104 ff.).

Schauen Sie sich folgende Normen des StGB zunächst ohne Erläuterung meinerseits an. Fragen Sie sich dabei: Um was geht es jeweils? Ist das nicht fast dasselbe?

§ 26 StGB
Anstiftung
Als Anstifter wird gleich einem Täter bestraft, wer vorsätzlich einen anderen zu dessen vor-
sätzlich begangener rechtswidriger Tat bestimmt hat.

§ 111 StGB
Öffentliche Aufforderung zu Straftaten
(1) Wer öffentlich, in einer Versammlung oder durch Verbreiten von Schriften (§ 11 Abs. 3) zu
einer rechtswidrigen Tat auffordert, wird wie ein Anstifter (§ 26) bestraft.
(2) [...]

§ 126 StGB
Störung des öffentlichen Friedens durch Androhung von Straftaten
(1) Wer in einer Weise, die geeignet ist, den öffentlichen Frieden zu stören,
1. einen der in § 125a Satz 2 Nr. 1 bis 4 bezeichneten Fälle des Landfriedensbruchs,
2. einen Mord (§ 211), Totschlag (§ 212) oder Völkermord (§ 6 des Völkerstrafgesetzbuches) oder ein Verbrechen gegen die Menschlichkeit (§ 7 des Völkerstrafgesetzbuches)
   oder ein Kriegsverbrechen (§§ 8, 9, 10, 11 oder 12 des Völkerstrafgesetzbuches),
3. eine schwere Körperverletzung (§ 226),
4. eine Straftat gegen die persönliche Freiheit in den Fällen des § 232 Abs. 3, 4 oder Abs. 5,
   des § 233 Abs. 3, jeweils soweit es sich um Verbrechen handelt, der §§ 234, 234a, 239a
   oder 239b,
5. einen Raub oder eine räuberische Erpressung (§§ 249 bis 251 oder 255),
6. ein gemeingefährliches Verbrechen in den Fällen der §§ 306 bis 306c oder 307 Abs. 1
   bis 3, des § 308 Abs. 1 bis 3, des § 309 Abs. 1 bis 4, der §§ 313, 314 oder 315 Abs. 3,
   des § 315b Abs. 3, des § 316a Abs. 1 oder 3, des § 316c Abs. 1 oder 3 oder des § 318
   Abs. 3 oder 4 oder
7. ein gemeingefährliches Vergehen in den Fällen des § 309 Abs. 6, des § 311 Abs. 1, des
   § 316b Abs. 1, des § 317 Abs. 1 oder des § 318 Abs. 1 androht, wird mit Freiheitsstrafe
   bis zu drei Jahren oder mit Geldstrafe bestraft.
(2) Ebenso wird bestraft, wer in einer Weise, die geeignet ist, den öffentlichen Frieden zu
stören, wider besseres Wissen vortäuscht, die Verwirklichung einer der in Absatz 1 genannten rechtswidrigen Taten stehe bevor.

§ 130a StGB
Anleitung zu Straftaten
(1) Wer eine Schrift (§ 11 Abs. 3), die geeignet ist, als Anleitung zu einer in § 126 Abs. 1
genannten rechtswidrigen Tat zu dienen, und nach ihrem Inhalt bestimmt ist, die Bereitschaft anderer zu fördern oder zu wecken, eine solche Tat zu begehen, verbreitet, öffentlich
ausstellt, anschlägt, vorführt oder sonst zugänglich macht, wird mit Freiheitsstrafe bis zu
drei Jahren oder mit Geldstrafe bestraft.
(2) Ebenso wird bestraft, wer
1. eine Schrift (§ 11 Abs. 3), die geeignet ist, als Anleitung zu einer in § 126 Abs. 1 genannten rechtswidrigen Tat zu dienen, verbreitet, öffentlich ausstellt, anschlägt, vorführt oder
   sonst zugänglich macht oder
2. öffentlich oder in einer Versammlung zu einer in § 126 Abs. 1 genannten rechtswidrigen
   Tat eine Anleitung gibt, um die Bereitschaft anderer zu fördern oder zu wecken, eine
   solche Tat zu begehen.
[...]

§ 140 StGB
Belohnung und Billigung von Straftaten
Wer eine der in § 138 Abs. 1 Nr. 1 bis 4 und in § 126 Abs. 1 genannten rechtswidrigen Taten
oder eine rechtswidrige Tat nach § 176 Abs. 3, nach den §§ 176a und 176b, nach den §§ 177
und 178 oder nach § 179 Abs. 3, 5 und 6, nachdem sie begangen oder in strafbarer Weise
versucht worden ist,
1. belohnt oder
2. in einer Weise, die geeignet ist, den öffentlichen Frieden zu stören, öffentlich, in einer
   Versammlung oder durch Verbreiten von Schriften (§ 11 Abs. 3) billigt,
wird mit Freiheitsstrafe bis zu drei Jahren oder mit Geldstrafe bestraft.

Diese Vorschriften klingen sehr ähnlich, müssen aber verschieden sein. Um uns die
Unterschiede zu verdeutlichen, genügt es, wenn wir die Tathandlung hervorheben
und Beispiele streichen:

§ 111 StGB
Öffentliche Aufforderung zu Straftaten
(1) Wer **öffentlich,** in einer Versammlung oder durch Verbreiten von Schriften (§ 11 Abs. 3)
zu einer rechtswidrigen Tat **auffordert,** wird wie ein Anstifter (§ 26) bestraft.
(2) [...]

§ 126 StGB
Störung des öffentlichen Friedens durch Androhung von Straftaten
(1) Wer in einer Weise, die geeignet ist, den öffentlichen Frieden zu stören,
1. einen der in § 125a Satz 2 Nr. 1 bis 4 bezeichneten Fälle des Landfriedensbruchs, [...]
androht, wird mit Freiheitsstrafe bis zu drei Jahren oder mit Geldstrafe bestraft.
(2) Ebenso wird bestraft, wer in einer Weise, die geeignet ist, den öffentlichen Frieden
zu stören, wider besseres Wissen **vortäuscht, die Verwirklichung** einer der in Absatz 1
genannten rechtswidrigen Taten **stehe bevor.**

§ 130a StGB
Anleitung zu Straftaten
(1) Wer **eine Schrift** (§ 11 Abs. 3),
die geeignet ist, als Anleitung zu einer in § 126 Abs. 1 genannten rechtswidrigen Tat zu
dienen,
und
nach ihrem Inhalt bestimmt ist, die Bereitschaft anderer zu fördern oder zu wecken, eine
solche Tat zu begehen,
verbreitet, [...] **oder sonst zugänglich macht,** wird mit Freiheitsstrafe bis zu drei Jahren
oder mit Geldstrafe bestraft.
(2) Ebenso wird bestraft, wer
1. eine **Schrift** (§ 11 Abs. 3), die geeignet ist, als Anleitung zu einer in § 126 Abs. 1
   genannten rechtswidrigen Tat zu dienen, **verbreitet,** [...]
oder sonst **zugänglich macht**
oder
2. **öffentlich** oder [...] zu einer in § 126 Abs. 1 genannten rechtswidrigen Tat **eine Anleitung gibt, um**[58] die Bereitschaft anderer zu fördern oder zu wecken, eine solche Tat zu
   begehen.
[...]

§ 140 StGB
Belohnung und Billigung von Straftaten

---

[58] Erweiterter Vorsatz!

Wer eine der in § 138 Abs. 1 Nr. 1 bis 4 [...] genannten rechtswidrigen **Taten** [...], nachdem sie begangen oder in strafbarer Weise versucht worden ist,

1. **belohnt** oder
2. in einer Weise, die geeignet ist, den öffentlichen Frieden zu stören, öffentlich, in einer Versammlung oder durch Verbreiten von Schriften (§ 11 Abs. 3) **billigt,**

wird mit Freiheitsstrafe bis zu drei Jahren oder mit Geldstrafe bestraft.

Wir erkennen hieran, dass die amtlichen Überschriften in diesen Fällen doch sehr genau ausdrücken, worum es geht und worin die Unterschiede liegen. Mit dem reduzierten Gesetzestext haben wir jedoch eine etwas nähere Vorstellung und können dazu einen „Normalfall" bilden. Damit wiederum haben wir die Unterscheidung im Blick.

Ein weiteres Beispiel, bei dem wir uns dadurch behelfen, dass wir die Unterschiede hervorheben, sind die §§ 232 und 233 StGB:

§ 232 StGB
Menschenhandel zum Zweck der sexuellen Ausbeutung
(1) Wer eine andere Person [...] **zur Aufnahme** [...] **der Prostitution**
oder [...] **bringt**, wird mit Freiheitsstrafe von sechs Monaten bis zu zehn Jahren bestraft.
[...]

§ 233 StGB
Menschenhandel zum Zweck der Ausbeutung der Arbeitskraft
(1)Wer eine andere Person [...] **in Sklaverei,** [...] **bringt,** wird mit Freiheitsstrafe von sechs Monaten bis zu zehn Jahren bestraft.
[...]

Mit dieser Vorgehensweise kann man sich auch an schwierige Beispiele heranwagen. Man erkennt leicht, dass §§ 331 und 333 StGB sowie §§ 332 und 334 StGB jeweils zusammen gehören, weil sie jeweils dieselbe Situation aus verschiedenen Blickwinkeln erfassen: §§ 331 und 333 StGB jeweils aus der Sicht des Amtsträgers, §§ 332 und 334 StGB jeweils aus der Sicht des anderen (des Nicht-Amtsträgers):

§ 331
Vorteilsannahme
(1) Ein **Amtsträger** oder [...], der für die Dienstausübung **einen Vorteil** für sich oder einen Dritten **fordert**, sich versprechen lässt oder annimmt, wird mit Freiheitsstrafe bis zu drei Jahren oder mit Geldstrafe bestraft.
[...]

Das Gegenstück hierzu ist § 333 StGB:

§ 333 StGB
Vorteilsgewährung
(1) **Wer einem Amtsträger,** [...] für die Dienstausübung **einen Vorteil** für diesen oder einen Dritten **anbietet,** [...], wird mit Freiheitsstrafe bis zu drei Jahren oder mit Geldstrafe bestraft.
[...]

§ 332 StGB hat sein Gegenstück in § 334 StGB:

§ 332 StGB
Bestechlichkeit
(1) Ein **Amtsträger** oder [...], der **einen Vorteil** für sich [...] als Gegenleistung **dafür fordert,** sich versprechen lässt oder annimmt, daß er eine Diensthandlung vorgenommen hat oder künftig vornehme **und dadurch seine Dienstpflichten verletzt hat oder verletzen würde,** wird mit Freiheitsstrafe von sechs Monaten bis zu fünf Jahren bestraft.
[...]

§ 334
Bestechung
(1) **Wer einem Amtsträger,** [...] **einen Vorteil** für diesen oder einen Dritten als Gegenleistung dafür **anbietet,** [...], daß er eine Diensthandlung vorgenommen hat oder künftig vornehme **und dadurch seine Dienstpflichten verletzt hat oder verletzen würde,** wird mit Freiheitsstrafe von drei Monaten bis zu fünf Jahren bestraft. In minder schweren Fällen ist die Strafe Freiheitsstrafe bis zu zwei Jahren oder Geldstrafe.
[...]

Wenn wir uns die beiden Paare (§§ 331/333 StGB und §§ 332/334 StGB) auf diese Weise aufbereitet haben, erkennen wir recht schnell, dass sich die §§ 331/333 StGB auf rechtmäßige, die §§ 332/334 StGB auf rechtswidrige Diensthandlungen des Amtsträgers beziehen. Dies wird im Beispiel ebenfalls durch Fettdruck hervorgehoben. Damit haben Sie die erste zentrale Erkenntnis für das Verständnis der Bestechungsdelikte. Bereits durch aufmerksame und strukturierende Lektüre des Gesetzestextes können Sie diese erlangen.

e) Umgang mit „Monstersätzen"

Wahrhafte „Monstersätze" sind Alltag in der juristischen Arbeit. Kommen wir auf das Beispiel von § 70 Abs. 1 StGB zurück. Er betrifft die Voraussetzungen für ein Berufsverbot durch ein Strafgericht. Denkbar ist beispielsweise der Fall, dass ein Gynäkologe wegen sexuellen Missbrauchs von Patientinnen nach § 174c StGB zu einer Freiheitsstrafe verurteilt wird. Will man jetzt als Laie wissen, unter welchen Voraussetzungen ein Berufsverbot verhängt werden kann, so hat man große Verständnisprobleme, weil alles Wichtige in einem einzigen Satz enthalten ist. Lesen Sie gleichwohl § 70 Abs. 1 Satz 1 StGB.

§ 70 StGB
Anordnung des Berufsverbots
(1) Wird jemand wegen einer rechtswidrigen Tat, die er unter Mißbrauch seines Berufs oder Gewerbes oder unter grober Verletzung der mit ihnen verbundenen Pflichten begangen hat, verurteilt oder nur deshalb nicht verurteilt, weil seine Schuldunfähigkeit erwiesen oder nicht auszuschließen ist, so kann ihm das Gericht die Ausübung des Berufs, Berufszweiges, Gewerbes oder Gewerbezweiges für die Dauer von einem Jahr bis zu fünf Jahren verbieten, wenn die Gesamtwürdigung des Täters und der Tat die Gefahr erkennen läßt, daß er bei weiterer Ausübung des Berufs, Berufszweiges, Gewerbes oder Gewerbezweiges erhebliche rechtswidrige Taten der bezeichneten Art begehen wird.

Sie merken: Ohne eine Aufteilung dieses Satzmonstrums in „verdaubare Portionen" kommen Sie nicht aus. Das wollen wir jetzt versuchen, indem wir sinngemäß zusammengehörendes hervorheben, um die Struktur dieses Satzes zu erfassen:

Wird jemand
wegen einer rechtswidrigen Tat,
    die er unter Mißbrauch seines Berufs oder Gewerbes
    oder
    unter grober Verletzung der mit ihnen verbundenen Pflichten begangen hat,
verurteilt
oder
nur deshalb nicht verurteilt, weil seine Schuldunfähigkeit erwiesen oder nicht auszuschließen ist,
so kann ihm das Gericht die
Ausübung des
    Berufs,
    Berufszweiges,
    Gewerbes oder
    Gewerbezweiges
für die Dauer von einem Jahr bis zu fünf Jahren verbieten,
wenn die Gesamtwürdigung
    des Täters
    und
    der Tat
    die Gefahr erkennen läßt, daß er
        bei weiterer Ausübung des Berufs, Berufszweiges, Gewerbes oder Gewerbezweiges
        erhebliche rechtswidrige Taten der bezeichneten Art begehen wird.

Fasst man diesen Inhalt zusammen, so steht vereinfacht formuliert in § 70 Abs. 1 Satz 1 StGB: Wer seine Berufspflichten z. B. so sehr verletzt, dass er schon deswegen strafrechtlich verurteilt wird und besteht Wiederholungsgefahr, so kann die Berufsausübung für 1–5 Jahre verboten werden. Der Gesetzestext ist natürlich viel genauer wegen des Bestimmtheitsgebots (§ 1 StGB). Leicht zu verstehen ist aber auch meine Umschreibung nicht; zumindest macht sie die Struktur und den Inhalt von § 70 StGB deutlich:

wird jemand [...] wegen [...]verurteilt (oder [...]) so kann ihm das Gericht die Ausübung des Berufs [...] verbieten, wenn [...]

Überträgt man dies wiederum in den Wortlaut von § 70 Abs. 1 StGB, so ergibt sich folgende Gesamtstruktur:

Wird jemand
wegen einer rechtswidrigen Tat,
    die er unter Missbrauch seines Berufs oder Gewerbes
    oder
    unter grober Verletzung der mit ihnen verbundenen Pflichten begangen hat,
verurteilt
oder
nur deshalb nicht verurteilt, weil seine Schuldunfähigkeit erwiesen oder nicht auszuschließen ist,
so kann ihm das Gericht die
Ausübung des

Berufs,
Berufszweiges,
Gewerbes oder
Gewerbezweiges
für die Dauer von einem Jahr bis zu fünf Jahren **verbieten,**
wenn
die Gesamtwürdigung
 des Täters
 und
 der Tat
die Gefahr erkennen lässt, dass er
 bei weiterer Ausübung des Berufs, Berufszweiges, Gewerbes oder Gewerbezweiges
 erhebliche rechtswidrige Taten der bezeichneten Art begehen wird.

Wir haben als hier die Satzstruktur durch Fettdruck und durch die Bildung von Absätzen auch optisch hervorgehoben. Da Sie in Ihrem Gesetzestext nur unterstreichen können, würde das folgendermaßen aussehen:

(1) **Wird jemand wegen** einer rechtswidrigen Tat, die er unter Missbrauch seines Berufs oder Gewerbes oder unter grober Verletzung der mit ihnen verbundenen Pflichten begangen hat, **verurteilt** oder nur deshalb nicht verurteilt, weil seine Schuldunfähigkeit erwiesen oder nicht auszuschließen ist, **so kann ihm das Gericht die Ausübung des Berufs,** Berufszweiges, Gewerbes oder Gewerbezweiges für die Dauer von einem Jahr bis zu fünf Jahren **verbieten, wenn** die Gesamtwürdigung des Täters und der Tat die Gefahr erkennen lässt, dass er bei weiterer Ausübung des Berufs, Berufszweiges, Gewerbes oder Gewerbezweiges erhebliche rechtswidrige Taten der bezeichneten Art begehen wird.

► **Tipp:** Sie müssen also die Strukturierung, die Sie beim Verstehen der Vorschriften erkennen, in der Art und Weise der Unterstreichung „deponieren".

Als Beispiel für ein strafrechtliches Delikt im Sinne von § 70 StGB kommt § 174c StGB in Betracht, der seinerseits wiederum recht lang ist.

Aufgabe 5
Überlegen Sie sich dessen Satzstruktur[59].

§ 174c StGB
Sexueller Mißbrauch unter Ausnutzung eines Beratungs-, Behandlungs- oder Betreuungsverhältnisses
(1) Wer sexuelle Handlungen an einer Person, die ihm wegen einer geistigen oder seelischen Krankheit oder Behinderung einschließlich einer Suchtkrankheit oder wegen einer

---

[59] Lösung im Anhang 1 (S. 223 ff.).

körperlichen Krankheit oder Behinderung zur Beratung, Behandlung oder Betreuung anvertraut ist, unter Mißbrauch des Beratungs-, Behandlungs- oder Betreuungsverhältnisses vornimmt oder an sich von ihr vornehmen läßt, wird mit Freiheitsstrafe von drei Monaten bis zu fünf Jahren bestraft. [...]

Nehmen wir ein weiteres Beispiel, um nach der Satzstruktur zu suchen: § 68c Abs. 3 StGB regelt, unter welchen Voraussetzungen eine unbefristete Führungsaufsicht zulässig ist. Mit der Führungsaufsicht will man gefährliche oder gefährdete Täter bei der Gestaltung ihres Lebens in Freiheit über gewisse kritische Zeiträume hinweg unterstützen, betreuen, aber auch überwachen[60]. Weil sie sehr einschneidend ist, sieht Abs. 1 Satz 1 zunächst vor, dass sie nur befristet (2–5 Jahre) zulässig ist. Abs. 3 regelt aber – wie auch Abs. 2 – unter welchen Voraussetzungen die Führungsaufsicht unbefristet angeordnet werden kann. § 68c Abs. 3 lautet (ohne Formatierung mit Zeilenumbrüchen):

> Das Gericht kann die Führungsaufsicht über die Höchstdauer nach Absatz 1 Satz 1 hinaus unbefristet verlängern, wenn 1. in Fällen der Aussetzung der Unterbringung in einem psychiatrischen Krankenhaus nach § 67d Abs. 2 aufgrund bestimmter Tatsachen Gründe für die Annahme bestehen, dass die verurteilte Person andernfalls alsbald in einen Zustand nach § 20 oder § 21 geraten wird, infolge dessen eine Gefährdung der Allgemeinheit durch die Begehung weiterer erheblicher rechtswidriger Taten zu befürchten ist, oder 2. sich aus dem Verstoß gegen Weisungen nach § 68b Absatz 1 oder 2 oder auf Grund anderer bestimmter Tatsachen konkrete Anhaltspunkte dafür ergeben, dass eine Gefährdung der Allgemeinheit durch die Begehung weiterer erheblicher Straftaten zu befürchten ist, und a) gegen die verurteilte Person wegen Straftaten der in § 181b genannten Art eine Freiheitsstrafe oder Gesamtfreiheitsstrafe von mehr als zwei Jahren verhängt oder die Unterbringung in einem psychiatrischen Krankenhaus oder in einer Entziehungsanstalt angeordnet wurde oder b) die Führungsaufsicht unter den Voraussetzungen des § 68b Absatz 1 Satz 3 Nr. 1 eingetreten ist und die Freiheitsstrafe oder Gesamtfreiheitsstrafe oder die Unterbringung wegen eines oder mehrerer Verbrechen gegen das Leben, die körperliche Unversehrtheit, die persönliche Freiheit oder nach den §§ 250, 251, auch in Verbindung mit § 252 oder § 255, verhängt oder angeordnet wurde.

Es handelt sich um einen einzigen Satz, der aus insgesamt **205 Wörtern** besteht. Das fällt nur deshalb nicht auf, weil der Gesetzgeber hier schon graphisch gestaltend tätig geworden ist, indem er die Aufzählung – Nr. 1 und 2 sowie a) und b) – deutlich abgesetzt hat.

In der universitären Ausbildung werden Sie zwar mit § 129a StGB in aller Regel nicht behelligt. Aber er ist hervorragender für „Trainingszwecke". § 129a Abs. 2 StGB besteht nämlich aus einem einzigen Satz mit sogar **283 Wörtern**. Der Satz geht nach Nr. 5 aber weiter und zwar als fast unleserlicher „Textbrei". In formatierter Version sieht man den Text folgendermaßen:

> § 129a StGB
> Bildung terroristischer Vereinigungen
> [...]

---

[60] Schönke/Schröder–*Stree/Kinzig*, StGB, 28. Aufl. München 2010, § 68 RN 3 m. w. N.

(2) Ebenso wird bestraft, wer eine Vereinigung gründet, deren Zwecke oder deren Tätigkeit darauf gerichtet sind,

1. einem anderen Menschen schwere körperliche oder seelische Schäden, insbesondere der in § 226 bezeichneten Art, zuzufügen,
2. Straftaten nach den §§ 303b, 305, 305a oder gemeingefährliche Straftaten in den Fällen der §§ 306 bis 306c oder 307 Abs. 1 bis 3, des § 308 Abs. 1 bis 4, des § 309 Abs. 1 bis 5, der §§ 313, 314 oder 315 Abs. 1, 3 oder 4, des § 316b Abs. 1 oder 3 oder des § 316c Abs. 1 bis 3 oder des § 317 Abs. 1,
3. Straftaten gegen die Umwelt in den Fällen des § 330a Abs. 1 bis 3,
4. Straftaten nach § 19 Abs. 1 bis 3, § 20 Abs. 1 oder 2, § 20a Abs. 1 bis 3, § 19 Abs. 2 Nr. 2 oder Abs. 3 Nr. 2, § 20 Abs. 1 oder 2 oder § 20a Abs. 1 bis 3, jeweils auch in Verbindung mit § 21, oder nach § 22a Abs. 1 bis 3 des Gesetzes über die Kontrolle von Kriegswaffen oder
5. Straftaten nach § 51 Abs. 1 bis 3 des Waffengesetzes

zu begehen, oder wer sich an einer solchen Vereinigung als Mitglied beteiligt, wenn eine der in den Nummern 1 bis 5 bezeichneten Taten bestimmt ist, die Bevölkerung auf erhebliche Weise einzuschüchtern, eine Behörde oder eine internationale Organisation rechtswidrig mit Gewalt oder durch Drohung mit Gewalt zu nötigen oder die politischen, verfassungsrechtlichen, wirtschaftlichen oder sozialen Grundstrukturen eines Staates oder einer internationalen Organisation zu beseitigen oder erheblich zu beeinträchtigen, und durch die Art ihrer Begehung oder ihre Auswirkungen einen Staat oder eine internationale Organisation erheblich schädigen kann.

Stellt man diese Norm als „Fließtext" dar, also ohne die vorstehenden Absätze, dann wird es evident, wie umfangreich der Satz ist:

(2) Ebenso wird bestraft, wer eine Vereinigung gründet, deren Zwecke oder deren Tätigkeit darauf gerichtet sind, einem anderen Menschen schwere körperliche oder seelische Schäden, insbesondere der in § 226 bezeichneten Art, zuzufügen, Straftaten nach den §§ 303b, 305, 305a oder gemeingefährliche Straftaten in den Fällen der §§ 306 bis 306c oder 307 Abs. 1 bis 3, des § 308 Abs. 1 bis 4, des § 309 Abs. 1 bis 5, der §§ 313, 314 oder 315 Abs. 1, 3 oder 4, des § 316b Abs. 1 oder 3 oder des § 316c Abs. 1 bis 3 oder des § 317 Abs. 1, Straftaten gegen die Umwelt in den Fällen des § 330a Abs. 1 bis 3, Straftaten nach § 19 Abs. 1 bis 3, § 20 Abs. 1 oder 2, § 20a Abs. 1 bis 3, § 19 Abs. 2 Nr. 2 oder Abs. 3 Nr. 2, § 20 Abs. 1 oder 2 oder § 20a Abs. 1 bis 3, jeweils auch in Verbindung mit § 21, oder nach § 22a Abs. 1 bis 3 des Gesetzes über die Kontrolle von Kriegswaffen oder Straftaten nach § 51 Abs. 1 bis 3 des Waffengesetzes zu begehen, oder wer sich an einer solchen Vereinigung als Mitglied beteiligt, wenn eine der in den Nr. 1 bis 5 bezeichneten Taten bestimmt ist, die Bevölkerung auf erhebliche Weise einzuschüchtern, eine Behörde oder eine internationale Organisation rechtswidrig mit Gewalt oder durch Drohung mit Gewalt zu nötigen oder die politischen, verfassungsrechtlichen, wirtschaftlichen oder sozialen Grundstrukturen eines Staates oder einer internationalen Organisation zu beseitigen oder erheblich zu beeinträchtigen, und durch die Art ihrer Begehung oder ihre Auswirkungen einen Staat oder eine internationale Organisation erheblich schädigen kann.

Wir dröseln uns § 129a Abs. 2 StGB deshalb auf:

§ 129a StGB
Bildung terroristischer Vereinigungen
[…]

(2) Ebenso wird bestraft, wer eine Vereinigung gründet, deren Zwecke oder deren Tätigkeit darauf gerichtet sind,

1. einem anderen Menschen schwere körperliche oder seelische Schäden, insbesondere der in § 226 bezeichneten Art, zuzufügen,

die nachfolgende Aufzählung benötigen wir nicht, daher: [...]

> zu **begehen,**
> **oder**
> wer sich an einer solchen Vereinigung als Mitglied beteiligt,
> **wenn eine der** in den Nummern 1 bis 5 bezeichneten Taten bestimmt ist,
> − die Bevölkerung auf erhebliche Weise einzuschüchtern,
> − eine Behörde oder eine internationale Organisation rechtswidrig mit Gewalt oder durch Drohung mit Gewalt zu nötigen
> **oder**
> − die politischen, verfassungsrechtlichen, wirtschaftlichen oder sozialen Grundstrukturen eines Staates oder einer internationalen Organisation zu beseitigen oder erheblich zu beeinträchtigen,
> **und** durch die Art ihrer Begehung oder ihre Auswirkungen einen Staat oder eine internationale Organisation erheblich **schädigen kann.**

Schwierigkeiten bereitet uns der Satzteil nach dem „oder", das nach der Aufzählung kommt. Diesen Satzteil können wir noch kürzer fassen, weil wir die darin jeweils enthaltenen vielen beispielhaften Aufzählungen „kürzen" können; (hier durch „[...]" hervorgehoben:

> [**Ebenso wird bestraft**]
> **wer sich** an einer solchen Vereinigung als Mitglied **beteiligt,**
> **wenn eine der** in den Nummern 1 bis 5 bezeichneten **Taten bestimmt ist,**
> − die Bevölkerung auf erhebliche Weise einzuschüchtern, [...]
> **und** durch die Art ihrer Begehung [...]einen Staat [...] erheblich **schädigen kann.**

Natürlich finden sich lange Sätze auch z. B. in verwaltungsrechtlichen Normen. Lesen Sie dazu in Ihrer dtv-Ausgabe des StGB z. B.:

- § 13 Abs. 1 Satz 1 BtMG
- § 24 Abs. 1 BtMG
- § 35 Abs. 1 Satz 1 BtMG
- § 17a Abs. 1 VersammlG
- § 3 Abs. 4 StVG
- § 25 Abs. 1 StVG
- § 25a Abs. 1 StVG

f) Speziell im Strafrecht: Tathandlung erkennen

Das Strafrecht bestraft Personen, weil sie eine schädliche Tat begehen, nicht weil sie schädliche Menschen sind (Tat-, nicht Täterprinzip[61]). Der bloße böse Gedanke

---

[61] Dazu Schönke/Schröder–*Lenckner/Eisele*, StGB, 28. Aufl. München 2010, RN 3–7 vor § 13 m. w. N.

ist keine Tat. Es muss ein Minimum an nach außen erkennbarem Verhalten hinzukommen. Deshalb ist es im Strafrecht sehr wichtig, dass Sie bei jedem Delikt die Tathandlung erkennen.

Hierbei merken manche erst beim zweiten oder dritten Lernanlauf, dass nicht alle, sondern nur einzelne Delikte das voraussetzen, was man im Allgemeinen Teil als Aufbau des objektiven Tatbestandes des vollendeten Erfolgsdelikts gelernt hat oder noch lernen wird[62]:

- Handlung,
- Erfolg,
- Kausalität,
- Objektive Zurechnung

Anhand von klassischen Erfolgsdelikten (§ 212 oder § 223 StGB) wurde dieses Schema entwickelt. Manchen Studierenden fällt aber schwer, die Konsequenz zu ziehen für schlichte Tätigkeitsdelikte, wie etwa die uneidliche Falschaussage nach § 153 StGB oder die Trunkenheit im Verkehr nach § 316 StGB. Dort muss man gerade *keinen* Erfolg und deshalb auch *keine* Kausalität und folglich auch *keine* objektive Zurechnung prüfen, sondern nur die Tathandlung – eben weil es sich um schlichte Tätigkeitsdelikte handelt. Dessen wird man sich nur bewusst, wenn man bei jedem Tatbestand des Besonderen Teils gesondert prüft: Wie sind dessen Voraussetzungen in das allgemeine Schema zu übertragen? Das Delikt der falschen uneidlichen Aussage nach § 153 StGB ist gerade *kein* Erfolgsdelikt, sondern ein Tätigkeitsdelikt. Es setzt im objektiven Tatbestand als Handlung[63] nur die *falsche Aussage* voraus. Diese muss nicht etwa zu einem Erfolg (z. B. falsches Urteil bei § 153 StGB oder eine Verletzung/Gefährdung bei § 316 StGB) führen. Kausalität und objektive Zurechnung können deshalb gar nicht geprüft werden. Wer es dennoch macht, zeigt große Verständnismängel:

Typische Fehler in Klausuren sind nämlich, dass man in der Klausur z. B. das Delikt des § 153 Abs. 1 StGB prüft und dabei die Kausalität und die objektive Zurechnung als „unproblematisch gegeben" ansieht. Dadurch gibt man zu erkennen, dass man die Grundlagen und Unterschiede von Erfolgs- und Tätigkeitsdelikt nicht verstanden hat. Ein solcher Fehler kann manchmal den Ausschlag nach unten geben, wenn eine Klausur „auf der Kippe" steht.

Deshalb ist es didaktisch sehr sinnvoll, wenn Sie sich bei jedem Delikt klarmachen: Worin besteht die Tathandlung? Das ist manchmal einfach, wie bei § 185

---

[62] Selbstverständlich gibt es sogar hier in diesem Bereich (Erfolgsdelikt) sehr viele andere Konzepte, wie man einen Aufbau sinnvoll gestalten kann. Um diese Fragen (vgl. dazu etwa *Gropp*, Allgemeiner Teil, 3. Aufl. Berlin u. a. 2005, § 3 RN 51–65) geht es mir hier aber nicht, weil sie den Blick für die hier anstehenden Fragen verstellen können.

[63] Daneben setzt der objektive Tatbestand von § 153 Abs. 1 StGB natürlich voraus, dass die Aussage „vor Gericht" (etc.) und „als Zeuge" (oder „als Sachverständiger") erfolgt.

Alt. 1 StGB, dessen objektiver Tatbestand ohnehin nur aus dem Wort „Beleidigung"
besteht:

§ 185 StGB
Beleidigung
Die Beleidigung wird mit Freiheitsstrafe bis zu einem Jahr oder mit Geldstrafe [...] bestraft.

Nachfolgende Delikte sollen Ihnen als weitere Beispiele dienen:

§ 223 StGB
Körperverletzung
(1) Wer eine andere Person **körperlich mißhandelt**[64] oder an der **Gesundheit schädigt**[65],
wird mit Freiheitsstrafe bis zu fünf Jahren oder mit Geldstrafe bestraft. [...]

Vergleicht man dies mit der Tathandlung des § 212 StGB (wer einen Menschen „tötet"), so kommt man bei näherer Betrachtung darauf, dass sich das oben erwähnte
Prüfungsschema hinsichtlich des objektiven Tatbestandes für § 212 StGB fast nicht
von demjenigen des § 223 Abs. 1 StGB unterscheidet:

Für § 212 StGB lautet es:

- Handlung,
- *Todes-Erfolg,*
- Kausalität,
- Objektive Zurechnung

Für § 223 Abs. 1 StGB lautet es:

- Handlung,
- *Mißhandlungs-Erfolg* (Alternative 1) bzw. *Gesundheitsschädigungs-Erfolg*
  (Alternative 2)
- Kausalität,
- Objektive Zurechnung

Die nachfolgenden Delikte sollen das verdeutlichen. Hervorgehoben ist jeweils die
Tathandlung. Diese und nur diese ist bei der Prüfung des Delikts zugrunde zu legen.
Schwierigkeiten entstehen für Anfänger dadurch, dass man mit einer Tötungshand-
lung etwas anderes verbindet (nämlich: z. B. den Schuss mit der Pistole) als mit
einer Körperverletzungshandlung (z. B. den Faustschlag, der zum Bluterguss führt).
Aber der Faustschlag kann tödlich sein und der Schuss „nur" zur Wunde führen.
Ob § 212 StGB oder § 223 StGB einschlägig ist, entscheidet sich also anhand des
Erfolges, nicht an der Handlung.

---

[64] Alternative 1.
[65] Alternative 2.

Die nachfolgenden Beispiele sind bewusst eher „abseits" dessen, was Ihnen im normalen Lehrbetrieb begegnet. Aber auch hier gilt: Wenn Sie diese Beispiele verstehen, werden Sie das sonstige auch verstehen.

Nicht ganz so einfach ist z. B. die Tathandlung bei § 129 Abs. 1 StGB zu erkennen:

§ 129 StGB
Bildung krimineller Vereinigungen
(1) Wer eine Vereinigung gründet, deren Zwecke oder deren Tätigkeit darauf gerichtet sind, Straftaten zu begehen, oder wer sich an einer solchen Vereinigung als Mitglied beteiligt, für sie um Mitglieder oder Unterstützer wirbt oder sie unterstützt, wird mit Freiheitsstrafe bis zu fünf Jahren oder mit Geldstrafe bestraft.

Hier muss man erkennen, dass dieser Absatz seinerseits aus mehreren Alternativen besteht (nämlich aus insgesamt vier) und entsprechend verschiedene Tathandlungen vorschreibt. Diese haben nicht in jedem Fall mit der „Bildung" krimineller Vereinigungen zu tun, wie es die Überschrift nahe legt. Wir können uns zur Verdeutlichung in eckigen Klammern eine Aufzählung notieren:

[1] Wer eine Vereinigung **gründet,** deren Zwecke oder deren Tätigkeit darauf gerichtet sind, Straftaten zu begehen,
oder
[2] wer sich an einer solchen Vereinigung als Mitglied **beteiligt,**
[3] für sie um Mitglieder oder Unterstützer wirbt **oder**
[4] sie **unterstützt,**

Erstaunlicherweise hat die nächste Vorschrift des § 129a Abs. 1 StGB nur zwei Alternativen. Man mag sich deshalb fragen, ob man für eine *terroristische* Vereinigung werben darf, was bei § 129 StGB hinsichtlich *krimineller* Vereinigungen verboten ist (siehe soeben aus Satzteil [3]). Das wäre in der Tat befremdlich. Erklärt werden kann dieser vermeintliche Widerspruch nur dann, wenn man sich klarmacht: § 129a StGB ist eine Qualifikation zu § 129 StGB[66].

§ 129a StGB
Bildung terroristischer Vereinigungen
(1) Wer eine Vereinigung **gründet,** deren Zwecke oder deren Tätigkeit darauf gerichtet sind,
1. Mord (§ 211) oder Totschlag (§ 212) oder Völkermord (§ 6 des Völkerstrafgesetzbuches) oder Verbrechen gegen die Menschlichkeit (§ 7 des Völkerstrafgesetzbuches) oder Kriegsverbrechen (§§ 8, 9, 10, 11 oder § 12 des Völkerstrafgesetzbuches) oder
2. Straftaten gegen die persönliche Freiheit in den Fällen des § 239a oder des § 239b zu begehen,
oder wer sich an einer solchen Vereinigung als Mitglied **beteiligt,** wird mit Freiheitsstrafe von einem Jahr bis zu zehn Jahren bestraft.

---

[66] Schönke/Schröder–*Lenckner/Sternberg-Lieben*, StGB, 28. Aufl. München 2010, § 129 a RN 1 m. w. N. Eine Qualifikation enthält eine gegenüber dem Grunddelikt erhöhte Strafdrohung und mindestens eine zusätzliche Voraussetzung, welche diese legitimiert. Beispiel: §§ 223 StGB (Körperverletzung) und § 224 StGB (gefährliche Körperverletzung).

Schauen Sie sich nunmehr weitere Vorschriften an:

§ 131 StGB
Gewaltdarstellung
(1) **Wer Schriften** (§ 11 Abs. 3), **die** grausame oder sonst unmenschliche Gewalttätig-keiten gegen Menschen oder menschenähnliche Wesen **in einer Art schildern, die** eine Verherrlichung oder Verharmlosung solcher Gewalttätigkeiten **ausdrückt** oder die das Grausame oder Unmenschliche des Vorgangs in einer die Menschenwürde verletzenden Weise darstellt,
1. **verbreitet,**
2. öffentlich ausstellt, anschlägt, vorführt _oder_ sonst zugänglich macht,
3. einer Person unter achtzehn Jahren anbietet, überlässt oder zugänglich macht **oder**
4. herstellt, bezieht, liefert, vorrätig hält, anbietet, ankündigt, anpreist, einzuführen oder auszuführen unternimmt, **um** sie oder aus ihnen gewonnene Stücke im Sinne der Num-mern 1 bis 3 zu verwenden oder einem anderen eine solche Verwendung zu ermöglichen, wird mit Freiheitsstrafe bis zu einem Jahr oder mit Geldstrafe bestraft.
(2) Ebenso wird bestraft, wer eine Darbietung des in Absatz 1 bezeichneten Inhalts durch Rundfunk, Medien- oder Teledienste verbreitet.
(3) Die Absätze 1 und 2 gelten nicht, wenn die Handlung der Berichterstattung über Vor-gänge des Zeitgeschehens oder der Geschichte dient.
(4) Absatz 1 Nr. 3 ist nicht anzuwenden, wenn der zur Sorge für die Person Berechtigte handelt; dies gilt nicht, wenn der Sorgeberechtigte durch das Anbieten, Überlassen oder Zugänglichmachen seine Erziehungspflicht gröblich verletzt.

§ 264a StGB
Kapitalanlagebetrug
(1) Wer im Zusammenhang mit
1. dem Vertrieb von Wertpapieren, Bezugsrechten oder von Anteilen, die eine Beteiligung an dem Ergebnis eines Unternehmens gewähren sollen, oder
2. dem Angebot, die Einlage auf solche Anteile zu erhöhen,
in Prospekten oder in Darstellungen oder Übersichten über den Vermögensstand hinsicht-lich der für die Entscheidung über den Erwerb oder die Erhöhung erheblichen Umstände gegenüber einem größeren Kreis von Personen **unrichtige vorteilhafte Angaben macht oder nachteilige Tatsachen verschweigt,** wird mit Freiheitsstrafe bis zu drei Jahren oder mit Geldstrafe bestraft.
(2) Absatz 1 gilt entsprechend, wenn sich die Tat auf Anteile an einem Vermögen bezieht, das ein Unternehmen im eigenen Namen, jedoch für fremde Rechnung verwaltet.
(3) Nach den Absätzen 1 und 2 wird nicht bestraft, wer freiwillig verhindert, daß auf Grund der Tat die durch den Erwerb oder die Erhöhung bedingte Leistung erbracht wird. Wird die Leistung ohne Zutun des Täters nicht erbracht, so wird er straflos, wenn er sich freiwillig und ernsthaft bemüht, das Erbringen der Leistung zu verhindern.

§ 231 StGB
Beteiligung an einer Schlägerei
(1) **Wer sich an einer Schlägerei** oder an einem von mehreren verübten Angriff **beteiligt,** wird schon wegen dieser Beteiligung mit Freiheitsstrafe bis zu drei Jahren oder mit Geld-strafe bestraft, wenn[67] durch die Schlägerei oder den Angriff der Tod eines Menschen oder eine schwere Körperverletzung (§ 226) verursacht worden ist.
(2) Nach Absatz 1 ist nicht strafbar, wer an der Schlägerei oder dem Angriff beteiligt war, ohne daß ihm dies vorzuwerfen ist.

---

[67] Zu dem hiermit eingeleiteten Satz unbedingt ein Lehrbuch lesen. Es handelt sich um eine ob-jektive Bedingung der Strafbarkeit, auf die sich insbesondere der Vorsatz nicht beziehen muss.

§ 81 StGB
Hochverrat gegen den Bund
(1) Wer es **unternimmt,** mit Gewalt oder durch Drohung mit Gewalt
1. den Bestand der Bundesrepublik Deutschland zu **beeinträchtigen** oder
2. die auf dem Grundgesetz der Bundesrepublik Deutschland beruhende verfassungsmäßige **Ordnung zu ändern,**
wird mit lebenslanger Freiheitsstrafe oder mit Freiheitsstrafe nicht unter zehn Jahren bestraft.
(2) In minder schweren Fällen ist die Strafe Freiheitsstrafe von einem Jahr bis zu zehn Jahren.

Hier muss man die Legaldefinition[68] in § 11 Abs. 1 Nr. 6 StGB kennen, dann weiß man schon mehr: „Unternehmen der Tat" ist „deren Versuch und deren Vollendung".

§ 149 StGB
Vorbereitung der Fälschung von Geld und Wertzeichen
(1) **Wer eine Fälschung** von Geld oder Wertzeichen **vorbereitet, indem er**
1. Platten, Formen, Drucksätze, Druckstöcke, Negative, Matrizen, Computerprogramme oder ähnliche Vorrichtungen, die ihrer Art nach zur Begehung der Tat geeignet sind,
2. Papier, das einer solchen Papierart gleicht oder zum Verwechseln ähnlich ist, die zur Herstellung von Geld oder amtlichen Wertzeichen bestimmt und gegen Nachahmung besonders gesichert ist, *oder*
3. Hologramme oder andere Bestandteile, die der Sicherung gegen Fälschung dienen,
herstellt, sich oder einem anderen verschafft, feilhält, verwahrt oder einem anderen überlässt, wird, wenn er eine Geldfälschung vorbereitet, mit Freiheitsstrafe bis zu fünf Jahren oder mit Geldstrafe, sonst mit Freiheitsstrafe bis zu zwei Jahren oder mit Geldstrafe bestraft.
(2) Nach Absatz 1 **wird nicht bestraft,** wer freiwillig
1. die Ausführung der vorbereiteten Tat aufgibt und eine von ihm verursachte Gefahr, daß andere die Tat weiter vorbereiten oder sie ausführen, abwendet oder die Vollendung der Tat verhindert **und**
2. die Fälschungsmittel, soweit sie noch vorhanden und zur Fälschung brauchbar sind, vernichtet, unbrauchbar macht, ihr Vorhandensein einer Behörde anzeigt oder sie dort abliefert.
(3) Wird ohne Zutun des Täters die Gefahr, daß andere die Tat weiter vorbereiten oder sie ausführen, abgewendet oder die Vollendung der Tat verhindert, **so genügt an Stelle der Voraussetzungen des Absatzes 2 Nr. 1** das freiwillige und ernsthafte Bemühen des Täters, dieses Ziel zu erreichen.

§ 288 StGB
Vereiteln der Zwangsvollstreckung
(1) Wer bei einer ihm drohenden Zwangsvollstreckung in der Absicht, die Befriedigung des Gläubigers zu vereiteln, **Bestandteile seines Vermögens veräußert oder beiseite schafft,** wird mit Freiheitsstrafe bis zu zwei Jahren oder mit Geldstrafe bestraft.
(2) Die Tat wird nur auf Antrag verfolgt.

---

[68] Dazu C III 2 (S. 52).

g) Speziell im Strafrecht: „Erweiterter Vorsatz"

Im Strafrecht gilt die Regel, dass alle objektiven Tatbestandmerkmale vom Vorsatz umfasst sein müssen. Im deutschen StGB[69] gibt es zwar keine positiv formulierte gesetzliche Norm dieses Inhalts, sondern nur die negative Formulierung des § 16 StGB[70]:

> § 16 StGB
> Irrtum über Tatumstände
> (1) Wer bei Begehung der Tat einen Umstand nicht kennt, der zum gesetzlichen Tatbestand gehört, handelt nicht vorsätzlich. [...]

In bestimmten Delikten gibt es darüber hinaus besondere subjektive Tatbestands-merkmale, die nur subjektiv, nicht aber objektiv vorliegen müssen. In Lehrbüchern zum Allgemeinen Teil erwähnte Beispiele sind neben der Zueignungsabsicht beim Diebstahl nach § 242 StGB etwa die Bereicherungsabsicht bei Betrug (§ 263), Er-pressung (§ 253) oder Hehlerei (§ 259 StGB). Diese werden sachlich zutreffend als „unrechtsbegründende Elemente des subjektiven Tatbestands"[71] oder als „subjek-tive Unrechtselemente"[72] bezeichnet. In der österreichischen Strafrechtsdogmatik hat sich hierfür der Begriff „erweiterter Vorsatz"[73] eingebürgert. Dieser erscheint mir jedenfalls aus didaktischen Gründen[74] sehr viel plastischer und einprägsamer, auch wenn österreichische Studierende gleichwohl Probleme damit haben. Hat man sich aber im vorausgegangenen Abschnitt verdeutlicht, was die Tathandlung im ob-jektiven Tatbestand ausmacht, dann erkennt man solche Formen des „erweiterten Vorsatzes" (oder: „subjektive Unrechtselemente") sehr schnell.

► **Tipp:** Zu beidem (Tathandlung und erweiterter Vorsatz) ist es sehr hilfreich, wenn Sie sich das Delikt als „Videoaufnahme" vorstellen, die nur das äußere Geschehen wiedergibt. Dieser Gedanke ist besonders hilfreich für zwei Fragen:

Was wird objektiv (vereinfacht: in der Realität) vorausgesetzt?

Was wird hingegen nur subjektiv (vereinfacht: im Kopf des Täters) voraus-gesetzt?

---

[69] Vgl. demgegenüber § 5 Abs. 1 HS 1 öStGB: „Vorsätzlich handelt, wer einen Sachverhalt ver-wirklichen will, der einem gesetzlichen Tatbild [nach deutschem Verständnis: objektives Tatbe-standsmerkmal] entspricht; [...]".

[70] *Gropp*, Allgemeiner Teil, 3. Aufl. Berlin u. a. 2005, § 5 RN 63.

[71] *Gropp*, Allgemeiner Teil, 3. Aufl. Berlin u. a. 2005, § 5 RN 55.

[72] Schönke/Schröder–*Lenckner/Eisele*, StGB, 28. Aufl. München 2010, RN 63 vor § 13 m. w. N.

[73] Vgl. z. B. *Kienapfel/Höpfel*, Allgemeiner Teil, 13. Aufl. Wien 2009, Z 15 RN 19–23; *Triffterer*, Allgemeiner Teil, 2. Aufl. Wien 1994, Kap. 3 Rz 101; OGH ZVR 1996, 55.

[74] Die dogmatische Frage, ob diese Bezeichnung sachlich treffend ist, mag hier dahinstehen, zu-mal man über definitorische Diskussionen keine Sachfragen lösen kann.

Auf einer Videoaufnahme kann man – im Gegensatz etwa zu einem fiktiven Film – nur das objektive Geschehen erfassen, nicht aber die Gedanken des Täters: Man wird deshalb nur die gesprochenen Worte des Täters wahrnehmen, nicht aber seine Gedanken. Zum Glück befinden sich solche Videokameras nur an wichtigen öffentlichen Plätzen, und nicht überall (das wäre die Version von George Orwell). Aus didaktischen Gründen ist eine solche hypothetische Überlegung jedoch sinnvoll[75].

Sie können sich den Unterschied zwischen einem Delikt mit nur erweitertem Vorsatz und einem Delikt mit zwei Erfolgen auch dadurch vor Augen halten, dass Sie in Gedanken für sich nur eine Kleinigkeit am Wortlaut ändern, und z. B. aus dem „um… zu" oder aus dem „in der Absicht" ein „und" machen.

Illustriert sei dies zunächst anhand von § 248c und § 267 StGB.

§ 248c StGB
Entziehung elektrischer Energie
(1) Wer einer elektrischen Anlage oder Einrichtung fremde elektrische Energie mittels eines Leiters entzieht, der zur ordnungsmäßigen Entnahme von Energie aus der Anlage oder Einrichtung nicht bestimmt ist, wird, wenn er die Handlung **in der Absicht** begeht, **die elektrische Energie sich oder einem Dritten rechtswidrig zuzueignen,** mit Freiheitsstrafe bis zu fünf Jahren oder mit Geldstrafe bestraft.

Hypothetische Fassung
Wer einer elektrischen Anlage oder Einrichtung fremde elektrische Energie mittels eines Leiters entzieht, der zur ordnungsmäßigen Entnahme von Energie aus der Anlage oder Einrichtung nicht bestimmt ist **und die elektrische Energie sich oder einem Dritten rechtswidrig zueignet,** wird mit Freiheitsstrafe bis zu fünf Jahren oder mit Geldstrafe bestraft.

§ 267 StGB
Urkundenfälschung
(1) Wer **zur Täuschung im Rechtsverkehr** eine unechte Urkunde herstellt, eine echte Urkunde verfälscht oder eine unechte oder verfälschte Urkunde gebraucht, wird mit Freiheitsstrafe bis zu fünf Jahren oder mit Geldstrafe bestraft.

Hypothetische Fassung
(1) Wer eine unechte Urkunde herstellt, eine echte Urkunde verfälscht oder eine unechte oder verfälschte Urkunde gebraucht **und dadurch im Rechtsverkehr täuscht,** wird mit Freiheitsstrafe bis zu fünf Jahren oder mit Geldstrafe bestraft.

Bei folgenden Delikten ist die **Tathandlung** jeweils **fett** hervorgehoben, der **erweiterte Vorsatz unterstrichen**

§ 125 StGB
Landfriedensbruch
(1) Wer sich an
1. Gewalttätigkeiten gegen Menschen oder Sachen oder
2. Bedrohungen von Menschen mit einer Gewalttätigkeit, die aus einer Menschenmenge in einer die öffentliche Sicherheit gefährdenden Weise mit vereinten Kräften begangen werden,

---

[75] Im Strafprozess werden subjektive Merkmale in der Regel durch Rückschlüsse aus objektiven Gegebenheiten als gegeben angesehen.

als Täter oder Teilnehmer *beteiligt oder* wer auf die Menschenmenge *einwirkt*[76], <u>um ihre Bereitschaft zu solchen Handlungen zu fördern,</u> wird mit Freiheitsstrafe bis zu drei Jahren oder mit Geldstrafe bestraft, wenn die Tat nicht in anderen Vorschriften mit schwererer Strafe bedroht ist.

(2) Soweit die in Absatz 1 Nr. 1, 2 bezeichneten Handlungen in § 113 mit Strafe bedroht sind, gilt § 113 Abs. 3, 4 sinngemäß.

§ 164 StGB
Falsche Verdächtigung

(1) Wer einen anderen bei einer Behörde oder einem zur Entgegennahme von Anzeigen zuständigen Amtsträger oder militärischen Vorgesetzten oder öffentlich wider besseres Wissen einer rechtswidrigen Tat oder der Verletzung einer Dienstpflicht <u>in der Absicht</u> **verdächtigt**[77], <u>ein behördliches Verfahren oder andere behördliche Maßnahmen gegen ihn herbeizuführen oder fortdauern zu lassen,</u> wird mit Freiheitsstrafe bis zu fünf Jahren oder mit Geldstrafe bestraft.

(2) Ebenso wird bestraft, wer in <u>gleicher Absicht</u> bei einer der in Absatz 1 bezeichneten Stellen oder öffentlich über einen anderen wider besseres Wissen **eine sonstige Behauptung** tatsächlicher Art **aufstellt**, die geeignet ist, ein behördliches Verfahren oder andere behördliche Maßnahmen gegen ihn herbeizuführen oder fortdauern zu lassen.

[...]

§ 148 StGB
Wertzeichenfälschung

(1) Mit Freiheitsstrafe bis zu fünf Jahren oder mit Geldstrafe wird bestraft, wer

1. amtliche Wertzeichen <u>in der Absicht</u> **nachmacht**[78], <u>daß sie als echt verwendet oder in Verkehr gebracht werden oder daß ein solches Verwenden oder Inverkehrbringen ermöglicht werde,</u> oder amtliche Wertzeichen in dieser Absicht so verfälscht, daß der Anschein eines höheren Wertes hervorgerufen wird,
2. falsche amtliche Wertzeichen <u>in dieser Absicht</u> **sich verschafft** oder
3. falsche amtliche Wertzeichen als echt **verwendet, feilhält oder in Verkehr bringt.**

[...]

§ 273 StGB
Verändern von amtlichen Ausweisen

(1) Wer <u>zur Täuschung im Rechtsverkehr</u>

1. eine Eintragung in einem amtlichen Ausweis **entfernt, unkenntlich macht, überdeckt oder unterdrückt oder** eine einzelne Seite aus einem amtlichen Ausweis entfernt oder
2. einen derart veränderten amtlichen Ausweis **gebraucht,**

wird mit Freiheitsstrafe bis zu drei Jahren oder mit Geldstrafe bestraft, wenn die Tat nicht in § 267 oder § 274 mit Strafe bedroht ist.

(2) Der Versuch ist strafbar.

§ 89 StGB
Verfassungsfeindliche Einwirkung auf Bundeswehr und öffentliche Sicherheitsorgane

(1) Wer auf Angehörige der Bundeswehr oder eines öffentlichen Sicherheitsorgans **planmäßig einwirkt,** <u>um deren pflichtmäßige Bereitschaft zum Schutz der Sicherheit der Bundesrepublik Deutschland oder der verfassungsmäßigen Ordnung zu untergraben,</u> **und sich dadurch** absichtlich für Bestrebungen gegen den Bestand oder die Sicherheit der Bundes-

---

[76] „Einwirkt *und* dadurch [...] fördert" hätte eine völlig andere Bedeutung.

[77] „verdächtigt und dadurch ein behördliches Verfahren ... herbeiführt" hätte eine völlig andere Bedeutung.

[78] „Nachmacht [...] *und* verwendet/in Verkehr bringt ..." hätte eine völlig andere Bedeutung.

republik Deutschland oder gegen Verfassungsgrundsätze einsetzt, wird mit Freiheitsstrafe bis zu fünf Jahren oder mit Geldstrafe bestraft. [...]

h) Zusammenfassung: Gesamtstrukturen bei Delikten erkennen

Wenn man die beiden vorgenannten Schritte beachtet, kann man auch sehr schwierig erscheinende Delikte „aufdröseln" und strukturieren. Dies sei abschließend noch an weiteren Beispielen illustriert. Lesen Sie die nachfolgend strukturierte Vorschrift des Subventionsbetrugs und vergleichen sie ihn mit § 263 StGB, den wir bereits kennen gelernt haben[79]. Sie werden feststellen, dass es sich von der Tathandlung her bei § 264 StGB um ein zeitlich viel früher als § 263 StGB anzusiedelndes Delikt handelt: § 264 StGB erfasst Handlungen, die noch lange nicht den § 263 StGB erfüllen, weil § 264 StGB z. B. nicht voraussetzt, dass der Subventionsgeber geschädigt wird. § 263 StGB[80] würde das aber fordern.

§ 264 StGB
Subventionsbetrug
(1) Mit Freiheitsstrafe bis zu fünf Jahren oder mit Geldstrafe wird bestraft, wer
1. **einer** für die Bewilligung einer Subvention zuständigen Behörde oder einer anderen in das Subventionsverfahren eingeschalteten **Stelle oder Person (Subventionsgeber**[81]**)** über subventionserhebliche Tatsachen für sich oder einen anderen unrichtige oder unvollständige **Angaben macht,** die für ihn oder den anderen vorteilhaft sind,
2. einen Gegenstand oder eine Geldleistung, deren Verwendung durch Rechtsvorschriften oder durch den Subventionsgeber im Hinblick auf eine Subvention beschränkt ist, entgegen der Verwendungsbeschränkung **verwendet,**
3. den Subventionsgeber entgegen den Rechtsvorschriften über die Subventionsvergabe über subventionserhebliche Tatsachen **in Unkenntnis lässt oder**
4. in einem Subventionsverfahren eine durch unrichtige oder unvollständige Angaben erlangte **Bescheinigung** über eine Subventionsberechtigung oder über subventionserhebliche Tatsachen **gebraucht.**
(2) In besonders schweren Fällen ist die Strafe Freiheitsstrafe von sechs Monaten bis zu zehn Jahren. Ein besonders schwerer Fall liegt in der Regel vor, wenn der Täter
1. aus grobem Eigennutz oder unter Verwendung nachgemachter oder verfälschter Belege für sich oder einen anderen eine nicht gerechtfertigte Subvention großen Ausmaßes erlangt,
2. seine Befugnisse oder seine Stellung als Amtsträger missbraucht oder
3. die Mithilfe eines Amtsträgers ausnutzt, der seine Befugnisse oder seine Stellung missbraucht.
(3) § 263 Abs. 5 gilt entsprechend.
(4) Wer in den Fällen des Absatzes 1 Nr. 1 bis 3 leichtfertig handelt, wird mit Freiheitsstrafe bis zu drei Jahren oder mit Geldstrafe bestraft.
(5) Nach den Absätzen 1 und 4 wird nicht bestraft, wer freiwillig verhindert, daß auf Grund der Tat die Subvention gewährt wird. Wird die Subvention ohne Zutun des Täters nicht gewährt, so wird er straflos, wenn er sich freiwillig und ernsthaft bemüht, das Gewähren der Subvention zu verhindern.

---

[79] Siehe oben C IV 2 a ee (S. 68).
[80] Wortlaut siehe oben C IV 2 a ee (S. 68).
[81] Legaldefinition: siehe oben C III 2 (S. 52 ff.).

(6) Neben einer Freiheitsstrafe von mindestens einem Jahr wegen einer Straftat nach den Absätzen 1 bis 3 kann das Gericht die Fähigkeit, öffentliche Ämter zu bekleiden, und die Fähigkeit, Rechte aus öffentlichen Wahlen zu erlangen, aberkennen (§ 45 Abs. 2). Gegenstände, auf die sich die Tat bezieht, können eingezogen werden; § 74a ist anzuwenden.

(7) **Subvention** im Sinne dieser Vorschrift ist

1. eine Leistung aus öffentlichen Mitteln nach Bundes- oder Landesrecht an Betriebe oder Unternehmen, die wenigstens zum Teil a) ohne marktmäßige Gegenleistung gewährt wird und b) der Förderung der Wirtschaft dienen soll;

2. eine Leistung aus öffentlichen Mitteln nach dem Recht der Europäischen Gemeinschaften, die wenigstens zum Teil ohne marktmäßige Gegenleistung gewährt wird.

Betrieb oder Unternehmen im Sinne des Satzes 1 Nr. 1 ist auch das öffentliche Unternehmen.

(8) **Subventionserheblich** im Sinne des Absatzes 1 sind Tatsachen,

1. die durch Gesetz oder auf Grund eines Gesetzes von dem Subventionsgeber als subventionserheblich bezeichnet sind oder

2. von denen die Bewilligung, Gewährung, Rückforderung, Weitergewährung oder das Belassen einer Subvention oder eines Subventionsvorteils gesetzlich abhängig ist.

Ein anderes Beispiel aus dem Wirtschaftsstrafrecht ist § 266a StGB, der z. B. greift, wenn ein Arbeitgeber keine Sozialversicherungsbeiträge an die zuständige Stelle abführt:

§ 266a StGB
Vorenthalten und Veruntreuen von Arbeitsentgelt
(1) Wer als Arbeitgeber der[82] Einzugsstelle Beiträge des Arbeitnehmers zur Sozialversicherung einschließlich der Arbeitsförderung, unabhängig davon, ob Arbeitsentgelt gezahlt wird, **vorenthält,** wird mit Freiheitsstrafe bis zu fünf Jahren oder mit Geldstrafe bestraft.
(2) **Ebenso** wird bestraft, wer als Arbeitgeber

1. der für den Einzug der Beiträge zuständigen Stelle über sozialversicherungsrechtlich erhebliche Tatsachen **unrichtige oder unvollständige Angaben macht oder**

2. die für den Einzug der Beiträge zuständige Stelle pflichtwidrig **über** sozialversicherungsrechtlich erhebliche **Tatsachen in Unkenntnis lässt und dadurch** dieser Stelle vom Arbeitgeber zu tragende Beiträge zur Sozialversicherung einschließlich der Arbeitsförderung, unabhängig davon, ob Arbeitsentgelt gezahlt wird, **vorenthält.**

(3) Wer als Arbeitgeber sonst Teile des Arbeitsentgelts, die er für den Arbeitnehmer an einen anderen zu zahlen hat, dem Arbeitnehmer einbehält, sie jedoch an den anderen **nicht zahlt und es unterlässt,** den Arbeitnehmer spätestens im Zeitpunkt der Fälligkeit oder unverzüglich danach über das Unterlassen der Zahlung an den anderen zu unterrichten, wird mit Freiheitsstrafe bis zu fünf Jahren oder mit Geldstrafe bestraft. Satz 1 gilt nicht für Teile des Arbeitsentgelts, die als Lohnsteuer einbehalten werden.
[…]

Nicht einfach sind auch höchst praxisrelevante Normen aus dem Nebenstrafrecht. Stellvertretend dafür sei hier das Beispiel von § 27 VersammlG analysiert. Er betrifft das unerlaubte Führen von Waffen bei Versammlungen.

§ 27 VersammlG
[Führung von Waffen]
(1) Wer bei öffentlichen Versammlungen *oder* Aufzügen Waffen oder sonstige Gegenstände, die ihrer Art nach zur Verletzung von Personen oder Beschädigung von Sachen

---

[82] Dativ („wem" wird Arbeitsentgelt vorenthalten?), es geht nicht um einen „Arbeitgeber *der* Einzugstelle".

geeignet und bestimmt sind, **mit sich führt,** ohne dazu behördlich ermächtigt zu sein, wird mit Freiheitsstrafe bis zu einem Jahr oder mit Geldstrafe bestraft. **Ebenso** wird bestraft, wer ohne behördliche Ermächtigung Waffen oder sonstige Gegenstände im Sinne des Satzes 1 auf dem Weg zu öffentlichen Versammlungen oder Aufzügen **mit sich führt,** zu derartigen Veranstaltungen **hinschafft oder** sie zur Verwendung bei derartigen Veranstaltungen **bereithält oder verteilt.**

(2) Wer

1. entgegen § 17a Abs. 1 bei öffentlichen Versammlungen unter freiem Himmel, Aufzügen oder sonstigen öffentlichen Veranstaltungen unter freiem Himmel oder auf dem Weg dorthin Schutzwaffen oder Gegenstände, die als Schutzwaffen geeignet und den Umständen nach dazu bestimmt sind, Vollstreckungsmaßnahmen eines Trägers von Hoheitsbefugnissen abzuwehren, **mit sich führt,**

2. entgegen § 17a Abs. 2 Nr. 1 an derartigen Veranstaltungen **in einer Aufmachung,** die geeignet und den Umständen nach darauf gerichtet ist, die Feststellung der Identität zu verhindern, **teilnimmt oder** den **Weg** zu derartigen Veranstaltungen **in einer solchen Aufmachung zurücklegt oder**

3. sich im Anschluß an oder sonst im Zusammenhang mit derartigen Veranstaltungen mit anderen **zusammenrottet und dabei**

   a) Waffen oder sonstige Gegenstände, die ihrer Art nach zur Verletzung von Personen oder Beschädigung von Sachen geeignet und bestimmt sind, **mit sich führt,**

   b) Schutzwaffen oder sonstige in Nummer 1 bezeichnete Gegenstände **mit sich führt oder**

   c) in der in Nummer 2 bezeichneten Weise **aufgemacht ist,**

wird mit Freiheitsstrafe bis zu einem Jahr oder mit Geldstrafe bestraft.

Ein weiteres anspruchsvolles Beispiel zur Erarbeitung der Normvoraussetzungen ist etwa § 47 Abs. 1 StGB aus. Seine amtliche Überschrift lautet prägnant und eindeutig „Kurze Freiheitsstrafe nur in Ausnahmefällen". Wo aber erkennt man diese zutreffende Überschrift wieder im Wortlaut?

§ 47 StGB
Kurze Freiheitsstrafe nur in Ausnahmefällen
(1) Eine Freiheitsstrafe unter sechs Monaten verhängt das Gericht nur, wenn besondere Umstände, die in der Tat oder der Persönlichkeit des Täters liegen, die Verhängung einer Freiheitsstrafe zur Einwirkung auf den Täter oder zur Verteidigung der Rechtsordnung unerlässlich machen.
(2) Droht das Gesetz keine Geldstrafe an und kommt eine Freiheitsstrafe von sechs Monaten oder darüber nicht in Betracht, so verhängt das Gericht eine Geldstrafe, wenn nicht die Verhängung einer Freiheitsstrafe nach Absatz 1 unerlässlich ist. Droht das Gesetz ein erhöhtes Mindestmaß der Freiheitsstrafe an, so bestimmt sich das Mindestmaß der Geldstrafe in den Fällen des Satzes 1 nach dem Mindestmaß der angedrohten Freiheitsstrafe; dabei entsprechen dreißig Tagessätze einem Monat Freiheitsstrafe.

Abs. 1 regelt das schon in der Überschrift zum Ausdruck kommende Prinzip, dass kurze Freiheitsstrafen nur in Ausnahmefällen verhängt werden sollen, also wenn „besondere Umstände" vorliegen. Abs. 2 regelt den Fall, dass ein Delikt im Besonderen Teil nur Freiheitsstrafe und keine Geldstrafe vorsieht. Das ist zum Beispiel der Fall bei der gefährlichen Körperverletzung nach § 224 StGB.

Voraussetzung 1: Im Delikt ist keine Geldstrafe vorgesehen.

Voraussetzung 2 ist, dass bei der Strafzumessung im konkreten Einzelfall keine höhere Freiheitsstrafe als 6 Monate in Betracht kommt.

Voraussetzung 3: Die Freiheitsstrafe nach Abs. 2 darf „nicht unerlässlich" sein. Die doppelte Verneinung heißt im Klartext: Wenn Abs. 1 am Ende vorliegt, wenn also *„die Verhängung einer Freiheitsstrafe zur Einwirkung auf den Täter oder zur Verteidigung der Rechtsordnung unerlässlich"* ist, kommt keine Geldstrafe in Betracht.

3. „Textbausteine" des Gesetzgebers erkennen

Der Gesetzgeber arbeitet oft mit Begriffen, die er dann regelmäßig[83] einheitlich verwendet. Man könnte insoweit von „Textbausteinen"[84] des Gesetzgebers sprechen. Das können und sollen Sie für Ihr Lernen nutzbar machen: Sie erarbeiten sich die Bedeutung eines solchen Textbausteines anhand eines Beispiels und lernen dann nur, ob und wie Sie diesen bei anderen Beispielen verwenden können. Diese Vorgehensweise ermöglicht Ihnen, vor allem unbekannte Normen, bei denen ein solcher Textbaustein verwendet wird, schon inhaltlich gleichsam „anzufüllen", ohne dass Sie das für diese konkrete Norm gelernt haben müssen. Sie sparen sich also Speicherkapazität für Ihr sonstiges Gedächtnis.

Wenn und soweit der Gesetzgeber dieselben Begriffe verwendet, kann man annehmen, dass er damit dieselbe Sachaussage verbunden hat. Dies ist die „Geschäftsgrundlage"[85] für die systematische Auslegung[86]. Es handelt sich nämlich – bei Lichte betrachtet – um einheitlich definierte und verwendete Begriffe. Sie unterscheiden sich von den Legaldefinitionen in § 11 StGB nur dadurch, dass ihr Inhalt nicht gesetzlich festgelegt ist. Dieser ergibt sich vielmehr durch Auslegung. Es kann dabei durchaus vorkommen, dass derselbe Begriff verschieden ausgelegt werden muss oder soll[87] – eben weil der Gesetzgeber – siehe FN85 – nicht konsequent gearbeitet hat oder arbeiten konnte. Dann hat man es nicht mehr mit einem Gesetzes-Textbaustein zu tun. Dies soll Sie aber zu Beginn Ihres Studiums nicht irritieren. Um beim „Feuerzangenbowlen-Prinzip" zu bleiben: „Dat kriege ma später!"

a) „in der Regel" (§ 243 StGB)

Die Worte „in der Regel" sind ein Textbaustein des Strafgesetzgebers für die so genannte Regelbeispieltechnik. Damit ist gemeint, dass eine bestimmte Rechtsfolge (wie bei § 243 StGB: ein höherer Strafrahmen) nur „in der Regel" eintritt.

---

[83] Ausnahmen zu finden, ist eine Aufgabe der Dogmatik. Die im Anhang wiedergegebene BGH-Entscheidung zeigt ein Beispiel auf („gefährliches Werkzeug").

[84] Falls Ihnen dieser Begriff nicht aus der Arbeit am PC vertraut ist: Schauen Sie in der MS Word-Hilfefunktion nach.

[85] Ausnahmen bestätigen die Regel: Wenn der Gesetzgeber nicht sauber gearbeitet und bei der Begriffswahl nicht aufgepasst hat, ist es Aufgabe der Dogmatik, dies aufzuzeigen. Das erschwert Ihnen als Studierenden dann zwar das Textverständnis, aber beachten Sie: das ist die Ausnahme – noch jedenfalls.

[86] Zur systematischen Auslegung siehe oben C III 1 (S. 48 f.).

[87] Siehe das Beispiel im Anhang (BGH-Entscheidung zum Begriff „gefährliches Werkzeug"; hier S. 233 ff.).

Lesen Sie dazu § 243 StGB:

§ 243 StGB
Besonders schwerer Fall des Diebstahls
(1) In besonders schweren Fällen wird der Diebstahl mit Freiheitsstrafe von drei Monaten bis zu zehn Jahren bestraft. Ein besonders schwerer Fall liegt **in der Regel** vor, wenn der Täter

1. zur Ausführung der Tat in ein Gebäude, einen Dienst- oder Geschäftsraum oder in einen anderen umschlossenen Raum einbricht, einsteigt, mit einem falschen Schlüssel oder einem anderen nicht zur ordnungsmäßigen Öffnung bestimmten Werkzeug eindringt oder sich in dem Raum verborgen hält,
2. eine Sache stiehlt, die durch ein verschlossenes Behältnis oder eine andere Schutzvorrichtung gegen Wegnahme besonders gesichert ist,
3. gewerbsmäßig stiehlt,
4. aus einer Kirche oder einem anderen der Religionsausübung dienenden Gebäude oder Raum eine Sache stiehlt, die dem Gottesdienst gewidmet ist oder der religiösen Verehrung dient,
5. eine Sache von Bedeutung für Wissenschaft, Kunst oder Geschichte oder für die technische Entwicklung stiehlt, die sich in einer allgemein zugänglichen Sammlung befindet oder öffentlich ausgestellt ist,
6. stiehlt, indem er die Hilflosigkeit einer anderen Person, einen Unglücksfall oder eine gemeine Gefahr ausnutzt **oder**
7. eine Handfeuerwaffe, zu deren Erwerb es nach dem Waffengesetz der Erlaubnis bedarf, ein Maschinengewehr, eine Maschinenpistole, ein voll- oder halbautomatisches Gewehr oder eine Sprengstoff enthaltende Kriegswaffe im Sinne des Kriegswaffenkontrollgesetzes oder Sprengstoff stiehlt.
(2) […]

Das bedeutet:

1. Man kann die Qualifikation nur bejahen, wenn es sich um einen klaren Fall, einen „Regelfall" handelt.
2. Man kann eine Qualifikation auch dann annehmen, wenn kein ausdrücklicher Regelfall vorliegt, aber insgesamt ein vergleichbar qualifizierter Fall[88].

Diese zwei Informationen muss man jetzt nicht für jede Norm gesondert lernen, sondern man muss sich den Textbaustein „in der Regel" klar machen, das einmal lernen und dann jedes Mal, wenn eine andere Norm diesen „Textbaustein verwendet, die zugehörigen Informationen in Erinnerung rufen.

b) „Gewalt" (z. B. § 240 StGB)

Die Nötigung nach § 240 Abs. 1 StGB benutzt den Begriff „Gewalt". Hierzu muss man einiges wissen. Bevor Sie diesen Fragen in einem Lehrbuch oder einem Kommentar nachgehen, können Sie sich bewusst machen, dass der Begriff „Gewalt" in vielen strafrechtlichen Tatbeständen vorkommt. Lesen Sie zunächst die nach-

---

[88] Vor allem in dieser zweiten Funktion wird ein verfassungsrechtliches Problem der Bestimmtheit (Art. 103 Abs. 2 GG) gesehen, vgl. dazu Schönke/Schröder–*Eser*, StGB, 28. Aufl. München, 2010, § 1 RN 29 m. w. N.

folgende Auswahl. Dann werden Sie sehr viel mehr Nutzen davon haben, sich in Grundfragen und Einzelheiten zum Gewaltbegriff einzuarbeiten. Dann können Sie auch besser nachvollziehen, wann man den Gewaltbegriff so versteht wie in § 240 StGB und wann nicht.

In den Lehrbüchern zu § 240 StGB oder zum Gewaltbegriff finden Sie zwar Angaben zu den folgenden Paragrafen, weil dort ebenfalls das Tatbestandsmerkmal „Gewalt" enthalten ist. Die Erfahrung zeigt aber, dass Sie solche Hinweise viel zu wenig ernst nehmen. Um Ihnen den konkreten Nutzen solcher Zitate vor Augen zu führen, liste ich nachfolgend wichtige solche Normen im Wortlaut auf. Dann sehen Sie selbst, was es Ihnen beim Lernen bringen würde, wenn Sie nicht über solche Zitate hinweglesen, sondern ihnen nachgehen. Sie müssen eben nur lesen...

§ 240 StGB
Nötigung
(1) Wer einen Menschen rechtswidrig **mit Gewalt** oder durch Drohung mit einem empfindlichen Übel zu einer Handlung, Duldung oder Unterlassung nötigt, wird mit Freiheitsstrafe bis zu drei Jahren oder mit Geldstrafe bestraft.
[...]

§ 253 StGB
Erpressung
(1) Wer einen Menschen rechtswidrig **mit Gewalt** oder durch Drohung mit einem empfindlichen Übel zu einer Handlung, Duldung oder Unterlassung nötigt und dadurch dem Vermögen des Genötigten oder eines anderen Nachteil zufügt, um sich oder einen Dritten zu Unrecht zu bereichern, wird mit Freiheitsstrafe bis zu fünf Jahren oder mit Geldstrafe bestraft.
[...]

§ 249 StGB
Raub
(1) Wer **mit Gewalt gegen eine Person** oder unter Anwendung von Drohungen mit gegenwärtiger Gefahr für Leib oder Leben eine fremde bewegliche Sache einem anderen in der Absicht wegnimmt, die Sache sich oder einem Dritten rechtswidrig zuzueignen, wird mit Freiheitsstrafe nicht unter einem Jahr bestraft.
(2) In minder schweren Fällen ist die Strafe Freiheitsstrafe von sechs Monaten bis zu fünf Jahren.

§ 255 StGB
Räuberische Erpressung
Wird die Erpressung **durch Gewalt gegen eine Person** oder unter Anwendung von Drohungen mit gegenwärtiger Gefahr für Leib oder Leben begangen, so ist der Täter gleich einem Räuber zu bestrafen.

§ 113 StGB
Widerstand gegen Vollstreckungsbeamte
(1) Wer einem Amtsträger oder Soldaten der Bundeswehr, der zur Vollstreckung von Gesetzen, Rechtsverordnungen, Urteilen, Gerichtsbeschlüssen oder Verfügungen berufen ist, bei der Vornahme einer solchen Diensthandlung **mit Gewalt oder durch Drohung mit Gewalt** Widerstand leistet oder ihn dabei tätlich angreift, wird mit Freiheitsstrafe bis zu zwei Jahren oder mit Geldstrafe bestraft. [...]

§ 105 StGB
Nötigung von Verfassungsorganen
(1) Wer
1. ein Gesetzgebungsorgan des Bundes oder eines Landes oder einen seiner Ausschüsse,
2. die Bundesversammlung oder einen ihrer Ausschüsse oder
3. die Regierung oder das Verfassungsgericht des Bundes oder eines Landes
rechtswidrig **mit Gewalt oder durch Drohung mit Gewalt** nötigt, ihre Befugnisse nicht
oder in einem bestimmten Sinne auszuüben, wird mit Freiheitsstrafe von einem Jahr bis zu
zehn Jahren bestraft.
(2) In minder schweren Fällen ist die Strafe Freiheitsstrafe von sechs Monaten bis zu fünf
Jahren.

§ 177 StGB
Sexuelle Nötigung; Vergewaltigung
(1) Wer eine andere Person
1. **mit Gewalt,**
2. durch Drohung mit gegenwärtiger Gefahr für Leib oder Leben oder
3. unter Ausnutzung einer Lage, in der das Opfer der Einwirkung des Täters schutzlos
    ausgeliefert ist,
nötigt, sexuelle Handlungen des Täters oder eines Dritten an sich zu dulden oder an dem
Täter oder einem Dritten vorzunehmen, wird mit Freiheitsstrafe nicht unter einem Jahr
bestraft.
(2) In besonders schweren Fällen ist die Strafe Freiheitsstrafe nicht unter zwei Jahren. Ein
besonders schwerer Fall liegt in der Regel vor, wenn
1. der Täter mit dem Opfer den Beischlaf vollzieht oder ähnliche sexuelle Handlungen
    an dem Opfer vornimmt oder an sich von ihm vornehmen lässt, die dieses besonders
    erniedrigen, insbesondere, wenn sie mit einem Eindringen in den Körper verbunden sind
    (Vergewaltigung), oder
2. die Tat von mehreren gemeinschaftlich begangen wird.
(3) Auf Freiheitsstrafe nicht unter drei Jahren ist zu erkennen, wenn der Täter
1. eine Waffe oder ein anderes gefährliches Werkzeug bei sich führt,
2. sonst ein Werkzeug oder Mittel bei sich führt, um den Widerstand einer anderen Person
    durch Gewalt oder Drohung mit Gewalt zu verhindern oder zu überwinden, oder
3. das Opfer durch die Tat in die Gefahr einer schweren Gesundheitsschädigung bringt.
[...]

Wie schon bei den Regelbeispielen (oben a) gesehen, können Sie sich die Lernarbeit wesentlich erleichtern, wenn Sie auch das Wort „Gewalt" als „Textbaustein"
verstehen, der öfters wiederkehrt und deshalb nur einmal (aber dann eingehend)
verstanden werden sollte.

c) „kann"/„ist zu"/„hat"/„wird" etc.
Bei den Rechtsfolgen[89] unterscheiden Normen des Strafrechts und des Öffentlichen
Rechts zwischen „kann" und „hat/ist/muss". Letzteres bedeutet, dass die zuständige
staatliche Stelle (Gericht oder Behörde) kein Ermessen hat: Liegen die Voraussetzungen der Norm vor, dann muss die staatliche Stelle die angeordnete Rechtsfolge
aussprechen.

---

[89] Zum Begriff der Rechtsfolge siehe unten C V 2 a (S. 139 ff.).

Ein ganz markantes Beispiel sind die Delikte des StGB. Der Staat ist verpflichtet zu strafen, er hat kein Ermessen: „wird mit Freiheitsstrafe nicht unter einem Jahr bestraft". Hieße es „kann" bestraft werden, würde sich sofort die Frage stellen: Nach welchen Kriterien soll man entscheiden, ob bestraft wird oder ob nicht. Ein weiteres Beispiel finden Sie etwa in § 5 Abs. 1 BtMG. Danach „ist" die Erlaubnis zum Verkehr mit Betäubungsmitteln zu versagen, wenn bestimmte Voraussetzungen vorliegen. § 5 Abs. 2 BtMG hingegen sieht eine fakultative Befugnis zur Versagung vor.

§ 5 BtMG
Versagung der Erlaubnis
(1) Die Erlaubnis nach § 3 **ist zu versagen,** wenn
1. nicht gewährleistet ist, daß in der Betriebsstätte und, sofern weitere Betriebsstätten in nicht benachbarten Gemeinden bestehen, in jeder dieser Betriebsstätten eine Person bestellt wird, die verantwortlich ist für die Einhaltung der betäubungsmittelrechtlichen Vorschriften und der Anordnungen der Überwachungsbehörden (Verantwortlicher); der Antragsteller kann selbst die Stelle eines Verantwortlichen einnehmen,
2. der vorgesehene Verantwortliche nicht die erforderliche Sachkenntnis hat oder die ihm obliegenden Verpflichtungen nicht ständig erfüllen kann,
3. Tatsachen vorliegen, aus denen sich Bedenken gegen die Zuverlässigkeit des Verantwortlichen, des Antragstellers, seines gesetzlichen Vertreters oder bei juristischen Personen oder nicht rechtsfähigen Personenvereinigungen der nach Gesetz, Satzung oder Gesellschaftsvertrag zur Vertretung oder Geschäftsführung Berechtigten ergeben,
4. geeignete Räume, Einrichtungen und Sicherungen für die Teilnahme am Betäubungsmittelverkehr oder die Herstellung ausgenommener Zubereitungen nicht vorhanden sind,
5. die Sicherheit oder Kontrolle des Betäubungsmittelverkehrs oder der Herstellung ausgenommener Zubereitungen aus anderen als den in den Nummern 1 bis 4 genannten Gründen nicht gewährleistet ist,
6. die Art und der Zweck des beantragten Verkehrs nicht mit dem Zweck dieses Gesetzes, die notwendige medizinische Versorgung der Bevölkerung sicherzustellen, daneben aber den Missbrauch von Betäubungsmitteln oder die missbräuchliche Herstellung ausgenommener Zubereitungen sowie das Entstehen oder Erhalten einer Betäubungsmittelabhängigkeit soweit wie möglich auszuschließen, vereinbar ist oder
7. bei Beanstandung der vorgelegten Antragsunterlagen einem Mangel nicht innerhalb der gesetzten Frist (§ 8 Abs. 2) abgeholfen wird.
(2) Die Erlaubnis **kann versagt werden,** wenn sie der Durchführung der internationalen Suchtstoffübereinkommen oder Beschlüssen, Anordnungen oder Empfehlungen zwischenstaatlicher Einrichtungen der Suchtstoffkontrolle entgegensteht oder dies wegen Rechtsakten der Organe der Europäischen Gemeinschaften geboten ist.

Wird also in einer Norm formuliert, dass etwas Bestimmtes geschehen „kann", dann hat die staatliche Stelle ein Ermessen, ob sie das anordnet oder nicht. Das Ermessen ist freilich nicht völlig frei. Dann wäre der Willkür Tür und Tor geöffnet. Über die Gleichheitsgrundrechte (z. B. Art. 3 GG) wurden insbesondere von Rechtsprechung und Lehre so genannte Ermessensschranken entwickelt, die hier klare Grenzen setzen[90].

---

[90] Vgl. dazu etwa *Schwerdtfeger*, Öffentliches Recht in der Fallbearbeitung, 13. Aufl. München 2008, RN 84–102.

d) „zur Folge" (§ 18 StGB)

Lesen Sie zunächst § 18 StGB:

§ 18 StGB
Schwerere Strafe bei besonderen Tatfolgen
Knüpft das **Gesetz** an eine besondere Folge der Tat eine schwerere Strafe, so trifft sie den Täter oder den Teilnehmer nur, wenn ihm hinsichtlich dieser Folge wenigstens Fahrlässigkeit zur Last fällt.

Ein Beispiel für ein solches „Gesetz" im Sinne dieser Norm wäre etwa § 226 Abs. 1 Nr. 1 StGB.

§ 226
Schwere Körperverletzung
(1) Hat die Körperverletzung **zur Folge,** dass die verletzte Person
1. das Sehvermögen auf einem Auge oder beiden Augen, das Gehör, das Sprechvermögen oder die Fortpflanzungsfähigkeit verliert,

Wir stellen uns einen „Normalfall" dazu vor: A versetzt dem B mit der Faust einen heftigen Schlag auf den Kopf und verursacht damit eine Körperverletzung. Diese hat zur Folge, dass er das Gehör verliert. Wenn wir nur nach der Strafbarkeit des A nach § 226 Abs. 1 Nr. 1 Alt. 2 StGB fragen[91], und die Grundregel des § 15 StGB anwenden, dann müsste der Gehörverlust vorsätzlich geschehen sein.

§ 15 StGB
Vorsätzliches und fahrlässiges Handeln
Strafbar ist nur vorsätzliches Handeln, wenn nicht das Gesetz fahrlässiges Handeln ausdrücklich mit Strafe bedroht.

Denn § 226 Abs. 1 Nr. 1 StGB würde lauten, wenn man ihn mit § 15 StGB verknüpft:

Hat die vorsätzliche[92] Körperverletzung vorsätzlich[93] zur Folge, dass die verletzte Person das Gehör verliert,…

A wird aber sagen: „Ich habe dem B zwar einen Schlag versetzt; dass er sein Gehör verliert, damit habe ich nicht im Traum gerechnet." Nach der Kombination § 226 Abs. 1 Nr. 1 mit § 15 StGB wäre A straflos, weil er nach allen Meinungen mangels Gefahrerkennung und damit mangels Wissen um die Tatbestandsverwirklichung keinen Vorsatz hätte.

Nun liegen aber die Voraussetzungen des § 18 StGB im Hinblick auf § 226 Abs. 1 Nr. 1 StGB vor. Wir müssen deshalb § 18 StGB statt nur § 15 StGB anwenden:

§ 18 StGB
Schwerere Strafe bei besonderen Tatfolgen
Knüpft das Gesetz an eine besondere Folge der Tat eine schwerere Strafe, so trifft sie den Täter oder den Teilnehmer nur, wenn ihm hinsichtlich dieser Folge wenigstens Fahrlässigkeit zur Last fällt.

---

[91] § 224 Abs. 1 Nr. 2 (Werkzeug liegt hier nicht vor, bleibt Qualifikation bleibt daher außer Betracht wie andere Delikte).

[92] Dieses Merkmal stammt aus § 15 StGB.

[93] Auch dieses Merkmal würde aus § 15 StGB stammen.

Ergänzen wir § 226 Abs. 1 Nr. 1 StGB um § 15 StGB und um § 18 StGB dann lautet die Rechtsnorm so:

Hat die vorsätzliche Körperverletzung fahrlässig[94] zur Folge, dass die verletzte Person das Gehör verliert,...

Jetzt wird klar: Nur die Körperverletzung muss vorsätzlich begangen sein; Die Folge (Verlust des Gehörs) muss nicht vom Vorsatz umfasst sein, hier „trifft sie den Täter [der Körperverletzung]" in den Worten von § 18 StGB nur, „wenn ihm hinsichtlich dieser Folge wenigstens Fahrlässigkeit zur Last fällt". Das ist bei A der Fall. Deshalb ist A nach §§ 223, 226 Abs. 1 Nr. 1 StGB strafbar.

Nun wird uns die Bedeutung von § 18 StGB klar: Er stellt sachlich eine Ausnahme zu dem Grundsatz des § 15 StGB dar[95]. Weil er für alle Delikte gilt, welche die Voraussetzungen von § 18 StGB erfüllen, müssen Sie nur einmal die Prinzipien des § 18 StGB verstanden haben. Dann können Sie diese Norm auf alle Delikte anwenden, in denen es um eine „Folge" der Tat geht. Man nennt sie daher „erfolgsqualifizierte Delikte". Beispiele finden sich etwa in: §§ 239a Abs. 3, 239 Abs. 2, 251, 252, 255[96] StGB.

▶ **Tipp:** Weil Sie die Funktion von § 18 StGB verstanden haben, müssen Sie nicht bei jedem „erfolgsqualifizierten Delikt" auswendiglernen, dass es ein solches ist. Es genügt, wenn Sie sensibilisiert sind auf Worte in Delikten des Besonderen Teils wie „hat zur Folge", „dadurch" etc.

e) „es sei denn" etc. (Beweislast-Formulierungen)

Im Zivilrecht gibt es eine eindeutige Verteilung der Beweislast: Entweder muss der Kläger etwas beweisen oder der Beklagte. Das Gericht muss nicht von sich aus beweisen. Das Gesetz deutet die Beweislastverteilung sehr genau an. Nehmen wir als Beispiel die Haftung des Aufsichtspflichtigen nach § 832 BGB:

§ 832 BGB
Haftung des Aufsichtspflichtigen
(1) Wer kraft Gesetzes zur Führung der Aufsicht über eine Person verpflichtet ist, die wegen Minderjährigkeit oder wegen ihres geistigen oder körperlichen Zustands der Beaufsichtigung bedarf, ist zum Ersatz des Schadens verpflichtet, den diese Person einem Dritten widerrechtlich zufügt. Die Ersatzpflicht **tritt nicht ein, wenn** er seiner Aufsichtspflicht genügt oder wenn der Schaden auch bei gehöriger Aufsichtsführung entstanden sein würde.
(2) Die gleiche Verantwortlichkeit trifft denjenigen, welcher die Führung der Aufsicht durch Vertrag übernimmt.

---

[94] Dieses Merkmal ergibt sich aus § 18 StGB.

[95] Dieser Zusammenhang wird übrigens im § 7 des österreichischen StGB sehr viel deutlicher: „Strafbarkeit vorsätzlichen und fahrlässigen Handelns: § 7. *(1) Wenn das Gesetz nichts anderes bestimmt, ist nur vorsätzliches Handeln strafbar. (2) Eine schwerere Strafe, die an eine besondere Folge der Tat geknüpft ist, trifft den Täter nur, wenn er diese Folge wenigstens fahrlässig herbeigeführt hat."*

[96] Vgl. näher: Schönke/Schröder–*Sternberg-Lieben*, StGB, 28. Aufl. München 2010, § 18 RN 1.

Die Beweislast für die Voraussetzungen nach Satz 1 liegen bei demjenigen, der Schadensersatz bekommen möchte (nennen wir ihn A). Satz 2 legt demjenigen, der nach Satz 1 eigentlich Ersatzpflichtiger ist (nenne wir ihn B), die Beweislast auf, wenn dieser die Ersatzpflicht ausschließen will. Um es an einem konkreten Beispiel zu verdeutlichen: Das geisteskranke Kind K zerstört die wertvolle Ming-Vase von A. Die entsprechenden Tatsachen muss A beweisen, wenn er von Vater B Schadensersatz will. B kann dies ersatzpflichtig vermeiden, wenn er nach Satz 2 beweisen kann, dass er immer in gehöriger Weise auf K aufgepasst hat. Allgemein gilt nämlich im Zivil(prozess)recht der Satz, dass jeder die tatsächlichen Voraussetzungen einer Norm beweisen muss, die für ihn günstig ist.

Diese Überlegungen gelten für das Zivilverfahren. Im Strafverfahren gilt aber die Unschuldvermutung nach Art. 6 Abs. 2 EuMRK:

Art. 6 [Abs. 2] EuMRK
Jede Person, die einer Straftat angeklagt ist, gilt bis zum gesetzlichen Beweis ihrer Schuld als unschuldig.

Das bedeutet: Die Beweislast im Strafverfahren liegt im vollen Umfange beim Staat. Der Angeklagte muss nicht seine Unschuld beweisen, auch wenn es sich um eine „für ihn günstige" Norm handelt, wie etwa bei der Notwehr (§ 32 StGB) oder beim entschuldigenden Notstand nach § 35 StGB.

f) „Einvernehmen"/„Benehmen" im Verwaltungsrecht

In Verwaltungsgesetzen muss oft die Situation geregelt werden, dass zwei verschiedene Behörden an einer einzigen Entscheidung mitwirken. Hier stellt sich die Frage, ob nur beide Behörden zusammen entscheiden können oder ob die eine Behörde entscheidet, aber nur dann, wenn sie zuvor eine Stellungnahme der anderen Behörde eingeholt hat.

Im ersten Fall verwenden die Gesetze die Formulierung, dass die erste und die zweite Behörde „im Einvernehmen" entscheiden müssen. Ein Beispiel finden Sie in § 6 BefBezG (= Gesetz über befriedete Bezirke für Verfassungsorgane des Bundes), abgedruckt in der GG-dtv-Ausgabe als Fußnote zu § 16 VersammlG:

Über Anträge auf Zulassung entscheidet das *Bundesministerium* des Innern jeweils *im Einvernehmen* mit dem Präsidenten der in den §§ 2 bis 4 genannten Verfassungsorgane

Im zweiten Fall spricht das Gesetz nur davon, dass die erste Behörde mit der zweiten „im Benehmen" entscheidet. Damit ist gemeint: Die erste Behörde muss das, was die zweite Behörde sagt, zur Kenntnis nehmen und bei Ihrer Entscheidung berücksichtigen, aber nicht dem Ergebnis folgen. Das ist z. B. der Fall bei § 21 Bundesnaturschutzgesetz. Besonders „im Grünen", also baurechtlich „im Außenbereich" (§ 35 BauGB), soll möglichst gar nicht gebaut werden. Die Baubehörde ist für die Einhaltung des Baurechts zuständig; die Naturschutzbehörde für die Einhaltung des Naturschutzrechts. Beide Behörden können in der Praxis durchaus teilweise verschiedene Ansichten darüber haben, welche Anlagen im Außenbereich („im Grünen") genehmigt werden sollen und welche nicht. Für solche Fälle erlangt § 21 Abs. 3 BNatSchG Bedeutung, indem er ein „Benehmen" beider Behörden verlangt.

§ 18 Bundesnaturschutzgesetz (BNatSchG)
Verhältnis zum Baurecht
(1) Sind auf Grund der Aufstellung, Änderung, Ergänzung oder Aufhebung von Bauleitplänen oder von Satzungen nach § 34 Absatz 4 Satz 1 Nummer 3 des Baugesetzbuches Eingriffe in Natur und Landschaft zu erwarten, ist über die Vermeidung, den Ausgleich und den Ersatz nach den Vorschriften des Baugesetzbuches zu entscheiden.
(2) Auf Vorhaben in Gebieten mit Bebauungsplänen nach § 30 des Baugesetzbuches, während der Planaufstellung nach § 33 des Baugesetzbuches und im Innenbereich nach § 34 des Baugesetzbuches sind die §§ 14 bis 17 nicht anzuwenden. Für Vorhaben im Außenbereich nach § 35 des Baugesetzbuches sowie für Bebauungspläne, soweit sie eine Planfeststellung ersetzen, bleibt die Geltung der §§ 14 bis 17 unberührt.
(3) Entscheidungen über Vorhaben nach § 35 Absatz 1 und 4 des Baugesetzbuches und über die Errichtung von baulichen Anlagen nach § 34 des Baugesetzbuches ergehen **im Benehmen mit** den für Naturschutz und Landschaftspflege zuständigen Behörden. Äußert sich in den Fällen des § 34 des Baugesetzbuches die für Naturschutz und Landschaftspflege zuständige Behörde nicht binnen eines Monats, kann die für die Entscheidung zuständige Behörde davon ausgehen, dass Belange des Naturschutzes und der Landschaftspflege von dem Vorhaben nicht berührt werden. **Das Benehmen ist nicht erforderlich** bei Vorhaben in Gebieten mit Bebauungsplänen und während der Planaufstellung nach den §§ 30 und 33 des Baugesetzbuches sowie in Gebieten mit Satzungen nach § 34 Absatz 4 Satz 1 Nummer 3 des Baugesetzbuches.
[…]

Man mag fragen: „Was bringt das?" Das führt uns genau zu unserem Thema des Begründens zurück: Es macht einen gewaltigen Unterschied aus, ob ich die Stellungnahme eines anderen gar nicht benötige (also: weder „Einvernehmen" noch „Benehmen"), ob ich diese in meiner Begründung berücksichtigen und mich mit ihr auseinandersetzen muss („Benehmen") oder ob ich gar Übereinstimmung vom Ergebnis her erzielen muss („Einvernehmen"). Der Begriff „Benehmen" hat also nichts mit Umgangsformen im zwischenmenschlichen Bereich zu tun.

In der Sache dasselbe wie das „Benehmen" drückt Art. 23 Abs. 5 Satz 1 GG aus, wenn er davon spricht, dass die Bundesregierung die Stellungnahmen des Bundesrates „berücksichtigt". In Satz 2 wird dies gesteigert: die Auffassung des Bundesrates „ist […] maßgeblich zu berücksichtigen."

4. Das Zusammenspiel von Allgemeinem und Besonderem Teil

Soeben haben wir uns mit „Textbausteinen" des Gesetzgebers befasst. Den dahinter liegenden Grundgedanken kann man verallgemeinern, die „Textbausteine" sammeln und in einem ganzen Abschnitt dem Gesetz voranstellen. Er gilt dann für den gesamten Rest des Gesetzes[97]. Sogar das voluminöse Preußische Allgemeine Landrecht vom 5. Februar 1794 mit seinen rund 17000 Vorschriften hatte in seinen strafrechtlichen Vorschriften einen Allgemeinen Teil[98]. Diese Entwicklung begann im Strafrecht insbesondere mit dem Codex Juris Bavarici Criminalis von 1751 und dem Josephinischen Strafgesetzbuch von 1787[99]. Dies lag vor allem daran, dass

---

[97] Vgl. dazu bereits oben B II 4 b (S. 29 f.).

[98] *Mertens*, Gesetzgebungskunst im Zeitalter der Kodifikationen, Tübingen 2003, S. 443 Fn. 666

[99] *Mertens* (Fn. 97), S. 442 f.

man gerade im Strafrecht möglichst alle Tat- und Strafvoraussetzungen fixieren und sich gleichzeitig die gesetzgebungstechnische Arbeit erleichtern wollte[100].

Nur am Rande sei erwähnt, dass seinerzeit ein Gegenargument gegen einen Allgemeinen Teil im Strafrecht war, dass sich Begriffe wie Urheber, Miturheber, Gehilfe etc und die hierauf zu erkennenden Strafen nicht für alle Delikte einheitlich mit der gehörigen Genauigkeit bestimmen ließen. Vielmehr sollten diese Fragen für jedes Delikt einzeln bestimmt werden[101]. Dies sieht man heute eindeutig anders, wie die §§ 25–27 StGB belegen.

Für das das am 1. 1. 1900 in Kraft getretene BGB wurde die Methode eines Allgemeinen Teils also nicht erfunden, aber doch in einem höchsten Maße „perfektioniert"[102]. Das BGB war und ist ein intellektuelles Meisterstück. Obwohl es mit 2385 Paragrafen doch recht umfangreich ist, merke ich bei der Lektüre, dass seinerzeit nach dem Motto verfahren worden ist: „Ein Schriftstück ist dann vollständig, wenn nichts mehr weggelassen werden kann."[103] Auf die Anwendung dieses Satzes für Klausuren und Hausarbeiten werden wir noch zurückkommen[104].

a) Zivilrecht

Das Zivilrecht zu erläutern ist nicht meine Aufgabe. Das Zusammenspiel zwischen dem Allgemeinen Teil des BGB (§§ 1–240) und den weiteren Büchern des BGB auch nur im Ansatz erklären zu wollen, liefe jedoch hierauf hinaus. Deshalb möchte ich hier nur ein besonderes Lektürebeispiel nennen, dessen Brillanz sich mir eigentlich erst jetzt beim Schreiben dieses Manuskripts erschlossen hat: Selbst innerhalb des Allgemeinen Teils des BGB kann man eine Verallgemeinerung „nach vorne" feststellen.

In § 164 BGB wird im Allgemeinen Teil geregelt, unter welchen Voraussetzungen eine „Willenserklärung" einer Person für eine andere Person gilt, die vom Erklärenden vertreten werden soll. Das Gesetz lautet:

§ 164 BGB
Wirkung der Erklärung des Vertreters
(1) Eine Willenserklärung, die jemand innerhalb der ihm zustehenden Vertretungsmacht im Namen des Vertretenen abgibt, wirkt unmittelbar für und gegen den Vertretenen. Es macht

---

[100] *Mertens* (Fn. 97), S. 443–446. Ein weiterer Grund für einen Allgemeinen Teil in absolutistischen Gesetzeswerken sieht *Mertens* (Fn. 97), S. 444 f., darin, dass man meinte, die im Allgemeinen Teil geregelten Fragen der Beurteilung durch die Strafrechtswissenschaft entziehen zu können. Damit habe man die seinerzeitigen Kommentierungsverbote verstärken wollen.

[101] So *Gerstäcker*, zitiert nach *Mertens* (Fn. 97), S. 445 mit Fn. 674.

[102] So ausdrücklich *Köhler*, Einführung, S. IX, XV, zu: Bürgerliches Gesetzbuch, Textausgabe, Beck-Texte im dtv, 69. Aufl. München 2012.

[103] Ich möchte an dieser Stelle nicht in das allgemeine und berechtigte Klagelied verfallen, dass der sog „moderne" Gesetzgeber dieses Prinzip zunehmend nicht nur ignoriert, sondern geradezu missachtet. Achten Sie auf die Ausführlichkeit neuer Vorschriften (erkennbar an „a, b, c"-Nummerierungen) und überlegen Sie, ob es nicht auch kürzer gegangen wäre. Letztlich verbirgt sich hinter der Detailverliebtheit des Gesetzgebers ein unangebrachtes Misstrauen gegenüber insbesondere der Justiz.

[104] Siehe unten D (S. 181 ff.).

keinen Unterschied, ob die Erklärung ausdrücklich im Namen des Vertretenen erfolgt oder ob die Umstände ergeben, dass sie in dessen Namen erfolgen soll.

(2) Tritt der Wille, in fremdem Namen zu handeln, nicht erkennbar hervor, so kommt der Mangel des Willens, im eigenen Namen zu handeln, nicht in Betracht.

(3) Die Vorschriften des Absatzes 1 finden entsprechende Anwendung, wenn eine gegenüber einem anderen abzugebende Willenserklärung dessen Vertreter gegenüber erfolgt.

Absatz 1 kann man durchaus noch als juristischer Laie verstehen. Wenn Sie aber Abs. 2 BGB zum ersten Mal lesen, verstehen Sie wahrscheinlich nicht viel. Vor allem: Was heißt: „der Mangel des Willens" „kommt [...] nicht in Betracht"? Wofür kommt was nicht „in Betracht"?

(2) Tritt der Wille, in fremdem Namen zu handeln, nicht erkennbar hervor, so kommt der Mangel des Willens, im eigenen Namen zu handeln, nicht in Betracht.

Damit ist in der Umgangssprache gemeint: Wenn A für eine andere Person (nennen wir sie B) z. B. einen Vertrag schließen will, dann muss A ganz deutlich zum Ausdruck bringen, dass er für den B handeln will. Sonst kommt der Vertrag mit A und nicht mit B zustande. Und § 164 Abs. 2 BGB sagt Ihnen dann: Von diesem Vertrag kommt A nicht durch sog. „Anfechtung" los.

Wie kann man das anhand des Gesetzeswortlauts nachvollziehen? Das BGB arbeitet sehr systematisch und benützt identische Worte für denselben Lebenssachverhalt. § 164 Abs. 1 Satz 1 BGB benutzt den Begriff „Willenserklärung" und regelt den Fall, dass man eine Willenserklärung für einen anderen abgeben will:

Eine Willenserklärung, die jemand innerhalb der ihm zustehenden Vertretungsmacht im Namen des Vertretenen abgibt, wirkt unmittelbar für und gegen den Vertretenen.

Der Begriff „Willenserklärung" ist zwar im BGB nicht definiert. Da es hier nicht um zivilrechtliche Detailprobleme geht, kann man ihn für die Zwecke dieser Darstellung ruhig wörtlich nehmen: Mit einer „Willenserklärung" „erklärt" man, das man etwas (nämlich eine Rechtsfolge, z. B. Abgabe eines verbindlichen Vertragsangebots) „will" oder „nicht will". Ferner ist ebenfalls geregelt, wie und unter welchen Voraussetzungen man eine einmal gemachte Willenserklärung wieder vernichten kann (in der Sprache des BGB: „nichtig" machen). Das steht in den §§ 119 f. und 123 BGB. Das Gesetz nennt diesen Vorgang „Anfechtung". Diese ist möglich wegen „Willensmängeln".

§ 119 BGB
Anfechtbarkeit wegen Irrtums
(1) Wer bei der Abgabe einer Willenserklärung über deren Inhalt im Irrtum war oder eine Erklärung dieses Inhalts überhaupt nicht abgeben wollte, kann die Erklärung anfechten, wenn anzunehmen ist, dass er sie bei Kenntnis der Sachlage und bei verständiger Würdigung des Falles nicht abgegeben haben würde.
(2) Als Irrtum über den Inhalt der Erklärung gilt auch der Irrtum über solche Eigenschaften der Person oder der Sache, die im Verkehr als wesentlich angesehen werden.

§ 123 BGB
Anfechtbarkeit wegen Täuschung oder Drohung
(1) Wer zur Abgabe einer Willenserklärung durch arglistige Täuschung oder widerrechtlich durch Drohung bestimmt worden ist, kann die Erklärung anfechten.

(2) Hat ein Dritter die Täuschung verübt, so ist eine Erklärung, die einem anderen gegenüber abzugeben war, nur dann anfechtbar, wenn dieser die Täuschung kannte oder kennen musste. Soweit ein anderer als derjenige, welchem gegenüber die Erklärung abzugeben war, aus der Erklärung unmittelbar ein Recht erworben hat, ist die Erklärung ihm gegenüber anfechtbar, wenn er die Täuschung kannte oder kennen musste.

Jetzt ist die Brücke zu § 164 Abs. 2 BGB klar: Er meint: Als Willens„mangel", der zur Anfechtung berechtigt, kommt der „*Mangel* des Willens, im eigenen Namen zu handeln, nicht in Betracht". Will man diesen Zusammenhang anders ausdrücken, so tut man sich schwer. Zunächst ein Beispiel: Erklärt der A auf ein Vertragsangebot des B: „Der Vertrag wird angenommen" und deuten auch die Umstände nicht darauf hin, dass A den Vertrag für den von ihm vertretenen X angenommen hat, dann kommt der Vertrag zwischen A und B zustande, nicht zwischen X und B. A kann den Vertrag nicht mit der Begründung anfechten, er habe nicht für sich (den A), sondern für den X gehandelt. Allgemein formuliert: Man kann eine Willenserklärung, die man nicht für sich selbst, sondern für einen anderen gelten lassen will, nicht mit der Begründung aus der Welt schaffen (anfechten), man habe nicht für sich selbst, sondern für einen anderen erklärt. Das geht nur dann, wenn man letzteres nicht ausdrücklich oder den Umständen nach zum Ausdruck gebracht hat. Denn der andere soll in seinem Vertrauen geschützt werden.

Genau dies, was ich jetzt in mehreren Sätzen erläutert habe, komprimiert § 164 Abs. 2 BGB in dem Satz und unter Verwendung ganz bestimmter Begriffe: „*Tritt der Wille, in fremdem Namen zu handeln, nicht erkennbar hervor, so kommt der Mangel des Willens, im eigenen Namen zu handeln, nicht in Betracht.*"

b) Strafrecht
aa) OB und WIE der Strafbarkeit
Im Strafrecht ist es ebenfalls wichtig, dass Sie sich eingehend mit Fragen des Allgemeinen Teils befassen, insbesondere mit den §§ 1–37 StGB. Diese behandeln die Voraussetzungen für das OB der Strafbarkeit[105]. Die nachfolgenden Vorschriften (§§ 38–76a StGB[106]) betreffen hingegen das WIE der Strafbarkeit, insbesondere der Strafzumessung. Die Frage nach dem WIE (wird bestraft) setzt voraus, dass diejenige nach dem OB (überhaupt bestraft werden darf) bejaht worden ist. Zudem sind Fragen der Strafzumessung in der universitären Ausbildung eher auf strafrechtliche Wahlfächer beschränkt; im Pflichtbereich spielen sie eher eine untergeordnete Rolle. Den wesentlichen Inhalt der §§ 38 ff. StGB sollte man allerdings kennen.

Der im Pflichtbereich unterrichtete Allgemeine Teil konzentriert sich zumeist auf den „Aufbau der Straftat". Damit meint man eine systematisierte Reihenfolge (daher: „Aufbau") der Voraussetzungen, die vorliegen müssen, damit man das „OB" der Strafbarkeit bejahen kann. Man könnte sinnvollerweise auch von „Bestrafungsvoraussetzungen" o. ä. sprechen. Die Wendung „der Aufbau der Straftat" irritiert vor allem Anfänger: Das Wort „Begriff" und der bestimmte Artikel in der

---

[105] Zur Unterscheidung von OB und WIE siehe oben B II 4 a (S. 28 f.).

[106] Die §§ 77–79b StGB werden nach herrschender Meinung den Strafverfolgungsvoraussetzungen zugeordnet.

Wendung „Aufbau der Straftat" lassen sich nämlich ideengeschichtlich nur vor dem Hintergrund der absoluten Straftheorien und etwa dem Rechtsbegriff von *Hegel* verstehen. Er hat seine eigene Vorstellung von „der" Straftat entwickelt und hieraus Schlussfolgerungen für das „richtige" Recht gezogen.

bb) Übertragung der Straftat-Fragen auf jedes einzelne Delikt
Wie oben[107] bereits angedeutet, muss man aber auch die dogmatischen Institute des Allgemeinen Teils auf die Delikte des Besonderen Teils umsetzen.

▶ **Tipp:** Insbesondere muss man die allgemeinen „Aufbauschemata" jeweils speziell auf jedes einzelne Delikt umsetzen können. Hierzu müssen Sie jedes Wort eines Delikts aus dem Besonderen Teil einer Kategorie aus dem Aufbau der Straftat zuweisen. Das sollten Sie beim Studium des Besonderen Teils üben.

Bei § 212 und § 223 Abs. 1 StGB haben wir das hinsichtlich des objektiven Tatbestandes bereits gemacht. Gehen wir beispielsweise von § 242 StGB (Diebstahl) aus:

§ 242 StGB
Diebstahl
(1) Wer eine fremde bewegliche Sache einem anderen in der Absicht wegnimmt, die Sache sich oder einem Dritten rechtswidrig zuzueignen, wird mit Freiheitsstrafe bis zu fünf Jahren oder mit Geldstrafe bestraft. […]

Die Rechtsfolge („wird mit Freiheitsstrafe bis zu fünf Jahren oder mit Geldstrafe bestraft") interessiert in diesem Zusammenhang nicht, weil es nur um die Voraussetzungen geht. Deshalb kann man folgende Zuordnung machen:

Tatsubjekt: Wer
Tatobjekt: eine fremde bewegliche Sache
Tatopfer: einem anderen
Subjektiver Tatbestand (erweiterter Vorsatz): in der Absicht, die Sache sich oder einem Dritten rechtswidrig zuzueignen
Tathandlung: wegnimmt

Daraus ergibt sich folgendes Prüfungsschema für § 242 StGB:

Objektiver Tatbestand:
Tatsubjekt: Wer
Tatopfer: einem anderen
Tatobjekt: eine fremde bewegliche Sache
Tathandlung: wegnimmt

Subjektiver Tatbestand:
Nach allgemeiner Regel: Vorsatz hinsichtlich der objektiven Tatbestandsmerkmale

---

[107] Oben C IV 2 f (S. 98).

Zusätzlich (!):
„in der Absicht, die Sache sich oder einem Dritten rechtswidrig zuzueignen"

Rechtswidrigkeit, Schuld, Strafaufhebungsgründe: Hierzu enthält § 242 StGB keine Voraussetzungen.

Eine solche Vorgehensweise wird – soweit ersichtlich – kaum nahe gelegt. Aus meiner Erfahrung heraus macht dies besondere Schwierigkeiten. Diese Überlegungen sind aber für jedes Delikt gesondert anzustellen.

Wesentlich für diese Vorgehensweise ist, dass man sich vor allem bewusst macht, welches die Tathandlung ist und was nicht mehr dazu gehört, weil es nur subjektiv vorliegen muss, wie bei § 242 StGB – wie wir gerade gesehen haben – die Bereicherungsabsicht. Das haben wir uns gesondert angesehen[108]. Nach meiner Erfahrung „platzt" der Knoten, wenn Sie verstanden haben, worin die Tathandlung besteht und worin nicht. Darin liegt der Schlüssel zum Verständnis mancher Normen. So werden Sie merken, dass § 265b StGB (Kreditbetrug) ein Verhalten zur tatbestandsmäßigen Handlung erhebt, das unter dem Aspekt des § 263 StGB (Betrug) in der Regel nur einen Versuch darstellt[109].

Auch ist es aus der Sicht als Prüfer ein sicheres Indiz für fehlendes Gesamtverständnis, wenn jemand bei einem Tätigkeitsdelikt prüft, ob bei § 316 StGB (Trunkenheit im Verkehr) Erfolg, Kausalität und objektive Zurechnung vorliegt. Wenn man aber – wie gerade für § 242 StGB vorgestellt – jedes Wort des BT-Tatbestandes den AT-Kategorien des Straftataufbaus zuweist, gewinnt man eine sehr hohe Sicherheit in Aufbaufragen. Sie werden merken, dass Sie immer weniger auswendiglernen müssen und sich so auf die eigentlichen Probleme konzen-trieren können. Mit letzteren können Sie dann in der Klausur oder der Hausarbeit „punkten".

5. Gesetzeslektüre vor Lehrbuchlektüre

Zu meiner Studienzeit war die zentrale Norm für Gewährleistungspflicht des Verkäufers, wenn er dem Käufer z. B. schlechte Ware liefert, in § 459 Satz 1 BGB enthalten. Dieser lautete damals:

> Der Verkäufer einer Sache haftet dem Käufer dafür, daß sie zu der Zeit, zu welcher die Gefahr auf den Käufer übergeht[110], nicht mit Fehlern behaftet ist, **die den** Wert oder die Tauglichkeit zu dem gewöhnlichen oder dem nach dem Vertrage vorausgesetzten Gebrauch **aufheben oder mindern.**

In den Lehrbüchern befanden sich sehr lange Ausführungen zu den so genannten „Fehlertheorien". Auf vielen Seiten wurde erörtert, ob der Begriff „Fehler" objektiv oder nur subjektiv (also nach den Vorstellungen des Käufers), oder durch verschiedene Kombinationen beider Ansätze zu bestimmen ist Ich habe lange Zeit nicht

---

[108] Siehe oben C IV 2 f und auch g zur Frage des „erweiterten Vorsatzes" (S. 98 und 104 f.).

[109] Vgl. oben C IV 2 f (S. 98 f.).

[110] Gemeint sind hier: z. B. §§ 446 f. BGB, also in der Regel: bei Übergabe der Sache (§ 446 Satz 1 BGB).

verstanden, ob sich die „Theorien" auf das Gesetz beziehen oder ob es sich um davon unabhängige Lehrmeinungen handelte. Ich war mir nicht sicher: War das gar eine nur theoretische Frage, die mit dem Gesetz gar nichts zu tun hat? Also habe ich mich gefragt: *„Wo steht denn dazu etwas im Gesetz?"* Erst allmählich wurde mir klar, dass sich die verschiedenen Ansätze primär durch die Antwort auf folgende Auslegungsfrage unterscheiden: Wie versteht man den Relativsatz („die den Wert … aufheben oder mindern")? Als Erläuterung des Begriffs „Fehler" überhaupt oder als Einschränkung eines vom Gesetzgeber vorausgesetzten weiten „Fehler"-Begriffs? Die damit verbundenen Streitfragen dürften sich heute wegen des nunmehr geltenden § 434 BGB weitgehend erledigt haben. Generell gilt aber: Man kann die bestehende Rechtslage besser verstehen, wenn man zunächst das Gesetz liest und erst dann ein Lehrbuch zu Rate zieht. Dazu haben mich die Lehrbücher seinerzeit nicht deutlich genug aufgefordert.

Dies hat weder etwas mit Positivismus zu tun, also einer ausschließlichen Orientierung am geltenden Recht im Sinne von: „Es ist wie es ist, Basta!" Vielmehr werden wir unten noch ausführlich auf die Frage eingehen, ob man die vorgefundene Norm nicht weglassen (oder ändern) könnte („Was wäre ohne die Norm?")[111]. Das schließt zweitens ein, dass man die geltende Norm etwa aus der Sicht einer bestimmten rechtsphilosophischen Ausrichtung oder aus einem anderen Blickwinkel kritisiert[112]. Doch aus didaktischer Sicht ist das der zweite Schritt. Zunächst sollten die Studierenden das geltende Recht zu verstehen lernen. Nur dann haben Sie eine anschauliche Bezugs- und Vergleichsgröße, die sich Ihnen unmittelbar erschließt.

Oben[113] haben wir das Lesen von grundsätzlichen Normen geübt. Dies wollen wir hier vertiefen und in einen Zusammenhang mit juristischem Lernen stellen. Die nachfolgenden Beispiele aus dem Strafrecht gelten sinngemäß auch für die anderen Rechtsgebiete.

▶ **Tipp:** Lesen Sie die einschlägigen Normen der Materie, die Sie gerade in einem Lehrbuch lesen. Die hierfür scheinbar zu viel aufgewendete Zeit kann Ihnen sehr viel umsonst vertane Lern-Zeit ersparen.

a) § 13 StGB zum Unterlassungsdelikt

Die Delikte im Besonderen Teil sind so formuliert, dass sie ein aktives Tun voraussetzen. § 223 Abs. 1 Alt. 2 StGB fordert z. B. dass der Täter das Opfer „an der Gesundheit schädigt". Das klingt so, als ob dieses Delikt nur durch aktives Tun, nicht aber durch Unterlassen verwirklicht werden könnte. Hier greift § 13 StGB ein. Er regelt die Strafbarkeit wegen Unterlassens.

---

[111] Siehe unten C V 3 (S. 162 ff.).

[112] Beispiel: Das sehr zum Nachdenken anregende Lehrbuch von *Köhler*, Strafrecht. Allgemeiner Teil, Berlin 1997.

[113] C IV 2 (S. 62 ff.).

Diese Norm betrifft aber nur bestimmte Fälle des Unterlassens, nämlich das so genannte „unechte Unterlassungsdelikt"[114]. § 13 StGB ist aus Gründen des Bestimmtheitsgebots (§ 1 StGB) notwendig. Sonst wäre die Köperverletzung durch Unterlassung nicht strafbar; Beispiel: Vater sieht untätig zu, wie sein Kind in den Brunnen fällt und sich schwer verletzt, obwohl er sein Kind ohne weiteres hätte retten können.

Lesen wir mithin § 13 StGB:

§ 13 StGB
Begehen durch Unterlassen
(1) Wer es unterlässt, einen Erfolg abzuwenden, der zum Tatbestand eines Strafgesetzes gehört, **ist** nach diesem Gesetz **nur dann strafbar**, wenn er rechtlich dafür einzustehen hat, daß der Erfolg nicht eintritt, und wenn das Unterlassen der Verwirklichung des gesetzlichen Tatbestandes durch ein Tun entspricht.
(2) Die Strafe kann nach § 49 Abs. 1 gemildert werden.

Die Rechtsfolge lautet also: […] ist (nach diesem Gesetz) nur strafbar, wenn […]
Die Rechtsnorm-Voraussetzungen lauten:

1. wer es „unterlässt Erfolg abzuwenden, der zum Tatbestand eines Gesetzes gehört",
2. und wenn er „rechtlich dafür einzustehen hat, dass der Erfolg nicht eintritt"
3. und wenn „das Unterlassen einem Tun entspricht"

Für die erste Voraussetzung muss man wissen: Zu welchen Delikten „gehört ein Erfolg" – oder in der Sprache der Dogmatik: Welche Delikte sind „Erfolgsdelikte"[115]? Einen Erfolg kann man definieren als sinnlich wahrnehmbare Veränderung der Außenwelt[116]. Typisches Beispiel ist die Gesundheitsschädigung bei der Körperverletzung nach § 223 StGB. In § 13 StGB haben wir eine Norm, die uns zeigt, warum wir den Begriff Erfolgsdelikt „lernen": Der Gegensatz ist ein schlichtes Tätigkeitsdelikt (z. B. § 316 StGB Trunkenheit im Verkehr), mithin ein Nichterfolgsdelikt. Schauen wir uns diese Beispiele an:

§ 316 StGB
Trunkenheit im Verkehr
(1) Wer im Verkehr (§§ 315 bis 315d) ein Fahrzeug führt, obwohl er infolge des Genusses alkoholischer Getränke oder anderer berauschender Mittel nicht in der Lage ist, das Fahrzeug sicher zu führen, wird mit Freiheitsstrafe bis zu einem Jahr oder mit Geldstrafe bestraft, wenn die Tat nicht in § 315a oder § 315c mit Strafe bedroht ist.
(2) Nach Absatz 1 wird auch bestraft, wer die Tat fahrlässig begeht.

---

[114] Echte Unterlassungsdelikte sind solche, die sich in der Regel an jedermann richten und das Unterlassen bereits im Delikt umschreiben (Musterbeispiel: die unterlassene Hilfeleistung nach § 323c StGB).

[115] Zum Begriff Erfolgsdelikte siehe *Gropp*, Allgemeiner Teil, 3. Aufl. Berlin u. a. 2005, § 5 RN 2.

[116] *Joecks*, Studienkommentar zum StGB, 9. Aufl. München 2010, RN 12 vor § 13.

§ 223 StGB
Körperverletzung
(1) Wer eine andere Person körperlich misshandelt oder an der Gesundheit schädigt, wird mit Freiheitsstrafe bis zu fünf Jahren oder mit Geldstrafe bestraft.
(2) Der Versuch ist strafbar.

§ 316 StGB ist ein schlichtes Tätigkeitsdelikt, § 223 StGB ein Erfolgsdelikt. Bei § 316 StGB kommt § 13 StGB also nicht in Betracht, wohl aber bei § 223 StGB.

Durch die Kombination von § 223 StGB mit § 13 StGB wird dann weiter deutlich: Ein Vater der es nicht verhindert, dass sein Kind von einem Stein getroffen wird, ist nach § 223 StGB in Verbindung mit § 13 StGB strafbar. Er hat nach § 1626 Abs. 1 BGB dafür zu sorgen, dass sein Kind unversehrt bleibt (Sie als Anfänger wissen natürlich nicht, dass es den § 1626 BGB gibt, aber in diesem Fall hilft schon Ihr Alltagsverständnis). Die dritte Voraussetzung (Gleichstellungserfordernis) spielt keine große praktische Rolle.

b) § 16 Abs. 1 StGB zum Vorsatz

§ 15 sagt nichts über den Inhalt des Vorsatzes. § 16 Abs. 1 Satz 1 StGB sagt nur negativ, wann ein bestimmtes Handeln „nicht vorsätzlich" ist; Satz 2 formuliert die Konsequenzen für die Strafbarkeit wegen fahrlässiger Begehung. Das Gesetz sagt also – bewusst – nichts darüber aus, was den Vorsatz – positiv formuliert – ausmacht:

§ 16 StGB
Irrtum über Tatumstände
(1) Wer bei Begehung der Tat einen Umstand nicht kennt, der zum gesetzlichen Tatbestand gehört, handelt nicht vorsätzlich. Die Strafbarkeit wegen fahrlässiger Begehung bleibt unberührt.

Die Bestimmung des Vorsatzbegriffes hat der Gesetzgeber in Deutschland nämlich der Rechtsprechung und Lehre überlassen. In Österreich ist das anders. Hier hat der Gesetzgeber mit § 5 Abs. 1 öStGB definiert. Dieser lautet:

§ 5 österreichisches StGB
Vorsatz
(1) Vorsätzlich handelt, wer einen Sachverhalt verwirklichen will, der einem gesetzlichen Tatbild entspricht; dazu genügt es, dass der Täter diese Verwirklichung ernstlich für möglich hält und sich mit ihr abfindet.

Einig war und ist man sich in Deutschland nur darin, dass Vorsatz generell Wissen und Wollen voraussetzt. Einig ist man sich auch darüber, dass Absicht und Wissentlichkeit auf jeden Fall den Vorsatz-Erfordernissen genügen. Noch nicht geklärt ist in Deutschland, was den bedingten Vorsatz charakterisiert: Genügt das Wissen um die Möglichkeit des Erfolgseintritts oder muss noch ein Wollen hinzukommen, nämlich z. B. in Form eines „Sich-Abfindens" wie im österreichischen Recht. Hier tut sich für deutsche Studierende ein ganzes Exerzierfeld auf: Wie grenzt man den bedingten Vorsatz von der bewussten Fahrlässigkeit ab? Man nehme nur folgendes Beispiel: Der A fährt mit deutlich überhöhter Geschwindigkeit z. B. 70 km/h durch die geschlossene Ortschaft und rechnet damit, dass ihm ein Mensch ins Auto läuft, findet sich aber keineswegs damit ab. Ihm fehlt das Wollens-Element des Vorsatzes. Das fordert aber nur ein Teil der Lehre und einhellig die Rechtsprechung. Eine Mindermeinung verzichtet auf das Wollenselement völlig[117]; danach genügt es, wenn A die Gefahr erkannt hat und damit rechnet, dass ihm ein Kind ins Auto läuft. Es wäre völlig egal, ob er sich damit in irgendeiner Weise „abgefunden" hat. Die Folge wäre, das A wegen versuchten Totschlags oder gar wegen vollendeten Totschlags strafbar wäre, je nachdem, ob ihm tatsächlich ein Mensch ins Auto läuft und stirbt (Vollendung) oder nicht (dann: Versuch).

Anders ausgedrückt: § 16 Abs. 1 Satz 1 StGB regelt eine Ausnahme (nämlich den Sachverhaltsirrtum), nicht jedoch die Regel (unter welchen Voraussetzungen liegt Vorsatz vor?). Haben Sie sich das bewusst gemacht, dann werden Sie die entsprechenden Ausführungen in den Lehrbüchern besser verstehen.

c) § 20/§ 19/§ 17 StGB zum Schuldbegriff

Der Schuldbegriff gehört im Strafrecht mit zu den schwierigsten dogmatischen Inhalten. Sie können sich den Zugang erheblich erleichtern, indem Sie sich zunächst den Inhalt der zentralen Normen der §§ 19 und 20 StGB vor Augen halten. Diese definieren nicht eigentlich was Schuld ist. Sie umschreiben nur negativ, wann die Fähigkeit, schuldhaft handeln zu können, fehlt. § 19 StGB sagt ausnahmslos:

> § 19 StGB
> Schuldunfähigkeit des Kindes
> Schuldunfähig ist, wer bei Begehung der Tat noch nicht vierzehn Jahre alt ist

§ 20 StGB kann also nur einen anderen Fall regeln, nämlich Menschen über 14 Jahre, also auch Erwachsene (= über 18 Jahre). Er lautet

> § 20 StGB
> Schuldunfähigkeit wegen seelischer Störungen
> Ohne Schuld handelt, wer bei Begehung der Tat wegen einer krankhaften seelischen Störung, wegen einer tiefgreifenden Bewusstseinsstörung oder wegen Schwachsinns oder einer schweren anderen seelischen Abartigkeit **unfähig** ist, **das Unrecht der Tat einzusehen** oder **nach dieser Einsicht zu handeln.**

§ 20 StGB betrifft deshalb den Fall, dass der erwachsene Täter völlig unfähig ist, „das Unrecht der Tat einzusehen". Auf dasselbe, nämlich die „Einsicht, Unrecht zu tun" stellt § 17 StGB für den Fall ab, dass diese Fähigkeit nicht – wie bei § 20 StGB – völlig fehlt, sondern nur in einer bestimmten Situation, nämlich irrtumsbedingt, ausgeschlossen ist:

> § 17
> Verbotsirrtum
> Fehlt dem Täter bei Begehung der Tat **die Einsicht, Unrecht zu tun,** so handelt er ohne Schuld, wenn er diesen Irrtum nicht vermeiden konnte. Konnte der Täter den Irrtum vermeiden, so kann die Strafe nach § 49 Abs. 1 gemildert werden.

---

[117] Vgl. die umfangreiche Darstellung bei *Kühl*, Allgemeiner Teil, 6. Aufl. München 2008, § 5 RN 45 ff.

Die „Einsicht, Unrecht zu tun" (§ 17 StGB) bzw. die „Fähigkeit, das Unrecht der Tat einzusehen" (§ 20 StGB) wird dogmatisch bezeichnet als „Unrechtsbewusstsein". Gemeint ist die Frage, ob der Täter sich darüber im Klaren ist, dass er das, was er vorsätzlich tut, nicht tun darf. Mit anderen Worten: Weiß er, dass er etwas Verbotenes macht. Das ist etwas ganz anderes als § 16 Abs. 1 Satz 1 StGB (Vorsatzausschluss) meint[118].

Man muss also die Fähigkeit haben, *anders* handeln zu können als „unrecht", nämlich „recht"/„richtig"/„erlaubt". Beim Musterbeispiel eines strafrechtlichen Delikts, beim aktiven Erfolgsdelikt am Beispiel der Körperverletzung (§ 223 StGB), bedeutet dies nicht mehr und nicht weniger als: die Körperverletzung NICHT zu begehen[119]. Wir sehen hieran auch: „Unrecht" ist wieder der Zentralbegriff. Wir können uns also klarmachen: „Unrechtsbewusstsein" ist nicht gleichzusetzen mit Vorsatz.

V. Die vier Fragen beim verstehenden Lesen einer gefundenen Norm

Einen Text liest man nur dann aufmerksam, wenn man bereits Fragen an ihn hat[120]. Folgende Fragen erleichtern die Lektüre jeder neuen Norm und bereiten das Verständnis der Dogmatik und damit das Lesen von Lehrbüchern vor.

▶ **Tipp:** Ich empfehle Ihnen daher, sich folgende vier Fragen einzuprägen:

- Welches tatsächliche Geschehen betrifft die Norm?
- Was ist ihr wesentlicher Regelungsgehalt: Dazu muss man die Frage stellen: Worin besteht die Rechtsfolge einer bestimmten Vorschrift und worin besteht die Voraussetzungen dieser, damit die Rechtsfolge eintritt?
- Warum gibt es diese Vorschrift(en)? = Was wäre, wenn es diese Vorschrift(en) NICHT gäbe?
- Wozu sagt die Norm NICHTS?

Diese vier Fragen wollen wir uns nun näher anschauen.

---

[118] Siehe oben C IV 5 b (S. 126 f.).

[119] Man denke an den Spruch von Wilhelm *Busch*: „Das Gute – dieser Satz steht fest – ist stets das Böse, das man lässt."

[120] Wer sich für die dahinter stehenden Fragen der Hermeneutik interessiert, sei verwiesen auf: *Seiffert*, Einführung in die Hermeneutik. Die Lehre von der Interpretation in den Fachwissenschaften, Tübingen 1992.

1. Welches tatsächliche Geschehen betrifft die Norm im „Normalfall"? (Wortlaut und Systematik – Frage 1)?

a) Bildung von Normalfällen

Wie wir schon mehrfach gesehen haben, muss man zu jeder Norm einen „Normalfall"[121] bilden können, also einen Beispielsfall, bei dem man eindeutig sagen kann: Dieser Fall wird von der Norm erfasst. Dadurch ist dann in einem zweiten Schritt der Vergleich mit dem real zu entscheidenden Fall möglich: Wo sind Unterschiede, wo Gemeinsamkeiten? Welche davon sind relevant, welche nicht?

Diese Bildung eines Normalfalles verschafft uns jedoch im ersten Schritt eine plastische Vorstellung vom Anwendungsbereich der Norm. Bei § 212 Abs. 1 StGB ist dies einfach: Der tödliche Schuss. Was aber ist der Normalfall des Diebstahls (§ 242 StGB), der Trunkenheit im Verkehr (§ 316 StGB) oder gar der Geldwäsche (§ 261 StGB)? Hierauf werden wir noch zurückkommen.

Gerade Anfänger versuchen oft, sofort ein schwieriges Beispiel zu bilden, also eines, bei dem man begründen muss, ob die Norm anwendbar ist oder nicht. Manche machen das im Unterricht auch deshalb, um vor den anderen zu glänzen. Das ist aber nicht angebracht.

▶ **Tipp:** Für die Begründungen zu einer bestimmten Norm eröffnet uns die Normalfall-Methode aber auch weitere Wege: Man muss mehrere klare „Nicht-Fälle" bilden können. Zwischen dem Normalfall und den klaren Nicht-Fällen verbleiben die Problemfälle. Und das sind die eigentlich schwierigen und begründungsbedürftigen Fälle.

Grafisch kann man sich diesen Zusammenhang folgendermaßen bewusst machen:

1. Normalfall: Norm anwendbar
2. Problemfall
3. Klarer Nicht-Fall: Norm nicht anwendbar

aa) Beispiel 1: „Sache" im Sinne von § 303 StGB

Nach § 303 Abs. 1 StGB ist die Sachbeschädigung strafbar. Das Delikt lautet:

Wer rechtswidrig eine fremde Sache beschädigt oder zerstört, wird mit Freiheitsstrafe bis zu zwei Jahren oder mit Geldstrafe bestraft.

Jedem ist klar, dass ein Auto oder ein Schmuckstück eine „Sache" im Sinne von § 303 StGB ist. Wie wir oben[122] gesehen haben, ist elektrischer Strom eindeutig

---

[121] Siehe oben A I (Fn. 6) zum „Strukturdenken" von Haft.
[122] Vgl. oben C III 1 (S. 48).

keine Sache, weil er kein körperlicher Gegenstand ist. Wie sieht es aber z. B. mit dem menschlichen Leichnam und den dort z. B. noch vorhandenen Goldplomben aus? Diese Frage ist sehr umstritten[123]. Sie soll hier auch nicht diskutiert[124] werden. Merken wir uns nur:

1. Normalfall einer „Sache": Auto/Schmuckstück
2. Problemfall: Goldplomben im menschlichen Leichnam
3. Klarer Nicht-Fall einer „Sache": elektrischer Strom

bb) Beispiel 2: „Wohnung" im Sinne von Art. 13 Abs. 1 GG
Art. 13 Abs. 1 GG lautet:

Die Wohnung ist unverletzlich.

Eine Miet- oder Eigentumswohnung fällt ebenso selbstverständlich unter den Begriff der „Wohnung" wie ein Wohnhaus. Ebenso eindeutig fällt ein „Dach" aus Zeitungen, das ein Obdachloser gebastelt hat, mangels räumlicher Abschottung oder ein Strandkorb[125] nicht darunter. Wie aber sind „Geschäftsräume" zu behandeln?[126]

cc) Beispiel 3: § 316 StGB: „führen" eines Kraftfahrzeugs
Der Normalfall des Führens besteht darin, dass man sich unter Einsatz des Motors mit dem Fahrzeug fortbewegt. Ein Normalfall des Nicht-Führens liegt vor, wenn man im Auto am Lenkrad sitzt, aber das Auto noch nicht angelassen hat. Problemfall: Liegt ein „Führen" schon dann vor, wenn man den Motor angelassen hat, aber noch nicht gefahren ist?[127]

Diese einfacheren und anschaulicheren Beispiele sollten Ihnen die Frage nach „dem" Normalfall näherbringen. Nun wollen wir uns schwierigeren Fragen zuwenden, die ich – meinem Schwerpunkt entsprechend – dem Strafrecht entnehme.

b) Schwierigere Beispiele aus dem Strafrecht[128]
Nicht ganz so „einfach" wie Totschlag oder Körperverletzung ist etwa das Delikt des § 88 StGB. Liest man etwa nur die Überschrift von § 88 StGB, nämlich „Verfas-

---

[123] Vgl. dazu Schönke/Schröder–*Eser*, StGB, 28. Aufl. München 2010, § 242 RN 10 m. w. N.

[124] Juristischer Ausdruck für die Diskussion einer Rechtsfrage unter Angabe einer begründeten Lösung.

[125] *Jarass/Pieroth*, GG, 11. Aufl. München 2011, Art. 13 RN 4 m. w. N.

[126] Diese Frage ist umstritten; bejahend BVerfGE zuletzt: 96, 44, 51; vgl. ansonsten die Nachweise bei *Jarass/Pieroth*, GG, 11. Aufl. München 2011. Art. 13 RN 5.

[127] Vgl. dazu die Nachweise bei Schönke/Schröder–*Sternberg-Lieben*, StGB, 28. Aufl. München 2010, § 316 RN 19.

[128] Was ist der Normalfall, was der Nichtnormalfall; was braucht es nicht (z. B: welches Delikt braucht keinen Erfolg?)

sungsfeindliche Sabotage", so hat man zunächst eine ungefähre Vorstellung davon, um was es in diesem Delikt gehen könnte: Der Täter muss etwas sabotieren, also z. B. eine wichtige Einrichtung, wie ein Atomkraftwerk, „lahmlegen", und dies im verfassungsfeindlicher Absicht tun. Schaut man sich jedoch die Voraussetzung dieses Delikts näher an, so schreckt man zurück. Es handelt sich bei § 88 Abs. 1 StGB um ein einzigen Satz, der noch länger ist als § 66b Abs 1 Satz 1 StGB:

§ 88 StGB
Verfassungsfeindliche Sabotage
(1) Wer als Rädelsführer oder Hintermann einer Gruppe oder, ohne mit einer Gruppe oder für eine solche zu handeln, als einzelner absichtlich bewirkt, dass im räumlichen Geltungsbereich dieses Gesetzes durch Störhandlungen
1. Unternehmen oder Anlagen, die der öffentlichen Versorgung mit Postdienstleistungen oder dem öffentlichen Verkehr dienen,
2. Telekommunikationsanlagen, die öffentlichen Zwecken dienen,
3. Unternehmen oder Anlagen, die der öffentlichen Versorgung mit Wasser, Licht, Wärme oder Kraft dienen oder sonst für die Versorgung der Bevölkerung lebenswichtig sind, oder
4. Dienststellen, Anlagen, Einrichtungen oder Gegenstände, die ganz oder überwiegend der öffentlichen Sicherheit oder Ordnung dienen,
ganz oder zum Teil außer Tätigkeit gesetzt oder den bestimmungsmäßigen Zwecken entzogen werden, und sich dadurch absichtlich für Bestrebungen gegen den Bestand oder die Sicherheit der Bundesrepublik Deutschland oder gegen Verfassungsgrundsätze einsetzt, wird mit Freiheitsstrafe bis zu fünf Jahren oder mit Geldstrafe bestraft.
(2) Der Versuch ist strafbar.

Diesen Satz muss man sich nach den oben erläuterten Methoden aufteilen, um ihn zu verstehen:

(1) Wer **als Rädelsführer** _oder_ Hintermann einer Gruppe _oder,_ ohne mit einer Gruppe oder für eine solche zu handeln, als einzelner absichtlich **bewirkt**, dass im räumlichen Geltungsbereich dieses Gesetzes durch Störhandlungen
1. Unternehmen oder Anlagen, die der öffentlichen Versorgung mit Postdienstleistungen oder dem öffentlichen Verkehr dienen,
2. Telekommunikationsanlagen, die öffentlichen Zwecken dienen,
3. Unternehmen oder Anlagen, die der öffentlichen Versorgung mit Wasser, Licht, Wärme oder Kraft dienen oder sonst für die Versorgung der Bevölkerung lebenswichtig sind, **oder**
4. Dienststellen, Anlagen, Einrichtungen _oder_ Gegenstände, die ganz _oder_ überwiegend der öffentlichen Sicherheit _oder_ Ordnung dienen,
ganz _oder_ zum Teil außer Tätigkeit gesetzt _oder_ den bestimmungsmäßigen Zwecken entzogen werden, **und sich dadurch absichtlich** für Bestrebungen gegen den Bestand _oder_ die Sicherheit der Bundesrepublik Deutschland _oder_ gegen Verfassungsgrundsätze einsetzt, wird mit Freiheitsstrafe bis zu fünf Jahren oder mit Geldstrafe bestraft.
(2) Der Versuch ist strafbar.

Bei den nachfolgenden Beispielen ist jeweils nur die Tathandlung hervorgehoben. Das reicht meist schon aus, um sich eine erste Vorstellung vom Delikt machen zu können. Sie sollten jeweils dazu im Geiste eine Videoaufnahme von einem fiktiven realen Geschen ablaufen lassen. Dann haben Sie konkrete Vorstellung, was sich hinter der abstrakten Formulierung der Tatbestände verbirgt:

§ 109g StGB

Sicherheitsgefährdendes Abbilden

(1) Wer von einem Wehrmittel, einer militärischen Einrichtung oder Anlage oder einem militärischen Vorgang eine Abbildung oder Beschreibung anfertigt oder eine solche Abbildung oder Beschreibung an einen anderen gelangen lässt und dadurch wissentlich die Sicherheit der Bundesrepublik Deutschland oder die Schlagkraft der Truppe gefährdet, wird mit Freiheitsstrafe bis zu fünf Jahren oder mit Geldstrafe bestraft.

(2) Wer von einem Luftfahrzeug aus eine Lichtbildaufnahme von einem Gebiet oder Gegenstand im räumlichen Geltungsbereich dieses Gesetzes anfertigt oder eine solche Aufnahme oder eine danach hergestellte Abbildung an einen anderen gelangen lässt und dadurch wissentlich die Sicherheit der Bundesrepublik Deutschland oder die Schlagkraft der Truppe gefährdet, wird mit Freiheitsstrafe bis zu zwei Jahren oder mit Geldstrafe bestraft, wenn die Tat nicht in Absatz 1 mit Strafe bedroht ist.

(3) Der Versuch ist strafbar.

(4) Wer in den Fällen des Absatzes 1 die Abbildung oder Beschreibung an einen anderen gelangen lässt und dadurch die Gefahr nicht wissentlich, aber vorsätzlich oder leichtfertig herbeiführt, wird mit Freiheitsstrafe bis zu zwei Jahren oder mit Geldstrafe bestraft. Die Tat ist jedoch nicht strafbar, wenn der Täter mit Erlaubnis der zuständigen Dienststelle gehandelt hat.

Die Worte „eine Abbildung anfertigen" sind wenig anschaulich aber juristisch präzise, weil auch Zeichnungen erfasst werden. Der „Normalfall" besteht im Fotografieren einer militärischen Einrichtung. § 109g StGB stellt also schlicht den Verstoß gegen ein Fotografierverbot unter Strafe.

Überlegen Sie sich zu folgenden Vorschriften selbst einen Normalfall. Zur Erleichterung habe ich die Tathandlung in fetter Schrift hervorgehoben:

§ 123

Hausfriedensbruch

(1) Wer in die Wohnung, in die Geschäftsräume oder in das befriedete Besitztum eines anderen oder in abgeschlossene Räume, welche zum öffentlichen Dienst oder Verkehr bestimmt sind, widerrechtlich **eindringt**, oder wer, wenn er ohne Befugnis darin **verweilt**, auf die Aufforderung des Berechtigten sich nicht entfernt, wird mit Freiheitsstrafe bis zu einem Jahr oder mit Geldstrafe bestraft.

(2) Die Tat wird nur auf Antrag verfolgt.

§ 130 StGB

Volksverhetzung

(1) Wer in einer Weise, die geeignet ist, den öffentlichen Frieden zu stören,

1. gegen eine nationale, rassische, religiöse oder durch ihre ethnische Herkunft bestimmte Gruppe, gegen Teile der Bevölkerung oder gegen einen Einzelnen wegen seiner Zugehörigkeit zu einer vorbezeichneten Gruppe oder zu einem Teil der Bevölkerung zum Hass **aufstachelt**, zu Gewalt- *oder* Willkürmaßnahmen **auffordert oder**

2. die Menschenwürde anderer **dadurch angreift, dass** er eine vorbezeichnete Gruppe, Teile der Bevölkerung oder einen Einzelnen wegen seiner Zugehörigkeit zu einer vorbezeichneten Gruppe oder zu einem Teil der Bevölkerung beschimpft, böswillig verächtlich macht *oder* verleumdet,

wird mit Freiheitsstrafe von drei Monaten bis zu fünf Jahren bestraft.

(2) Mit Freiheitsstrafe bis zu drei Jahren oder mit Geldstrafe wird bestraft, wer

1. **Schriften** (§ 11 Absatz 3), die zum Hass gegen eine vorbezeichnete Gruppe, Teile der Bevölkerung *oder* gegen einen Einzelnen wegen seiner Zugehörigkeit zu einer vorbezeichneten Gruppe *oder* zu einem Teil der Bevölkerung aufstacheln, zu Gewalt- *oder*

Willkürmaßnahmen gegen sie auffordern _oder_ ihre Menschenwürde dadurch angreifen, dass sie beschimpft, böswillig verächtlich gemacht _oder_ verleumdet werden,
a) **verbreitet,**
b) **öffentlich ausstellt, anschlägt, vorführt** _oder_ sonst **zugänglich macht,**
c) einer Person unter achtzehn Jahren **anbietet, überlässt** _oder_ **zugänglich macht oder**
d) **herstellt, bezieht, liefert, vorrätig hält, anbietet, ankündigt, anpreist, einzuführen** _oder_ **auszuführen unternimmt, um** sie _oder_ aus ihnen gewonnene Stücke im Sinne der Buchstaben a bis c **zu verwenden** _oder_ einem anderen eine solche Verwendung **zu ermöglichen, oder**
2. eine **Darbietung** des in Nummer 1 bezeichneten Inhalts durch Rundfunk, Medien- oder Teledienste **verbreitet.**
(3) Mit Freiheitsstrafe bis zu fünf Jahren oder mit Geldstrafe wird bestraft, wer eine unter der Herrschaft des Nationalsozialismus begangene Handlung der in § 6 Abs. 1 des Völkerstrafgesetzbuches bezeichneten Art in einer Weise, die geeignet ist, den öffentlichen Frieden zu stören, öffentlich oder in einer Versammlung **billigt, leugnet** _oder_ **verharmlost.**
(4) Mit Freiheitsstrafe bis zu drei Jahren oder mit Geldstrafe wird bestraft, wer öffentlich oder in einer Versammlung **den öffentlichen Frieden** in einer die Würde der Opfer verletzenden Weise **dadurch stört,** dass er die nationalsozialistische Gewalt- und Willkürherrschaft billigt, verherrlicht _oder_ rechtfertigt.
[…]

Wenn die Struktur klar ist, erkennt man leicht, was bei § 265 StGB mit einem „Versicherungsmissbrauch" gemeint ist und vor allem, dass diese Norm bereits durch z. B. das Beschädigen verwirklicht ist, wenn der Täter die Absicht hat, sich die Leistungen aus der Versicherung zu verschaffen. Der Täter muss einen Schaden noch gar nicht der Versicherung gemeldet haben; bezahlt haben muss er sie erst recht noch nicht. Lesen Sie insofern § 265 StGB:

§ 265 StGB
Versicherungsmissbrauch
(1) Wer eine gegen Untergang, Beschädigung, Beeinträchtigung der Brauchbarkeit, Verlust oder Diebstahl versicherte Sache beschädigt, zerstört, in ihrer Brauchbarkeit beeinträchtigt, beiseite schafft oder einem anderen überlässt, um sich oder einem Dritten Leistungen aus der Versicherung zu verschaffen, wird mit Freiheitsstrafe bis zu drei Jahren oder mit Geldstrafe bestraft, wenn die Tat nicht in § 263 mit Strafe bedroht ist.
(2) Der Versuch ist strafbar.

Bei § 265b, dem „Kreditbetrug", reicht es sogar, wenn der Täter gegenüber einem Kreditunternehmen unrichtige Angaben macht.

§ 265b
Kreditbetrug
(1) **Wer einem Betrieb** oder Unternehmen im **Zusammenhang mit einem Antrag auf Gewährung,** Belassung oder Veränderung der Bedingungen **eines Kredits** für einen Betrieb oder ein Unternehmen oder einen vorgetäuschten Betrieb oder ein vorgetäuschtes Unternehmen
1. über wirtschaftliche Verhältnisse
a) **unrichtige oder unvollständige Unterlagen,** namentlich Bilanzen, Gewinn- und Verlustrechnungen, Vermögensübersichten oder Gutachten **vorlegt** oder
b) schriftlich unrichtige oder unvollständige **Angaben macht,** die für den Kreditnehmer vorteilhaft und für die Entscheidung über einen solchen Antrag erheblich sind, **oder**
2. solche Verschlechterungen der in den Unterlagen oder Angaben dargestellten wirtschaftlichen Verhältnisse bei der Vorlage nicht mitteilt, die für die Entscheidung über einen

solchen Antrag erheblich sind, wird mit Freiheitsstrafe bis zu drei Jahren oder mit Geldstrafe bestraft.

(2) Nach Absatz 1 **wird nicht bestraft,** wer freiwillig verhindert, daß der Kreditgeber auf Grund der Tat die beantragte Leistung erbringt. Wird die Leistung ohne Zutun des Täters nicht erbracht, so wird er straflos, wenn er sich freiwillig und ernsthaft bemüht, das Erbringen der Leistung zu verhindern.

(3) **Im Sinne des Absatzes 1 sind**[129]
1. **Betriebe** und **Unternehmen** unabhängig von ihrem Gegenstand solche, die nach Art und Umfang einen in kaufmännischer Weise eingerichteten Geschäftsbetrieb erfordern;
2. **Kredite** Gelddarlehen aller Art, Akzeptkredite, der entgeltliche Erwerb und die Stundung von Geldforderungen, die Diskontierung von Wechseln und Schecks und die Übernahme von Bürgschaften, Garantien und sonstigen Gewährleistungen.

Bei § 283d StGB sieht man förmlich den Freund des Schuldners vor sich, der die Kostbarkeiten des Schuldners vor dem Gerichtsvollzieher in „Sicherheit bringt:

§ 283d StGB
Schuldnerbegünstigung
(1) Mit Freiheitsstrafe bis zu fünf Jahren oder mit Geldstrafe wird bestraft, **wer**
1. in Kenntnis der einem anderen drohenden Zahlungsunfähigkeit *oder*
2. nach Zahlungseinstellung, in einem Insolvenzverfahren oder in einem Verfahren zur Herbeiführung der Entscheidung über die Eröffnung des Insolvenzverfahrens eines anderen
Bestandteile des Vermögens eines anderen, die im Falle der Eröffnung des Insolvenzverfahrens zur Insolvenzmasse gehören, mit dessen Einwilligung *oder* zu dessen Gunsten **beiseite schafft oder**[130] verheimlicht oder in einer den Anforderungen einer ordnungsgemäßen Wirtschaft widersprechenden Weise zerstört, beschädigt oder unbrauchbar macht.
[...]

§ 316 StGB ist ein alltäglich vorkommender Fall: der X fährt sturzbetrunken Auto. Weiter muss nichts passieren:

§ 316 StGB
Trunkenheit im Verkehr
(1) Wer im Verkehr (§§ 315 bis 315d) **ein Fahrzeug führt,** obwohl er infolge des Genusses alkoholischer Getränke oder anderer berauschender Mittel nicht in der Lage ist, das Fahrzeug sicher zu führen, wird mit Freiheitsstrafe bis zu einem Jahr oder mit Geldstrafe bestraft, wenn die Tat nicht in § 315a oder § 315c mit Strafe bedroht ist.
(2) Nach Absatz 1 wird auch bestraft, wer die Tat fahrlässig begeht.

Eine Flugzeugentführung, wie sie uns leider aus den Medien bekannt ist, stellt den Normalfall des § 316c StGB dar:

§ 316c StGB
Angriffe auf den Luft- und Seeverkehr
(1) Mit Freiheitsstrafe nicht unter fünf Jahren wird bestraft, wer

---

[129] Diese Legaldefinitionen muss man in der Klasur „sehen" und anwenden, siehe oben C III 2 (S. 52 ff.).

[130] Nur das „oder" ist fett formatiert, nicht die weiteren Tathandlungen, weil es sonst sehr unübersichtlich würde.

1. **Gewalt anwendet oder die Entschlussfreiheit einer Person angreift oder sonstige Machenschaften vornimmt,** um dadurch die Herrschaft über
   a) ein im zivilen Luftverkehr eingesetztes und im Flug befindliches Luftfahrzeug oder
   b) ein im zivilen Seeverkehr eingesetztes Schiff zu erlangen oder auf dessen Führung einzuwirken, oder
2. um ein solches Luftfahrzeug oder Schiff oder dessen an Bord befindliche Ladung zu zerstören oder zu beschädigen, **Schusswaffen gebraucht oder es unternimmt,** eine Explosion oder einen Brand herbeizuführen. Einem im Flug befindlichen Luftfahrzeug steht ein Luftfahrzeug gleich, das von Mitgliedern der Besatzung oder von Fluggästen bereits betreten ist oder dessen Beladung bereits begonnen hat oder das von Mitgliedern der Besatzung oder von Fluggästen noch nicht planmäßig verlassen ist oder dessen planmäßige Entladung noch nicht abgeschlossen ist.

(2) In minder schweren Fällen ist die Strafe Freiheitsstrafe von einem Jahr bis zu zehn Jahren.

(3) Verursacht der Täter durch die Tat wenigstens leichtfertig den Tod eines anderen Menschen, so ist die Strafe lebenslange Freiheitsstrafe oder Freiheitsstrafe nicht unter zehn Jahren.

(4) Wer zur Vorbereitung einer Straftat nach Absatz 1 Schusswaffen, Sprengstoffe oder sonst zur Herbeiführung einer Explosion oder eines Brandes bestimmte Stoffe oder Vorrichtungen herstellt, sich oder einem anderen verschafft, verwahrt oder einem anderen überlässt, wird mit Freiheitsstrafe von sechs Monaten bis zu fünf Jahren bestraft.

Zu § 324 a StGB kann man sich einen verzweifelten Unternehmer U vorstellen, der giftige Abfälle seines Betriebes im Boden „verscharrt":

§ 324a StGB
Bodenverunreinigung
(1) Wer unter Verletzung verwaltungsrechtlicher Pflichten **Stoffe in den Boden einbringt, eindringen lässt oder freisetzt** und diesen dadurch
1. in einer Weise, die geeignet ist, die Gesundheit eines anderen, Tiere, Pflanzen oder andere Sachen von bedeutendem Wert oder ein Gewässer zu schädigen, oder
2. in bedeutendem Umfang
verunreinigt oder sonst nachteilig verändert, wird mit Freiheitsstrafe bis zu fünf Jahren oder mit Geldstrafe bestraft. [...]

Zu § 343 StGB kann man sich einen Folter-Fall aus einem Fernsehkrimi vorstellen:

§ 343 StGB
Aussageerpressung
(1) Wer als Amtsträger, der zur Mitwirkung an
1. einem Strafverfahren, einem Verfahren zur Anordnung einer behördlichen Verwahrung,
2. einem Bußgeldverfahren oder
3. einem Disziplinarverfahren oder einem ehrengerichtlichen oder berufsgerichtlichen Verfahren berufen ist,
einen anderen **körperlich mißhandelt,** gegen ihn **sonst Gewalt anwendet,** ihm **Gewalt androht** oder ihn **seelisch quält,** um ihn zu nötigen, in dem Verfahren etwas auszusagen oder zu erklären oder dies zu unterlassen, wird mit Freiheitsstrafe von einem Jahr bis zu zehn Jahren bestraft.
[...]

Und bei § 344 StGB ebenfalls im Fernsehen: den hinterhältigen Kommissar.

§ 344 StGB
Verfolgung Unschuldiger

(1) Wer als Amtsträger, der zur Mitwirkung an einem Strafverfahren, abgesehen von dem Verfahren zur Anordnung einer nicht freiheitsentziehenden Maßnahme (§ 11 Abs. 1 Nr. 8), berufen ist, absichtlich oder wissentlich **einen Unschuldigen** oder jemanden, der sonst nach dem Gesetz nicht strafrechtlich verfolgt werden darf, **strafrechtlich verfolgt oder** auf eine solche Verfolgung **hinwirkt**, wird mit Freiheitsstrafe von einem Jahr bis zu zehn Jahren, in minder schweren Fällen mit Freiheitsstrafe von drei Monaten bis zu fünf Jahren bestraft. Satz 1 gilt sinngemäß für einen Amtsträger, der zur Mitwirkung an einem Verfahren zur Anordnung einer behördlichen Verwahrung berufen ist.
(2) Wer als Amtsträger, der zur Mitwirkung an einem Verfahren zur Anordnung einer nicht freiheitsentziehenden Maßnahme (§ 11 Abs. 1 Nr. 8) berufen ist, absichtlich oder wissentlich jemanden, der nach dem Gesetz nicht strafrechtlich verfolgt werden darf, **strafrechtlich verfolgt oder** auf eine solche Verfolgung **hinwirkt**, wird mit Freiheitsstrafe von drei Monaten bis zu fünf Jahren bestraft. Satz 1 gilt sinngemäß für einen Amtsträger, der zur Mitwirkung an
1. einem Bußgeldverfahren oder
2. einem Disziplinarverfahren oder einem ehrengerichtlichen oder berufsgerichtlichen Verfahren
berufen ist. Der Versuch ist strafbar.

Wenn die letzten Beispiele die „Normalfälle" in Film und Fernsehen suchten, so auch deshalb, weil ich dort sehr gerne Anregungen für Klausuren suche. Wie ich weiß, bin ich damit nicht allein.

▶ **Tipp:** Kriminalfilme oder Zeitungsnotizen können den „Plot" für eine Klausur abgeben.

c) Beispiele aus dem Öffentlichen Recht

Einen Normalfall für ein Verbot einer Versammlung in geschlossenen Räumen nach § 5 Nr. 2 – 4 VersammlG kann man sich leicht vorstellen:

§ 5
VersammlG
[Verbot von Versammlungen in geschlossenen Räumen]
Die Abhaltung einer Versammlung kann nur im Einzelfall und nur dann verboten werden, wenn
[…]
1. der Veranstalter oder Leiter der Versammlung Teilnehmern Zutritt gewährt, die Waffen oder sonstige Gegenstände im Sinne von § 2 Abs. 3 mit sich führen,
2. Tatsachen festgestellt sind, aus denen sich ergibt, dass der Veranstalter oder sein Anhang einen gewalttätigen oder aufrührerischen Verlauf der Versammlung anstreben,
3. Tatsachen festgestellt sind, aus denen sich ergibt, dass der Veranstalter oder sein Anhang Ansichten vertreten oder Äußerungen dulden werden, die ein Verbrechen oder ein von Amts wegen zu verfolgendes Vergehen zum Gegenstand haben.

Was die Bildung eines „Normalfalles" anbelangt, unterscheidet sich das Öffentliche Recht nicht so sehr vom Strafrecht. Das hängt unter anderem damit zusammen, dass die Verbotsmaterie des Öffentlichen Rechts sehr oft mit der strafrechtlichen Sanktionierungsebene zusammenhängt und verknüpft ist. Wurde z. B. eine Versammlung nach § 5 Nr. 2 VersammlG verboten, so greift § 26 Nr. 1 VersammlG als Strafnorm, für Veranstalter und Leiter, wenn die Versammlung trotzdem durchgeführt wird.

Die eigentlichen Probleme liegen hier mehr darin, dass Sie sich jeweils verschiedene Rechtsfolgen innerhalb der Vorschriften des Öffentlichen Rechts einerseits und des Strafrechts andererseits klarmachen[131].

d) Beispiele aus dem Zivilrecht

Auch wenn es im Zivilrecht vielfach auf das Verständnis des systematischen Zusammenhangs ankommt und Normen deshalb oft nicht „aus sich heraus" verständlich sind, lassen sich doch Beispiele finden. § 823 Abs. 1 BGB sagt klar, dass z. B. Sachbeschädigungen zum Schadensersatz verpflichten und man deshalb sorgsam mit dem Eigentum anderer umgehen muss.

> § 823 [1] BGB
> Schadensersatzpflicht
> (1) Wer vorsätzlich oder fahrlässig das Leben, den Körper, die Gesundheit, die Freiheit, das Eigentum oder ein sonstiges Recht eines anderen widerrechtlich verletzt, ist dem anderen zum Ersatz des daraus entstehenden Schadens verpflichtet.

§ 110 BGB regelt beispielsweise den Fall, dass sich ein Minderjähriger von seinem monatlichen Taschengeld eine Zeitschrift kauft. Dieser Vertrag ist wirksam; der Kauf eines Autos wäre unwirksam.

> § 110 BGB
> Bewirken der Leistung mit eigenen Mitteln
> Ein von dem Minderjährigen ohne Zustimmung des gesetzlichen Vertreters geschlossener Vertrag gilt als von Anfang an wirksam, wenn der Minderjährige die vertragsmäßige Leistung mit Mitteln bewirkt, die ihm zu diesem Zweck oder zu freier Verfügung von dem Vertreter oder mit dessen Zustimmung von einem Dritten überlassen worden sind.

Der oben bereits erwähnte § 911 BGB regelt ein Alltagsproblem:

> § 911 BGB
> Überfall
> Früchte, die von einem Baume oder einem Strauche auf ein Nachbargrundstück hinüberfallen, gelten als Früchte dieses Grundstücks. Diese Vorschrift findet keine Anwendung, wenn das Nachbargrundstück dem öffentlichen Gebrauch dient.

2. Was ist die Rechtsfolge der Norm? (Frage 2)

Die zweite Frage an eine uns unbekannte Norm ist zentral wichtig für die Klausurbearbeitung. Sie lautet: Was ist die Rechtsfolge der Norm? Was ist ihr wesentlicher Regelungsgehalt? In anderen Worten: Wozu führt ihre Anwendung? Was tritt ein, wenn wir die Frage nach der Anwendbarkeit bejahen? Man nennt dies die „Rechtsfolge" einer Norm: Sind die Rechtsnorm-Voraussetzungen erfüllt, tritt die Rechtsfolge ein.

Es geht also um ein „Wenn-Dann"-Schema:

- WENN die Rechtsnorm-Voraussetzungen vorliegen,
- DANN tritt die **Rechtsfolge** ein.

---

[131] Dazu unten C V 5 (S. 178).

Terminologisch sei bemerkt: Wenn ich im Weiteren abkürzend von „Voraussetzungen" spreche, dann steht dies auch für „Rechtsnorm-Voraussetzungen".

Die Rechtsfolge ist deshalb bedeutsam für die Auslegung der Rechtsnorm-Voraussetzungen, weil an diese und ihre Begründung umso höhere Anforderungen gestellt werden, je gravierender die Rechtsfolge ist.

Das *Kriminalstrafrecht* (unten b) beruht immer auf einem staatlichen Vorwurf, der in die Ehre des Einzelnen eingreift[132]: die staatliche Feststellung, dass das Individuum etwas getan hat, was gegen die Grundwerte der Gesellschaft verstößt. Im Strafurteil ist dies der sog. „Schuldspruch". Dieser lautet beispielsweise: „Der Angeklagte ist eines Betrugs in einem besonders schweren Fall schuldig." Aufbauend auf diesem Vorwurf werden spezifisch strafrechtliche Sanktionen, wie insbesondere die Freiheitsstrafe, verhängt. Im Urteil heißt es deshalb im obigen Beispiel weiter: „Er wird zu einer Freiheitsstrafe von 3 Jahren verurteilt"

Deshalb sind die Anforderungen an eine gerechte Auslegung im Strafrecht besonders hoch. Dies gilt unabhängig davon, ob zu dem staatlichen Vorwurf im Einzelfall noch eine sechsmonatige oder eine mehrjährige Freiheitsstrafe kommt. Im Ordnungswidrigkeitenrecht ist es im Prinzip vergleichbar, nur ist der staatliche Vorwurf nicht so gravierend; auch kann keine Freiheitsstrafe verhängt werden, sondern nur Geldbuße.

Im *Öffentlichen* Recht (unten c) arbeitet man ansonsten ohne staatlichen Vorwurf. Das gilt insbesondere für das Allgemeine und das Besondere Polizeirecht. Dieses schaut nur in die Zukunft und will Gefahren verhindern, ohne zu fragen, wer an einer bestimmten Situation „schuld" ist. Deshalb wird es hier um andere Rechtsfolgen gehen.

Im *Zivilrecht* (unten d) steht die Frage im Mittelpunkt: „Wer will was von wem?" Deshalb wird es hier insbesondere um sogenannte „Anspruchsgrundlagen" gehen. Das ist eine Norm, die einem Rechtssubjekt A ein subjektives Recht auf eine bestimmte Leistung gegenüber dem Rechtssubjekt B gibt.

▶ **Tipp:** Wie nachfolgend noch zu zeigen sein wird, kommt es für Klausuren zentral darauf an, dass man sich absolut sicher ist, welche Rechtsfolge die Norm hat, die man zur Beantwortung der Frage heranzieht.

Wenn die Frage in einer Strafrechtsklausur z. B. lautet: „Hat sich A strafbar gemacht?" dann kann die Gesamtantwort hierauf nicht mit einer Norm begründet werden, die – wie § 823 BGB – zum Schadensersatz verpflichtet. Das mag an dieser Stelle banal klingen. Sitzen Sie aber in einer Klausur, dann kann es schnell geschehen, dass Sie sich hier vertun und auf ein völlig falsches Geleis geraten. Im oben

---

[132] Vgl. hierzu *Lagodny*, Strafrecht vor den Schranken der Grundrechte, Tübingen 1996, § 5 m. w. N. Ausnahme: Die Maßnahmen der Besserung und Sicherung tangieren die Ehre nicht, weil ihnen kein Vorwurf zugrunde liegt.

erwähnten Beispiel der Suche meines Schreibtisches wäre das damit zu vergleichen, dass sie ihn auf dem Mars suchen.

a) Beispiele für Rechtsfolgen generell

Bei den nachfolgend beispielhaft genannten Vorschriften ist die Rechtsfolge immer in fetter Formatierung hervorgehoben.

► **Tipp:** Üben Sie zunächst für sich, ob Sie die Rechtsfolge erkennen, bevor Sie weiterlesen.

Schauen Sie in Ihrer Textsammlung folgende Vorschriften an:

- § 219a StGB
- § 13 StGB
- § 16 StGB
- § 17 StGB
- § 24 StGB
- § 33 StGB
- § 193 StGB
- § 93 StGB
- § 97b StGB
- § 114 StGB
- § 157 StGB
- § 190 StGB
- § 219 StGB
- § 228 StGB
- § 248a StGB

§ 219a StGB

Werbung für den Abbruch der Schwangerschaft

(1) Wer öffentlich, in einer Versammlung oder durch Verbreiten von Schriften (§ 11 Abs. 3) seines Vermögensvorteils wegen oder in grob anstößiger Weise

1. eigene oder fremde Dienste zur Vornahme oder Förderung eines Schwangerschaftsabbruchs oder

2. Mittel, Gegenstände oder Verfahren, die zum Abbruch der Schwangerschaft geeignet sind, unter Hinweis auf diese Eignung anbietet, ankündigt, anpreist oder Erklärungen solchen Inhalts bekanntgibt, **wird** mit Freiheitsstrafe bis zu zwei Jahren oder mit Geldstrafe **bestraft.**

(2) Absatz 1 Nr. 1 **gilt nicht,** wenn Ärzte oder auf Grund Gesetzes anerkannte Beratungsstellen darüber unterrichtet werden, welche Ärzte, Krankenhäuser oder Einrichtungen bereit sind, einen Schwangerschaftsabbruch unter den Voraussetzungen des § 218a Abs. 1 bis 3 vorzunehmen.

(3) Absatz 1 Nr. 2 **gilt nicht,** wenn die Tat gegenüber Ärzten oder Personen, die zum Handeln mit den in Absatz 1 Nr. 2 erwähnten Mitteln oder Gegenständen befugt sind, oder durch eine Veröffentlichung in ärztlichen oder pharmazeutischen Fachblättern begangen wird.

§ 13 StGB
Begehen durch Unterlassen
(1) Wer es unterlässt, einen Erfolg abzuwenden, der zum Tatbestand eines Strafgesetzes gehört, ist nach diesem Gesetz **nur dann strafbar,** wenn er rechtlich dafür einzustehen hat, dass der Erfolg nicht eintritt, und wenn das Unterlassen der Verwirklichung des gesetzlichen Tatbestandes durch ein Tun entspricht.
(2) Die Strafe kann nach § 49 Abs. 1 gemildert werden.

§ 16 StGB
Irrtum über Tatumstände
(1) Wer bei Begehung der Tat einen Umstand nicht kennt, der zum gesetzlichen Tatbestand gehört, **handelt nicht vorsätzlich.** Die Strafbarkeit wegen fahrlässiger Begehung **bleibt unberührt.**
(2) Wer bei Begehung der Tat irrig Umstände annimmt, welche den Tatbestand eines milderen Gesetzes verwirklichen würden, **kann** wegen vorsätzlicher Begehung **nur nach dem milderen** Gesetz **bestraft werden**

§ 17 StGB
Verbotsirrtum
Fehlt dem Täter bei Begehung der Tat die Einsicht, Unrecht zu tun, so **handelt** er **ohne Schuld,** wenn er diesen Irrtum nicht vermeiden konnte. Konnte der Täter den Irrtum vermeiden, so kann die Strafe nach § 49 Abs. 1 gemildert werden.

§ 24 StGB
Rücktritt
(1) **Wegen Versuchs wird nicht bestraft,** wer freiwillig die weitere Ausführung der Tat aufgibt oder deren Vollendung verhindert. Wird die Tat ohne Zutun des Zurücktretenden nicht vollendet, so wird er straflos, wenn er sich freiwillig und ernsthaft bemüht, die Vollendung zu verhindern.
(2) Sind an der Tat mehrere beteiligt, so **wird wegen Versuchs nicht bestraft,** wer freiwillig die Vollendung verhindert. Jedoch genügt zu seiner Straflosigkeit sein freiwilliges und ernsthaftes Bemühen, die Vollendung der Tat zu verhindern, wenn sie ohne sein Zutun nicht vollendet oder unabhängig von seinem früheren Tatbeitrag begangen wird.

§ 33 StGB
Überschreitung der Notwehr
Überschreitet der Täter die Grenzen der Notwehr aus Verwirrung, Furcht oder Schrecken, so **wird** er **nicht bestraft.**

§ 193 StGB
Wahrnehmung berechtigter Interessen
Tadelnde Urteile über wissenschaftliche, künstlerische oder gewerbliche Leistungen, desgleichen Äußerungen, welche zur Ausführung oder Verteidigung von Rechten oder zur Wahrnehmung berechtigter Interessen gemacht werden, sowie Vorhaltungen und Rügen der Vorgesetzten gegen ihre Untergebenen, dienstliche Anzeigen oder Urteile von Seiten eines Beamten und ähnliche Fälle **sind nur** insofern **strafbar,** als das Vorhandensein einer Beleidigung aus der Form der Äußerung oder aus den Umständen, unter welchen sie geschah, hervorgeht.

Keine Rechtsfolge im oben beschriebenen Sinn enthalten Legaldefinitionen[133], wie z. B.

§ 93 StGB
Begriff des Staatsgeheimnisses

---

[133] Vgl. dazu auch C III 2 (S. 52 ff.).

(1) Staatsgeheimnisse **sind** Tatsachen, Gegenstände oder Erkenntnisse, die nur einem begrenzten Personenkreis zugänglich sind und vor einer fremden Macht geheim gehalten werden müssen, um die Gefahr eines schweren Nachteils für die äußere Sicherheit der Bundesrepublik Deutschland abzuwenden.

(2) Tatsachen, die gegen die freiheitliche demokratische Grundordnung oder unter Geheimhaltung gegenüber den Vertragspartnern der Bundesrepublik Deutschland gegen zwischenstaatlich vereinbarte Rüstungsbeschränkungen verstoßen, **sind keine** Staatsgeheimnisse.

§ 97b StGB
Verrat in irriger Annahme eines illegalen Geheimnisses

(1) Handelt der Täter in den Fällen der §§ 94 bis 97 in der irrigen Annahme, das Staatsgeheimnis sei ein Geheimnis der in § 97a bezeichneten Art, so **wird** er, wenn

1. dieser Irrtum ihm vorzuwerfen ist,
2. er nicht in der Absicht handelt, dem vermeintlichen Verstoß entgegenzuwirken, **oder**
3. die Tat nach den Umständen kein angemessenes Mittel zu diesem Zweck ist, **nach den bezeichneten Vorschriften bestraft.** Die **Tat ist** in der Regel **kein angemessenes Mittel,** wenn der Täter nicht zuvor ein Mitglied des Bundestages um Abhilfe angerufen hat.

(2) War dem Täter als Amtsträger oder als Soldat der Bundeswehr das Staatsgeheimnis dienstlich anvertraut oder zugänglich, so **wird** er **auch dann bestraft,** wenn nicht zuvor der Amtsträger einen Dienstvorgesetzten, der Soldat einen Disziplinarvorgesetzten um Abhilfe angerufen hat. Dies gilt für die für den öffentlichen Dienst besonders Verpflichteten und für Personen, die im Sinne des § 353b Abs. 2 verpflichtet worden sind, **sinngemäß.**

§ 114 StGB
Widerstand gegen Personen, die Vollstreckungsbeamten gleichstehen

(1) Der Diensthandlung eines Amtsträgers im Sinne des § 113 **stehen** Vollstreckungshandlungen von Personen **gleich,** die die Rechte und Pflichten eines Polizeibeamten haben oder Ermittlungspersonen der Staatsanwaltschaft sind, ohne Amtsträger zu sein.

(2) § 113 **gilt entsprechend** zum Schutz von Personen, die zur Unterstützung bei der Diensthandlung zugezogen sind.

§ 157 StGB
Aussagenotstand

(1) Hat ein Zeuge oder Sachverständiger sich eines Meineids oder einer falschen uneidlichen Aussage schuldig gemacht, so **kann das Gericht** die Strafe nach seinem Ermessen **mildern** (§ 49 Abs. 2) und im Falle uneidlicher Aussage auch ganz **von Strafe absehen,** wenn der Täter die Unwahrheit gesagt hat, um von einem Angehörigen oder von sich selbst die Gefahr abzuwenden, bestraft oder einer freiheitsentziehenden Maßregel der Besserung und Sicherung unterworfen zu werden.

(2) **Das Gericht kann** auch dann die Strafe nach seinem Ermessen **mildern** (§ 49 Abs. 2) oder ganz **von Strafe absehen,** wenn ein noch nicht Eidesmündiger uneidlich falsch ausgesagt hat.

§ 190 StGB
Wahrheitsbeweis durch Strafurteil

Ist die behauptete oder verbreitete Tatsache eine Straftat, so **ist der Beweis** der Wahrheit **als erbracht anzusehen,** wenn der Beleidigte wegen dieser Tat rechtskräftig verurteilt worden ist. Der Beweis der Wahrheit **ist** dagegen **ausgeschlossen,** wenn der Beleidigte vor der Behauptung oder Verbreitung rechtskräftig freigesprochen worden ist.

§ 219 StGB
Beratung der Schwangeren in einer Not- und Konfliktlage

(1) **Die Beratung dient** dem Schutz des ungeborenen Lebens. Sie hat sich von dem Bemühen leiten zu lassen, die Frau zur Fortsetzung der Schwangerschaft zu ermutigen und ihr Perspektiven für ein Leben mit dem Kind zu eröffnen; sie soll ihr helfen, eine verantwortliche und gewissenhafte Entscheidung zu treffen. Dabei muss der Frau bewusst sein, daß das

Ungeborene in jedem Stadium der Schwangerschaft auch ihr gegenüber ein eigenes Recht auf Leben hat und daß deshalb nach der Rechtsordnung ein Schwangerschaftsabbruch nur in Ausnahmesituationen in Betracht kommen kann, wenn der Frau durch das Austragen des Kindes eine Belastung erwächst, die so schwer und außergewöhnlich ist, daß sie die zumutbare Opfergrenze übersteigt. **Die Beratung soll** durch Rat und Hilfe dazu **beitragen,** die in Zusammenhang mit der Schwangerschaft bestehende Konfliktlage zu bewältigen und einer Notlage abzuhelfen. Das Nähere regelt das Schwangerschaftskonfliktgesetz.

(2) **Die Beratung hat** nach dem Schwangerschaftskonfliktgesetz **durch** eine anerkannte Schwangerschaftskonfliktberatungsstelle **zu erfolgen. Die Beratungsstelle hat** der Schwangeren nach Abschluß der Beratung hierüber eine mit dem Datum des letzten Beratungsgesprächs und dem Namen der Schwangeren versehene Bescheinigung nach Maßgabe des Schwangerschaftskonfliktgesetzes **auszustellen.** Der **Arzt,** der den Abbruch der Schwangerschaft vornimmt, **ist als Berater ausgeschlossen.**

§ 228 StGB
Einwilligung
Wer eine Körperverletzung mit Einwilligung der verletzten Person vornimmt, **handelt** nur dann **rechtswidrig,** wenn die Tat trotz der Einwilligung gegen die guten Sitten verstößt.

§ 248a StGB
Diebstahl und Unterschlagung geringwertiger Sachen
Der Diebstahl und die Unterschlagung geringwertiger Sachen **werden** in den Fällen der §§ 242 und 246 **nur auf Antrag verfolgt,** es sei denn, daß die Strafverfolgungsbehörde wegen des besonderen öffentlichen Interesses an der Strafverfolgung ein Einschreiten von Amts wegen für geboten hält.

b) Spezifische Beispiele aus dem StGB
aa) Tatbestandsausschluss

Anders als Rechtfertigungsgründe führt ein Tatbestandsausschluss dazu, dass etwas gar nicht vom Strafrecht erfasst wird. Dazu hat der Gesetzgeber in nachvollziehendem Gehorsam (statt in selbstbewusster Eigenverantwortlichkeit) bei § 218a StGB gegriffen, nachdem ihm das Bundesverfassungsgericht den Weg dazu vorgeschrieben hat[134]: Abs. 1 betrifft den schon tatbestandslosen „nur beratenen" Schwangerschaftsabbruch; Abs. 2 den zwar tatbestandlich erfassten, aber gerechtfertigten Schwangerschaftsabbruch[135].

§ 218a StGB
Straflosigkeit des Schwangerschaftsabbruchs
(1) Der Tatbestand des § 218 **ist nicht verwirklicht,** wenn
1. die Schwangere den Schwangerschaftsabbruch verlangt und dem Arzt durch eine Bescheinigung nach § 219 Abs. 2 Satz 2 nachgewiesen hat, daß sie sich mindestens drei Tage vor dem Eingriff hat beraten lassen,
2. der Schwangerschaftsabbruch von einem Arzt vorgenommen wird und
3. seit der Empfängnis nicht mehr als zwölf Wochen vergangen sind.

---

[134] Vgl. BVerfGE 88, 203 sowie die Darstellung bei Schönke/Schröder–*Eser*, StGB, 28. Aufl. München 2010, RN 2–8 vor § 218.

[135] Seltsam an dieser Konstruktion ist, das der „nur beratene" Abbruch als ethisch problematischer angesehen wird, aber rechtlich wegen des Tatbestandsausschlusses als eher höherstehend im Vergleich zu einem „nur" gerechtfertigten Abbruch.

(2) Der mit Einwilligung der Schwangeren von einem Arzt vorgenommene Schwangerschaftsabbruch **ist nicht rechtswidrig,** wenn der Abbruch der Schwangerschaft unter Berücksichtigung der gegenwärtigen und zukünftigen Lebensverhältnisse der Schwangeren nach ärztlicher Erkenntnis angezeigt ist, um eine Gefahr für das Leben oder die Gefahr einer schwerwiegenden Beeinträchtigung des körperlichen oder seelischen Gesundheitszustandes der Schwangeren abzuwenden, und die Gefahr nicht auf eine andere für sie zumutbare Weise abgewendet werden kann.

(3) Die Voraussetzungen des Absatzes 2 gelten bei einem Schwangerschaftsabbruch, der mit Einwilligung der Schwangeren von einem Arzt vorgenommen wird, auch als erfüllt, wenn nach ärztlicher Erkenntnis an der Schwangeren eine rechtswidrige Tat nach den §§ 176 bis 179 des Strafgesetzbuches begangen worden ist, dringende Gründe für die Annahme sprechen, daß die Schwangerschaft auf der Tat beruht, und seit der Empfängnis nicht mehr als zwölf Wochen vergangen sind.

(4) Die Schwangere ist nicht nach § 218 strafbar, wenn der Schwangerschaftsabbruch nach Beratung (§ 219) von einem Arzt vorgenommen worden ist und seit der Empfängnis nicht mehr als zweiundzwanzig Wochen verstrichen sind. Das Gericht kann von Strafe nach § 218 absehen, wenn die Schwangere sich zur Zeit des Eingriffs in besonderer Bedrängnis befunden hat.

bb) Strafaufhebung an der Grenze zur Strafzumessung

Die nachfolgenden Normen sind Beispiele für eine nicht immer klare Grenzziehung des „modernen" Gesetzgebers. Er sieht oft vor, dass etwas „straffrei" bleibt oder jemand „nicht zu … verpflichtet ist". Damit fehlt es bereits an strafbarem Verhalten; prozessual erfolgt hier ein Freispruch. Vergleichbar oft und oft auch ohne System kommt es aber zum „Absehen von Strafe". Dann erfolgt im Prozess ein Schuldspruch („Der Angeklagte ist eines […] schuldig"), jedoch erfolgt keine (weitere) Strafe („Von einer Strafe wird abgesehen"). Analysieren Sie dazu folgende Normen:

§ 139 StGB
Straflosigkeit der Nichtanzeige geplanter Straftaten
(1) Ist in den Fällen des § 138 die Tat nicht versucht worden, so **kann von Strafe abgesehen werden.**
(2) Ein Geistlicher **ist nicht verpflichtet anzuzeigen,** was ihm in seiner Eigenschaft als Seelsorger anvertraut worden ist.
(3) Wer eine Anzeige unterlässt, die er gegen einen Angehörigen erstatten müsste, **ist straffrei,** wenn er sich ernsthaft bemüht hat, ihn von der Tat abzuhalten oder den Erfolg abzuwenden, es sei denn, daß es sich um
1. einen Mord oder Totschlag (§§ 211 oder 212),
2. einen Völkermord in den Fällen des § 6 Abs. 1 Nr. 1 des Völkerstrafgesetzbuches oder ein Verbrechen gegen die Menschlichkeit in den Fällen des § 7 Abs. 1 Nr. 1 des Völkerstrafgesetzbuches oder ein Kriegsverbrechen in den Fällen des § 8 Abs. 1 Nr. 1 des Völkerstrafgesetzbuches oder
3. einen erpresserischen Menschenraub (§ 239a Abs. 1), eine Geiselnahme (§ 239b Abs. 1) oder einen Angriff auf den Luft- und Seeverkehr (§ 316c Abs. 1) durch eine terroristische Vereinigung (§ 129a, auch in Verbindung mit § 129b Abs. 1) handelt.
Unter denselben Voraussetzungen ist ein Rechtsanwalt, Verteidiger, Arzt, Psychologischer Psychotherapeut oder Kinder- und Jugendlichenpsychotherapeut **nicht verpflichtet anzuzeigen,** was ihm in dieser Eigenschaft anvertraut worden ist. Die berufsmäßigen Gehilfen der in Satz 2 genannten Personen und die Personen, die bei diesen zur Vorbereitung auf den Beruf tätig sind, **sind nicht verpflichtet mitzuteilen,** was ihnen in ihrer beruflichen Eigenschaft bekannt geworden ist.

(4) **Straffrei ist,** wer die Ausführung oder den Erfolg der Tat anders als durch Anzeige abwendet. Unterbleibt die Ausführung oder der Erfolg der Tat ohne Zutun des zur Anzeige Verpflichteten, so genügt zu seiner Straflosigkeit sein ernsthaftes Bemühen, den Erfolg abzuwenden.

§ 314a
Tätige Reue
(1) Das Gericht **kann** die Strafe in den Fällen des § 307 Abs. 1 und des § 309 Abs. 2 nach seinem Ermessen **mildern** (§ 49 Abs. 2), wenn der Täter freiwillig die weitere Ausführung der Tat aufgibt oder sonst die Gefahr abwendet.
(2) Das Gericht **kann** die in den folgenden Vorschriften angedrohte Strafe nach seinem Ermessen **mildern** (§ 49 Abs. 2) **oder von Strafe** nach diesen Vorschriften **absehen,** wenn der Täter
1. in den Fällen des § 309 Abs. 1 oder § 314 Abs. 1 freiwillig die weitere Ausführung der Tat aufgibt oder sonst die Gefahr abwendet oder
2. in den Fällen des
   a) § 307 Abs. 2,
   b) § 308 Abs. 1 und 5,
   c) § 309 Abs. 6,
   d) § 311 Abs. 1,
   e) § 312 Abs. 1 und 6 Nr. 1,
   f) § 313, auch in Verbindung mit § 308 Abs. 5,
freiwillig die Gefahr abwendet, bevor ein erheblicher Schaden entsteht.
(3) Nach den folgenden Vorschriften **wird nicht bestraft,** wer
1. in den Fällen des
   a) § 307 Abs. 4,
   b) § 308 Abs. 6,
   c) § 311 Abs. 3,
   d) § 312 Abs. 6 Nr. 2,
   e) § 313 Abs. 2 in Verbindung mit § 308 Abs. 6
freiwillig die Gefahr abwendet, bevor ein erheblicher Schaden entsteht, oder
2. in den Fällen des § 310 freiwillig die weitere Ausführung der Tat aufgibt oder sonst die Gefahr abwendet.
(4) Wird ohne Zutun des Täters die Gefahr abgewendet, so genügt sein freiwilliges und ernsthaftes Bemühen, dieses Ziel zu erreichen.

cc) Strafverfolgungsvoraussetzungen

Einige Regelungen im StGB betreffen nicht das materielle Recht, sondern das Verfahren. Ein Beispiel ist etwa § 194 StGB. Die Rechtsfolge ist jeweils durch Fettdruck hervorgehoben.

▶ **Tipp:** Wenn Sie die Rechtsfolge unterstreichen, erleichtert dies das Verständnis der Normen ganz erheblich.

§ 194 StGB
Strafantrag
(1) Die Beleidigung **wird nur auf Antrag** verfolgt. Ist die Tat durch Verbreiten oder öffentliches Zugänglichmachen einer Schrift (§ 11 Abs. 3, in einer Versammlung oder durch eine Darbietung im Rundfunk begangen, so ist ein **Antrag nicht erforderlich,** wenn der Verletzte als Angehöriger einer Gruppe unter der nationalsozialistischen oder einer anderen

Gewalt- und Willkürherrschaft verfolgt wurde, diese Gruppe Teil der Bevölkerung ist und die Beleidigung mit dieser Verfolgung zusammenhängt. Die Tat kann jedoch nicht von Amts wegen verfolgt werden, wenn der Verletzte widerspricht. Der Widerspruch kann nicht zurückgenommen werden. Stirbt der Verletzte, so gehen das Antragsrecht und das Widerspruchsrecht auf die in § 77 Abs. 2 bezeichneten Angehörigen über.

(2) Ist das **Andenken eines Verstorbenen** verunglimpft, so steht das Antragsrecht den in § 77 Abs. 2 bezeichneten Angehörigen zu. Ist die **Tat durch Verbreiten** oder öffentliches Zugänglichmachen einer Schrift (§ 11 Abs. 3), in einer Versammlung oder durch eine Darbietung im Rundfunk begangen, so ist ein Antrag nicht erforderlich, wenn der Verstorbene sein Leben als Opfer der nationalsozialistischen oder einer anderen Gewalt- und Willkürherrschaft verloren hat und die Verunglimpfung damit zusammenhängt. Die Tat kann jedoch nicht von Amts wegen verfolgt werden, wenn ein Antragsberechtigter der Verfolgung widerspricht. Der Widerspruch kann nicht zurückgenommen werden.

(3) Ist die Beleidigung gegen einen **Amtsträger**, einen für den öffentlichen Dienst besonders Verpflichteten oder einen Soldaten der Bundeswehr während der Ausübung seines Dienstes oder in Beziehung auf seinen Dienst begangen, so wird sie auch auf Antrag des Dienstvorgesetzten verfolgt. Richtet sich die Tat gegen eine Behörde oder eine sonstige Stelle, die Aufgaben der öffentlichen Verwaltung wahrnimmt, so wird sie auf Antrag des Behördenleiters oder des Leiters der aufsichtführenden Behörde verfolgt. Dasselbe gilt für Träger von Ämtern und für Behörden der Kirchen und anderen Religionsgesellschaften des öffentlichen Rechts.

(4) Richtet sich die Tat gegen ein **Gesetzgebungsorgan** des Bundes oder eines Landes oder eine andere politische Körperschaft im räumlichen Geltungsbereich dieses Gesetzes, so wird sie nur mit Ermächtigung der betroffenen Körperschaft verfolgt.

c) Spezifische Beispiele aus dem Öffentlichen Recht

Im Öffentlichen Recht gibt es sehr viel verschiedene Rechtsfolgen, die im Rahmen etwa von Prüfungsarbeiten bedacht sein wollen. Für mich immer noch sehr klar und weiterführend ist die Darstellung von *Schwerdtfeger*, Öffentliches Recht in der Fallbearbeitung, inzwischen 13. Auflage. Sie hat mir schon in meinem eigenen Studium das Verständnis des Öffentlichen Rechts erleichtert und mir nahe gebracht. Anders als im Strafrecht muss man sich in aller Regel ein ganz individuelles Prüfungs-Schema für die Lösung erst selbst herausarbeiten. Es gibt zwar eine Fülle von Teil-Prüfungsschemata. Diese muss man aber oft so „zusammenbasteln", wie es der Fall eben erfordert. Das ist von der gedanklichen Leistung her dasselbe wie im Strafrecht, wenn Sie den Aufbau der Straftat aus dem Allgemeinen Teil auf jedes Delikt des Besonderen Teils übertragen können müssen[136].

Und dabei hilft es zentral weiter, wenn Sie die Rechtsfolge einer Norm erkennen. Nur dann wissen Sie, ob diese Norm, in Ihren Gedankengang passt: Es sei gefragt, ob der Bürger B einen Anspruch auf Erteilung einer bestimmten Erlaubnis hat. Hierzu benötige ich eine Norm die z. B. sagt: „Eine Erlaubnis [zu …] ist zu erteilen, wenn …" oder „Eine Erlaubnis [zu …] kann versagt werden, wenn …"[137]. Eine Norm, wonach eine Behörde vor Erteilung der Erlaubnis eine andere zu konsultie-

---

[136] Dazu oben C IV 4 b bb (S. 122 ff.).

[137] Vgl. dazu z. B. die zwingend vorgeschriebene Versagung nach § 5 BtMG („ist zu versagen, wenn").

ren hat[138], kann niemals Ausgangspunkt für die Beantwortung der Ausgangsfrage sein; sehr wohl kann sie im Rahmen der *weiteren Prüfung* eine Rolle spielen. Die nachfolgenden Beispiele sollen deshalb nur ein Grundverständnis wecken. Vertiefen müssen Sie das dann anhand der Ausbildungsliteratur zum Öffentlichen Recht.

Das Betäubungsmittelgesetz (BtMG) regelt nicht nur die Strafbarkeit von Drogendelikten, sondern vor allem auch den legalen Verkehr mit Betäubungsmitteln. So muss etwa ein Apotheker schmerzlindernde Barbiturate vorrätig halten. Das wird natürlich vom BtMG peinlichst genau geregelt. Die wichtigste Frage für einen Apotheker ist aber, ob er überhaupt einer Erlaubnis bedarf. Nehmen wir an, es handelt sich um A, der die Löwen-Apotheke in F-Stadt übernimmt. Die Antwort ergibt sich aus § 3 und § 4 BtMG. Die Rechtsfolge von § 3 BtMG lautet: „Einer Erlaubnis ... bedarf". Weil ein Apotheker mit Betäubungsmitteln „Handel treibt", fällt er grundsätzlich unter § 3 BtMG und bedürfte einer Erlaubnis:

> § 3 BtMG
> Erlaubnis zum Verkehr mit Betäubungsmitteln
> (1) Einer Erlaubnis des Bundesinstitutes für Arzneimittel und Medizinprodukte bedarf, wer
> 1. Betäubungsmittel anbauen, herstellen, mit ihnen Handel treiben, sie, ohne mit ihnen Handel zu treiben, einführen, ausführen, abgeben, veräußern, sonst in den Verkehr bringen, erwerben oder
> 2. ausgenommene Zubereitungen (§ 2 Abs. 1 Nr. 3) herstellen
> will.
> (2) Eine Erlaubnis für die in Anlage I bezeichneten Betäubungsmittel kann das Bundesinstitut für Arzneimittel und Medizinprodukte nur ausnahmsweise zu wissenschaftlichen oder anderen im öffentlichen Interesse liegenden Zwecken erteilen.

§ 4 BtMG regelt Ausnahmen von der Erlaubnispflicht, weil seine Rechtsfolge lautet: „Einer Erlaubnis nach § 3 bedarf nicht ...". Fällt unser Apotheker also auch unter § 4 BtMG, dann besteht die Erlaubnispflicht nicht. Um diese Vorschrift schnell zu erfassen, können wir zugleich das bisher Geübte anwenden (Erläuterung in den Fußnoten):

> § 4 BtMG
> Ausnahmen von der Erlaubnispflicht
> (1) Einer Erlaubnis nach § 3 bedarf nicht, wer[139]
> 1. im Rahmen des Betriebs einer öffentlichen Apotheke oder einer Krankenhausapotheke (Apotheke)
>   a) in Anlage II oder III bezeichnete Betäubungsmittel oder dort ausgenommene Zubereitungen herstellt,
>   b) in Anlage II oder III bezeichnete Betäubungsmittel erwirbt,
>   c) in Anlage III bezeichnete Betäubungsmittel auf Grund ärztlicher, zahnärztlicher oder tierärztlicher Verschreibung abgibt[140] oder

---

[138] Siehe oben C IV 3 f (S. 117 ff.).

[139] Wir brauchen hier nur die Nr. 1–3 „anlesen", um zu sehen, dass nur Nr. 1a einschlägig sein kann, weil die „Löwen"-Apotheke eine für jedermann zugängliche und damit öffentliche Apotheke ist. Nummer 4 und 5 sind evident nicht einschlägig.

[140] Das ist der Fall, um den es uns hier geht: Apotheker A will Betäubungsmittel ja nur auf Rezept an Kunden abgeben. Also müssten wir in Anlage III hineinschauen, um zu erfahren, um welche Betäubungsmittel es geht. Im Gegenschluss wird uns die Frage: „Wozu sagt die Norm nichts?"

    d) in Anlage II oder III bezeichnete Betäubungsmittel an Inhaber einer Erlaubnis zum Erwerb dieser Betäubungsmittel zurückgibt oder an den Nachfolger im Betrieb der Apotheke abgibt[141],

    e) in Anlage I, II oder III bezeichnete Betäubungsmittel zur Untersuchung, zur Weiterleitung an eine zur Untersuchung von Betäubungsmitteln berechtigte Stelle oder zur Vernichtung entgegennimmt,

2. im Rahmen des Betriebs einer tierärztlichen Hausapotheke in Anlage III bezeichnete Betäubungsmittel in Form von Fertigarzneimitteln

    a) für ein von ihm behandeltes Tier miteinander, mit anderen Fertigarzneimitteln oder arzneilich nicht wirksamen Bestandteilen zum Zwecke der Anwendung durch ihn oder für die Immobilisation eines von ihm behandelten Zoo-, Wild- und Gehegetieres mischt,

    b) erwirbt,

    c) für ein von ihm behandeltes Tier oder Mischungen nach Buchstabe a für die Immobilisation eines von ihm behandelten Zoo-, Wild- und Gehegetieres abgibt oder

    d) an Inhaber der Erlaubnis zum Erwerb dieser Betäubungsmittel zurückgibt oder an den Nachfolger im Betrieb der tierärztlichen Hausapotheke abgibt,

3. in Anlage III bezeichnete Betäubungsmittel

    a) auf Grund ärztlicher, zahnärztlicher oder tierärztlicher Verschreibung oder

    b) zur Anwendung an einem Tier von einer Person, die dieses Tier behandelt und eine tierärztliche Hausapotheke betreibt,

erwirbt,

4. in Anlage III bezeichnete Betäubungsmittel

    a) als Arzt, Zahnarzt oder Tierarzt im Rahmen des grenzüberschreitenden Dienstleistungsverkehrs oder

    b) auf Grund ärztlicher, zahnärztlicher oder tierärztlicher Verschreibung erworben hat und sie als Reisebedarf

ausführt oder einführt,

5. gewerbsmäßig

    a) an der Beförderung von Betäubungsmitteln zwischen befugten Teilnehmern am Betäubungsmittelverkehr beteiligt ist oder die Lagerung und Aufbewahrung von Betäubungsmitteln im Zusammenhang mit einer solchen Beförderung oder für einen befugten Teilnehmer am Betäubungsmittelverkehr übernimmt oder

    b) die Versendung von Betäubungsmitteln zwischen befugten Teilnehmern am Betäubungsmittelverkehr durch andere besorgt oder vermittelt oder

6. in Anlage I, II oder III bezeichnete Betäubungsmittel als Proband oder Patient im Rahmen einer klinischen Prüfung oder in Härtefällen nach § 21 Absatz 2 Satze 1 Nummer 6 des Arzneimittelgesetzes in Verbindung mit Artikel 83 der Verordnung (EG) Nr. 726/2004 des Europäischen Parlaments und des Rates vom 31. März 2004 zur Festlegung von Gemeinschaftsverfahren für die Genehmigung und Überwachung von Human- und Tierarzneimitteln und zur Errichtung einer Europäischen Arzneimittel-Agentur (ABl. L 136 vom 30.4.2004, S. 1) erwirbt.

(2) Einer Erlaubnis nach § 3 bedürfen nicht Bundes- und Landesbehörden für den Bereich ihrer dienstlichen Tätigkeit sowie die von ihnen mit der Untersuchung von Betäubungsmitteln beauftragten Behörden.

---

dahingehend beantwortet: für die Abgabe von Betäubungsmitteln der Anlage I und II benötigt auch der Apotheker eine Erlaubnis.

[141] Das ist die Norm, die für den Vorgänger von A relevant war, als er die Apotheke an A übergeben hat.

(3) Wer nach Absatz 1 Nr. 1 und 2 keiner Erlaubnis bedarf und am Betäubungsmittelverkehr teilnehmen will, hat dies dem Bundesinstitut für Arzneimittel und Medizinprodukte zuvor anzuzeigen[142]. Die Anzeige muß enthalten:

1. den Namen und die Anschriften des Anzeigenden sowie der Apotheke oder der tierärztlichen Hausapotheke,
2. das Ausstellungsdatum und die ausstellende Behörde der apothekenrechtlichen Erlaubnis oder der Approbation als Tierarzt und
3. das Datum des Beginns der Teilnahme am Betäubungsmittelverkehr.

Das Bundesinstitut für Arzneimittel und Medizinprodukte unterrichtet die zuständige oberste Landesbehörde unverzüglich über den Inhalt der Anzeigen, soweit sie tierärztliche Hausapotheken betreffen.

Wir können also schon durch die Lektüre der beiden Normen eindeutig sagen: A braucht keine Erlaubnis nach § 3 BtMG, wenn und soweit[143] er nach § 4 Abs. 1 Nr. 1c BtMG nur Betäubungsmittel der Anlage III[144] aufgrund ärztlicher Verschreibung abgibt.

Daraus folgt für die weitere Lektüre des BtMG: Auf § 5 BtMG (Versagung der Erlaubnis) und § 6 BtMG (Sachkunde als Kriterium für die Versagung der Erlaubnis) kommt es gar nicht an. Diese Normen brauchen wir nicht zu lesen.

Wenn wir für unseren Apotheker A nun weiter lesen im BtMG, dann finden wir eine detaillierte Regelung zur Abgabe von Betäubungsmitteln in § 12 BtMG. Danach „dürfen [Betäubungsmittel] nur abgegeben werden", (wenn bestimmte Voraussetzungen erfüllt sind):

§ 12 BtMG
Abgabe und Erwerb
(1) Betäubungsmittel dürfen nur abgegeben werden an
1. Personen oder Personenvereinigungen, die im Besitz einer Erlaubnis nach § 3 zum Erwerb sind oder eine Apotheke oder tierärztliche Hausapotheke betreiben,
2. die in § 4 Abs. 2 oder § 26 genannten Behörden oder Einrichtungen.
3. (weggefallen)
(2) Der Abgebende hat dem Bundesinstitut für Arzneimittel und Medizinprodukte außer in den Fällen des § 4 Abs. 1 Nr. 1 Buchstabe e unverzüglich jede einzelne Abgabe unter Angabe des Erwerbers und der Art und Menge des Betäubungsmittels zu melden. Der Erwerber hat dem Abgebenden den Empfang der Betäubungsmittel zu bestätigen.
(3) Die Absätze 1 und 2 gelten nicht bei
1. Abgabe von in Anlage III bezeichneten Betäubungsmitteln
  a) auf Grund ärztlicher, zahnärztlicher oder tierärztlicher Verschreibung im Rahmen des Betriebes einer Apotheke,

---

[142] Absatz 3 ist für A wichtig: Er bedarf zwar keiner Erlaubnis, aber er muss den Betrieb der Apotheke dem Bundesinstitut anzeigen. Das ist wichtig für die Ausübung z. B. von Kontrollbefugnissen durch das Bundsinstitut.

[143] „Wenn und soweit" ist eine typisch juristische Formulierung. Ich benutze sie, um Ihnen bewusst zu machen: Ich habe hier nur den Gesetzestext angewendet und keine umfassende Prüfung nach dem BtMG vorgenommen, sondern treffe nur eine Sachaussage zu den zitierten Vorschriften.

[144] Das BtMG unterscheidet die Stoffe: in Anlage I sind die nicht verkehrsfähigen Stoffe enthalten (z. B. Heroin); in Anlage II die zwar verkehrsfähigen, aber nicht verschreibungsfähigen (z. B. Cocablätter), in Anlage III die verkehrs- und verschreibungsfähigen Stoffe (z. B. Codein; Morphin). Siehe im Detail auch die Betäubungsmittel-Verschreibungsverordnung (BtMVV), abgedruckt in der dtv-Ausgabe des StGB unter Nr. 8a.

  b) im Rahmen des Betriebes einer tierärztlichen Hausapotheke für ein vom Betreiber
    dieser Hausapotheke behandeltes Tier,
2. der Ausfuhr von Betäubungsmitteln und
3. Abgabe und Erwerb von Betäubungsmitteln zwischen den in § 4 Abs. 2 oder § 26
   genannten Behörden oder Einrichtungen.
(4) Das Bundesministerium für Gesundheit wird ermächtigt, durch Rechtsverordnung ohne
Zustimmung des Bundesrates das Verfahren der Meldung und der Empfangsbestätigung
zu regeln. Es kann dabei insbesondere deren Form, Inhalt und Aufbewahrung sowie eine
elektronische Übermittlung regeln.

Aus Absatz 3 Nr. 1a BtMG entnehmen wir jedoch, dass A der Einschränkung des
Absatzes 1 nicht unterliegt. Zusammenfassend können wir sagen: A muss den Be-
trieb seiner Apotheke nur nach § 5 Abs. 3 Satz 1 BtMG dem Bundesinstitut für
Arzneimittel und Medizinprodukte anzeigen.

Lesen wir noch eine Norm weiter, dann erfahren wir in § 13 BtMG zudem nä-
heres zu den Betäubungsmitteln nach Anlage III. Sie dürfen nämlich nur von Ärzten etc verschrieben werden, wenn ihre „Anwendung am oder im menschlichen
Körper begründet ist". Die Rechtsfolge von § 13 BtMG richtet sich also von ihrer
Rechtsfolge her an Ärzte etc. und an Nichtärzte etc.: Den Ärzten etc. sagt sie: „nur
wenn die Anwendung von Betäubungsmitteln am oder im menschlichen Körper
begründet ist; ergänze: und nicht aus sonstigen Gründen, etwa zur Steigerung des
Lustgefühls. Den Nichtärzten etc., sagt sie: „Ihr dürft Betäubungsmittel der Anlage
III gar nicht verschreiben." Lesen wir dies in der Norm:

§ 13 BtMG
Verschreibung und Abgabe auf Verschreibung
(1) Die in Anlage III bezeichneten Betäubungsmittel **dürfen nur** von Ärzten, Zahnärzten
und Tierärzten und nur dann verschrieben oder im Rahmen einer ärztlichen, zahnärztlichen
oder tierärztlichen Behandlung einschließlich der ärztlichen Behandlung einer Betäubungsmittelabhängigkeit **verabreicht oder** einem anderen zum unmittelbaren Verbrauch **überlassen werden,** wenn ihre Anwendung am oder im menschlichen oder tierischen Körper
begründet ist. Die **Anwendung ist** insbesondere dann **nicht begründet,** wenn der beabsichtigte Zweck auf andere Weise erreicht werden kann. Die in Anlagen I und II bezeichneten Betäubungsmittel dürfen nicht verschrieben, verabreicht oder einem anderen zum
unmittelbaren Verbrauch überlassen werden.
(2) Die nach Absatz 1 verschriebenen Betäubungsmittel **dürfen nur** im Rahmen des
Betriebs einer Apotheke und gegen Vorlage der Verschreibung **abgegeben werden.** Diamorphin darf nur vom pharmazeutischen Unternehmer und nur an anerkannte Einrichtungen nach Absatz 3 Satz 2 Nr. 2a gegen Vorlage der Verschreibung abgegeben werden.
Im Rahmen des Betriebs einer tierärztlichen Hausapotheke dürfen nur die in Anlage III
bezeichneten Betäubungsmittel und nur zur Anwendung bei einem vom Betreiber der
Hausapotheke behandelten Tier abgegeben werden.
(3) Die **Bundesregierung wird ermächtigt,** durch Rechtsverordnung mit Zustimmung
des Bundesrates das Verschreiben von den in Anlage III bezeichneten Betäubungsmitteln,
ihre Abgabe auf Grund einer Verschreibung und das Aufzeichnen ihres Verbleibs und des
Bestandes bei Ärzten, Zahnärzten, Tierärzten, in Apotheken, tierärztlichen Hausapotheken,
Krankenhäusern und Tierkliniken zu regeln, soweit es zur Sicherheit oder Kontrolle des
Betäubungsmittelverkehrs erforderlich ist. Insbesondere können
1. das Verschreiben auf bestimmte Zubereitungen, Bestimmungszwecke oder Mengen
   beschränkt,

2. das Verschreiben von Substitutionsmitteln für Drogenabhängige von der Erfüllung von Mindestanforderungen an die Qualifikation der verschreibenden Ärzte abhängig gemacht und die Festlegung der Mindestanforderungen den Ärztekammern übertragen,

   a) das Verschreiben von Diamorphin nur in Einrichtungen, denen eine Erlaubnis von der zuständigen Landesbehörde erteilt wurde, zugelassen,

   b) die Mindestanforderungen an die Ausstattung der Einrichtungen, in denen die Behandlung mit dem Substitutionsmittel Diamorphin stattfindet, festgelegt,

3. Meldungen

   a) der verschreibenden Ärzte an das Bundesinstitut für Arzneimittel und Medizinprodukte über das Verschreiben eines Substitutionsmittels für einen Patienten in anonymisierter Form,

   b) der Ärztekammern an das Bundesinstitut für Arzneimittel und Medizinprodukte über die Ärzte, die die Mindestanforderungen nach Nummer 2 erfüllen und

Mitteilungen

   c) des Bundesinstituts für Arzneimittel und Medizinprodukte an die zuständigen Überwachungsbehörden und an die verschreibenden Ärzte über die Patienten, denen bereits ein anderer Arzt ein Substitutionsmittel verschrieben hat, in anonymisierter Form,

   d) des Bundesinstituts für Arzneimittel und Medizinprodukte an die zuständigen Überwachungsbehörden der Länder über die Ärzte, die die Mindestanforderungen nach Nummer 2 erfüllen,

   e) des Bundesinstituts für Arzneimittel und Medizinprodukte an die obersten Landesgesundheitsbehörden über die Anzahl der Patienten, denen ein Substitutionsmittel verschrieben wurde, die Anzahl der Ärzte, die zum Verschreiben eines Substitutionsmittels berechtigt sind, die Anzahl der Ärzte, die ein Substitutionsmittel verschrieben haben, die verschriebenen Substitutionsmittel und die Art der Verschreibung

sowie Art der Anonymisierung, Form und Inhalt der Meldungen und Mitteilungen vorgeschrieben,

4. Form, Inhalt, Anfertigung, Ausgabe, Aufbewahrung und Rückgabe des zu verwendenden amtlichen Formblattes für die Verschreibung sowie der Aufzeichnungen über den Verbleib und den Bestand festgelegt und

5. Ausnahmen von § 4 Abs. 1 Nr. 1 Buchstabe c für die Ausrüstung von Kauffahrteischiffen erlassen werden.

Für das Verfahren zur Erteilung einer Erlaubnis nach Satz 2 Nr. 2a gelten § 7 Satz 2 Nr. 1 bis 4, § 8 Absatz 1 Satz 1, Absatz 2 und 3 Satz 1 bis 3, § 9 Absatz 2 und § 10 entsprechend.Dabei tritt an die Stelle des Bundesinstitutes für Arzneimittel und Medizinprodukte jeweils die zuständige Landesbehörde, an die Stelle der zuständigen obersten Landesbehörde jeweils das Bundesinstitut für Arzneimittel und Medizinprodukte. Die Empfänger nach Satz 2 Nr. 3 dürfen die übermittelten Daten nicht für einen anderen als den in Satz 1 genannten Zweck verwenden. Das Bundesinstitut für Arzneimittel und Medizinprodukte handelt bei der Wahrnehmung der ihm durch Rechtsverordnung nach Satz 2 zugewiesenen Aufgaben als vom Bund entliehenes Organ des jeweils zuständigen Landes; Einzelheiten einschließlich der Kostenerstattung an den Bund werden durch Vereinbarung geregelt.

Wir haben also am Beispiel des Apothekers gesehen, welche Fülle von Normen mit sehr verschiedenen Rechtsfolgen allein im BtMG zu beachten ist.

Schauen wir uns als weiteres Beispiel das Versammlungsgesetz (VersammlG) an, das ebenfalls in der Beck'schen dtv-Textausgabe des StGB zu finden ist. Uns interessieren hier nur die Rechtsfolgen. Sie sind durch Fettdruck hervorgehoben:

§ 1 VersammlG
[Versammlungsrecht]
(1) Jedermann **hat das Recht,** öffentliche Versammlungen und Aufzüge zu veranstalten und an solchen Veranstaltungen teilzunehmen.

(2) **Dieses Recht hat nicht,**

1. wer das Grundrecht der Versammlungsfreiheit gemäß Artikel 18 des Grundgesetzes verwirkt hat,
2. wer mit der Durchführung oder Teilnahme an einer solchen Veranstaltung die Ziele einer nach Artikel 21 Abs. 2 des Grundgesetzes durch das Bundesverfassungsgericht für verfassungswidrig erklärten Partei oder Teil- oder Ersatzorganisation einer Partei fördern will,
3. eine Partei, die nach Artikel 21 Abs. 2 des Grundgesetzes durch das Bundesverfassungsgericht für verfassungswidrig erklärt worden ist,

oder

4. eine Vereinigung, die nach Artikel 9 Abs. 2 des Grundgesetzes verboten ist.

§ 5 VersammlG
[Verbot von Versammlungen in geschlossenen Räumen]
Die Abhaltung einer Versammlung **kann nur im Einzelfall und nur dann verboten werden,** wenn

1. der Veranstalter unter die Vorschriften des § 1 Abs. 2 Nr. 1 bis 4 fällt, und im Falle der Nummer 4 das Verbot durch die zuständige Verwaltungsbehörde festgestellt worden ist,
2. der Veranstalter oder Leiter der Versammlung Teilnehmern Zutritt gewährt, die Waffen oder sonstige Gegenstände im Sinne von § 2 Abs. 3 mit sich führen,
3. Tatsachen festgestellt sind, aus denen sich ergibt, dass der Veranstalter oder sein Anhang einen gewalttätigen oder aufrührerischen Verlauf der Versammlung anstreben,
4. Tatsachen festgestellt sind, aus denen sich ergibt, dass der Veranstalter oder sein Anhang Ansichten vertreten oder Äußerungen dulden werden, die ein Verbrechen oder ein von Amts wegen zu verfolgendes Vergehen zum Gegenstand haben.

§ 14 VersammlG
[Anmeldungspflicht]
(1) Wer die Absicht hat, eine öffentliche Versammlung unter freiem Himmel oder einen Aufzug zu veranstalten, **hat** dies spätestens 48 Stunden vor der Bekanntgabe der zuständigen Behörde unter Angabe des Gegenstandes der Versammlung oder des Aufzuges **anzumelden.**
(2) In der Anmeldung **ist anzugeben,** welche Person für die Leitung der Versammlung oder des Aufzuges verantwortlich sein soll.

§ 15 VersammlG
[Verbot von Versammlungen im Freien, Auflagen, Auflösung]
(1) Die zuständige Behörde **kann** die Versammlung oder den Aufzug **verbieten oder von bestimmten Auflagen abhängig machen,** wenn nach den zur Zeit des Erlasses der Verfügung erkennbaren Umständen die öffentliche Sicherheit oder Ordnung bei Durchführung der Versammlung oder des Aufzuges unmittelbar gefährdet ist.
(2) Eine Versammlung oder ein Aufzug **kann insbesondere verboten oder von bestimmten Auflagen abhängig gemacht werden,** wenn

1. die Versammlung oder der Aufzug an einem Ort stattfindet, der als Gedenkstätte von historisch herausragender, überregionaler Bedeutung an die Opfer der menschenunwürdigen Behandlung unter der nationalsozialistischen Gewalt- und Willkürherrschaft erinnert, und
2. nach den zur Zeit des Erlasses der Verfügung konkret feststellbaren Umständen zu besorgen ist, dass durch die Versammlung oder den Aufzugdie Würde der Opfer beeinträchtigt wird.

Das Denkmal für die ermordeten Juden Europas in Berlin ist ein Ort nach Satz 1 Nr. 1. Seine Abgrenzung ergibt sich aus der Anlage zu diesem Gesetz. Andere Orte nach Satz 1 Nr. 1 und deren Abgrenzung werden durch Landesgesetz bestimmt.
(3) Sie **kann** eine Versammlung oder einen Aufzug **auflösen,** wenn sie nicht angemeldet sind, wenn von den Angaben der Anmeldung abgewichen oder den Auflagen zuwiderge-

handelt wird oder wenn die Voraussetzungen zu einem Verbot nach Absatz 1 oder 2 gegeben sind.

(4) Eine verbotene Veranstaltung ist **aufzulösen**.

§ 16 VersammlG
[Bannkreise]
(1) Öffentliche Versammlungen unter freiem Himmel und Aufzüge **sind** innerhalb des befriedeten Bannkreises der Gesetzgebungsorgane des Bundes oder der Länder sowie des Bundesverfassungsgerichts **verboten**. Ebenso **ist** es **verboten**, zu öffentlichen Versammlungen unter freiem Himmel oder Aufzügen nach Satz 1 aufzufordern.
(2) Die befriedeten Bannkreise für die Gesetzgebungsorgane der Länder **werden durch Landesgesetze bestimmt**.
(3) **Das Weitere regeln** die Bannmeilengesetze der Länder.

§ 17 VersammlG
[Ausnahme für religiöse Feiern usw., Volksfeste]
Die §§ 14 bis 16 **gelten nicht** für Gottesdienste unter freiem Himmel, kirchliche Prozessionen, Bittgänge und Wallfahrten, gewöhnliche Leichenbegängnisse, Züge von Hochzeitsgesellschaften und hergebrachte Volksfeste.

§ 18 VersammlG
[Besondere Vorschriften für Versammlungen unter freiem Himmel]
(1) Für Versammlungen unter freiem Himmel **sind** § 7 Abs. 1, §§ 8, 9 Abs. 1, §§ 10, 11 Abs. 2, §§ 12 und 13 Abs. 2 **entsprechend anzuwenden**.
(2) Die Verwendung von Ordnern **bedarf polizeilicher Genehmigung**. Sie ist bei der Anmeldung **zu beantragen**.
(3) Die Polizei **kann** Teilnehmer, welche die Ordnung gröblich stören, von der Versammlung **ausschließen**.

§ 21 VersammlG
[Störung von Versammlungen und Aufzügen]
Wer in der Absicht, nichtverbotene Versammlungen oder Aufzüge zu verhindern oder zu sprengen oder sonst ihre Durchführung zu vereiteln, Gewalttätigkeiten vornimmt oder androht oder grobe Störungen verursacht, **wird** mit Freiheitsstrafe bis zu drei Jahren oder mit Geldstrafe **bestraft**.
[... **Es folgen Sanktionierungsvorschriften**, die zur Verhängung von Kriminalstrafe bzw. Geldbuße ermächtigen]

Auch beim Versammlungsrecht haben wir wiederum eine Fülle verschiedenster Rechtsfolgen kennen gelernt, die Sie in den Veranstaltungen zum Öffentlichen Recht vertiefen werden.

d) Spezifische Beispiele aus dem Zivilrecht (insbesondere: Anspruchsgrundlage)

Das aus meiner Sicht immer noch zentrale Lehrbuch für die Examensvorbereitung im Zivilrecht ist „der *Medicus*"[145]. Zu Beginn des Studiums werden Sie damit inhaltlich eher wenig anfangen können. Hervorzuheben ist jedoch der Untertitel dieses Buches: „Eine nach Anspruchsgrundlagen geordnete Darstellung zur Examensvorbereitung". Damit wird schon durch Titel und dann die Gliederung hervorgehoben, worum es im Bürgerlichen Recht gehen wird: Um Anspruchsgrundlagen. Das sind Normen, die einer Person im rechtlichen Sinne ein Recht auf etwas Bestimmtes

---

[145] *Medicus*, Bürgerliches Recht, jetzt von *Medicus/Petersen*, 23. Aufl. Heidelberg 2011.

geben, das diese Person von einer anderen verlangen kann: Geld, eine Sachleistung, Nichtstun (nämlich: Dulden, etwa der Überfahrt), etc.

Beim Lesen von Normen des BGB wird es deshalb zentral darauf ankommen, ob die Norm eine Anspruchsgrundlage darstellt oder etwas anderes, mithin z. B. eine (von eventuell mehreren) Voraussetzung(en) für die in einer anderen Norm geregelte Anspruchsgrundlage. Dabei darf man aber nicht denken: Eine Norm=eine Anspruchsgrundlage. Das wäre falsch, weil sich in einer Norm sehr wohl auch *mehrere* Anspruchsgrundlagen verbergen können[146].

aa) Anspruchsgrundlagen als solche erkennen

Die Anspruchsgrundlagen von Verkäufer und Käufer beim Kaufvertrag ergeben sich aus § 433 BGB:

§ 433 BGB
Vertragstypische Pflichten beim Kaufvertrag
(1) Durch den Kaufvertrag wird **der Verkäufer** einer Sache **verpflichtet**, dem Käufer die Sache zu übergeben und das Eigentum an der Sache zu verschaffen. Der **Verkäufer hat** dem Käufer die Sache frei von Sach- und Rechtsmängeln zu verschaffen.
(2) **Der Käufer** ist **verpflichtet**, dem Verkäufer den vereinbarten Kaufpreis zu zahlen und die gekaufte Sache abzunehmen.

Die zentralen Pflichten des Verkäufers und des Käufers lassen sich grafisch folgendermaßen darstellen:

Verkäufer   Sache übergeben
                 Eigentum verschaffen
                 Sache frei von Sach- und Rechtsmängeln

Käufer   Kaufpreis bezahlen
                 Sache abnehmen

Eine solche Darstellung könnte ohne weiteres in dieser oder in vergleichbarer Form in einem Lehrbuch enthalten sein. Sie sehen: Das steht in der Sache bereits ganz klar im Gesetz. Man muss es nur finden und lesen. Nichts anderes möchte ich Ihnen mit diesem Buch vermitteln.

§ 827 Satz 1 BGB ist keine Anspruchgrundlage, weil die Rechtsfolge darauf gerichtet ist, wann jemand „nicht verantwortlich ist". Satz 1 normiert also eine Ausnahme zu anderen Normen, z. B. zu § 823 Abs. 1 BGB. Satz 2 regelt eine Unterausnahme hierzu, ist also auch keine eigenständige Anspruchsgrundlage:

§ 827 BGB
Ausschluss und Minderung der Verantwortlichkeit
Wer im Zustand der Bewusstlosigkeit oder in einem die freie Willensbestimmung ausschließenden Zustand krankhafter Störung der Geistestätigkeit einem anderen Schaden zufügt, ist für den Schaden nicht verantwortlich. Hat er sich durch geistige Getränke oder ähnliche Mittel in einen vorübergehenden Zustand dieser Art versetzt, so ist er für einen

---

[146] Siehe das Beispiel unten bb zu § 493 BGB.

Schaden, den er in diesem Zustand widerrechtlich verursacht, in gleicher Weise verantwortlich, wie wenn ihm Fahrlässigkeit zur Last fiele; die Verantwortlichkeit tritt nicht ein, wenn er ohne Verschulden in den Zustand geraten ist.

§ 828 BGB
Minderjährige
(1) Wer nicht das siebente Lebensjahr vollendet hat, **ist für einen Schaden,** den er einem anderen zufügt, **nicht verantwortlich.**
(2) Wer das siebente, aber nicht das zehnte Lebensjahr vollendet hat, ist für den Schaden, den er bei einem Unfall mit einem Kraftfahrzeug, einer Schienenbahn oder einer Schwebebahn einem anderen zufügt, nicht verantwortlich. Dies gilt nicht, wenn er die Verletzung vorsätzlich herbeigeführt hat.
(3) Wer das 18. Lebensjahr noch nicht vollendet hat, ist, sofern seine Verantwortlichkeit nicht nach Absatz 1 oder 2 ausgeschlossen ist, für den Schaden, den er einem anderen zufügt, nicht verantwortlich, wenn er bei der Begehung der schädigenden Handlung nicht die zur Erkenntnis der Verantwortlichkeit erforderliche Einsicht hat.

§ 829 BGB hingegen ist wieder eine Anspruchsgrundlage:

§ 829 BGB
Ersatzpflicht aus Billigkeitsgründen
Wer in einem der in den §§ 823 bis 826 bezeichneten Fälle für einen von ihm verursachten Schaden auf Grund der §§ 827, 828 nicht verantwortlich ist, **hat gleichwohl,** sofern der Ersatz des Schadens nicht von einem aufsichtspflichtigen Dritten erlangt werden kann, den Schaden insoweit **zu ersetzen,** als die Billigkeit nach den Umständen, insbesondere nach den Verhältnissen der Beteiligten, eine Schadloshaltung erfordert und ihm nicht die Mittel entzogen werden, deren er zum angemessenen Unterhalt sowie zur Erfüllung seiner gesetzlichen Unterhaltspflichten bedarf.

§ 830 BGB hingegen ist keine eigenständige Anspruchsgrundlage, sondern betrifft die Verteilung zwischen mehreren Verantwortlichen:

§ 830 BGB
Mittäter und Beteiligte
(1) Haben mehrere durch eine gemeinschaftlich begangene unerlaubte Handlung einen Schaden verursacht, so **ist jeder** für den Schaden **verantwortlich.** Das Gleiche gilt, wenn sich nicht ermitteln lässt, wer von mehreren Beteiligten den Schaden durch seine Handlung verursacht hat.
(2) Anstifter und Gehilfen stehen Mittätern gleich.

§ 912 Abs. 1 BGB normiert eine Anspruchsgrundlage in Form einer Duldungspflicht, Abs. 2 ist eine Grundlage für einen Anspruch auf Geldzahlung. Das können wir uns durch Lektüre von § 912 BGB verdeutlichen:

§ 912 BGB
Überbau; Duldungspflicht
(1) Hat der Eigentümer eines Grundstücks bei der Errichtung eines Gebäudes über die Grenze gebaut, ohne dass ihm Vorsatz oder grobe Fahrlässigkeit zur Last fällt, so **hat der Nachbar** den Überbau **zu dulden,** es sei denn, dass er vor oder sofort nach der Grenzüberschreitung Widerspruch erhoben hat.
(2) Der Nachbar istdurch eine Geldrente **zu entschädigen.** Für die **Höhe der Rente** ist die Zeit der Grenzüberschreitung maßgebend.

§ 910 Abs. 1 BGB stellt eine Erlaubnis für den Eigentümer dar und gleichzeitig eine Duldungspflicht für den Nachbarn; Abs. 2 schließt beides wieder aus:

§ 910 BGB
Überhang
(1) Der **Eigentümer** eines Grundstücks **kann** Wurzeln eines Baumes oder eines Strauches, die von einem Nachbargrundstück eingedrungen sind, **abschneiden und behalten. Das Gleiche gilt** von herüberragenden Zweigen, **wenn** der Eigentümer dem Besitzer des Nachbargrundstücks eine angemessene Frist zur Beseitigung bestimmt hat und die Beseitigung nicht innerhalb der Frist erfolgt.
(2) Dem Eigentümer **steht dieses Recht nicht zu,** wenn die Wurzeln oder die Zweige die Benutzung des Grundstücks nicht beeinträchtigen.

Auch § 904 Satz 1 BGB stellt eine Duldungspflicht dar; Satz 2 eine damit zusammenhängende Zahlungspflicht:

§ 904 BGB
Notstand
Der **Eigentümer** einer Sache **ist nicht berechtigt,** die Einwirkung eines anderen auf die Sache zu verbieten, wenn die Einwirkung zur Abwendung einer gegenwärtigen Gefahr notwendig und der drohende Schaden gegenüber dem aus der Einwirkung dem Eigentümer entstehenden Schaden unverhältnismäßig groß ist. Der **Eigentümer kann Ersatz** des ihm entstehenden Schadens **verlangen**.

Die nachfolgende Norm des § 312b BGB enthält trotz ihres Umfanges keine Anspruchsgrundlage. Dies erkennt man an der Rechtsfolge. Man muss allerdings jeden Satz anschauen. Absätze 1 und 2 enthalten Legaldefinitionen. Abs. 3 einen Anwendungsausschluss. Abs. 4 eine Sonderregelung der Anwendbarkeit; Absatz 5 regelt das Verhältnis zu anderen Normen:

§ 312b BGB
Fernabsatzverträge
(1) **Fernabsatzverträge sind** Verträge über die Lieferung von Waren oder über die Erbringung von Dienstleistungen, einschließlich Finanzdienstleistungen, die zwischen einem Unternehmer und einem Verbraucher unter ausschließlicher Verwendung von Fernkommunikationsmitteln abgeschlossen werden, es sei denn, dass der Vertragsschluss nicht im Rahmen eines für den Fernabsatz organisierten Vertriebs- oder Dienstleistungssystems erfolgt. Finanzdienstleistungen im Sinne des Satzes 1 sind Bankdienstleistungen sowie Dienstleistungen im Zusammenhang mit einer Kreditgewährung, Versicherung, Altersversorgung von Einzelpersonen, Geldanlage oder Zahlung.
(2) **Fernkommunikationsmittel sind** Kommunikationsmittel, die zur Anbahnung oder zum Abschluss eines Vertrags zwischen einem Verbraucher und einem Unternehmer ohne gleichzeitige körperliche Anwesenheit der Vertragsparteien eingesetzt werden können, insbesondere Briefe, Kataloge, Telefonanrufe, Telekopien, E-Mails sowie Rundfunk, Tele- und Mediendienste.
(3) Die Vorschriften über Fernabsatzverträge **finden keine Anwendung auf** Verträge
1. über Fernunterricht (§ 1 des Fernunterrichtsschutzgesetzes),
2. über die Teilzeitnutzung von Wohngebäuden (§ 481), langfristige Urlaubsprodukte sowie auf Vermittlungsverträge oder Tauschsystemverträge (§§ 481 bis 481b),
3. über Versicherungen sowie deren Vermittlung,
4. über die Veräußerung von Grundstücken und grundstücksgleichen Rechten, die Begründung, Veräußerung und Aufhebung von dinglichen Rechten an Grundstücken und grundstücksgleichen Rechten sowie über die Errichtung von Bauwerken,

5. über die Lieferung von Lebensmitteln, Getränken oder sonstigen Haushaltsgegenständen des täglichen Bedarfs, die am Wohnsitz, am Aufenthaltsort oder am Arbeitsplatz eines Verbrauchers von Unternehmern im Rahmen häufiger und regelmäßiger Fahrten geliefert werden,

6. über die Erbringung von Dienstleistungen in den Bereichen Unterbringung, Beförderung, Lieferung von Speisen und Getränken sowie Freizeitgestaltung, wenn sich der Unternehmer bei Vertragsschluss verpflichtet, die Dienstleistungen zu einem bestimmten Zeitpunkt oder innerhalb eines genau angegebenen Zeitraums zu erbringen,

7. die geschlossen werden

   a) unter Verwendung von Warenautomaten oder automatisierten Geschäftsräumen oder

   b) mit Betreibern von Telekommunikationsmitteln auf Grund der Benutzung von öffentlichen Fernsprechern, soweit sie deren Benutzung zum Gegenstand haben.

(4) Bei Vertragsverhältnissen, die eine erstmalige Vereinbarung mit daran anschließenden aufeinander folgenden Vorgängen oder eine daran anschließende Reihe getrennter, in einem zeitlichen Zusammenhang stehender Vorgänge der gleichen Art umfassen, **finden die Vorschriften über Fernabsatzverträge nur Anwendung** auf die erste Vereinbarung. Wenn derartige Vorgänge ohne eine solche Vereinbarung aufeinander folgen, gelten die Vorschriften über Informationspflichten des Unternehmers nur für den ersten Vorgang. Findet jedoch länger als ein Jahr kein Vorgang der gleichen Art mehr statt, so gilt der nächste Vorgang als der erste Vorgang einer neuen Reihe im Sinne von Satz 2.

(5) Weitergehende Vorschriften zum Schutz des Verbrauchers **bleiben unberührt.**

§ 312g BGB hingegen enthält in Absatz 1 Satz 1 vier Anspruchsgrundlagen: die Ziffern 1 bis 4 sagen, was der Unternehmer dem gegenüber „zu tun hat". Abs. 1 Satz 2 enthält hingegen keine Anspruchsgrundlage, sondern hat die Rechtsfolge, dass etwas „als zugegangen gilt". Auch Absätze 2 und 3 enthalten keine Anspruchsgrundlagen, sondern regeln die Anwendbarkeit von Abs. 1 bzw. das Verhältnis zu anderen Normen.

§ 312 g BGB
Pflichten im elektronischen Geschäftsverkehr

(1) Bedient sich ein Unternehmer zum Zwecke des Abschlusses eines Vertrags über die Lieferung von Waren oder über die Erbringung von Dienstleistungen eines Tele- oder Mediendienstes (Vertrag im elektronischen Geschäftsverkehr), **hat er dem Kunden**

1. angemessene, wirksame und zugängliche technische Mittel zur Verfügung zu stellen, mit deren Hilfe der Kunde Eingabefehler vor Abgabe seiner Bestellung erkennen und berichtigen kann,

2. die in Artikel 246 § 3 des Einführungsgesetzes zum Bürgerlichen Gesetzbuche bestimmten Informationen rechtzeitig vor Abgabe von dessen Bestellung klar und verständlich mitzuteilen,

3. den Zugang von dessen Bestellung unverzüglich auf elektronischem Wege zu bestätigen und

4. die Möglichkeit zu verschaffen, die Vertragsbestimmungen einschließlich der Allgemeinen Geschäftsbedingungen bei Vertragsschluss abzurufen und in wiedergabefähiger Form zu speichern.

Bestellung und Empfangsbestätigung im Sinne von Satz 1 Nr. 3 **gelten als zugegangen,** wenn die Parteien, für die sie bestimmt sind, sie unter gewöhnlichen Umständen abrufen können.

(2) Absatz 1 Satz 1 Nr. 1 bis 3 **findet keine Anwendung,** wenn der Vertrag ausschließlich durch individuelle Kommunikation geschlossen wird. Absatz 1 Satz 1 Nr. 1 bis 3 und Satz 2 findet keine Anwendung, wenn zwischen Vertragsparteien, die nicht Verbraucher sind, etwas anderes vereinbart wird.

(3) Weitergehende Informationspflichten auf Grund anderer Vorschriften **bleiben unberührt**. Steht dem Kunden ein Widerrufsrecht gemäß § 355 zu, **beginnt die Widerrufsfrist** abweichend von § 355 Abs. 3 Satz 1 nicht vor Erfüllung der in Absatz 1 Satz 1 geregelten Pflichten.

Keine Anspruchgrundlage enthält hingegen § 286 BGB. Dies erkennt man, wenn man sich die Rechtsfolgen verdeutlicht. An die dort geregelten Voraussetzungen des Verzugs knüpfen vielmehr andere Vorschriften an, wie etwa § 288 BGB (Verzugszinsen).

§ 286 BGB
Verzug des Schuldners
(1) Leistet der Schuldner auf eine Mahnung des Gläubigers nicht, die nach dem Eintritt der Fälligkeit erfolgt, so **kommt** er durch die Mahnung **in Verzug. Der Mahnung stehen** die Erhebung der Klage auf die Leistung sowie die Zustellung eines Mahnbescheids im Mahnverfahren **gleich.**
(2) Der **Mahnung bedarf es nicht,** wenn
1. für die Leistung eine Zeit nach dem Kalender bestimmt ist,
2. der Leistung ein Ereignis vorauszugehen hat und eine angemessene Zeit für die Leistung in der Weise bestimmt ist, dass sie sich von dem Ereignis an nach dem Kalender berechnen lässt,
3. der Schuldner die Leistung ernsthaft und endgültig verweigert,
4. aus besonderen Gründen unter Abwägung der beiderseitigen Interessen der sofortige Eintritt des Verzugs gerechtfertigt ist.
(3) Der **Schuldner einer Entgeltforderung** kommt **spätestens** in Verzug, wenn er nicht innerhalb von 30 Tagen nach Fälligkeit und Zugang einer Rechnung oder gleichwertigen Zahlungsaufstellung leistet; dies gilt gegenüber einem Schuldner, der Verbraucher ist, nur, wenn auf diese Folgen in der Rechnung oder Zahlungsaufstellung besonders hingewiesen worden ist. Wenn der **Zeitpunkt des Zugangs** der Rechnung oder Zahlungsaufstellung **unsicher** ist, kommt der Schuldner, der nicht Verbraucher ist, spätestens 30 Tage nach Fälligkeit und Empfang der Gegenleistung in Verzug.
(4) Der Schuldner **kommt nicht in Verzug,** solange die Leistung infolge eines Umstands unterbleibt, den er nicht zu vertreten hat.

bb) Mehrere Rechtsfolgen in einer Norm: Beispiel des § 493 BGB (Überziehungskredit)

Gehen wir von einer Alltagssituation aus. Ihr Bekannter, der Bankkunde B, erhält einen Kontoauszug, aus dem sich ergibt, dass sein Konto um 3000 Euro überzogen ist. Er wendet sich an Sie, weil er wissen will, welche Konsequenzen sich hieraus ergeben: *„Du studierst doch Jura; kannst Du mir da nicht bei einem Problem helfen...? Ich hab doch gar keinen Vertrag mit der Bank geschlossen. Jetzt wollen die von mir saftige Zinsen. Muss ich die zahlen?"* Sie stöbern – ggf. über das Stichwortverzeichnis – in Ihrem BGB-Text und finden § 493 BGB. Um Ihrem Bekannten B dessen Inhalt erläutern zu können, müssen sie ihn genau lesen. Zu diesem Zweck heben wir seine Rechtsfolgen Satz für Satz hervor:

§ 493 BGB
Überziehungskredit
(1) Die Bestimmungen des § 492 **gelten nicht** für Verbraucherdarlehensverträge, bei denen ein Kreditinstitut einem Darlehensnehmer das Recht einräumt, sein laufendes Konto in bestimmter Höhe zu überziehen, wenn außer den Zinsen für das in Anspruch genommene

Darlehen keine weiteren Kosten in Rechnung gestellt werden und die Zinsen nicht in kürzeren Perioden als drei Monaten belastet werden.

Das Kreditinstitut **hat** den Darlehensnehmer vor der Inanspruchnahme eines solchen Darlehens **zu unterrichtenüber**

1. die Höchstgrenze des Darlehens,
2. den zum Zeitpunkt der Unterrichtung geltenden Jahreszins,
3. die Bedingungen, unter denen der Zinssatz geändert werden kann,
4. die Regelung der Vertragsbeendigung.

Die Vertragsbedingungen nach Satz 2 Nr. 1 bis 4 **sind** dem Darlehensnehmer spätestens
nach der ersten Inanspruchnahme des Darlehens **zu bestätigen.**

Ferner ist der Darlehensnehmer während der Inanspruchnahme des Darlehens über jede
Änderung des Jahreszinses **zu unterrichten.**

Die Bestätigung nach Satz 3 und die Unterrichtung nach Satz 4 **haben in Textform zu
erfolgen**; es genügt, wenn sie auf einem Kontoauszug erfolgen.

(2) Duldet das Kreditinstitut die Überziehung eines laufenden Kontos und wird das Konto
länger als drei Monate überzogen, so **hat** das Kreditinstitut den Darlehensnehmer über den
Jahreszins, die Kosten sowie die diesbezüglichen Änderungen **zu unterrichten**; dies kann
in Form eines Ausdrucks auf einem Kontoauszug erfolgen.

Um § 493 BGB verstehen zu können, müssen wir auch die Vorschrift des § 492
BGB lesen[147]. Dort erfahren wir, dass Verbraucherdarlehensverträge schriftlich abzuschließen sind:

§ 492 BGB
Schriftform, Vertragsinhalt
(1) Verbraucherdarlehensverträge sind, soweit nicht eine strengere Form vorgeschrieben
ist, schriftlich abzuschließen. Der Schriftform ist genügt, wenn Antrag und Annahme durch
die Vertragsparteien jeweils getrennt schriftlich erklärt werden. Die Erklärung des Darlehensgebers bedarf keiner Unterzeichnung, wenn sie mit Hilfe einer automatischen Einrichtung erstellt wird.
[...]

Jetzt verstehen wir besser, was § 493 BGB meint, wenn er sagt, dass § 492 BGB
„nicht gilt": Nach § 492 BGB ist ein Verbraucherdarlehensvertrag schriftlich abzuschließen. Nach § 493 BGB kommt ein Darlehensvertrag schon dann zustande, wenn das Kreditinstitut hinreichend informiert und der Kunde dann sein Konto
überzieht. Der Rat an Ihren Freund wird also sein: „Prüfe nach, ob Dich Deine Bank
entsprechend § 493 BGB informiert hat. Wenn das der Fall ist, dann musst Du die
Zinsen zahlen – auch ohne ausdrücklichen[148] Vertragsschluss."

cc) „Abnahme" in den §§ 640 ff. BGB

Der Begriff „Abnahme" ist ein zentraler Begriff des Werkvertragsrechts. Dieses
regelt z. B. den Fall, dass es um die Leistung eines Schreiners („der Unternehmer")
geht, der das Möbelstück („das Werk") erst noch nach den persönlichen Vorgaben des Kunden („Besteller") herstellen muss. § 640 Abs. 1 S. 1 BGB normiert
die grundsätzliche Pflicht des Bestellers, das Werk „abzunehmen". Nach § 641

---

[147] Siehe oben B II 3 c aa (S. 26) zur Suchregel: „Eins vor und eines zurück."

[148] § 493 BGB fingiert den Abschluss eines Überziehungskreditvertrages unter den dort genannten
Voraussetzungen.

Abs. 1 S. 1 BGB wird die Vergütung des Unternehmers nämlich erst mit „Abnahme" des Werkes fällig. Damit der Besteller jetzt nicht seine Zahlungspflicht etwa „auf ewig" hinausschieben kann, normiert das BGB Situationen, in denen der Besteller zur Abnahme verpflichtet oder diese als erfolgt gilt, mithin fingiert wird. Deshalb ist es wichtig, dass Sie sich die Bedeutung des Textbausteins „Abnahme" verdeutlichen. Lesen Sie dazu etwa folgende Normen und stellen sich dazu den Fall vor, dass der sehr penible Kunde an dem bestellten Bauernschrank herummäkelt und sich weigert, „dieses Ding" vom Schreiner abzunehmen, obwohl der Schrank in einer Variante A handwerklich bestens bzw. in einer Variante B sehr fehlerhaft gefertigt ist. Ohne dass dies hier näher ausgeführt wird, gewinnen diese nüchternen Vorschriften mit diesen beiden Fallvarianten an Kontur. Und genau das müssen Sie beim Lesen von Normen ebenfalls erreichen.

§ 640 BGB
Abnahme
(1) Der Besteller ist verpflichtet, das vertragsmäßig hergestellte Werk **abzunehmen**, sofern nicht nach der Beschaffenheit des Werkes die **Abnahme** ausgeschlossen ist. Wegen unwesentlicher Mängel kann die **Abnahme** nicht verweigert werden. Der **Abnahme** steht es gleich, wenn der Besteller das Werk nicht innerhalb einer ihm vom Unternehmer bestimmten angemessenen Frist abnimmt, obwohl er dazu verpflichtet ist.
(2) **Nimmt** der Besteller ein mangelhaftes Werk gemäß Absatz 1 Satz 1 **ab**, obschon er den Mangel kennt, so stehen ihm die in § 634 Nr. 1 bis 3 bezeichneten Rechte nur zu, wenn er sich seine Rechte wegen des Mangels bei der **Abnahme** vorbehält.

§ 641 BGB
Fälligkeit der Vergütung
(1) Die Vergütung ist bei der **Abnahme** des Werkes zu entrichten. Ist das Werk **in Teilen abzunehmen** und die Vergütung für die einzelnen Teile bestimmt, so ist die Vergütung für jeden Teil bei dessen **Abnahme** zu entrichten.
[…]
(3) Kann der Besteller die Beseitigung eines Mangels verlangen, so kann er nach der **Abnahme** die Zahlung eines angemessenen Teils der Vergütung verweigern, angemessen ist in der Regel das Doppelte der für die Beseitigung des Mangels erforderlichen Kosten.
(4) Eine in Geld festgesetzte Vergütung hat der Besteller von der **Abnahme** des Werkes an zu verzinsen, sofern nicht die Vergütung gestundet ist.

e) Zusammenspiel von Normen aus verschiedenen Rechtsgebieten
aa) Verwaltungsvorschrift (Verbotsnorm) und Sanktionsnorm
Im StGB sind Verbot und Sanktion in ein und derselben Vorschrift geregelt. § 223 StGB enthält das Verbot, einen anderen körperlich zu misshandeln oder an der Gesundheit zu schädigen und darüber hinaus die Ermächtigung für den Staat, jemanden zu bestrafen (mit Freiheitsstrafe bis zu fünf Jahren), der dieses Verbot verletzt. Außerhalb des StGB, mithin in nebenstrafrechtlichen Gesetzen, heißt es üblicherweise[149]:

---

[149] Vgl. näher zur Gesetzgebungstechnik im Nebenstrafrecht: Bundesministerium der Justiz (Hrsg.), Empfehlungen zur Ausgestaltung von Straf- und Bußgeldvorschriften im Nebenstrafrecht, 2. Aufl. Köln 1999.

§ 2 „Es ist verboten, X zu tun."
§ 51 „Wer vorsätzlich gegen § 2 verstößt, wird mit [...] bestraft."
§ 52 „Wer fahrlässig gegen § 2 verstößt, wird mit [...] bestraft."

Nach demselben Muster könnte man die vorsätzliche und die fahrlässige Körperverletzung (§§ 223 und 230 StGB) aufspalten:

§ 2 „Es ist verboten, einen anderen körperlich zu misshandeln oder an der Gesundheit zu schädigen."
§ 51 „Wer vorsätzlich gegen § 2 verstößt, wird mit [...] bestraft"; diese Regelung entspräche § 223 StGB;
§ 52 „Wer fahrlässig gegen § 2 verstößt, wird mit [...] bestraft"; diese Regelung entspräche § 230 StGB.

In der Sache würde sich durch diese Verschiebung nichts ändern. Der Gehalt von §§ 223 bzw. 230 StGB bliebe erhalten. Die normtechnische Verteilung ist ausschließlich eine Frage der Gesetzgebungstechnik. In Verwaltungsgesetzen sind die strafrechtlichen Normen meist am Ende des Gesetzes angefügt, denn der Regelungsschwerpunkt liegt auf der Ausgestaltung der Sach- und Verbotsmaterie. Vergleichbar vorgehen müsste der Kriminalstrafgesetzgeber, wenn er alle Normen zusammenführen wollte, welche die gesundheitliche Integrität gegen Verletzungen oder gegen Gefährdungen schützen. Dann würde man in einer Zusammenschau nicht nur die Verbotsmaterie von §§ 223 und 230 StGB vorfinden, sondern zahlreiche weitere Vorschriften, wie etwa – um nur wenige Beispiele auszuwählen – viele aus dem Lebensmittelrecht, dem Waffen- oder dem Betäubungsmittelrecht. Lesen Sie z. B. in der dtv-Textausgabe des StGB die Normen des §§ 3 ff. BtMG und die §§ 29 ff. BtMG.

bb) § 44/§ 69 StGB zum Verhältnis Strafrecht/Verwaltungsrecht

Anhand von § 44 (Fahrverbot) und § 69 StGB (Entziehung der Fahrerlaubnis) kann man sich die rechtlichen Unterschiede zwischen Strafrecht und Verwaltungsrecht verdeutlichen. Dies ist vor allem deshalb wichtig, weil es vom Alltagsverständnis her unverständlich erscheinen mag: Wenn der Führerschein „weg" ist, dann ist er eben „weg", da kommt es doch nicht auf juristische Details an. So mag man laienhaft denken.

Die meisten von Ihnen, liebe Leserinnen und Leser, haben heute entweder selbst „den Führerschein" oder haben bei Freunden mitbekommen, wie das läuft: Man besucht den theoretischen Fahrunterricht und macht praktische Fahrstunden. Dann absolviert man die theoretische und praktische Prüfung. Ist beides positiv abgeschlossen, bekommen Sie den Führerschein ausgehändigt. Bis hierhin handelt es sich um ein Verwaltungsverfahren. Es ist in § 2 Straßenverkehrgesetz (StVG) geregelt. Diese Fahrerlaubnis kann die zuständige Verwaltungsbehörde wieder entziehen (Schauen Sie einmal auf Ihren Führerschein, wer diesen ausgestellt hat). In den meisten Fällen des Entzugs liegen Straftaten vor, sodass die Frage entstehen würde: Kann nicht praktischer Weise schon das Strafgericht die Fahrerlaubnis entziehen, also ohne das man die Verwaltungsbehörde damit befasst? §§ 44 und 69 StGB sagen im Grundsatz: Ja, unterscheiden dabei aber: § 44 StGB führt nur bildlich gesprochen dazu, die Fahrerlaubnis nicht nützen zu dürfen. Nach Ablauf der Frist kann man das ohne weiteres wieder tun. Ganz anders sieht es im Fall des § 69 StGB aus: Hier wird die Fahrerlaubnis entzogen und man muss sie in einem Verfahren nach § 2 StVG neu erwerben. Der Unterschied zeigt sich also auf jeden Fall bei den Kosten für den Betroffenen (von den Nerven rede ich hier nicht): Beim Fahrverbot entstehen keine Kosten für Unterricht und neue Prüfung; beim Entzug der Fahrerlaubnis nach § 69 StGB sehr wohl.

Schaut man sich jetzt § 69 Abs. 3 StGB genauer an, so erkennt man die Wirkung: Die Fahrerlaubnis erlischt mit der Rechtskraft des Urteils. Ein von einer deutschen Behörde ausgestellter Führerschein wird im Urteil eingezogen. Das heißt, die Plastikkarte wird entwertet und unbrauchbar gemacht. § 69a StGB sieht vor, dass das Gericht zugleich bestimmt, „dass für die Dauer von … keine neue Fahrerlaubnis erteilt werden darf". Das ist die sogenannte Sperrfrist. Vom Laienverständnis her also die Dauer, für die die Fahrerlaubnis (nicht nur der Führerschein) „weg" ist. Juristisch: vor Ablauf dieser Zeit darf keine neue Fahrerlaubnis nach § 2 StVG erteilt werden.

§ 44 StGB
Fahrverbot
(1) Wird jemand wegen einer Straftat, die er bei oder im Zusammenhang mit dem Führen eines Kraftfahrzeugs oder unter Verletzung der Pflichten eines Kraftfahrzeugführers begangen hat, zu einer Freiheitsstrafe oder einer Geldstrafe verurteilt, so kann ihm das Gericht für die Dauer von einem Monat bis zu drei Monaten verbieten, im Straßenverkehr Kraftfahrzeuge jeder oder einer bestimmten Art zu führen. Ein Fahrverbot ist in der Regel anzuordnen, wenn in den Fällen einer Verurteilung nach § 315c Abs. 1 Buchstabe a, Abs. 3 oder § 316 die Entziehung der Fahrerlaubnis nach § 69 unterbleibt.
(2) Das Fahrverbot wird mit der Rechtskraft des Urteils wirksam. Für seine Dauer werden von einer deutschen Behörde ausgestellte nationale und internationale Führerscheine amtlich verwahrt. Dies gilt auch, wenn der Führerschein von einer Behörde eines Mitgliedstaates der Europäischen Union oder eines anderen Vertragsstaates des Abkommens über den Europäischen Wirtschaftsraum ausgestellt worden ist, sofern der Inhaber seinen ordentlichen Wohnsitz im Inland hat. In anderen ausländischen Führerscheinen wird das Fahrverbot vermerkt.
(3) Ist ein Führerschein amtlich zu verwahren oder das Fahrverbot in einem ausländischen Führerschein zu vermerken, so wird die Verbotsfrist erst von dem Tage an gerechnet, an dem dies geschieht. In die Verbotsfrist wird die Zeit nicht eingerechnet, in welcher der Täter auf behördliche Anordnung in einer Anstalt verwahrt worden ist.

§ 69 StGB
Entziehung der Fahrerlaubnis
(1) Wird jemand wegen einer rechtswidrigen Tat, die er bei oder im Zusammenhang mit dem Führen eines Kraftfahrzeuges oder unter Verletzung der Pflichten eines Kraftfahrzeugführers begangen hat, verurteilt oder nur deshalb nicht verurteilt, weil seine Schuldunfähigkeit erwiesen oder nicht auszuschließen ist, so entzieht ihm das Gericht die Fahrerlaubnis, wenn sich aus der Tat ergibt, dass er zum Führen von Kraftfahrzeugen ungeeignet ist. Einer weiteren Prüfung nach § 62 bedarf es nicht.
(2) Ist die rechtswidrige Tat in den Fällen des Absatzes 1 ein Vergehen
1. der Gefährdung des Straßenverkehrs (§ 315c),
2. der Trunkenheit im Verkehr (§ 316),
3. des unerlaubten Entfernens vom Unfallort (§ 142), obwohl der Täter weiß oder wissen kann, dass bei dem Unfall ein Mensch getötet oder nicht unerheblich verletzt worden oder an fremden Sachen bedeutender Schaden entstanden ist, oder
4. des Vollrausches (§ 323a), der sich auf eine der Taten nach den Nummern 1 bis 3 bezieht,
so ist der Täter in der Regel als ungeeignet zum Führen von Kraftfahrzeugen anzusehen.

(3) Die Fahrerlaubnis erlischt mit der Rechtskraft des Urteils. Ein von einer deutschen Behörde ausgestellter Führerschein wird im Urteil eingezogen.

Was passiert, wenn die Person dann trotzdem fährt, ergibt sich aus dem Zusammenspiel von § 21 StVG und § 69 bzw. § 44 StGB:

§ 21 StVG
Fahren ohne Fahrerlaubnis
(1) Mit Freiheitsstrafe bis zu einem Jahr oder mit Geldstrafe wird bestraft, wer
1. ein Kraftfahrzeug führt, obwohl er die dazu erforderliche Fahrerlaubnis nicht hat oder ihm das Führen des Fahrzeugs nach § 44 des Strafgesetzbuchs oder nach § 25 dieses Gesetzes verboten ist, oder […]
[…]

cc) Verwaltungsakzessorietät an der Schnittstelle zwischen Öffentlichem Recht und Strafrecht

Im Umweltstrafrecht sind Verwaltungs- und Strafrecht auf besonders enge Weise miteinander verzahnt. Man charakterisiert dies als „Verwaltungsakzessorietät". Dies ist nur eine besondere Ausprägung des Zusammenspiels von Verbot und Sanktionsermächtigung. Anders als im übrigen Strafrecht entscheidet die Umweltbehörde in vielen Einzelfällen per Bescheid vorab, was der Einzelne zu tun hat und was nicht (siehe § 329 Abs. 1 Satz 2 StGB). In anderen Fällen ergeben sich besondere Pflichten des Einzelnen aus Verwaltungsvorschriften (Rechtsverordnungen etc.) – siehe § 329 Abs. 1 Satz 1 StGB:

§ 329 StGB
Gefährdung schutzbedürftiger Gebiete
(1) Wer **entgegen einer** auf Grund des Bundes-Immissionsschutzgesetzes erlassenen **Rechtsverordnung** über ein Gebiet, das eines besonderen Schutzes vor schädlichen Umwelteinwirkungen durch Luftverunreinigungen oder Geräusche bedarf oder in dem während austauscharmer Wetterlagen ein starkes Anwachsen schädlicher Umwelteinwirkungen durch Luftverunreinigungen zu befürchten ist, Anlagen innerhalb des Gebiets betreibt, wird mit Freiheitsstrafe bis zu drei Jahren oder mit Geldstrafe bestraft. Ebenso wird bestraft, wer innerhalb eines solchen Gebiets Anlagen **entgegen einer vollziehbaren Anordnung** betreibt, die auf Grund einer in Satz 1 bezeichneten Rechtsverordnung ergangen ist. […]

3. Was wäre, wenn es diese Norm nicht geben würde? (Teleologische Auslegung – Frage 3)

Als dritte Frage ist schließlich wichtig: Was wäre, wenn es diese Norm nicht geben würde? Erst wenn man sich darüber im Klaren ist, versteht man den Sinn und Zweck einer bestimmten Norm. Dies wiederum ist Voraussetzung für die teleologische Auslegung. Denn erst dann, wenn ich mir vorstellen kann, was ohne die Norm wäre, dann habe ich ein Vorstellung davon, wie notwendig (oder überflüssig) die Norm ist.

Um es an einem noch zu vertiefenden Beispiel zu belegen: Gäbe es keine Regelung zur Notwehr, dann würde der Staat es mir, als Angegriffenem, nicht ausdrücklich *erlauben*, mich mit körperlicher Gewalt gegen einen rechtswidrigen Angriff zu verteidigen. Ich müsste diesen geschehen lassen und hinnehmen. Wenn ich mich dennoch mit Gewalt wehre, übe ich meinerseits verbotene Gewalt aus. Das kann nicht sein. Die Folge dieses unregulierten Zustandes wäre eine Gewalt aller gegen alle, mithin die Aufgabe des Landfriedens, des Gewaltverbots.

Abgesehen von einem solchen grundlegenden Beispiel mag Sie die Ausgangsfrage jedoch erstaunen, wenn Sie am Beginn Ihres Studiums stehen. Leider erstaunt sie immer noch viele, die ihr Studium gerade beenden oder gar schon beendet haben. Als angehender Jurist müssen Sie sich aber von Anfang an und immer darüber im Klaren sein, dass das aktuelle Recht nichts Unumstößliches oder Unveränderbares ist. Sonst würde aus Ihnen eine buchstabengehorsame Vollzugsinstanz, ein Diener im schlechtesten Sinne.

Warum aber soll man sich überlegen, warum es eine bestehende und vielleicht sogar vielfach bewährte Vorschrift nicht mehr geben sollte. Der Sinn solcher Überlegungen besteht nicht darin, die Vorschriften tatsächlich abschaffen oder inhaltlich anders gestalten zu wollen. Vielmehr wollen wir uns mit dieser Frage den wirklichen Sinn und die wirkliche Bedeutung der Norm vor Augen führen. Machen wir uns deshalb zuerst die möglichen Antworten auf die Ausgangslage klar:

Denkbare Antwort 1: Die Norm ist evident nicht verzichtbar und auch nicht zu modifizieren.

Ein Beispiel wäre § 1 StGB mit dem Bestimmtheits- und dem Rückwirkungsverbot:

§ 1 StGB
Keine Strafe ohne Gesetz
Eine Tat kann nur bestraft werden, wenn die Strafbarkeit gesetzlich bestimmt war, bevor die Tat begangen wurde.

Gäbe es diese Norm nicht, dann könnte seine individualschützende Funktion eventuell noch vom Schuldprinzip im engeren Sinne übernommen werden. Dieses berücksichtigt, ob eine Person aus biologischen Gründen (§ 20 StGB: Schuldunfähigkeit wegen seelischer Störungen) oder aus rechtlichen Gründen (§ 35: entschuldigender Notstand) nicht anders als rechtswidrig (nämlich: rechtmäßig) handeln konnte. Wenn ein Verhalten nachträglich oder durch ein völlig vages Gesetz bestraft würde, dann hat der Täter niemals überhaupt die Chance gehabt, anders handeln zu können. Es war für ihn unvermeidbar, dass ihm „die Einsicht [fehlt] Unrecht zu tun". § 17 StGB sagt dies ganz klar:

§ 17 StGB
Verbotsirrtum
Fehlt dem Täter bei Begehung der Tat die Einsicht, Unrecht zu tun, so **handelt** er **ohne Schuld**, wenn er diesen Irrtum nicht vermeiden konnte. [...]

Denkbare Antwort 2: Die Norm erscheint zwar als solche nicht verzichtbar; Modifikationen sind aber möglich.

Ein Beispiel wäre die erwähnte Notwehrregelung nach § 32 StGB. Schranken werden hier von Rechtsprechung und Lehre anerkannt. Man macht jedoch ein Grundsatzproblem daraus, eine ausdrückliche Einschränkung bereits ins Gesetz aufzunehmen, wie sie etwa in § 3 Abs. 1 Satz 2 des österreichischen StGB enthalten ist. § 3 Abs. 1 Satz 2 öStGB lautet:

> Die Handlung ist jedoch nicht gerechtfertigt, wenn es offensichtlich ist, daß dem Angegriffenen bloß ein geringer Nachteil droht und die Verteidigung, insbesondere wegen der Schwere der zur Abwehr nötigen Beeinträchtigung des Angreifers, unangemessen ist.

Hier muss man fragen: Was würde den deutschen Gesetzgeber daran hindern, eine solche Modifikation wie im österreichischen Recht einzuführen. Die Antwort hierauf müsste über Sinn und Zweck der Norm erfolgen. Lesen Sie dazu die Kommentare und Lehrbücher zu § 32 StGB und ziehen Sie Ihre eigenen Schlüsse[150].

Denkbare Antwort 3: Die Norm ist verzichtbar. Ein Beispiel wäre § 248b StGB:

> § 248b StGB
> Unbefugter Gebrauch eines Fahrzeugs
> (1) Wer ein Kraftfahrzeug oder ein Fahrrad gegen den Willen des Berechtigten in Gebrauch nimmt, wird mit Freiheitsstrafe bis zu drei Jahren oder mit Geldstrafe bestraft, wenn die Tat nicht in anderen Vorschriften mit schwererer Strafe bedroht ist.
> (2) Der Versuch ist strafbar.
> (3) Die Tat wird nur auf Antrag verfolgt.
> (4) Kraftfahrzeuge im Sinne dieser Vorschrift sind die Fahrzeuge, die durch Maschinenkraft bewegt werden, Landkraftfahrzeuge nur insoweit, als sie nicht an Bahngleise gebunden sind.

Als unbedarfter Leser mag man sich nämlich fragen: Ohne die Norm wäre der unbefugte Gebrauch eines Kraftfahrzeugs nicht strafbar. Dann ist aber offensichtlich der unbefugte Gebrauch einer Waschmaschine oder eines Föns nicht strafbar (so ist es in der Tat). Es scheint also eine rechtspolitische Überlegung des Gesetzgebers gewesen zu sein, die Vorschrift des § 248b StGB einzuführen. Der zentrale Punkt war insoweit, dass man die Aussage einer Person, die eines Autodiebstahls verdächtig ist, für irrelevant bezeichnen wollte, wenn diese etwa sagte: *„Ich habe das Fahrzeug zwar weggenommen, aber bald zurückbringen wollen; behalten wollte ich es nicht."* Es sei dahingestellt, ob diese Gründe des Gesetzgebers überzeugend sind. Jedenfalls macht einem unsere Ausgangsfrage den singulären Charakter von § 248b StGB bewusst.

a) Notwehr § 32 StGB

Wie schon angedeutet kann man – ja: muss man – § 32 StGB modifizieren. Abschaffen darf man ihn jedoch auf keinen Fall. Gäbe es § 32 StGB nicht, dann wäre nämlich der Einzelne rechtlos dem rechtswidrigen Angriff eines anderen Menschen ausgesetzt. Er dürfte sich nicht mit Körpergewalt wehren, das wäre ihm verboten. Er könnte allenfalls darauf hoffen, dass der Staat ihm einen Verzicht auf Strafe zubilligt. Die nahe liegende Folge wäre, dass private Gewalt ausufert, weil niemand

---

[150] Meine Schlussfolgerungen finden Sie in *Lagodny*, Strafrecht vor den Schranken der Grundrechte, Tübingen 1996, § 11 B III 1.

mehr irgendwelche Grenzen derselben kennt. Wie sind diese Konsequenzen aus dem Gesetz abzuleiten? Stellen wir uns einen Normalfall dazu vor:

A wird nachts im Park plötzlich von B mit gegenwärtiger Lebensgefahr angegriffen[151]. In letzter Sekunde kann A sich wehren, indem er B tötet. Polizeiliche Hilfe ist zu dieser Zeit und an diesem Ort nicht erreichbar. Dies ist eine typische Notwehrlage und auch eine angemessene Verteidigung. Die Rechtsnormvoraussetzungen sind also erfüllt.

§ 32 Abs. 1 StGB bestimmt, dass der sich Verteidigende „nicht rechtswidrig handelt". Was bedeutet das? Das Gesetz schweigt dazu. Wer „nicht rechtswidrig" handelt, dessen Verhalten ist erlaubt. Er verhält sich rechtmäßig, er darf so handeln wie er gehandelt hat. Der Angreifer darf *nicht* so handeln. Gäbe es keine geregelte Notwehr, dann wären die Grenzen für die Gewalt Privater nicht klar abgesteckt. Es liegt auf der Hand, dass dies zu einer fatalen Entwicklung führen würde: das Gewaltmonopol des Staates stünde nur noch auf dem Papier, weil sich jeder bis an die Zähne bewaffnen würde, um sich seiner Haut zu wehren. Ansätze hierzu und Indizien sind – das sei hier am Rande bemerkt – in der Zunahme des privaten Sicherheitsgewerbes zu sehen.

b) Schuldprinzip ohne Unterbringung?

Nach § 63 StGB gilt:

> § 63 StGB
> Unterbringung in einem psychiatrischen Krankenhaus
> Hat jemand eine rechtswidrige Tat im Zustand der Schuldunfähigkeit (§ 20) oder der verminderten Schuldfähigkeit (§ 21) begangen, so **ordnet** das Gericht **die Unterbringung** in einem psychiatrischen Krankenhaus **an**, wenn die Gesamtwürdigung des Täters und seiner Tat ergibt, daß von ihm infolge seines Zustandes erhebliche rechtswidrige Taten zu erwarten sind und er deshalb für die Allgemeinheit gefährlich ist.

Ein „Normalfall" wäre also: Der geisteskranke und deshalb schuldunfähige G tötet das Kind K. Wenn es die Möglichkeit der Unterbringung nach § 63 StGB nicht gäbe, dann müsste G nach § 20 StGB freigesprochen werden, denn § 20 StGB lautet:

> § 20 StGB
> Schuldunfähigkeit wegen seelischer Störungen
> Ohne Schuld handelt, wer bei Begehung der Tat wegen einer krankhaften seelischen Störung, wegen einer tiefgreifenden Bewusstseinsstörung oder wegen Schwachsinns oder einer schweren anderen seelischen Abartigkeit unfähig ist, das Unrecht der Tat einzusehen oder nach dieser Einsicht zu handeln.

---

[151] Ich formuliere diesen Sachverhalt bewusst so, dass die Details offen bleiben. Ein häufiger Anfängerfehler besteht darin, einen vorgegebenen Sachverhalt im Geiste oder ausdrücklich so abzuändern, dass es ein ganz anderer Fall ist. In der Klausur bedeutet dies: man antwortet auf eine nicht gestellte Frage und bekommt dafür selbstverständlich ein „Nicht genügend".

Wer „ohne Schuld" handelt, kann nicht bestraft werden. Das steht so zwar nirgends im Gesetz[152], ist aber unbestritten in Praxis und Theorie. Gäbe es deshalb den § 63 StGB nicht, dann müsste man z. B. den schuldunfähigen, weil geistesgestörten Sexualstraftäter, der schon mehrere Kinder missbraucht hat, freisprechen. Strafrechtlich[153] könnte man dann nichts gegen ihn unternehmen. Er könnte sich frei bewegen, auch wenn er eine Gefahr für andere wäre, soweit nicht anderwei-tige Regelungen bestünden. Diese Kinder sind aber zwingend zu schützen, weil der Staat gegenüber dem Einzelnen eine Schutzpflicht hat. Wenn der Staat sich zu Recht ein Gewaltmonopol verschafft, also dem Einzelnen die Ausübung physischer Gewalt grundsätzlich untersagt, hat er damit die Verpflichtung übernommen, den Einzelnen zu schützen. Dem muss der Staat dadurch nachkommen, indem er den Einzelnen vor gefährlichen Mitmenschen schützt. Das ist – auf einen knappen Nenner gebracht – die heutige Funktion der Maßregeln der Besserung und Sicherung (§§ 61 ff. StGB) aus staatsrechtlicher Sicht[154].

Deshalb kann man sich klarmachen: Die Schuldfähigkeit als Voraussetzung der Strafbarkeit (des „OB der Strafbarkeit") kann man sich eigentlich nur dann leisten, wenn man so etwas wie § 63 StGB kennt. Mit dieser Vorüberlegung dann z. B. etwas zum Marburger Programm von *Franz von Liszt*[155] zu lesen, kann sehr gewinnbringend sein.

Sie erkennen an diesem und an weiteren folgenden Beispielen: Frage 3 (Was wäre ohne die Norm?) ist die zentrale Lernfrage. Sie müssen

- wissen, wo und wie Sie die wesentlichen Regelungen finden. Dann müssen Sie diese
- verstehen statt auswendig lernen.

Es ist wie in der Pädagogik oder generell in der Erziehung: Regeln werden nur dann akzeptiert, wenn man sie erklären kann. Rechtsnormen sind Regeln zur Lösung von Konflikten. Diese Regeln muss man erklären können, sonst sind sie nicht zur Konfliktlösung tauglich. Deshalb muss ich als Jurist auch immer das geltende Recht hinterfragen.

Hier zeigt sich zugleich: Das genaue Lesen von Normen hat nichts mit einem Positivismus zu tun. Das wird einem nämlich manchmal entgegengehalten, wenn man sich auf das geltende Recht bezieht. Man meint mit dem Ausdruck „Positivismus", dass man nur das geltende Recht und dieses als unabänderlich bzw. als nur durch den Gesetzgeber selbst abänderbar akzeptiert[156].

---

[152] Anders insoweit ausdrücklich § 4 des österreichischen StGB („Keine Strafe ohne Schuld"): „Strafbar ist nur, wer schuldhaft handelt."

[153] Theoretisch stünde hier die für eine Unterbringung zuständige Verwaltungsbehörde des Landes in der Pflicht.

[154] Vgl. *Lagodny*, Strafrecht vor den Schranken der Grundrechte, Tübingen 1996, § 13.

[155] Vgl. dazu *Gropp*, Allgemeiner Teil, 3. Aufl. Berlin u. a. 2005, § 1 RN 112.

[156] Vgl. dazu *Tilch/Arloth*, Deutsches Rechts-Lexikon, 3. Aufl. München 2001, Band. 2 (G–P), Stichwort: „Positivismus"

Man muss sich z. B. fragen, warum es § 248c StGB gibt:

§ 248c StGB
Entziehung elektrischer Energie
(1) Wer einer elektrischen Anlage oder Einrichtung **fremde elektrische Energie** mittels eines Leiters **entzieht**, der zur ordnungsmäßigen Entnahme von Energie aus der Anlage oder Einrichtung nicht bestimmt ist, wird, wenn er die Handlung in der Absicht begeht, die elektrische Energie sich oder einem Dritten rechtswidrig zuzueignen, mit Freiheitsstrafe bis zu fünf Jahren oder mit Geldstrafe bestraft.

Das Abzapfen von Strom durch den Nachbarn ist in gleicher Weise strafwürdig, wie wenn der Nachbar einem den Mantel stiehlt. Letzteres ist eindeutig ein Fall des § 242 StGB:

§ 242 [Abs. 1] StGB
Diebstahl
Wer eine fremde bewegliche Sache einem anderen in der Absicht wegnimmt, die Sache sich oder einem Dritten rechtswidrig zuzueignen, wird mit Freiheitsstrafe bis zu fünf Jahren oder mit Geldstrafe bestraft.

Was wäre ohne die Norm des § 248c StGB? Dann wäre das Abzapfen offensichtlich straflos. Warum? Weil das Abzapfen von Strom durch § 242 StGB nicht als Diebstahl erfasst wird. Überlegen Sie kurz warum:

Antwort: Strom ist keine „Sache" i. S. v. § 242 Abs. 1 StGB, nämlich kein körperlicher Gegenstand. Weil man aber § 242 StGB nicht im Wege der Analogie[157] auf Nicht-Sachen wie Strom ausdehnen darf, musste der Gesetzgeber den § 248c StGB schaffen, um diese Strafbarkeitslücke zu schließen.

c) Weitere Beispiele aus dem Strafrecht

Die nachfolgenden Beispiele sollen zum eigenen Nachdenken anregen. Zunächst müssen Sie sich wiederum die Tathandlung und dazu einen Normalfall vor Augen halten. Das Vereiteln der Zwangsvollstreckung nach § 288 StGB ist eine Vorschrift, die man zu Beginn des Studiums gar nicht lesen mag, nach dem Motto: „*Verstehe ich ohnehin nicht*". Dabei ist der Grundgedanke sehr einfach: Unser Staat beruht auf dem staatlichen Gewaltmonopol. Deshalb darf der Einzelne E nicht zu seinem Schuldner S gehen, der ihm z. B. noch 5000 € aus einem Verkauf schuldet, und ihn gar mit Waffengewalt zur Herausgabe der 5000 € auffordern. E muss sich vielmehr der Zivilgerichte bedienen und die 5000 € einklagen. Mit dem rechtskräftigen Urteil kann E dann zum Gerichtsvollzieher als staatlichem Organ gehen und sein Recht notfalls mit Gewalt des Gerichtsvollziehers durchsetzen. Der Gerichtsvollzieher kann dem S dann Gegenstände – etwa ein wertvolles Auto – wegnehmen und versteigern. Den Erlös bekommt dann E bis zur Höhe von 5000 €. Schafft S das Auto aber beiseite, indem er es in einer schwer auffindbaren Garage in einer anderen Stadt versteckt, dann wird dieses staatliche Verfahren wirtschaftlich wertlos. Die Folge wäre, dass E auf anderem Weg versucht, an sein Geld zu kommen. Dieser

---

[157] Siehe oben C III 1 (Verbot der Analogie zu Lasten des Täters, S. 49).

„andere" Weg wäre dann sehr wahrscheinlich ein Weg mit Gewalt. Deshalb ist eine Norm wie § 288 StGB[158] sehr wichtig und unverzichtbar:

§ 288 StGB
Vereiteln der Zwangsvollstreckung
(1) Wer bei einer ihm drohenden Zwangsvollstreckung in der Absicht, die Befriedigung des Gläubigers zu vereiteln, Bestandteile seines Vermögens **veräußert oder beiseite schafft**, wird mit Freiheitsstrafe bis zu zwei Jahren oder mit Geldstrafe bestraft.

Die Norm des § 291 StGB stellt den „Wucher" unter Strafe. In einem marktwirtschaftlichen System bestimmen Angebot und Nachfrage den Preis. Eine Strafnorm, die an der Höhe des Preises anknüpfen würde, wäre deshalb systemwidrig. Aber dieser Gedanke muss Grenzen haben. Diese werden in § 291 StGB umschrieben. Würde man diese Norm abschaffen, dann wäre jeglichem Gewinnstreben Tür und Tor geöffnet:

§ 291 StGB
Wucher
(1) Wer die Zwangslage, die Unerfahrenheit, den Mangel an Urteilsvermögen oder die erhebliche Willensschwäche eines anderen dadurch ausbeutet, daß er sich oder einem Dritten
1. für die Vermietung von Räumen zum Wohnen oder damit verbundene Nebenleistungen,
2. für die Gewährung eines Kredits,
3. für eine sonstige Leistung oder
4. für die Vermittlung einer der vorbezeichneten Leistungen
Vermögensvorteile versprechen oder gewähren lässt, die in einem auffälligen Mißverhältnis zu der Leistung oder deren Vermittlung stehen, wird mit Freiheitsstrafe bis zu drei Jahren oder mit Geldstrafe bestraft. Wirken mehrere Personen als Leistende, Vermittler oder in anderer Weise mit und ergibt sich dadurch ein auffälliges Mißverhältnis zwischen sämtlichen Vermögensvorteilen und sämtlichen Gegenleistungen, so gilt Satz 1 für jeden, der die Zwangslage oder sonstige Schwäche des anderen für sich oder einen Dritten zur Erzielung eines übermäßigen Vermögensvorteils ausnutzt.
(2) In besonders schweren Fällen ist die Strafe Freiheitsstrafe von sechs Monaten bis zu zehn Jahren. Ein besonders schwerer Fall liegt in der Regel vor, wenn der Täter
1. durch die Tat den anderen in wirtschaftliche Not bringt,
2. die Tat gewerbsmäßig begeht,
3. sich durch Wechsel wucherische Vermögensvorteile versprechen läßt.

Ähnlich wie beim Strom, der keine „Sache" ist, würde es ohne § 292 StGB keine Norm gegen die Tötung wilder Tiere geben. Diese gehören *niemandem* (weil sie „wild" sind), sind also nicht durch § 242 StGB, dem Diebstahl, geschützt. Dieser setzt eine „fremde Sache" voraus:

§ 292 StGB
Jagdwilderei
(1) Wer unter Verletzung fremden Jagdrechts oder Jagdausübungsrechts
1. dem Wild nachstellt, es fängt, erlegt oder sich oder einem Dritten zueignet oder
2. eine Sache, die dem Jagdrecht unterliegt, sich oder einem Dritten zueignet, beschädigt oder zerstört,

---

[158] Diese Gedanken gelten auch für das Verständnis der §§ 289 und 290 StGB sowie insbesondere der Insolvenzstraftaten nach §§ 283 ff. StGB.

wird mit Freiheitsstrafe bis zu drei Jahren oder mit Geldstrafe bestraft.
(2) In besonders schweren Fällen ist die Strafe Freiheitsstrafe von drei Monaten bis zu fünf Jahren. Ein besonders schwerer Fall liegt in der Regel vor, wenn die Tat
1. gewerbs- oder gewohnheitsmäßig,
2. zur Nachtzeit, in der Schonzeit, unter Anwendung von Schlingen oder in anderer nicht weidmännischer Weise oder
3. von mehreren mit Schusswaffen ausgerüsteten Beteiligten gemeinschaftlich begangen wird.

Die nachfolgenden Vorschriften hat der Gesetzgeber geschaffen, weil das seinerzeit bestehende Strafrecht nicht hinreichte, um das umschriebene Verhalten zu erfassen:
Bei den Situationen des § 298 StGB fehlt es an einem „Schaden" im Sinne des § 263 StGB[159].

§ 298 StGB
Wettbewerbsbeschränkende Absprachen bei Ausschreibungen
(1) Wer bei einer Ausschreibung über Waren oder gewerbliche Leistungen ein Angebot abgibt, das auf einer rechtswidrigen Absprache beruht, die darauf abzielt, den Veranstalter zur Annahme eines bestimmten Angebots zu veranlassen, wird mit Freiheitstrafe bis zu fünf Jahren oder mit Geldstrafe bestraft.
(2) Der Ausschreibung im Sinne des Absatzes 1 steht die freihändige Vergabe eines Auftrages nach vorausgegangenem Teilnahmewettbewerb gleich.
(3) Nach Absatz 1, auch in Verbindung mit Absatz 2, wird nicht bestraft, wer freiwillig verhindert, daß der Veranstalter das Angebot annimmt oder dieser seine Leistung erbringt. Wird ohne Zutun des Täters das Angebot nicht angenommen oder die Leistung des Veranstalters nicht erbracht, so wird er straflos, wenn er sich freiwillig und ernsthaft bemüht, die Annahme des Angebots oder das Erbringen der Leistung zu verhindern.

Weil die Bestechungsdelikte der §§ 331 ff. StGB nur für „Amtsträger" gelten, aber nicht für Angehörige der Privatwirtschaft, war § 299 StGB notwendig, um deren Korruptionsverhalten strafrechtlich zu erfassen. Damit hat der Gesetzgeber auch internationale Verpflichtungen erfüllt[160].

§ 299 StGB
Bestechlichkeit und Bestechung im geschäftlichen Verkehr
(1) Wer als Angestellter oder Beauftragter eines geschäftlichen Betriebes im geschäftlichen Verkehr einen Vorteil für sich oder einen Dritten als Gegenleistung dafür fordert, sich versprechen lässt oder annimmt, daß er einen anderen bei dem Bezug von Waren oder gewerblichen Leistungen im Wettbewerb in unlauterer Weise bevorzuge, wird mit Freiheitsstrafe bis zu drei Jahren oder mit Geldstrafe bestraft.
(2) Ebenso wird bestraft, wer im geschäftlichen Verkehr zu Zwecken des Wettbewerbs einem Angestellten oder Beauftragten eines geschäftlichen Betriebes einen Vorteil für diesen oder einen Dritten als Gegenleistung dafür anbietet, verspricht oder gewährt, daß er ihn oder einen anderen bei dem Bezug von Waren oder gewerblichen Leistungen in unlauterer Weise bevorzuge.
(3) Die Absätze 1 und 2 gelten auch für Handlungen im ausländischen Wettbewerb.

Die §§ 303a und b StGB waren notwendig, weil die Sachbeschädigung nach § 303 StGB eine *körperliche* Sache voraussetzt. Daten sind keine solche.

---

[159] Vgl. Schönke/Schröder–*Heine*, StGB, 28. Aufl. München 2010, § 298 RN 1 m. w. N.

[160] Vgl. Schönke/Schröder–*Heine*, StGB, 28. Aufl. München 2010, RN 1 f. vor §§ 298 ff. m. w. N.

§ 303a StGB
Datenveränderung
(1) Wer rechtswidrig Daten (§ 202a Abs. 2) löscht, unterdrückt, unbrauchbar macht oder
verändert, wird mit Freiheitsstrafe bis zu zwei Jahren oder mit Geldstrafe bestraft.
(2) Der Versuch ist strafbar.
(3) Für die Vorbereitung einer Straftat nach Absatz 1 gilt § 202c entsprechend.

§ 303b StGB
Computersabotage
(1) Wer eine Datenverarbeitung, die für einen anderen von wesentlicher Bedeutung ist,
dadurch erheblich stört, dass er
1. eine Tat nach § 303a Abs. 1 begeht,
2. Daten (§ 202a Abs. 2) in der Absicht, einem anderen Nachteil zuzufügen, eingibt oder
   übermittelt oder
3. eine Datenverarbeitungsanlage oder einen Datenträger zerstört, beschädigt, unbrauchbar
   macht, beseitigt oder verändert,
wird mit Freiheitsstrafe bis zu drei Jahren oder mit Geldstrafe bestraft.
(2) Handelt es sich um eine Datenverarbeitung, die für einen fremden Betrieb, ein fremdes
Unternehmen oder eine Behörde von wesentlicher Bedeutung ist, ist die Strafe Freiheitsstrafe bis zu fünf Jahren oder Geldstrafe.
(3) Der Versuch ist strafbar.
(4) In besonders schweren Fällen des Absatzes 2 ist die Strafe Freiheitsstrafe von sechs
Monaten bis zu zehn Jahren. Ein besonders schwerer Fall liegt in der Regel vor, wenn der
Täter
1. einen Vermögensverlust großen Ausmaßes herbeiführt,
2. gewerbsmäßig oder als Mitglied einer Bande handelt, die sich zur fortgesetzten Begehung von Computersabotage verbunden hat,
3. durch die Tat die Versorgung der Bevölkerung mit lebenswichtigen Gütern oder Dienstleistungen oder die Sicherheit der Bundesrepublik Deutschland beeinträchtigt.
(5) Für die Vorbereitung einer Straftat nach Absatz 1 gilt § 202c entsprechend.

d) Beispiele aus dem Öffentlichen Recht

Auch im Öffentlichen Recht führt die Frage weiter, was ohne die Norm wäre. Jen-
seits der sog. „Ewigkeitsgarantie" des Art. 79 Abs. 3 GG sind die Art. 1 Abs. 3 und
19 Abs. 4 GG zentral für unser Staatswesen: die Bindung aller Staatsgewalt an die
Grundrechte (Art. 1 Abs. 3 GG), die Rechtsschutzgarantie (Art. 19 Abs. 4 GG) sowie das freie – im Gegensatz zum sog. „imperativen" – Mandat (Art. 38 Abs. 1 GG):

Art. 1 GG
[Schutz der Menschenwürde]
(1) Die Würde des Menschen ist unantastbar. Sie zu achten und zu schützen ist Verpflichtung aller staatlichen Gewalt.
(2) Das Deutsche Volk bekennt sich darum zu unverletzlichen und unveräußerlichen
Menschenrechten als Grundlage jeder menschlichen Gemeinschaft, des Friedens und der
Gerechtigkeit in der Welt.
(3) Die nachfolgenden Grundrechte binden Gesetzgebung, vollziehende Gewalt und Rechtsprechung als unmittelbar geltendes Recht.

Art. 19 GG
[Einschränkung von Grundrechten; Grundrechtsträger; Rechtsschutz]
(1) Soweit nach diesem Grundgesetz ein Grundrecht durch Gesetz oder auf Grund eines
Gesetzes eingeschränkt werden kann, muss das Gesetz allgemein und nicht nur für den

Einzelfall gelten. Außerdem muss das Gesetz das Grundrecht unter Angabe des Artikels nennen.

(2) In keinem Falle darf ein Grundrecht in seinem Wesensgehalt angetastet werden.

(3) Die Grundrechte gelten auch für inländische juristische Personen, soweit sie ihrem Wesen nach auf diese anwendbar sind.

(4) Wird jemand durch die öffentliche Gewalt in seinen Rechten verletzt, so steht ihm der Rechtsweg offen. Soweit eine andere Zuständigkeit nicht begründet ist, ist der ordentliche Rechtsweg gegeben. Artikel 10 Abs. 2 Satz 2 bleibt unberührt.

Art. 38 GG
[Wahl]
(1) Die Abgeordneten des Deutschen Bundestages werden in allgemeiner, unmittelbarer, freier, gleicher und geheimer Wahl gewählt. Sie sind Vertreter des ganzen Volkes, an Aufträge und Weisungen nicht gebunden und nur ihrem Gewissen unterworfen.
[…]

e) Beispiele aus dem Zivilrecht

Das Zivilrecht enthält etliche Normen, für deren Verständnis man gewinnbringend auf die dritte Frage zurückgreifen kann. Was würde etwa ohne § 1923 Abs. 2 BGB gelten? Es bliebe bei der Regel des Absatz 1. Wenn also die Ehefrau F schwanger ist und während der Schwangerschaft der Ehemann und Vater M stirbt, würde das nach dessen Tod geborene Kind nichts erben können: Zur Zeit des Erbfalls, nämlich dem Tod von M, hat es noch nicht „gelebt" im Sinne des § 1923 Abs. 1 BGB.

§ 1923 BGB
Erbfähigkeit
(1) Erbe kann nur werden, wer zur Zeit des Erbfalls lebt.
(2) Wer zur Zeit des Erbfalls noch nicht lebte, aber bereits gezeugt war, gilt als vor dem Erbfall geboren.

Aus dem modernen Geschäftsleben sind „Allgemeine Geschäftsbedingungen" nicht mehr wegzudenken. Größere und kleinere Unternehmen und Betriebe haben sich schon lange mit ihren „Allgemeinen Geschäftsbedingungen" (AGB) geholfen. In diesen haben sie für ihren Bedarf eigene Regeln aufgestellt. Dies war in dem Maße möglich wie das BGB dies zuließ. Dies war jedoch ein viel zu großer Rahmen. Die AGBs haben dazu geführt, dass die Rechte der Unternehmen zu sehr zu Lasten der Kunden ausgeweitet worden sind. Dem hat der Gesetzgeber zunächst durch ein besonderes Gesetz, dem ABGBG, entgegengewirkt. Dessen Regelungen sind dann später in das BGB aufgenommen worden in den §§ 305–311 BGB. Sie stellen in vielen Rechtsgeschäften des täglichen Lebens die primäre Rechtsschranke gegen eine zu große Gestaltungsmacht der Unternehmen dar. Als Ihnen sicherlich geläufiges Beispiel seien die AGB von Telekommunikationsunternehmen genannt. Die nachfolgenden Normen sind deshalb ein Beispiel dafür, wie dringend notwendige Regelungen zunächst nur in einem speziellen Gesetz geregelt waren und dann erst Einzug in das BGB gefunden haben. Heute sind sie nicht mehr wegzudenken. § 305 BGB regelt, wie AGB in einen Vertrag einbezogen werden. § 305b BGB normiert den Vorrang von speziell Verabredetem. § 306a BGB sichert die Geltung der Vorschriften des BGB gegen Umgehung ab. § 307 BGB stellt die Grundsätze auf. Die

§§ 308 und 309 BGB regeln, wie Klauseln im Einzelnen zu bewerten sind. Wir haben sie bereits kennen gelernt[161].

§ 305 BGB

Einbeziehung Allgemeiner Geschäftsbedingungen in den Vertrag

(1) Allgemeine Geschäftsbedingungen sind alle für eine Vielzahl von Verträgen vorformulierten Vertragsbedingungen, die eine Vertragspartei (Verwender) der anderen Vertragspartei bei Abschluss eines Vertrags stellt. Gleichgültig ist, ob die Bestimmungen einen äußerlich gesonderten Bestandteil des Vertrags bilden oder in die Vertragsurkunde selbst aufgenommen werden, welchen Umfang sie haben, in welcher Schriftart sie verfasst sind und welche Form der Vertrag hat. Allgemeine Geschäftsbedingungen liegen nicht vor, soweit die Vertragsbedingungen zwischen den Vertragsparteien im Einzelnen ausgehandelt sind.

(2) Allgemeine Geschäftsbedingungen werden nur dann Bestandteil eines Vertrags, wenn der Verwender bei Vertragsschluss

1. die andere Vertragspartei ausdrücklich oder, wenn ein ausdrücklicher Hinweis wegen der Art des Vertragsschlusses nur unter unverhältnismäßigen Schwierigkeiten möglich ist, durch deutlich sichtbaren Aushang am Orte des Vertragsschlusses auf sie hinweist und

2. der anderen Vertragspartei die Möglichkeit verschafft, in zumutbarer Weise, die auch eine für den Verwender erkennbare körperliche Behinderung der anderen Vertragspartei angemessen berücksichtigt, von ihrem Inhalt Kenntnis zu nehmen, und wenn die andere Vertragspartei mit ihrer Geltung einverstanden ist.

(3) Die Vertragsparteien können für eine bestimmte Art von Rechtsgeschäften die Geltung bestimmter Allgemeiner Geschäftsbedingungen unter Beachtung der in Absatz 2 bezeichneten Erfordernisse im Voraus vereinbaren.

§ 305b BGB

Vorrang der Individualabrede

Individuelle Vertragsabreden haben Vorrang vor Allgemeinen Geschäftsbedingungen.

§ 306a BGB

Umgehungsverbot

Die Vorschriften dieses Abschnitts finden auch Anwendung, wenn sie durch anderweitige Gestaltungen umgangen werden.

§ 307 BGB

Inhaltskontrolle

(1) Bestimmungen in Allgemeinen Geschäftsbedingungen sind unwirksam, wenn sie den Vertragspartner des Verwenders entgegen den Geboten von Treu und Glauben unangemessen benachteiligen. Eine unangemessene Benachteiligung kann sich auch daraus ergeben, dass die Bestimmung nicht klar und verständlich ist.

(2) Eine unangemessene Benachteiligung ist im Zweifel anzunehmen, wenn eine Bestimmung

1. mit wesentlichen Grundgedanken der gesetzlichen Regelung, von der abgewichen wird, nicht zu vereinbaren ist oder

2. wesentliche Rechte oder Pflichten, die sich aus der Natur des Vertrags ergeben, so einschränkt, dass die Erreichung des Vertragszwecks gefährdet ist.

(3) Die Absätze 1 und 2 sowie die §§ 308 und 309 gelten nur für Bestimmungen in Allgemeinen Geschäftsbedingungen, durch die von Rechtsvorschriften abweichende oder diese ergänzende Regelungen vereinbart werden. Andere Bestimmungen können nach Absatz 1 Satz 2 in Verbindung mit Absatz 1 Satz 1 unwirksam sein.

---

[161] Abdruck oben C IV 2 b cc (S. 78 f.).

Ein anderes Beispiel sind die §§ 311 und 314 BGB. Die dort enthaltenen Regelungen sind in Rechtsprechung und Lehre seit dem 19. Jahrhundert entwickelt worden, um schließlich im Gesetz fixiert zu werden. Sie sind für Ihr Lernen deshalb wichtig, weil man an ihnen nachvollziehen kann, welche Erleichterung das Gesetz mit sich bringt. Als ich studiert habe (1977–1982), gab es diese gesetzlichen Vorschriften noch nicht. Deshalb musste ich seinerzeit den wesentlichen Inhalt dessen, was heute in § 311 und § 314 BGB enthalten ist, aktiv lernen. Das war damals der Stand von Rechtsprechung und Lehre unter den Stichwörtern: „c.i.c." = culpa in contrahendo bzw. „p.V.V." = positive Vertragsverletzung. Sie müssen das nicht mehr lernen, sondern können sich „beschränken" auf das Verständnis und die Auslegungsprobleme dieser Normen.

§ 311 BGB
Rechtsgeschäftliche und rechtsgeschäftsähnliche Schuldverhältnisse
(1) Zur Begründung eines Schuldverhältnisses durch Rechtsgeschäft sowie zur Änderung des Inhalts eines Schuldverhältnisses ist ein Vertrag zwischen den Beteiligten erforderlich, soweit nicht das Gesetz ein anderes vorschreibt.
(2) Ein Schuldverhältnis mit Pflichten nach § 241 Abs. 2 entsteht auch durch
1. die Aufnahme von Vertragsverhandlungen,
2. die Anbahnung eines Vertrags, bei welcher der eine Teil im Hinblick auf eine etwaige rechtsgeschäftliche Beziehung dem anderen Teil die Möglichkeit zur Einwirkung auf seine Rechte, Rechtsgüter und Interessen gewährt oder ihm diese anvertraut, oder
3. ähnliche geschäftliche Kontakte.
(3) Ein Schuldverhältnis mit Pflichten nach § 241 Abs. 2 kann auch zu Personen entstehen, die nicht selbst Vertragspartei werden sollen. Ein solches Schuldverhältnis entsteht insbesondere, wenn der Dritte in besonderem Maße Vertrauen für sich in Anspruch nimmt und dadurch die Vertragsverhandlungen oder den Vertragsschluss erheblich beeinflusst.

§ 314 BGB
Kündigung von Dauerschuldverhältnissen aus wichtigem Grund
(1) Dauerschuldverhältnisse kann jeder Vertragsteil aus wichtigem Grund ohne Einhaltung einer Kündigungsfrist kündigen. Ein wichtiger Grund liegt vor, wenn dem kündigenden Teil unter Berücksichtigung aller Umstände des Einzelfalls und unter Abwägung der beiderseitigen Interessen die Fortsetzung des Vertragsverhältnisses bis zur vereinbarten Beendigung oder bis zum Ablauf einer Kündigungsfrist nicht zugemutet werden kann.
(2) Besteht der wichtige Grund in der Verletzung einer Pflicht aus dem Vertrag, ist die Kündigung erst nach erfolglosem Ablauf einer zur Abhilfe bestimmten Frist oder nach erfolgloser Abmahnung zulässig. § 323 Abs. 2 findet entsprechende Anwendung.
(3) Der Berechtigte kann nur innerhalb einer angemessenen Frist kündigen, nachdem er vom Kündigungsgrund Kenntnis erlangt hat.
(4) Die Berechtigung, Schadensersatz zu verlangen, wird durch die Kündigung nicht ausgeschlossen.

4. Wozu sagt die Norm NICHTS? (Frage 4)

Die Frage: „Wozu sagt eine Norm nichts?" ist sicherlich die für juristisch Unerfahrene am schwierigsten zu verstehende und zu beantwortende Frage. Sie setzt nämlich voraus, dass man eine Vorstellung davon hat: Wozu könnte oder müsste eine Norm etwas sagen, damit wir eindeutig sagen können: Auch das meint die Norm. Hier ist Raum für juristisches Lernen! Denn für die Beantwortung dieser Frage muss man positiv wissen, was es sonst noch an möglichen Regelungen, an möglichem Regelungsbedarf gibt.

Gleichzeitig ist die Frage die Grundlage für eine bestimmte juristische Argumentation, den so genannten „Umkehrschluss": Wenn § 303 StGB die Sachbeschädigung unter Strafe stellt, dann drückt die Vorschrift aus, dass sie nicht die Verletzung von Menschen regeln will. Das ist ein Umkehrschluss: aus der ausdrücklichen Regelung eines Bereich A kann man schließen, dass der Bereich B nicht betroffen ist.

a) Beispiele

Lassen Sie mich dies zunächst am Beispiel von § 212 StGB illustrieren: Kann ein Totschlag auch durch Unterlassen begangen werden? Lesen wir dazu zunächst § 212 StGB. Weil Sie als Anfänger durch den seltsamen Wortlaut des § 212 StGB[162] mehr irritiert sein werden, habe ich die Teile weggelassen, die hier nicht interessieren:

§ 212 StGB
Totschlag
(1) Wer einen Menschen tötet [...], wird [...] **mit** Freiheitsstrafe nicht unter fünf Jahren bestraft.

Er setzt voraus, dass der Täter einen anderen „tötet". Das ist sicherlich der tödliche Pistolenschuss. Aber fällt auch darunter, wenn jemand einen anderen z. B. ertrinken lässt, also nichts tut, mithin etwas (nämlich die Rettung) unterlässt? Rein sprachlich kann man darüber streiten, ob Nichtstun (in Form des Ertrinkenlassens) einem aktiven Tun (Pistolenschuss) gleichzustellen ist. Wenn das StGB also nichts über Unterlassen der Rettung vor dem Tod sagen würde, dann könnte man argumentieren: weil das StGB zum Unterlassen nichts ausdrücklich sagt, fällt nur aktives Tun unter § 212 StGB. Die Folge wäre, dass im Beispiel des Ertrinkenlassens nur § 323c StGB (unterlassene Hilfeleistung) vorliegen könnte. § 323c StGB ist aber ein ganz anderes Delikt als § 212 StGB. Das zeigt schon die Strafdrohung:

§ 323c StGB
Unterlassene Hilfeleistung
Wer bei Unglücksfällen oder gemeiner Gefahr oder Not nicht Hilfe leistet, obwohl dies erforderlich und ihm den Umständen nach zuzumuten, insbesondere ohne erhebliche eigene Gefahr und ohne Verletzung anderer wichtiger Pflichten möglich ist, wird mit Freiheitsstrafe bis zu einem Jahr oder mit Geldstrafe bestraft.

Wir sehen, dass § 323c StGB nicht voraussetzt, dass jemand stirbt. Schon von daher können wir den erwähnten Fall des Ertrinkenlassens nicht voll erfassen. Bei der Eingangsfrage hilft uns aber § 13 StGB[163] weiter, der eindeutig regelt: Unter bestimmten Voraussetzungen ist das Unterlassen einem aktiven Tun gleichzustellen.

---

[162] Die hier weggelassenen Formulierungen „ohne Mörder zu sein" und „wird als Totschläger" gehen auf die Änderung durch die Nationalsozialisten im Jahre 1941 zurück. Es ist schlicht unverständlich, warum der Gesetzgeber bis heute nicht in der Lage war, das Gesetz wieder so zu formulieren, dass auch jeder Anschein der Ideologie vom „Täterstrafrecht" verschwindet (vgl. dazu aber Schönke/Schröder–*Eser*, StGB, 28. Aufl. München 2010, RN 6 vor § 211).

[163] Zu § 13 StGB vgl. bereits oben C IV 5 a (S. 124).

Dazu gehört insbesondere, dass jemand rechtlich dafür *einzustehen* hat, dass ein bestimmter Erfolg nicht eintritt:

§ 13 StGB
Begehen durch Unterlassen
(1) Wer es unterlässt, einen Erfolg abzuwenden, der zum Tatbestand eines Strafgesetzes gehört, ist nach diesem Gesetz nur dann strafbar, wenn er rechtlich dafür einzustehen hat, daß der Erfolg nicht eintritt, und wenn das Unterlassen der Verwirklichung des gesetzlichen Tatbestandes durch ein Tun entspricht.
(2) Die Strafe kann nach § 49 Abs. 1 gemildert werden.

Also ergibt sich aus der Zusammenschau von § 212 StGB und § 13 StGB, dass auch ein Unterlassen eine Tötung sein kann, wenn die Voraussetzungen von § 13 StGB vorliegen. Zentrale Voraussetzung ist, dass der Täter „*rechtlich dafür einzustehen hat, daß der Erfolg nicht eintritt*". Das ist z. B. wegen der familienrechtlichen Personensorgepflicht bei den Eltern gegenüber dem Kind (§ 1626 Abs. 1 Satz 2 BGB) der Fall, nicht aber bei einem Passanten gegenüber einem Unbekannten. § 13 StGB regelt also die Frage, unter welchen Voraussetzungen „töten" auch heißen kann: Töten durch Unterlassen.

Wenden wir uns einem anderen Beispiel zu, nämlich der Frage, ob das deutsche Strafrecht nur für Taten im Inland oder auch für Taten gilt, die ganz oder zum Teil im Ausland begangen worden sind. § 3 StGB regelt insofern auf den ersten Blick eine Banalität:

§ 3 StGB
Geltung für Inlandstaten
Das deutsche Strafrecht gilt für Taten, die im **Inland** begangen werden.

Das entscheidende Wort ist „Inland". Sein Gegensatz wird in dieser Norm nicht angesprochen: „Ausland". Um uns in den §§ 3 ff. StGB zu orientieren, müssen wir also zunächst nach Regelungen suchen, welche „Auslandstaten" betreffen. In der Sprache des § 3 StGB also „ Taten, die im Ausland begangen werden". Hier werden wir zunächst im § 5 StGB fündig:

§ 5 StGB
Auslandstaten gegen inländische Rechtsgüter
Das deutsche Strafrecht gilt, unabhängig vom Recht des Tatorts, für folgende Taten, die im **Ausland** begangen werden:
1. Vorbereitung eines Angriffskrieges (§ 80);
2. Hochverrat (§§ 81 bis 83);
3. Gefährdung des demokratischen Rechtsstaates
    a) in den Fällen der §§ 89, 90a Abs. 1 und des § 90b, wenn der Täter Deutscher ist und seine Lebensgrundlage im räumlichen Geltungsbereich dieses Gesetzes hat, und
    b) in den Fällen der §§ 90 und 90a Abs. 2;
4. Landesverrat und Gefährdung der äußeren Sicherheit (§§ 94 bis 100a);
5. Straftaten gegen die Landesverteidigung
    a) in den Fällen der §§ 109 und 109e bis 109g und
    b) in den Fällen der §§ 109a, 109d und 109h, wenn der Täter Deutscher ist und seine Lebensgrundlage im räumlichen Geltungsbereich dieses Gesetzes hat;
6. Verschleppung und politische Verdächtigung (§§ 234a, 241a), wenn die Tat sich gegen einen Deutschen richtet, der im Inland seinen Wohnsitz oder gewöhnlichen Aufenthalt hat;

6a. Entziehung eines Kindes in den Fällen des § 235 Abs. 2 Nr. 2, wenn die Tat sich gegen eine Person richtet, die im Inland ihren Wohnsitz oder gewöhnlichen Aufenthalt hat;

7. Verletzung von Betriebs- oder Geschäftsgeheimnissen eines im räumlichen Geltungsbereich dieses Gesetzes liegenden Betriebs, eines Unternehmens, das dort seinen Sitz hat, oder eines Unternehmens mit Sitz im Ausland, das von einem Unternehmen mit Sitz im räumlichen Geltungsbereich dieses Gesetzes abhängig ist und mit diesem einen Konzern bildet;

8. Straftaten gegen die sexuelle Selbstbestimmung
   a) in den Fällen des § 174 Abs. 1 und 3, wenn der Täter und der, gegen den die Tat begangen wird, zur Zeit der Tat Deutsche sind und ihre Lebensgrundlage im Inland haben, und
   b) in den Fällen der §§ 176 bis 176b und 182, wenn der Täter Deutscher ist;

9. Abbruch der Schwangerschaft (§ 218), wenn der Täter zur Zeit der Tat Deutscher ist und seine Lebensgrundlage im räumlichen Geltungsbereich dieses Gesetzes hat;

10. falsche uneidliche Aussage, Meineid und falsche Versicherung an Eides Statt (§§ 153 bis 156) in einem Verfahren, das im räumlichen Geltungsbereich dieses Gesetzes bei einem Gericht oder einer anderen deutschen Stelle anhängig ist, die zur Abnahme von Eiden oder eidesstattlichen Versicherungen zuständig ist;

11. Straftaten gegen die Umwelt in den Fällen der §§ 324, 326, 330 und 330a, die im Bereich der deutschen ausschließlichen Wirtschaftszone begangen werden, soweit völkerrechtliche Übereinkommen zum Schutze des Meeres ihre Verfolgung als Straftaten gestatten;

11a. Straftaten nach § 328 Abs. 2 Nr. 3 und 4, Abs. 4 und 5, auch in Verbindung mit § 330, wenn der Täter zur Zeit der Tat Deutscher ist;

12. Taten, die ein deutscher Amtsträger oder für den öffentlichen Dienst besonders Verpflichteter während eines dienstlichen Aufenthalts oder in Beziehung auf den Dienst begeht;

13. Taten, die ein Ausländer als Amtsträger oder für den öffentlichen Dienst besonders Verpflichteter begeht;

14. Taten, die jemand gegen einen Amtsträger, einen für den öffentlichen Dienst besonders Verpflichteten oder einen Soldaten der Bundeswehr während der Ausübung ihres Dienstes oder in Beziehung auf ihren Dienst begeht;

14a. Abgeordnetenbestechung (§ 108e), wenn der Täter zur Zeit der Tat Deutscher ist oder die Tat gegenüber einem Deutschen begangen wird;

15. Organ- und Gewebehandel (§ 18 des Transplantationsgesetzes), wenn der Täter zur Zeit der Tat Deutscher ist.

dann in § 6 StGB:

§ 6 StGB
Auslandstaten gegen international geschützte Rechtsgüter
Das deutsche Strafrecht gilt weiter, unabhängig vom Recht des Tatorts, für folgende Taten, die im **Ausland** begangen werden:

1. (aufgehoben)
2. Kernenergie-, Sprengstoff- und Strahlungsverbrechen in den Fällen der §§ 307 und 308 Abs. 1 bis 4, des § 309 Abs. 2 und des § 310;
3. Angriffe auf den Luft- und Seeverkehr (§ 316c);
4. Menschenhandel zum Zweck der sexuellen Ausbeutung und zum Zweck der Ausbeutung der Arbeitskraft sowie Förderung des Menschenhandels (§§ 232 bis 233a);
5. unbefugter Vertrieb von Betäubungsmitteln;
6. Verbreitung pornographischer Schriften in den Fällen der §§ 184a, 184b Abs. 1 bis 3 und § 184c Abs. 1 bis 3, jeweils auch in Verbindung mit § 184d Satz 1;
7. Geld- und Wertpapierfälschung (§§ 146, 151 und 152), Fälschung von Zahlungskarten mit Garantiefunktion und Vordrucken für Euroschecks (§ 152b Abs. 1 bis 4) sowie deren Vorbereitung (§§ 149, 151, 152 und 152b Abs. 5);

8. Subventionsbetrug (§ 264);
9. Taten, die auf Grund eines für die Bundesrepublik Deutschland verbindlichen zwischenstaatlichen Abkommens auch dann zu verfolgen sind, wenn sie im Ausland begangen werden.

sowie schließlich:

§ 7 StGB
Geltung für Auslandstaten in anderen Fällen
(1) Das deutsche Strafrecht gilt für Taten, die im Ausland gegen einen Deutschen begangen werden, wenn die Tat am Tatort mit Strafe bedroht ist oder der Tatort keiner Strafgewalt unterliegt.
(2) Für andere Taten, die im Ausland begangen werden, gilt das deutsche Strafrecht, wenn die Tat am Tatort mit Strafe bedroht ist oder der Tatort keiner Strafgewalt unterliegt und wenn der Täter
1. zur Zeit der Tat Deutscher war oder es nach der Tat geworden ist oder
2. zur Zeit der Tat Ausländer war, im Inland betroffen und, obwohl das Auslieferungsgesetz seine Auslieferung nach der Art der Tat zuließe, nicht ausgeliefert wird, weil ein Auslieferungsersuchen innerhalb angemessener Frist nicht gestellt oder abgelehnt wird oder die Auslieferung nicht ausführbar ist.

Sodann müssen wir uns mit der Feinabgrenzung beschäftigen: Was ist eine Inlands-, was eine Auslandstat? Die Regelung hierfür finden wir im § 9 StGB.

§ 9 StGB
Ort der Tat
(1) Eine Tat ist an jedem Ort begangen, an dem der Täter gehandelt hat oder im Falle des Unterlassens hätte handeln müssen oder an dem der zum Tatbestand gehörende Erfolg eingetreten ist oder nach der Vorstellung des Täters eintreten sollte.
(2) Die Teilnahme ist sowohl an dem Ort begangen, an dem die Tat begangen ist, als auch an jedem Ort, an dem der Teilnehmer gehandelt hat oder im Falle des Unterlassens hätte handeln müssen oder an dem nach seiner Vorstellung die Tat begangen werden sollte. Hat der Teilnehmer an einer Auslandstat im Inland gehandelt, so gilt für die Teilnahme das deutsche Strafrecht, auch wenn die Tat nach dem Recht des Tatorts nicht mit Strafe bedroht ist.

Wenn man die Normen der §§ 4–7 und 9 StGB liest, dann bekommt man den Eindruck eines fast weltumspannenden Anspruchs des deutschen Strafgesetzbuchs: Es gibt auf der Welt fast nichts, was nicht – zumindest potentiell – vom deutschen StGB erfasst wird. Das ist weit entfernt von der Ausgangsnorm des § 3 StGB.

b) Hintergrund: Das Denken in doppelter Verneinung

Der Hintergrund für die Frage „Wozu sagt die Norm nichts?" liegt in einem typisch juristischen Denken, dem Denken in doppelter Verneinung[164]. Von der Mathematik her sind wir insofern gewohnt: „Minus mal Minus gibt Plus". Das meint man im juristischen Denken aber oft nicht oder man meint es, will es aber nicht ausdrücklich sagen. Statt ausdrücklich und nachdrücklich zu sagen: „Die Sache ist spannend" sagt ein Jurist oft: „Die Sache ist nicht unspannend". Mathematisch und bildlich konkretisiert bedeutet dies: Wenn man die Frage des „Spannendseins" auf einer Skala von Minus 1 über Null bis Plus 1 abträgt, drückt man mit einer solchen Aus-

---

[164] Siehe bereits oben C IV 1c (S. 59).

sage aus: „Die Sache" bewegt sich jedenfalls nicht im Bereich unter Null. Ob sie im Bereich Null bis Plus 1 liegt, hat man sich offengehalten. Demgegenüber würde die Aussage „Die Sache ist spannend" eindeutig bedeuten, dass die Sache im Bereich über Null bis Plus 1 liegt. Juristisch gewandter ist aber: „Die Sache ist nicht unspannend". Vielleicht hängt das mit dem Bedürfnis zusammen, sich nicht eindeutig festlegen zu wollen.

Dieses sprachliche Vorverständnis macht es z. B. im Strafrecht sehr schwer zu verstehen, was es bedeutet, wenn „Rechtfertigungsgründe vorliegen", etwa beim Satz, der in Gutachten oft verwendet wird: „Ein Verhalten ist nicht rechtswidrig, wenn Rechtfertigungsgründe vorliegen." Der Inhalt ist klar: Wenn etwas „nicht rechtswidrig" ist, dann ist es erlaubt, dann darf man es tun. Ruft man sich aber das oben vorgestellte sprachliche Vorverständnis in Erinnerung, dann läge das Verständnis nahe, dass das „nicht rechtswidrige" Verhalten jedenfalls nicht verboten (= im Bereich von Minus 1 bis maximal Null) liegt. Dass es sich um erlaubtes Verhalten handelt, dass es also im Bereich Null bis Plus 1 liegt, ist damit jedenfalls sprachlich nicht ausgedrückt.

Finden Sie sich also damit ab, dass das Denken in doppelter Verneinung juristisch „in" ist[165].

5. Schlussfolgerungen für das Lernen

Die bisherigen Überlegungen habe uns gezeigt, wie viel man bereits durch die bloße Lektüre von Normen erfahren kann. Allerdings muss ich einräumen, dass ich Sie natürlich geführt und Ihnen einiges erläutert habe. Ich bin mir darüber im Klaren, dass Sie mit den „nackten" Normen nicht sehr viel anfangen könnten. Aber andererseits bin ich überzeugt, dass Sie ein Lehrbuch besser verstehen, wenn Sie zunächst versucht haben, sich die die einschlägigen Normen zu verdeutlichen. Das werden wir unten[166] noch vertiefen. Diese Überlegungen zeigen uns aber schon jetzt: juristisches Lernen ist ein hermeneutischer Prozess: *„Man lernt nur das kennen, was man kennt ..."*[167].

6. Zusammenfassung

Fassen wir zusammen: Um den möglichen Inhalt einer Norm zu erfassen, müssen wir uns immer drei (für Fortgeschrittene: vier) Fragen stellen:

Frage 1: Welchen Lebenssachverhalt regelt die Norm? (Normalfall bilden) – Beispiel: „Sache" i. S. v. § 303 StGB (Schmuckstück/elektrischer Strom/Leichnam?)

---

[165] Wer das Problem vertiefen möchte, dem sei z. B. *Joerden*, Logik im Recht, 2. Aufl. 2010, S. 203 ff. oder *Renzikowski*, Notwehr und Notstand, Berlin 1994, S. 124–160, empfohlen.

[166] Unten D (S. 181 ff.).

[167] Vertiefend zur Hermeneutik *Seiffert*, Einführung in die Hermeneutik. Die Lehre von der Interpretation in den Fachwissenschaften, Tübingen 1992.

Frage 2: Was ist ihr wesentlicher Regelungsgehalt? = Frage nach der Rechtsfolge (Wenn-dann-Schema).

Frage 3: Warum gibt es diese Vorschrift(en)? = Was wäre, wenn es diese Vorschrift(en) NICHT gäbe? – Beispiel: Was wäre ohne Notwehr?

Frage 4: Wozu sagt die Norm nichts? – Beispiel: Tötung durch Unterlassen.

D. WIEDERERKENNUNGSLESEN: Das schnelle Wieder-Erkennen in der Klausursituation

I. Lesen und Lernen im Hinblick auf die Klausursituation: Zentrale Botschaften

Wir haben uns bislang ausführlich mit dem Suchen, Lesen und Verstehen von Normen befasst. Ihr Hauptinteresse gilt aber der Frage: Was muss ich darüber hinaus lernen? Ein wichtiges Prinzip habe ich schon oben versucht, Ihnen nahe zu legen:

▶ **Tipp:** Wann immer es möglich ist, lesen Sie zuerst das Gesetz, bevor Sie dazu etwas in einem Lehrbuch lesen.

Der Hintergrund dieser Regel ist, dass Sie sich an den Umgang mit dem Gesetz gewöhnen müssen. Das wird nicht nur Ihr Alltag als Volljurist sein, sondern vor allem: die Klausursituation setzt das zwingend voraus, weil das Gesetz/die Gesetze ihr einziges Hilfsmittel sind. Je früher Sie damit beginnen, umso besser geht das im Examen.

▶ **Tipp:** Es ist ein großer Trugschluss, wenn Sie meinen, Sie würden irgendetwas beschleunigen, wenn Sie nicht mit dem Gesetzestext lernen.

Dies gilt auch in Bayern. Dort dürfen Sie zwar im Examen Kommentare benutzen. Das ist sehr praxisnah. Aber Kommentare muss man zu lesen wissen. Weil Kommentare vom Aufbau her am Gesetz orientiert sind, gilt das hier Ausgeführte entsprechend.

In der Klausur habe ich nur den Gesetzestext vor mir. Also muss ich vorher beim Lernen das in den Gesetzestext „hineinprojizieren", was ich in der Klausursituation aus ihm herauslesen will.

Welche konkreten Schlussfolgerungen kann ich hieraus für mein Lernen ziehen? Wie schon verschiedentlich angedeutet, habe ich beste Erfahrungen damit gemacht, dass ich mir beim Lernen immer versucht habe klarzumachen:

O. Lagodny, *Gesetzestexte suchen, verstehen und in der Klausur anwenden,* Tutorium Jura, 181
DOI 10.1007/978-3-642-31244-1_4, © Springer-Verlag Berlin Heidelberg 2012

▶ **Tipp:** Auf welches Wort im Gesetz bezieht sich die Passage, die ich gerade im Lehrbuch lese?

Daraus resultiert ein von vornherein problemorientiertes Lernen. Es drängt sich geradezu auf, dass Sie sich dann eine auf den Punkt gebrachte Zusammenfassung
machen, die ebenfalls an der Struktur des Gesetzes ausgerichtet ist. Auf diese Weise
entsteht Ihr persönlicher „Kommentar" zu dem Gesetz. Diesen können Sie zum
Wiederholen benutzen.

Der entscheidende Vorteil dieser Vorgehensweise ist aber ein problemorientiertes Vorgehen:

▶ **Tipp:** Ihre ständige Frage beim Lesen und Lernen muss sein: „Wo ist das Problem?"

Mit dieser Frage trieb mich mein heutiger Kollege Günter Heine (Bern) im Studium
manchmal fast zum Wahnsinn: Es gab kaum eine Diskussion, bei der nicht seine
ständige Frage war: „Wo ist das Problem?"

In aller Regel wird es sich um ein Auslegungs- und damit um ein reines Rechtsproblem handeln. Unten werden wir noch weitere Kategorien von „Problemen"
beim Klausurenschreiben kennen lernen[1]. Denn es ist nicht Aufgabe eines Juristen,
die unproblematischen Fälle lösen zu können, sondern die problematischen. Hier
müssen Sie in der Lage sein, eine Begründung für Ihr Ergebnis zu formulieren[2]. Bei
den unproblematischen Fällen muss man kaum begründen. Deshalb muss auch Ihre
ständige Frage sein: „Und? Wo ist das Problem?"

▶ **Tipp:** Wenn Sie das gerade Ausgeführte umsetzen wollen, dann müssen Sie sich
Klarheit darüber verschaffen:
  Wie stellt das von mir benutzte Lehrbuch eine bestimmte Frage oder einen be-
  stimmten Fragenkomplex dar?
  Was steht davon schon im Gesetz? – Was steht nicht im Gesetz?

Mit dieser Frage im Hinterkopf müssen Sie z. B. auch in einem Lehrbuch die Spreu
vom Weizen trennen. Als besonders täuschend habe ich solche Lehrbücher emp-
funden, die im Grunde nicht viel mehr als den Gesetzestext wiedergeben, aber dies
nicht deutlich kennzeichnen, sondern den Eindruck erwecken, als sei dies die gedankliche Leistung des Autors. Dann gibt es Lehrbücher, die einen Stoff hervorragend erläutern, aber die umstrittenen Rechtsfragen nicht deutlich hervorheben.
Aber hier gilt in besonderem Maße: Sie müssen genau das Lehrbuch finden, das SIE
am meisten anspricht. Ihre Kommilitonen können das nicht für Sie entscheiden[3].

---

[1] Unten D II (S. 183 ff.).
[2] Siehe oben C I und II (S. 41 ff.).
[3] Siehe meine 10 Thesen zum Studienbeginn im Anhang 2 (S. 229 ff.).

▶ **Tipp:** Sobald im Text oder in den Fußnoten eines Lehrbuchs steht: „A.A" oder „str."
oder vergleichbare Hinweise, handelt es sich um ein Rechtsproblem, das Sie sich
grundsätzlich[4] näher anschauen sollten.

II. In der Klausursituation

Die nachfolgenden Gedanken erläutere ich zwar anhand von Beispielen aus dem
Strafrecht. Sinngemäß gelten sie aber auch für Klausuren und Hausarbeiten aus
dem Zivilrecht oder dem Öffentlichen Recht[5]. Dort werden sie aber von Ihnen teilweise automatisch beachtet, weil Sie sich gar nicht gedrängt fühlen, ausführlicher
zu schreiben. Die Reinschriften von Strafrechtsklausuren sind jedoch in der Regel
deshalb so umfangreich, weil sie zu viele inhaltsleere Sätze enthalten[6]. Deshalb
eignet sich das Beispiel der Strafrechtsklausur besonders gut.
     Es gibt sehr viele generelle Anleitungen zum Schreiben von Klausuren. Stellver-
tretend sei für viele genannt:

▶ **Tipp:** *Valerius, Brian,* Einführung in den Gutachtenstil. 15 Klausuren zum Bürgerlichen Recht, Strafrecht und Öffentlichen Recht, 2. Aufl. 2007.

Ich möchte mit den nachfolgenden Zeilen nicht noch eine vollständige weitere
hinzufügen, sondern aus dem Blickwinkel meiner Erfahrungen mit Klausuren und
Hausarbeiten ergänzend auf Folgendes hinweisen:

* Einige Dinge möchte ich relativieren, die in vielen Anleitungen aus *meiner* Sicht
  übertrieben dargestellt werden oder von den Studierenden nicht hinreichend
  wahrgenommen und beachtet werden[7].
* Ich möchte auf praktische Prüfungsprobleme hinweisen.

[4] Natürlich gilt hier auch der Vorbehalt des Machbaren: Sie können unmöglich alle existierenden
Rechtsprobleme kennenlernen. Das sollen Sie auch nicht. Sie sollen jedoch exemplarisch lernen,
wie Sie ein Rechtsproblem lösen können.

[5] Vgl. zu Klausuren und Hausarbeiten im Öffentlichen Recht sehr deutlich: *Schwerdtfeger,* Öffentliches Recht in der Fallbearbeitung, 13. Aufl. München 2008 (nachfolgend: *Schwerdtfeger,*
Fallbearbeitung), RN 1–28 und 29 a. Ich selbst sehe die „Bedeutung der höchstrichterlichen Rechtsprechung in der Fallbearbeitung" (RN 29) jedenfalls im Strafrecht anders. Ansonsten können Sie
die Ausführungen *Schwerdtfegers* direkt auch auf das Strafrecht übertragen.

[6] Näher unten 1 b (S. 186 f.).

[7] Beispiel: *Schwerdtfeger,* Fallbearbeitung, RN 15, führt aus: „Es ist also ausgesprochen unheil-
voll, wie der den Schemata in der Literatur zumeist beigefügte ausdrückliche Hinweis überlesen
wird, es seien nur die Punkte abzuhandeln, welche *ernsthaft* zweifelhaft sind." (Hervorhebung im
Original).

Bei allem soll im Vordergrund stehen: der Bezug zum Lesen von Normen. Dieser ergibt sich z. B. schon aus dem „Lesen" des Klausurtextes.

Vorab möchte ich Ihnen jedoch ein zentrales „Aha-Erlebnis" mitteilen, das mein eigenes Lernen und vor allem meine weitere Examensvorbereitung geprägt hat: Wie jeder andere auch nahm ich an mehreren Klausurenkursen teil. Während des Semesters bedeutete dies: Samstag von 8–12 Uhr Klausur schreiben! Der Freitagabend vor einer Strafrechtsklausur dauerte bis in den Samstagmorgen. Sie können sich meine Schreiblaune samstags um 8 Uhr lebhaft vorstellen. Jedenfalls wollte ich die Klausur nur so schnell wie möglich hinter mich bringen. Es machte mir eine geradezu tierische Freude, solche inhaltsleeren Sätze weglassen „zu dürfen" wie „Rechtswidrigkeit und Schuld sind gegeben; Strafaufhebungsgründe liegen nicht vor." Das wäre bei der Vielzahl zu prüfender Delikte eine hirnlose Schreibarbeit geworden. Die Reinschrift erschien mir aus meiner studentischen Sicht für eine Strafrechtsklausur sehr kurz, weil ich mich extrem auf die Probleme des Falles konzentriert habe. Um 11 Uhr habe ich abgegeben und ich konnte gehen. Ich war dann doch sehr angenehm überrascht, als ich die Klausur mit einem oberen „vollbefriedigend" zurückbekam, mit dem Kommentar: Verfasser schreibe zwar knapp, erörtere aber fast alle Probleme. Das war für mich die Erkenntnis: Wenn ich mich auf die Probleme konzentriere und Leersätze weglasse, dann bin ich auf dem richtigen Weg.

1. Folgenreiche Fehlvorstellungen

Es bestehen einige Fehlvorstellungen bei Ihnen über das, was man für eine erfolgreiche Klausur braucht.

a) „Urteilsstil" oder „Gutachtenstil"?

Die zentrale Regeln des Gutachtenstils sind: Probleme sind im Gutachtenstil zu erörtern („Problematisch ist, ob X vorliegt"), unproblematische Fragen im Urteilsstil („X liegt vor, weil…"). Wenn sich daran jeder orientieren würde, wäre der Gutachtenstil wenig schädlich.

Bei Anfängern führt er jedoch dazu, dass sie meinen, jede noch so klare Frage im breitesten Gutachtenstil erörtern zu müssen[8]. Vor allem führt die Frage „Gutachten- oder Urteilsstil?" zu großer Verunsicherung. Deshalb greifen viele Studierende „im Zweifel" zum Gutachtenstil, obwohl er bei der betreffenden Frage völlig fehl am Platze ist. Dadurch entsteht der Eindruck, die Studierenden hätten ihren gesunden Menschenverstand an der Garderobe abgegeben, obwohl sie nur erheblich verunsichert sind, weil sie nicht den „bösen" Urteilsstil benutzen wollen nach dem Motto: „Man weiß ja nie, ob sich hinter der Frage ein Problem verbirgt".

Deshalb liest man in Anfängerarbeiten nicht selten folgende Formulierung zu einer Klausur, in der es z. B. zentral um eine Frage des Vorsatzes nach § 212 StGB

---

[8] Das zentrale Problem für Sie als Anfänger besteht darin, zu verstehen, was eine Subsumtion (siehe unten D II 3 b cc, S. 195 f.) eigentlich ist. *Dies* kann der Gutachtenstil jedenfalls hervorragend erklären.

gehen möge. Im Sachverhalt heißt es: „Der A ist mit seinem Pkw mit 80 km/h durch die geschlossene Ortschaft gefahren " und „hat das zehnjährige Kind K tödlich angefahren". Zur Strafbarkeit nach § 212 StGB stehe dann in der Reinschrift: *„Dazu müsste K ein Mensch sein. Ein Mensch im Sinne des § 212 StGB liegt dann vor, wenn die Geburtswehen eingesetzt haben. Dieses Stadium hat K hinter sich, also ist K ein Mensch. [...]"*. Das ist zwar richtiger Gutachtenstil, aber am völlig falschen Platz. Ohne durch die gebetsmühlenhaften Predigten über den „Gutachtenstil" verunsichert zu sein, würden Sie allenfalls schreiben: „K ist ein Mensch" („was denn sonst?"[9] – sagt Ihr gesunder Menschenverstand). Sie sehen anhand dieses Beispiels: Der Gutachtenstil führt dazu, dass man ihn sogar auf Banalitäten und auf Unproblematisches anwendet. Das ist „das Problem" beim Gutachtenstil.

Die Bedeutung der Unterscheidung von Urteilsstil und Gutachtenstil wird in der deutschen universitären Ausbildung meines Erachtens völlig überschätzt. Es ist in der Theorie sachlich und methodisch zwar völlig richtig, diese Unterscheidung vorzunehmen. Meine Erfahrung zeigt aber, dass bereits in der deutschen Praxis der universitäre Gutachtenstil kaum noch anzutreffen ist und selbst viele ausdrücklich so genannte „Gutachten" streng genommen im reinen Urteilsstil abgefasst sind. Daran stört sich auch niemand; und das völlig zu recht.

Worum geht es denn in der Sache? Es geht um die Breite und den Umfang von Begründungen. Unproblematisches bedarf keiner Begründung, eine Behauptung genügt. Problematisches hingegen bedarf der Begründung. Es ist aus *meiner Sicht* sekundär, ob Sie die Begründung im Gutachten- oder im Urteilsstil formulieren. Lesen Sie dazu die im Anhang abgedruckte BGH-Entscheidung. Sie ist ganz klar im Urteilsstil abgefasst. Glauben Sie im Ernst, es würde einen Punktabzug geben, wenn diese Ausführungen statt vom BGH in einer studentischen universitären Hausarbeit zu der Vorlagefrage stünden? Das wäre mehr als beckmesserisch. Fragen Sie doch mal Ihren Dozenten oder Ihren AG-Leiter, wie er so eine Arbeit bewerten würde. Und wenn schon: 17 statt 18 Punkte[10] ist doch auch nicht schlecht.

Mich persönlich stört am Gutachtenstil zudem, dass er sehr unaufrichtig wirkt. Welcher Jurist ringt den tatsächlich noch um die Lösung, wenn er die Begründung schreibt? Genau von dieser Illusion geht aber der Gutachtenstil aus.

Unabhängig davon bin ich überzeugt: wenn eine Klausur oder eine Hausarbeit die Dinge „auf den Punkt" bringt und sich auf die Probleme konzentriert, dann fällt dem Korrektor gar nicht auf, ob darin der Gutachten- oder der Urteilsstil verwendet wird. Manchmal scheint mir, als konzentrierten sich frisch gebackene Korrekturassistenten darauf, solche Dinge anzustreichen, weil sie sich nicht recht trauen, die wirklichen Fehler zu benennen.

---

[9] Ein Beispiel für einen Problemfall insoweit finden Sie oben C III 1 (S. 48).

[10] Ein ständiges Ärgernis aus meiner Sicht besteht in der deutschen Juristenausbildung darin, dass die Notenskala nicht auch nach oben ausgeschöpft wird. In meiner deutschen Prüfungspraxis hatte ich bisweilen den Eindruck, es gebe zwei Regeln: Regel 1: 16–18 Punkte sind für den lieben Gott; Regel 2: Keine Arbeit kann besser sein als die Klausuren, die der Korrektor selbst in seiner Ausbildung geschrieben hat. Wegen Regel 1 führt Regel 2 ganz ausnahmsweise zu mehr als 13 Punkten.

Um sich die Sachunterschiede zu verdeutlichen, können Sie selbst statt der Begriffe „Urteils"- bzw. „Gutachtenstil" das Begriffspaar „Behauptungs"- und „Begründungsstil"[11] benutzen. Ich weiss, dass dies besonders für Sie als Anfänger irritierend sein kann. Ein sachlicher Verlust ist damit aber nicht verbunden. Ich kann Sie deshalb zu folgendem ermutigen:

▶ **Tipp:** Bedienen Sie sich Ihres gesunden Menschenverstandes und benützen Sie den Urteilsstil (Behauptungsstil), solange Sie selbst überzeugt sind, dass es zu diesem Punkt keine andere Meinung geben kann. Den Gutachtenstil (Begründungsstil) verwenden Sie nur dann, wenn Sie sicher sind: *„Da ist das/ein Problem!"*

Wenn Sie das falsch einschätzen, dann ist das ein typischer Anfängerfehler, der geradezu notwendig ist, damit Sie selbst weiterkommen. Ihre Lernarbeit muss zu einem Großteil darin bestehen, Sicherheit für die Unterscheidung „Problem/Nichtproblem" zu gewinnen.

Wenn in der deutschen universitären Juristenausbildung der „Gutachtenstil" so sehr hervorgehoben wird, so hat das aus meiner Sicht folgenden positiven Hintergrund: Man lernt definitiv, was eine „Subsumtion" ist, nämlich die Prüfung, ob ein konkreter Lebenssachverhalt unter eine abstrakt-generell Rechtsnorm fällt[12]. Die Subsumtion zu lernen ist für einen angehenden Juristen auch genauso elementar wie es z. B. für ein Kind ist, lesen zu lernen: Am Anfang geht es noch recht mühsam, Buchstabe für Buchstabe und ganz bewusst: „H" – „A" – „U" – „S" zu formulieren. Später liest das Kind: „Haus". Genau diese Übergang (von „H" – „A" – „U" – „S" zu „Haus") schaffen aber viele Studierenden beim Subsumieren nicht. Das ist der große Nachteil dieser Denkweise. Die Studierenden unterliegen nämlich oft dem Fehlverständnis, dass subsumieren immer bedeutet: Verwendung des „Gutachtenstils" und zwar selbst dann, wenn er noch so wirklichkeitsfremd erscheint (etwa bei der „Frage", ob ein Hammer in „Sache" ist). Genau auf das Einüben dieser Selbstverständlichkeit wird aber an der Universität viel zu wenig Wert gelegt. Ich habe bei Korrekturen durch Korrekturassistenten in Übungen oder durch Kollegen im Ersten Staatsexamen jedenfalls nie gelesen, dass „zu viel Gutachtenstil bei eindeutigen Subsumtionen" verwendet wird. Vielmehr stand in der Regel, dass zu viel Raum auf Nebensächliches verwendet wird. Damit ist zwar oft genau der übermäßige Gebrauch des Gutachtenstils gemeint. Nur realisieren die Studierenden das nicht – eben weil sie gleichsam auf den Gutachtenstil gedrillt sind.

b) Bedeutung von Schemata: „Rechtswidrigkeit und Schuld sind gegeben..."

Folgende Floskeln bauschen Strafrechtsarbeiten unnötig auf: Bei jedem Delikt, das geprüft wird, und bei dem sich entweder kein Problem stellt oder nur der Tatbestand erörterungswürdig ist, steht der Satz „Rechtswidrigkeit und Schuld sind gegeben;

---

[11] Näher unten II 3 b dd (S. 196).

[12] Siehe dazu unten II 3 b cc (S. 195).

Strafaufhebungsgründe liegen nicht vor." Wenn Sie zehn Delikte auf diese Weise zu prüfen haben, ergibt dies folgenden Umfang:

1. „Rechtswidrigkeit und Schuld sind gegeben; Strafaufhebungsgründe liegen nicht vor." 2. „Rechtswidrigkeit und Schuld sind gegeben; Strafaufhebungsgründe liegen nicht vor." 3. „Rechtswidrigkeit und Schuld sind gegeben; Strafaufhebungsgründe liegen nicht vor." 4. „Rechtswidrigkeit und Schuld sind gegeben; Strafaufhebungsgründe liegen nicht vor." 5. „Rechtswidrigkeit und Schuld sind gegeben; Strafaufhebungsgründe liegen nicht vor." 6. „Rechtswidrigkeit und Schuld sind gegeben; Strafaufhebungsgründe liegen nicht vor." 7. „Rechtswidrigkeit und Schuld sind gegeben; Strafaufhebungsgründe liegen nicht vor." 8. „Rechtswidrigkeit und Schuld sind gegeben; Strafaufhebungsgründe liegen nicht vor." 9. „Rechtswidrigkeit und Schuld sind gegeben; Strafaufhebungsgründe liegen nicht vor." 10. „Rechtswidrigkeit und Schuld sind gegeben; Strafaufhebungsgründe liegen nicht vor."

Wenn Sie das von Hand schreiben, kommen Sie ohne weiteres auf ein bis zwei Seiten Reinschrift, die völlig inhaltsleer und überflüssig sind. Es genügt völlig, wenn Sie diesen Satz einmal niederschreiben, dann weiß der Korrektor, dass Sie den Aufbau der Straftat beherrschen.

Aus vielen Gesprächen mit Kollegen und aus eigener Prüfungspraxis weiß ich: Bei im Wortsinne „guten"/„vollbefriedigenden"/„befriedigenden" Arbeiten fällt es einem gar nicht auf, wenn solche Leersätze fehlen. Wenn eine Arbeit aber an der Grenze zu 3 Punkten liegt, dann schaut man auch darauf, ob der Bearbeiter „wenigstens" den Aufbau der Straftat beherrscht. Dabei kommt es ebenfalls nicht auf die geradezu automatisierte Wiedergabe des Prüfungsschemas an, sondern auf dessen Verständnis.

Dasselbe dürfte im Öffentlichen Recht für das „Abklappern" von Schemata etwa zur Zulässigkeit einer Klage gelten. Deshalb mahnt *Schwerdtfeger*[13]: „Das *einschlägige* Schema vermag dem Bearbeiter nicht zu verraten, hinter welchen Schemapunkten sich die *eigentlichen* Probleme seines Falles verbergen." Die Kenntnis eines Schemas verführe häufig nur dazu, „in aller Breite Schemapunkt auf Schemapunkt abzuhandeln und ebenso zäh- wie überflüssig das ganze *Klipp-Klapp des Schemas* zu Papier zu bringen, die eigentlichen Probleme dabei aber zu übersehen. Als ganzer Ertrag der Klausur wird dann lediglich ohne allen Wert dokumentiert, daß ein Schema bekannt ist. Zumindest werden die Schwerpunkte falsch gesetzt. Die eigentliche Aufgabe, mit möglichst knappen, klaren, auf das Wesentliche beschränkten Worten die dem Fall (nicht einem Schema) adäquate Lösung zu finden, wird verfehlt." Das gilt nicht nur für das öffentliche Recht, sondern in ganz besonderem Maße für das Strafrecht. Es kann nicht deutlich genug hervorgehoben werden.

▶ **Tipp:** Falsch angewandter Gutachtenstil *und* das Klipp-Klapp des Schemas zusammen führen zu noch schlechteren Ergebnissen.

---

[13] *Schwerdtfeger*, Fallbearbeitung, RN 15 (Hervorhebung im Original).

Bedenken Sie jetzt die gefährliche Kombination von übertriebenem Gutachtenstil (Begründungsstil) und dem „Klipp-Klapp" von Schemata: Viele Arbeiten sind deshalb schlecht, weil sie kein Problem erkennen *und zusätzlich* nur aus der Wiedergabe eines Schemas bestehen. Diese wird angereichert durch Sätze im Gutachtenstil, die fehl am Platz sind, weil man den Urteilsstil (Behauptungsstil) anwenden müsste. So geschieht es leicht, dass zwanzig Seiten vollgeschrieben sind, aber nichts Relevantes enthalten und deshalb „mangelhaft" oder „ungenügend" sind. Und Sie verstehen die Welt nicht mehr...

c) Umfang gedruckter „Muster" lösungen ist kein Vorbild

Vielleicht kommt der Hang zu übertrieben langen Strafrechts-Reinschriften auch von vielen veröffentlichten Musterlösungen. Diese sind fast ausnahmslos viel umfangreicher als jede vom Aufgabensteller erwartete ausgearbeitete studentische Lösung. Soweit es sich um Klausuren handelt, mögen sich die Autoren der Musterlösungen deshalb selbst fragen, ob sie rein physisch in der Lage wären, innerhalb der vorgegebenen Bearbeitungszeit[14] eine Reinschrift dieses Umfangs von Hand zu schreiben. Ich bezweifle das eindeutig. Da helfen auch salvatorische Hinweise nicht, dass die Lösung umfangreicher sei als eine Reinschrift, weil sie alternative Lösungswege darstellen müsse. Das ist wohl wahr; allein: diese Botschaft kommt höchst selten bei Ihnen als Adressaten dieser Bemerkung an. Weil Sie Ihrer Sache unsicher sind, denken Sie: *„Wahrscheinlich muss ich doch mehr schreiben..."* – und schon sitzen Sie in der Schreibfalle! Wenn Sie mir das nicht abnehmen, gebe ich Ihnen folgenden

> ▶ **Tipp:** Probieren Sie das kurze und knappe Formulieren in einer Klausur im Klausurenkurs selbst aus und analysieren Sie, ob Sie Leerformeln weggelassen haben – das ist richtig – oder ob Sie Probleme übersehen haben – das wäre falsch (und wird weder durch Gutachtenstil noch durch das Abspulen von Schemata richtig).

Am Rande sei bemerkt, dass manches in veröffentlichten Lösungsskizzen auch – oder sogar *primär* – für die Kollegenschaft geschrieben wird. Insoweit ergibt sich die für Sie missliche Tendenz, dass „man" immer diffizilere oder abseitiger gelegene Probleme zum zentralen Gegenstand macht. Man will ja Eindruck schinden („Was dem/der Kollegen/der Kollegin alles einfällt!") bzw. lästern können („Nicht verwunderlich, dass der/die das nicht sieht!" – besonders, wenn es die eigene „Theorie" ist). Damit müssen Sie als Adressaten eben leben.

---

[14] In der Hausarbeit entspricht dem eine Umfangsbegrenzung; vgl. dazu die entsprechend begrenzte Darstellung in *Lagodny*, Das Fahrrad war sein Schicksal, Jura 1992, 659 ff.

2. Zentrale Frage: „Wo ist das Problem"?

a) „Das" Problem?

Wie schon beim Lesen von Normen und beim Lernen[15] muss Ihre zentrale Frage bei jeder Klausur oder Hausarbeit sein: Wo liegen „*die Probleme*" des Falles? (Manchmal kann es auch nur *ein* zentrales Problem sein).

Das führt uns zu folgenden Fragen: Was ist ein „Problem"? Wie erkennt man Probleme? (unten b). Welche Arten von typischen „Problemen" lassen sich unterscheiden? (unten c).

b) Was ist und wie erkennt man ein „Problem" in einer Klausur?

Unter einem „Problem" ist eine Frage der Rechtsanwendung zu verstehen, die begründungsbedürftig ist, weil man unter examinierten Juristen über ihre Lösung unterschiedlicher Meinung sein kann. Ein Problem zeichnet sich also dadurch aus, dass es mindestens zwei gleichermaßen vertretbare Lösungen gibt. Im Ersten Staatsexamen kommt es also nicht darauf an, dass man die Lösung eines bestimmten Ober- oder Höchstgerichts oder eines bestimmten Prüfers vertritt. Die Lösung muss nur „vertretbar" sein.

Diese nähere Umschreibung eines „Problems" bringt natürlich einige Schwierigkeiten für Sie mit sich: Sie sind ja gerade noch nicht examiniert; wie sollen Sie da entscheiden, was ein Problem ist und was nicht? Genau das sollen Sie aber lernen. Je besser Sie das können, umso besser werden Ihre Klausuren und Prüfungen. Hier hilft letztlich entweder eine geniale juristische Begabung oder – wie auch in meinem Fall – viel Übung. Letzteres schließt ein, dass Sie willens sind, sich eigene Gedanken zu machen und Interesse an der Sache haben.

▶ **Tipp:** Vor allem sollten Sie nicht erwarten, dass Ihnen alles „pfannenfertig" serviert wird. Wirklichen Gewinn haben Sie nur durch eigenes Mitdenken.

c) Typische Problemkonstellationen

Folgende Problemkonstellationen lassen sich typischerweise in Klausur- oder Hausarbeitssachverhalten unterscheiden:

- *Interpretationsproblem:* Ein Interpretationsproblem liegt dann vor, wenn es zu einer Frage der Norminterpretation unterschiedliche Meinungen gibt (Rechtsprechung sagt „A", Literaturmeinung 1 sagt „B", Literaturmeinung 2 sagt „C" – Sie selbst denken vielleicht: „D", weil Sie weder A noch B noch C überzeugt) und dieser Streit „entscheidungserheblich" ist. Führen alle Meinungen im konkreten Fall zum selben Ergebnis, dann ist der Meinungsstreit unerheblich für die Lösung des Falles. Hier genügt es, das Problem nach einer der vorhandenen Mei-

---

[15] Siehe oben C V 5 (S. 178).

nungen oder nach einer sonst vertretbaren Ansicht zu lösen; auf den Meinungs-streit braucht nicht eingegangen zu werden[16].

- *Anwendungsproblem:* Ein Anwendungsproblem stellt sich dann, wenn bestimm-te Grundsätze, wie die Abgrenzung von Täterschaft und Teilnahme den Schwer-punkt der Subsumtion bilden und deshalb eingehend begründet werden müssen. Häufig kann es sich dabei zugleich um ein Interpretationsproblem handeln, was jedoch nicht zwingend ist. So muss ein Anwendungsproblem nicht notwendiger-weise einen Meinungsstreit beinhalten. Vielmehr kann es sein, dass eine korrekte Anwendung des jeweiligen Sachthemas auf die spezielle Sachverhaltskonstella-tion nur zu einem einzigen vertretbaren Ergebnis führt.

- *Abgrenzungsproblem:* Bei einem Abgrenzungsproblem liegt das Problem weni-ger in der Norminterpretation als vielmehr im „Finden" eines einschlägigen Tat-bestandes. Vor allem im Bereich der Vermögensdelikte gibt es diffizile Abgren-zungsfragen. Das „Tanken an Selbstbedienungstankstellen ohne zu bezahlen" wirft diffizile Abgrenzungsprobleme im Bereich des Diebstahls (§ 242 StGB), der Unterschlagung (§ 246 StGB) und des Betrugs (§ 263 StGB) auf. Beim be-jahten Delikt ist hier die Subsumtion genau zu begründen und beim verneinten Delikt muss der Grund der Ablehnung argumentativ offen gelegt werden. Hier würde es also nicht genügen, ein Delikt durchzuprüfen und zu bejahen, sondern es muss auch eine begründete Verneinung des anderen Tatbestandes vorgenom-men werden. Dies ist die übliche Vorgangsweise bei Sachverhaltskonstellatio-nen, die an der Schnittstelle zweier Delikte angesiedelt sind und für die es keine eindeutige Lösung gibt.

- *Konsequenzproblem:* Ein Problem des Falles kann freilich auch darin liegen, dass man Konsequenzen erfasst, die sich bei folgerichtiger Argumentation er-geben. Wird etwa ein Vorsatzdelikt mangels Vorsatzes verneint, muss dort, wo es ein korrespondierendes Fahrlässigkeitsdelikt gibt, dieses geprüft werden; fehler-haft wäre es daher, vorschnell Straflosigkeit des Täters anzunehmen. Gleiches gilt bei der Verneinung eines Spezialdeliktes der Nötigung: Wird etwa § 253 StGB (Erpressung) verneint, weil kein Vermögensschaden eingetreten ist, muss gesehen werden, dass dann eine Nötigung nach § 140 StGB in Betracht kommt.

Die Schwierigkeit einer Klausurlösung besteht häufig darin, zu erkennen, ob über-haupt ein Problem vorliegt. Um den Blick dafür zu trainieren, müssen sie wissen, welche Rechtsprobleme in Rechtsprechung und Literatur diskutiert werden. Des-halb ist eine fundierte Vorbereitung Grundvoraussetzung für die positive Absolvie-rung einer Strafrechtsklausur.

---

[16] Für strafrechtliche Interpretationsprobleme sind die Problemdarstellungen von *Hillenkamp* hervorragend: *Hillenkamp*, 32 Probleme aus dem Strafrecht Allgemeiner Teil, 13. Aufl. Neuwied 2010; *ders.,* 40 Probleme aus dem Besonderen Teil, 11. Aufl. Neuwied 2009. Diese sind aber nur gedacht als Hilfe zum Verstehen der Rechtsprobleme, nicht als übernahmefähige „Kladde" für Hausarbeiten oder Klausuren.

3. Allgemeine Hinweise zur Bearbeitung von Strafrechtsfällen[17]

a) Konzept
aa) Ziel des Konzeptes: Wo sind die „Probleme"?

Ziel des Konzeptes ist es, innerhalb eines Sachverhaltes die „Spreu" vom „Weizen" zu trennen, zumal dieser auch strafrechtlich irrelevante Passagen enthält. Hinsichtlich der strafrechtlich bedeutsamen Sachverhaltsteile gilt es schon in dieser Vorbereitungsphase, die problematischen Fragen von den unproblematischen abzusondern; denn bedenken Sie: Punkte sammeln Sie primär für das Auffinden und begründete Lösen von Problemfragen. Nur diese sind in der späteren Reinschrift näher zu erörtern; in Bezug auf die unproblematischen Rechtsfragen genügt dagegen schon eine einfache Subsumtion. Durch eine solche Konzentration auf die Schwerpunkte des Falles schon im Konzept wird zudem die Gefahr eines zeitraubenden „Verzettelns" in Randfragen vermindert.

▶ **Tipp:** Wenn bereits Ihr Konzept keine Schwerpunkte = Problemstellen erkennen lässt, ist das ein sicheres Indiz dafür, dass Ihre Klausur – wenn überhaupt, dann allenfalls mit Mühe – die Grenze zum „ausreichend" überschreitet.

bb) Fragestellung der Klausur beachten

Bevor Sie mit der Lektüre des Sachverhalts beginnen, müssen Sie die Fragestellung lesen. Wichtig ist:

- Nach welchen Personen ist gefragt?
- Ist der Prüfungsmaßstab beschränkt auf bestimmte Gesetze oder Delikte bzw. sollen bestimmte Delikte nicht geprüft werden?

cc) Sachverhalt genau lesen

Der Sachverhalt muss mindestens zweimal sorgfältig gelesen werden. Ratsam erscheint zudem, sich den Sachverhalt durch eine Skizze plastisch zu machen, besonders dann, wenn es sich um einen längeren Sachverhalt mit mehreren Tatbeteiligten handelt.

Wer die Arbeit am Sachverhalt zu Beginn der Fall-Lösung vernachlässigt, läuft große Gefahr, in der späteren Reinschrift an den eigentlichen Problemen vorbei zu schreiben. Um sich zunächst ganz auf den Sachverhalt konzentrieren zu können, empfehle ich in dieser ersten Phase: „Hände weg vom Gesetz".

Der Sachverhalt muss bei möglichst lebensnahem Verständnis so „hingenommen" werden, wie er ist. Es darf nichts hinzuinterpretiert oder unterstellt werden.

---

[17] Entnommen aus *Hinterhofer/Lagodny*, Höchstrichterliche Rechtsprechung zum materiellen Strafrecht. 50 Entscheidungen für Studium und Praxis mit Anleitungen zur Fallbearbeitung, Wien 2001, S. 29–38.

dd) Menschliches Verhalten (Tun/Unterlassen) als Anknüpfungspunkte aus dem Sachverhalt

Die Strafbarkeit knüpft an menschliches Tun oder Unterlassen an. Ausgangspunkt der Fallprüfung muss daher auch immer ein Tun bzw. Unterlassen der agierenden Personen sein. „Innere Vorgänge" (Wissen, Wollen, Ziele, Motivationen) können dies nicht sein. Deshalb ist im Sachverhalt nach Verben und substantivierten Verben (z. B. „das Schießen") bzw. ein Tun/Unterlassen kennzeichnende Substantive (z. B. „der Schuss") zu suchen, die ein strafrechtlich relevantes, äußerlich wahrnehmbares Verhalten der zu prüfenden Person(en) umschreiben.

Diese strafrechtlich bedeutsamen Wörter des Sachverhaltes sollten durch Unterstreichung hervorgehoben werden; im übrigen ist aber Zurückhaltung geboten: Wird zu viel unterstrichen oder der Sachverhalt gar in allen möglichen Leuchtfarben „koloriert", wird die Arbeit erheblich erschwert statt erleichtert. Insoweit gilt genau dasselbe wie beim Unterstreichen des Gesetzestextes.

Mir selbst hat diese Vorgehensweise beim Ersten Staatsexamen sehr wertvolle Hilfe geleistet: Der Sachverhalt der einen Strafrechtsklausur umfasste zwei Druckseiten. Nur ein halbe Druckseite war aber überhaupt strafrechtsrelevant; der Rest war für die Prüfung überflüssige Ausschmückung, weil nach einer Person aus den ersten anderthalb Seiten gar nicht gefragt war. Nach einigem Stutzen konnte ich mich aber mit Hilfe der oben geschilderten Methode selbst überzeugen: Meine Einschätzung war richtig (was dann auch die Korrektur bestätigte).

ee) Aufteilung des Sachverhalts in Handlungsabschnitte

Einen größeren Sachverhalt muss man sich „portionieren". Es gibt dafür allerdings keine allgemein gültige Regel. Es kommt vielmehr immer auf den jeweiligen Sachverhalt an, ob man historisch (d. h. der Fallerzählung folgend) oder nach Personen gegliedert aufbaut. Im Regelfall wird eine Mischform zielführend sein: Man unterteilt den Sachverhalt in verschiedene Handlungsabschnitte und prüft innerhalb dieser Geschehenskomplexe chronologisch. Diese Prüfungsabfolge wird aber von einem wichtigen Grundsatz durchbrochen: Der Haupttäter (§ 25 StGB) ist immer vor einem Anstifter (§ 26 StGB) oder einem Gehilfen (§ 27 StGB) zu prüfen, auch wenn dies entgegen der historischen Reihenfolge ist. Dies ist aus prüfungstechnischen Gründen geboten, weil dann bei der Prüfung des Bestimmungs- oder Beitragstäters für die Tat des unmittelbaren Täters auf die Ausführungen beim unmittelbaren Täter verwiesen werden kann, womit man sich wertvolle Zeit spart.

▶ **Tipp:** Die Gliederung des vorgegebenen Sachverhalts in Schreibabsätze sagt nicht notwendigerweise etwas darüber aus, in wie viele Handlungs-abschnitte der Sachverhalt gegliedert werden soll.

ff) Erfassung der in Betracht kommenden Tatbestände

Für jedes gefundene Handeln/Unterlassen ist ein passendes Delikt im Besonderen Teil (§§ 80–358 StGB) zu suchen. Jede Fallprüfung muss mit einem Tatbestand des Besonderen Teils des StGB beginnen.

Hier gilt der wichtige Grundsatz: Nicht zwei relevante Verhaltensweisen zusammen prüfen. Das kann fatale Folgen haben. Es gilt vielmehr die Merkformel:

▶ **Tipp:** Tipp: „3 mal die 1" =
- nur 1 Person,
- 1 Handlung/Unterlassung und
- 1 Delikt auf einmal prüfen.

Bei jedem für eine strafrechtliche Untersuchung in Betracht kommenden Sachverhaltsteil ist zu prüfen, ob man alle Delikte entdeckt hat, die einschlägig sein könnten. Hier darf nicht „zu fein" gefiltert werden; eine konkretere Auswahl erfolgt erst bei der genauen Analyse des in Betracht gezogenen Tatbestandes.

Um die Delikte möglichst flächendeckend zu erfassen und einer etwaigen Unsicherheit vorzubeugen, empfiehlt es sich im Zweifel durchaus, die Inhaltsübersicht des StGB zu konsultieren.

Bei einem Klausurfall ist es eher die Regel, dass auch bei nur einer zu prüfenden Handlung mehrere Tatbestände in Betracht kommen. Diese müssen alle durchgeprüft werden. Selbst wenn im Ergebnis auch alle bejaht werden, heißt dies freilich noch nicht, dass der Täter wegen aller Delikte „additiv" zur Verantwortung gezogen wird. Diese Entscheidung wird vielmehr erst am Schluss im Rahmen der Konkurrenzen (s. §§ 52 und 53 StGB) getroffen. Im Wege der Scheinkonkurrenz kann dann nämlich der eine oder andere Tatbestand von einem anderen verdrängt werden.

Man darf sich im Übrigen nicht darauf beschränken, nur jene Delikte zu prüfen, nach denen sich der Täter strafbar gemacht hat. Prüfungsgegenstand ist in vielen Fällen nämlich auch, warum andere Tatbestände, die man nicht von vornherein eindeutig ausscheiden kann, nicht bejaht werden. Insbesondere bei diffizilen Abgrenzungen, die vor allem im Bereich der Vermögensdelikte häufig sind (z. B. §§ 242/263; 242/246; 249/252/255; etc. StGB), ist regelmäßig auch eine begründete Ablehnung des nicht angenommenen Delikts vorzunehmen.

gg) Umgang mit dem Gesetzestext
Im Zusammenhang mit dem Studium des Gesetzes gilt innerhalb der Klausurbearbeitung die Regel: „Eine Norm bzw. einen Absatz vor und zurück lesen"[18], d. h. immer auch einen Blick auf die vorausgehende und die nachfolgende Norm (bzw. Absatz) werfen. Das ist insbesondere für die häufig in einem eigenen Absatz oder in der folgenden Norm geregelten Qualifikationen bedeutsam.

hh) Aufbauregeln
Bereits das Konzept muss einem klaren Aufbau folgen. Die wesentlichen Punkte der bekannten Prüfungsschemata muss man beherrschen, weil diese ein abstraktes Raster für jede mögliche Deliktsprüfung enthalten. Diese Aufbaumuster müssen

---

[18] Siehe oben B II 3 c aa (S. 26).

aber auf jedes Delikt eigens angewendet werden, weil nicht bei jeder Vorschrift z. B. ein spezielles Tatobjekt oder ein Taterfolg zu prüfen ist[19].

► **Tipp:** Sie müssen ein Aufbauschema aus sich heraus entwickeln können. Dazu müssen Sie die Reihenfolge der Frage verstanden haben. Auswendig lernen ist sinnlos.

In der Klausur müssen Sie aufpassen, dass Sie dann nicht in ein „Klipp-Klapp" verfallen und das bloße Schema wiedergeben. Das ist – wie wir gesehen haben – nicht nur im Strafrecht falsch[20].

ii) Zeitaufwand

Verwenden Sie genügend Zeit (durchaus bis zu einem Drittel der Bearbeitungszeit) für das Konzept. Was dort nicht erkannt wurde, kann man in der Reinschrift kaum mehr nachholen bzw. korrigieren.

b) Reinschrift

Machen Sie sich bitte klar:

► **Tipp:** Für die Reinschrift gilt der Satz: „Ein Schriftstück ist dann vollständig, wenn nichts mehr weggelassen werden kann."

Das bedeutet für Sie: Je präziser Sie schreiben, je besser Sie Ihre Reinschrift „auf den Punkt", also „auf das bzw. die Problem(e)" bringen, um so besser wird Ihre Arbeit bewertet.

aa) Zeitpunkt

Beginnen Sie die Ausformulierung der Lösung erst, nachdem Sie sich ein stichwortartiges Konzept gemacht haben.

bb) Menschliches Verhalten (Tun/Unterlassen) als Anknüpfungspunkte aus dem Sachverhalt

Das im Konzept als Anknüpfungspunkt für eine Deliktsprüfung herausgearbeitete menschliche Verhalten (s. oben a dd, S. 192) können Sie in der Reinschrift für Überschriften verwenden. Ziehen Sie möglichst viele Anknüpfungspunkte in der Darstellung als Gesamtüberschrift „nach oben". Beispiel für einen Fall, in dem A dem B einen Schlag gegen die Schläfe versetzt und dieser dann zum Tod des B geführt hat, ohne dass A damit gerechnet hat:

---

[19] S. o. C IV 2 f (S. 100 ff.).

[20] Siehe oben D II 1 b (S. 186 f.).

„Strafbarkeit des A wegen des Schlages", um dann nachfolgend nur noch zu schreiben[21]:

1. § 212[22]
2. § 223 Abs. 1 Alt. 2
3. § 227

Dadurch ersparen Sie sich nichts sagende und zugleich zeitraubende stereotype Wiederholungen (wie z. B.: „A könnte sich nach § 223 Abs. 1 Alt. 2 strafbar gemacht haben, indem er den B schlug" oder „Zu prüfen ist, ob sich A nach § 223 Abs. 1 Alt. 2 strafbar gemacht hat, indem er den B schlug") und damit wertvolle Zeit bei der Ausformulierung der Reinschrift. Die oben vorgeschlagene Überschrift enthält alle Sachaussagen, die für die Vornahme einer Subsumtion erforderlich sind.

cc) Prüfung = Subsumtion

Unter eine Norm zu subsumieren heißt: Prüfen, ob der vorgegebene Lebenssachverhalt mit den Voraussetzungen einer Norm in Übereinstimmung gebracht werden kann. Mit der Subsumtion wird zugleich die Frage beantwortet, ob eine Normbedingung vorliegt oder nicht. Sie erfolgt immer in einem gedanklichen (freilich nicht immer in der Lösung niederzuschreibenden) Dreierschritt:

1. Die Norm setzt voraus: ... (hier findet die Norminterpretation statt)
2. Begründete Feststellung: Nach dem mitgeteilten Lebenssachverhalt liegt diese Voraussetzung vor/nicht vor, weil ...
3. Schlussfolgerung: Die Voraussetzungen der Norm sind erfüllt/nicht erfüllt.

Der Tatbestand einer Norm kann aus einer oder – so die Regel – aus mehreren Normvoraussetzungen bestehen. Bevor ein Delikt geprüft wird, muss man sich daher darüber im Klaren sein, wie viele einzelne solcher Voraussetzungen dieses Delikt aufweist.

Enthält ein Delikt mehrere Anwendungsvoraussetzungen, muss für jede einzelne eine Subsumtion stattfinden. Denn erst dann lässt sich die Frage hinreichend beantworten, ob der Täter nach dem geprüften Delikt strafbar ist. Für die Verneinung der Strafbarkeit nach einem bestimmten Delikt genügt dagegen bereits die Feststellung, dass eine Normvoraussetzung nicht erfüllt ist. Beispiel: Ist der Vermögensschaden nicht eingetreten, scheidet Strafbarkeit wegen vollendeten Betruges nach § 263 StGB aus.

Besonderheiten ergeben sich bei der Prüfung von Grundtatbestand und Qualifikation/Privilegierung. Sowohl eine verbundene als auch eine getrennte Prüfung von Grundtatbestand und Qualifikation/Privilegierung sind denkbar. Die Gefahr

---

[21] So auch *Putzke*, Juristische Arbeiten erfolgreich schreiben, 4. Aufl. 2012, S. 89.
[22] § 212 StGB liegt mangels Vorsatz unproblematisch nicht vor.

einer kombinierten Prüfung ist freilich, dass man zentrale Aspekte vergisst, was umso leichter möglich ist, wenn mehrere Qualifikationen (oder Privilegierungen) auf einmal zusammentreffen. Hat man noch weniger Erfahrung mit dem Lösen von Fällen, sollte man daher wohl eher eine getrennte Prüfung vornehmen. Diese ist zudem dann vorteilhaft, wenn schon der Grundtatbestand entfällt. Ist die Tat z. B. gerechtfertigt, braucht man sich nicht mehr mit Qualifikationsmerkmalen (Privilegierungsmerkmalen) auseinandersetzen, weil schon das Grunddelikt nicht erfüllt ist. Dann reicht ein Satz wie: „Etwaige Qualifikationen scheiden deshalb ebenfalls aus."

Wenn ein bestimmtes Delikt eindeutig zu verneinen ist, muss nicht ausführlich subsumiert werden; in diesen Fällen genügt es nur darauf einzugehen, warum das Delikt abzulehnen ist. Ist aus dem Sachverhalt etwa offensichtlich erkennbar, dass der Täter eine Sache ohne Zueignungsabsicht weggenommen hat, muss § 242 StGB objektiv gar nicht geprüft werden. Ausreichend ist vielmehr, dass auf die fehlende Zueignungsabsicht hingewiesen und deshalb ein Diebstahl verneint wird.

dd) Behauptungs- und Begründungsstil

Grundsätzlich besteht in strafrechtlichen Klausuren Begründungspflicht: Die jeweilige Fragestellung darf nicht mit einem bloßen Ja oder Nein oder mit der Nennung eines Paragraphen beantwortet werden. Das gilt sowohl für den materiellen als auch für den prozessualen Teil des Sachverhaltes. Notwendig ist stets eine Subsumtion, auch wenn diese – wie insbesondere bei unproblematischen Rechtsfragen – nur aus wenigen Worten besteht.

Auf das Ergebnis kommt es nur insoweit an, als dieses nicht gänzlich unvertretbar sein darf. Entscheidend ist also vorrangig die Begründung, mit der man zu einem bestimmten Ergebnis kommt. Denn maßgeblich ist in erster Linie, dass Ihnen der Nachweis gelingt, eine in sich schlüssige strafrechtliche Argumentation entwickeln zu können.

Vorrangiges Ziel einer Klausurbearbeitung ist also:

► **Tipp:** Dem Leser muss klar werden, welche Normen zu prüfen sind und warum man welche Vorschrift bejaht bzw. verneint.

Nicht jeder Subsumtionsschritt muss freilich ausführlich begründet werden. Bei unproblematischen Fragen genügt es vielmehr, die Subsumtion überwiegend behauptend und nicht im Einzelnen begründend vorzunehmen („Behauptungsstil"[23]). Ergibt sich aus dem Sachverhalt, dass A 500 €, die nicht ausschließlich ihm selbst gehören, in Zueignungsabsicht eingesteckt hat, reicht folgende Subsumtion, die vornehmlich behauptend gestaltet ist:

„Durch das Einstecken der 500 € hat sich A nach § 242 strafbar gemacht. Er hat an einer fremden beweglichen Sache Gewahrsam gebrochen sowie eigenen begrün-

---

[23] Zur Betonung der Unterscheidung von Urteils- und Gutachtenstil siehe oben D II 1 a (S. 184 ff.).

det und sie damit weggenommen. Dies geschah vorsätzlich. A hatte dabei auch die Absicht, sich die 500 € rechtswidrig zuzueignen."

Diese Lösung könnte man aus meiner Sicht noch kürzer machen, aber das ist vielleicht nur meine Sicht: „Durch das Einstecken der 500 € hat sich A nach § 242 strafbar gemacht."

Eine nähere Erörterung der Sache, des Gewahrsamsbruches oder des Vorsatzes sind hier nicht erforderlich.

In der Klausur ist es vor allem wichtig, das oder die Rechtsproblem(e) zu finden, bei denen man sich nicht mit einem Behauptungsstil zufrieden geben darf, weil es sich dabei regelmäßig um die Schwerpunkte des Falles handelt. Für diese Problembereiche einer Klausur genügt eine vorwiegend behauptende Subsumtion nicht mehr; hier muss die Subsumtion vielmehr im Einzelnen begründet werden („Begründungsstil").

4. Fallbeispiel

Der folgende kleine Sachverhalt soll als Beispiel für ein mittels Begründungsstil zu lösendes Fallproblem in einer Strafrechtsklausur dienen. Es setzt Grundkenntnisse im Strafrecht voraus.

> A leert Gift in eine Kanne voll Tee, die seine Frau F für sich zubereitet hat, um sie zu töten. Daraufhin verlässt er die Wohnung. Kurz danach kommt überraschend die Cousine C zu F auf Besuch. C trinkt von dem Tee und stirbt. Hat sich A nach § 212 bzw. § 222 StGB[24] strafbar gemacht?

a) Rechtliche Ausgangslage (kein Bestandteil der Reinschrift)

Ein zentrales Problem des Falles ist zunächst die Klärung der Frage, ob sich A wegen vollendeten Totschlags an C (§ 212 StGB) strafbar gemacht hat. Er hat kausal und objektiv zurechenbar den Tod eines anderen Menschen herbeigeführt und somit den objektiven Tatbestand des Mordes erfüllt. Fraglich ist jedoch, ob A den Vorsatz hatte, die C zu töten. Zwar hatte er sogar die Absicht, eine andere Person zu töten. Allerdings ist der beabsichtigte Erfolg nicht bei jener Person eingetreten, die vom Vorsatz des A erfasst war. Denn A wollte seine Frau F, nicht aber die Cousine C töten.

Bei einer derartigen Konstellation stellt sich das Problem, ob ein unbeachtlicher Identitätsirrtum (error in persona) oder eine aberratio ictus vorliegt. Dabei handelt es sich sowohl um ein Anwendungs- als auch um ein Interpretationsproblem der oben beschriebenen Art.

Eine Meinung geht – zumindest im Rahmen der Individualrechtsdelikte – davon aus, dass ein unbeachtlicher error in persona auf Fälle beschränkt ist, in denen der Täter eine bestimmte *äußerlich wahrgenommene* Person anvisiert und der Erfolg

---

[24] Die Fragestellung ist hier sehr eingeschränkt, weil ich hier insbesondere nicht auf die Frage der Mordmerkmale eingehen will. Vgl. zu dem Problem als Teil eines ganzen Klausurfalles: *Dannecker*, Die Rache der vernachlässigten Ehefrau, JuS 1988, L 67–71 m. w. N. Vgl. zum konkreten Problem auch *Kühl*, Allgemeiner Teil, 8. Aufl. München 2008, § 13 RN 35 ff. m. w. N.

auch genau bei dieser Person eintritt, wobei der Täter lediglich eine unzutreffende Identitätsvorstellung hat (ein wahrgenommenes Angriffsobjekt, aber verschiedene Identitätsvorstellung). In Fällen hingegen, in denen der Täter das Opfer *nicht unmittelbar wahrnimmt*, sondern eine Handlung setzt, die bei einer bestimmten Person einen speziellen Erfolg hervorrufen soll, der dann aber bei einer ganz anderen Person eintritt, wird hinsichtlich der tatsächlich getroffenen Person eine vorsatzausschließende aberratio ictus angenommen.

Wendet man die Lehre von der vorsatzausschließenden aberratio ictus auf den vorliegenden Fall an, so wäre die Individualisierung des Vorsatzes auf eine Tötung (nur) der F beachtlich. Denn A nimmt während seiner Tötungshandlung das Opfer nicht unmittelbar wahr (er hat ja die Wohnung verlassen), sondern nimmt in dem Moment, in dem er das Gift in die Teekanne schüttet an, dass damit allein die F getötet wird. Der Tod tritt aber dann bei C ein. Folglich wäre ein Vorsatz auf die Tötung der C zu verneinen und A hat sich nicht wegen vollendeten Totschlags an C strafbar gemacht.

Konsequenterweise ist dann hinsichtlich des Todes der C lediglich fahrlässige Tötung nach § 222 StGB und in Bezug auf die geplante Tötung der F versuchter Totschlag (§§ 212, 22 StGB) anzunehmen.

Eine abweichende, aber ebenso vertretbare Meinung bejaht zwar ein Fehlgehen der Tat, also eine aberratio ictus; sie gelangt aber insbesondere aufgrund der Umstände, dass in einem konkretisierten (= individualisierten) Vorsatz auf Tötung einer konkreten Person ein genereller Vorsatz auf Tötung (irgend-)eines Menschen logisch enthalten ist und dass jeder Mensch nach dem Gesetz gleichwertig ist, zu der so genannten „Vollendungslösung". Nach dieser Ansicht hätte A allein vollendeten Mord an C begangen.

b) Formulierungsvorschlag

In der Klausur ist freilich eine solche Darstellung der Problemlage und der Lösungsmöglichkeiten schon aus Zeitgründen nicht zu erwarten[25]. Vielmehr genügen aus *meiner Sicht*[26] etwa folgende Ausführungen für eine im Wortsinne „sehr gute" Lösung:

Strafbarkeit des A wegen Giftgabe
I. § 212 gegenüber C:

1. *Objektiver Tatbestand:* A hat den Tod eines anderen Menschen, nämlich der C, kausal und objektiv zurechenbar herbeigeführt [Behauptungsstil, weil unproblematisch][27].

---

[25] Bei einer Hausarbeit gelten andere Anforderungen. Hier müssten Sie auch bei einer Umfangsbeschränkung zu diesem Problem sehr eingehend argumentieren. Den Raum dazu müssen Sie sich dadurch verschaffen, dass Sie andere Passagen entsprechend knapp formulieren (eben im Urteils- oder Begründungsstil).

[26] Siehe dazu oben D II 1 a (S. 184 ff.) meine Erläuterungen zur Bedeutung insbesondere der Unterscheidung von Gutachten- und Urteilsstil.

[27] Der Klammersatz ist in der Klausur selbstverständlich entbehrlich.

2. Subjektiver Tatbestand: Fraglich ist, ob A den Vorsatz darauf hatte, die C zu töten [Begründungsstil, weil höchst problematisch]. A nimmt in jenem Moment, in dem er das Gift in die Teekanne schüttet, an, dass die F und nicht die C getötet wird. Einen bloßen Identitätsirrtum (error in persona) könnte man mit der Begründung annehmen, dass A „einen anderen" (Menschen) i. S. des § 212 StGB getötet hat und dies von Anfang an auch wollte. Mit dieser Argumentation wäre Mordvorsatz des A zu bejahen. Überzeugender erscheint es aber, Mordvorsatz mit der Begründung zu verneinen, dass es sich hier um einen Fall der aberratio ictus handelt. Denn A hat nicht lediglich eine unzutreffende Identitätsvorstellung über das von ihm wahrgenommene Opfer, sondern er will bei F einen Tötungserfolg herbeiführen, der dann aber bei einer ganz anderen, von ihm von vornherein nicht wahrgenommenen Person eintritt.

Da A gegenüber C also keinen Mordvorsatz hatte, macht er sich nicht wegen vollendeten Mordes an C strafbar.

II. § 222 gegenüber C:

1. Objektiver Tatbestand: A hat den Tod eines anderen, nämlich der C, kausal und objektiv zurechenbar herbeigeführt [Behauptungsstil, weil unproblematisch].
2. Subjektiver Tatbestand: A war nach seinen geistigen und körperlichen Verhältnissen in der Lage, sich sorgfaltsgemäß zu verhalten und das Gift nicht in den Tee der F zu schütten; auch war es für A subjektiv vorhersehbar, dass die Beimengung von Gift in einen Tee Tötungsfolgen haben kann.

A verwirklicht auch die weiteren Voraussetzungen einer fahrlässigen Tötung nach § 222 StGB gegenüber C.

III. §§ 212, 22 StGB gegenüber F:

1. Objektiver Tatbestand: Der Tod der F ist nicht eingetreten; folglich fehlt es am tatbestandsmäßigen Erfolg des § 212. Indem A Gift in die Kanne mit Tee geleert hat, hat er eine taugliche Ausführungshandlung zum Mord an der F gesetzt; denn nach seinem Tatplan hat er geglaubt, damit alles getan zu haben, um die F zu töten.
2. Subjektiver Tatbestand: A hatte den Vorsatz, die F zu töten, weil darin das eigentliche Ziel der Giftbeigabe bestand.

A verwirklicht auch die übrigen Voraussetzungen nach §§ 212, 22 StGB gegenüber der F.

IV. Konkurrenzen:

A ist nach §§ 212, 22 in Tateinheit mit § 222 StGB zu bestrafen.

E. Der umgekehrte Weg: Erstellen des „Bauplans" für juristische Texte

I.   „Bauplan" = „Disposition" = „Exposé"

Im Rahmen der universitären Schwerpunktbereichsprüfung nach § 5 Abs. 1 DRiG wird in der Regel eine größere schriftliche Studienarbeit auf wissenschaftlicher Grundlage als Prüfungsleistung verlangt[1]. Dabei handelt es sich meistens um Seminararbeiten mit einem Sachthema, das in der Regel vorgegeben wird. Dazu werten Sie die vorhandene Rechtsprechung und Literatur sowie etwaige andere Quellen aus.

Eine Seminararbeit ist die erste Stufe eigenständigen wissenschaftlichen Arbeitens. Im deutschen juristischen Ausbildungs- und Wissenschaftsbetrieb ist die nächste Stufe die Dissertation und dann die Habilitation. Im sonstigen wissenschaftlichen Betrieb sind die weiteren Stufen die Bachelor-, die Master- und die PhD-Arbeit.

Bei der Studien- oder Seminararbeit als Prüfungsleistung in der juristischen Ausbildung handelt es sich um einen ersten zaghaften Versuch, sich etwas von der nahezu ausschließlichen Orientierung an der *richterlichen* Schreibpraxis zu entfernen. Diese befasst sich mit Urteilen und – als Vorstufe dafür – Gutachten. Es gibt aber auch noch andere juristische Texte. Die Spannbreite ist sehr groß. Sie reicht z. B. von einer Kurzzusammenfassung (z. B. zum Zwecke des „briefing" innerhalb eines Unternehmens) bis hin zu einer Dokumentation (z. B. für eine Informationsveranstaltung Ihrer Institution), oder: vom Entwurf eines Vertrages bis hin zum Entwurf eines Gesetzes.

In den bisherigen Abschnitten haben wir uns mit dem *Lesen* von Gesetzestexten befasst. Das können wir ausnützen, um uns für den umgekehrten Weg zu rüsten, nämlich generell für das *Erstellen* juristischer Texte. Wenn wir dazu *Gesetzes*texte als Ausgangspunkt wählen, dann dienen diese als hervorragendes Anschauungsmaterial, weil sie folgende Eigenschaften haben bzw. haben sollten:

- klare Aufgabenstellung (Zweck, Ziel);
- gut strukturiert;

---

[1] Vgl. z. B. § 31 JAPrO Baden-Württemberg.

O. Lagodny, *Gesetzestexte suchen, verstehen und in der Klausur anwenden*, Tutorium Jura,   201
DOI 10.1007/978-3-642-31244-1_5, © Springer-Verlag Berlin Heidelberg 2012

- zusammenfassend, weil abstrahierend;
- knapp;
- insgesamt: „auf den Punkt" gebracht.

Das sind auch wesentliche Eigenschaften von juristischen Texten generell.

Aus den Schwierigkeiten des „Suchlesens"[2] haben wir gelernt: Die Struktur des Textes ist zentral. Was im Gesetzestext als Struktur erkennbar ist, muss ein anderer juristischer Text ebenfalls haben. Wir werden uns also damit zu befassen haben, wie man eine solche Struktur außerhalb eines Gesetzes erzeugt.

Die Schwierigkeiten des „Auslegungslesens"[3] bestanden zunächst darin, Wörter und Ausdrücke ganz bewusst zu verwenden und vor allem die Grammatik zu beachten. Wir haben aber auch gesehen, wie hilfreich es ist, in „Normal-" und in „Problemfällen" zu denken[4]. Die Frage nach den Rechtsfolgen[5] bedeutet für das Schreiben: Was ist das Ziel der Arbeit? Zu dieser Frage gelangt man auch über die sinngemäße Frage, die man in realistischer Selbsteinschätzung ruhig stellen darf: Was wäre ohne meine Arbeit?[6] Schließlich ist die Frage ganz wichtig: Wozu will ich nichts schreiben?[7]

Das „Wiederkennungslesen"[8] kann man schließlich übersetzen als Selbsttest: Ist das alles in meinem Text enthalten, was aus meiner Sicht dazu gehört? Dazu gehört auch, dass man mit anderen über seine Texte spricht. Vor allem auch, dass man sich klarmacht, was *Hemingway* gesagt haben soll[9]: „Die erste Fassung ist meistens Mist". Es geht also um das langsame Entstehen eines Textes, der – anders als etwa eine Klausur – der ständigen Überarbeitung bedarf. Dazu muss man ihn wiederholt lesen oder – wenn man schließlich „betriebsblind" geworden ist – lesen lassen.

Das zentrale Mittel, um diese Ziele zu erreichen, ist der „Bauplan" oder das „Exposé" oder die „Disposition" der Arbeit. Das sind alles gleichwertige Bezeichnungen, wie wir gleich noch näher sehen werden. An diesem Bauplan muss man von Anfang an ständig arbeiten, bis die Arbeit fertig ist. Im Idealfall wird aus ihm die Einleitung der Arbeit. Weil der Bauplan so zentral ist, beschränken sich meine Ausführungen im Wesentlichen hierauf. Weiterführende Details zu hier nur angeschnittenen Fragen können Sie den zahlreichen Anleitungsbüchern hierzu entnehmen. Diese stellen das Erfordernis eines Bauplans in sehr unterschiedlicher Breite und Intensität dar. Nachfolgend finden Sie eine höchst subjektive Auswahl ohne Anspruch auf Vollständigkeit:

---

[2] Kapitel B.

[3] Kapitel C.

[4] Oben Frage 1 (C V 1).

[5] Oben Frage 2 (C V 2).

[6] Oben Frage 3 (C V 3).

[7] Oben Frage 4 (C V 4).

[8] Kapitel D.

[9] *Lang*, Strukturieren statt formulieren, Forschung und Lehre, 2010, S. 118–119, 119.

- *Brandt,* Rationeller schreiben lernen, Hilfestellung zur Anfertigung wissenschaftlicher (Abschluss-) Arbeiten, 4. Aufl. Baden-Baden 2012,
- *Esselborn-Krumbiegel,* Von der Idee zum Text. Eine Anleitung zum wissenschaftlichen Schreiben, 3. Aufl. Paderborn 2008,
- *Haft,* Juristische Schreibschule, Normalfall, München 2009,
- *Möllers,* Juristische Arbeitstechnik und wissenschaftliches Arbeiten, 6. Aufl. München 2012,
- *Putzke,* Juristische Arbeiten erfolgreich schreiben, 4. Aufl. München 2012,
- *Wolfsberger,* Frei geschrieben. Mut, Freiheit und Strategie für wissenschaftliche Abschlussarbeiten, 3. Aufl. Wien et al. 2010.

sowie auch:

- *Butzer/Epping,* Arbeitstechnik im Öffentlichen Recht. Vom Sachverhalt zur Lösung. Methodik – Technik – Materialerschließung, 3. Aufl. Stuttgart 2005;
- *Byrd/Lehmann,* Zitierfibel für Juristen, München 2007;
- *Mix,* Schreiben im Jurastudium: Klausur – Hausarbeit – Themenarbeit, Stuttgart 2011;
- *Schmuck,* Deutsch für Juristen: Vom Schwulst zur klaren Formulierung, 3. Aufl. Köln 2010.

Zur Erstinformation:

- *Lang,* Strukturieren statt formulieren, Forschung und Lehre 2010, S. 118–119.

Die Bedeutung des „Bauplans" auch für juristische Arbeiten wird in Deutschland noch nicht so deutlich wahrgenommen. Das liegt aber nur daran, dass man sich bislang um Strukturen und „Baupläne" juristischer Prüfungsarbeiten nicht kümmern musste. Man bekommt sie gleichsam „frei Haus" in Form der Aufbauschemata.

Diesen zentralen Zweck der Aufbauschemata muss man sich allerdings ganz deutlich bewusst machen: Es handelt sich um Bausteine des Gedankengangs einer ganz bestimmten Art von juristischen Texten, nämlich Gutachten (bzw. darauf aufbauend: Urteilen). Man muss diese Bausteine verwenden, weil sie für typische Fragestellungen schon lange in der Dogmatik entwickelt worden sind.

- Im *Strafrecht* herrscht z. B. die Frage nach der Strafbarkeit einer Person vor. Die Antwort muss mit einem Delikt des Besonderen Teils beginnen. Dessen Prüfung folgt einem bestimmten Aufbau.
- Im *Zivilrecht* geht es in der Regel darum, wer was von wem woraus will. Die Antwort muss mit einer Anspruchsgrundlage beginnen.
- Im *Öffentlichen Recht* hingegen ist es oft schon Teil der Aufgabe, die zutreffende Fragestellung herauszuarbeiten[10].

---

[10] Vgl. dazu das Buch von *Schwerdtfeger,* Fallbearbeitung (s. o. D II).

Diese Vorgaben haben Sie bei einer Seminararbeit nicht. Hier ist es auf jeden Fall bereits ein Teil der Aufgabe, das Thema zu konkretisieren oder – wenn es fix vorgegeben ist – es mit Inhalt und deshalb mit Fragestellungen zu füllen. Diese müssen in einem nachvollziehbaren und logischen Gedankengang stehen. Insoweit kann man sagen: **Sie müssen ihr eigenes „Aufbauschema" entwickeln und darstellen.** Dies erfolgt in einer Disposition oder einem Exposé. Man kann dies auch plastisch als **„Bauplan" der Arbeit** bezeichnen. Das Besondere an einem Bauplan für eine Seminararbeit – ganz im Gegensatz zu einem „Fallprüfungsschema – besteht jedoch darin, dass sich jeder Autor/jede Autorin diesen Bauplan *selbst* erstellen muss, weil es ihn eben nur *einmal* gibt. Er ist ein Unikat. Das ist zugleich das wissenschaftliche daran.

Mit diesem Vergleich zum Hausbau wird bereits deutlich: Genau so wenig wie man ein Haus ohne Bauplan baut, sollte man eine wissenschaftliche Arbeit ohne Disposition schreiben. Um Ihnen die Furcht und den Respekt vor einer Disposition zu nehmen: Die Grundlage für eine Disposition kann ein Brief sein, in dem Sie z. B. einem Freund mitteilen,

- was Sie
- wie
- in welcher Weise schreiben wollen und
- wo Ihrer Meinung nach die juristischen Probleme liegen. Wenn Sie einen Brief schreiben, machen Sie sich frei von sonstigen formalen „Zwängen" und Formvorschriften Ihrer Arbeit und können „drauflos" schreiben. Ich habe diese Erfahrungen bei meiner Dissertation gemacht mit meinem Freund *Ernst-Peter Wackenhut* (heute: Vorsitzender Richter am Landgericht Ulm). Manchen Brief hätte ich gar nicht absenden müssen, weil es mir bereits geholfen hat, meine Fragen und Probleme ein erstes Mal überhaupt schriftlich zu fixieren. Das meint wohl auch *Heinrich von Kleist*, wenn er „Über die allmähliche Verfertigung der Gedanken beim Reden" geschrieben hat[11].

Wenn Sie einen solchen Brief schreiben, dann haben Sie bereits eine Grundlage für eine Disposition. Im Folgenden möchte ich Ihnen verdeutlichen, wie Sie diese ausbauen und am Ende ganz automatisch einen zentralen Teil der Einleitung haben, nämlich Problemaufriss und Gang der Darstellung.

Zugleich erkennen Sie auch: Ein solcher Plan muss ganz früh begonnen werden. Die ersten Schritte dienen dazu, die „groben Linien" zu erfassen. Diese rangieren in der Gliederung möglichst ganz oben und erfassen noch gar keine Details. Das bedeutet: Je früher Sie sich mit diesen groben Linien befassen, um so eher können Sie die entscheidenden Weichen anders stellen und sich eventuell viel überflüssige Arbeit ersparen.

Die wichtigste „grobe Linie" ist das Thema Ihrer Arbeit. Wenn Sie kein exakt vorgegebenes Thema haben, müssen Sie entweder eines suchen oder ein vorhandenes anpassen. Dazu müssen Sie sich klarmachen, ob es sich um ein eher enges Thema handelt (z. B. „Die Rechtsprechung des BGH zum Begriff der ‚Sache' in den Jahren 1990–2010") oder um ein eher weites Thema: (z. B. „Die Rechtsprechung

---

[11] Zu beziehen über das Kleist-Archiv: < www.kleist.org >.

des BGH in den Jahren 1990–2010"). Je nachdem stellt sich entweder die Frage
nach Erweiterungs- oder nach Eingrenzungsmöglichkeiten. Unter Umständen können Sie bereits durch eine Eingrenzung (oder Ausweitung) des Themas einen ganz
entscheidenden Schritt zu einer erfolgreichen Arbeit machen.

Bei diesem wie auch bei allen anderen und weiteren Fragen müssen Sie sich aber
leiten lassen von zentralen Prinzipien:

> ▶ Wo liegen die juristisch interessanten zentralen Fragen und Probleme?
> Kehrseite dieser Frage:
> Eine Arbeit ist dann fertig, wenn nichts mehr weggelassen werden kann.

Folgende Überlegungen für ein Promotionsvorhaben können Sie dabei sinngemäß
auf andere wissenschaftliche Arbeiten wie Seminararbeiten übertragen. Die Pro-
motionskommission der Rechtswissenschaftlichen Fakultät Salzburg verlangt für
eine Disposition, welche ihr für jedes Promotionsvorhaben vorgelegt werden muss,
folgendes[12]:

- Aus der Disposition müssen bereits die konkreten wissenschaftlichen Fragestellungen
  erkennbar sein, die im Rahmen der Arbeit untersucht werden sollen. Das bedarf bereits
  einer entsprechenden Auseinandersetzung mit dem gewählten Thema. Nicht ausreichend
  sind bloß lehrbuchartige Aufzählungen von Fragestellungen zu einem Thema.
- Es muss darauf eingegangen werden, wie derzeit der aktuelle Stand der wissenschaftlichen Diskussion zum gewählten Thema ist, auf dem aufgebaut werden soll. Auf dieser Grundlage sollte sich insbesondere ergeben, inwieweit von der Arbeit ein originärer
  Erkenntnisfortschritt zu erwarten ist.
- Ein Literaturverzeichnis und eine Arbeitsgliederung sind notwendig, aber für die Beurteilung der Qualität einer Disposition nicht ausschlaggebend und auch nicht ausreichend.

Diese Kriterien sind zwar keineswegs verbindlich für Sie, können aber sehr hilfreich sein. Vor allem dient eine solche Disposition dazu, dass Sie sich mit Ihrem
Betreuer/Ihrer Betreuerin besser verständigen können.

II. Umsetzung des Themas im Aufbau: Strukturierung

1. Gliederung des StGB als Übungsfeld

Wie man sich die Struktur zu einem Thema erarbeiten kann, lässt sich nicht generell
sagen, eben weil es ganz vom Thema abhängt. Ein erstes Hilfsmittel sind „Cluster"
oder „Mind-Maps". Dazu finden Sie zahlreiche Hinweise in den eingangs erwähnten
Büchern, namentlich bei *Wolfsberger* (S. 94–97) oder bei *Möllers* (RN 344–351).

Wenn ich selbst an ein neues Thema herangehe, dann lese ich entweder ein oder
zwei allgemeine Übersichtsbeiträge dazu, um eine erste Vorstellung zu haben. Wenn
ich diese im Groben bereits habe, dann notiere ich zwei oder drei (oder auch mehr)

---

[12] http://www.uni-salzburg.at/portal/page?_pageid=645,217547&_dad=portal&_schema=POR-
TAL abgefragt am 13.4.2012.

Begriffe (*Schritt 1*). Diese kann ich dann in eine sachlogische Reihenfolge bringen (*Schritt 2*). Dabei muss ich überlegen:

Stehen sie gleichrangig nebeneinander?
Oder stehen sie in einer bestimmten Reihenfolge?
Ist einer der Begriffe ein Unterbegriff zu einem anderen?

Sie können sich diese Vorgehensweise ganz einfach mit folgender Überlegung klarmachen. Sie müssen sich vorstellen, es gäbe kein StGB und Sie müssten jetzt ein StGB schaffen[13]. Drei Begriffe fallen Ihnen spontan zur Frage ein, was in diesem StGB geregelt sein müsste:

„Raub"
„Freiheitsstrafe"
„Mord"

Hier wird Ihnen schnell klar werden: „Diebstahl" und „Körperverletzung" stehen gleichrangig auf derselben sachlogischen Stufe. Um Freiheitsstrafe geht es sowohl bei „Diebstahl" wie bei „Körperverletzung". Also können Sie gliedern:

Freiheitsstrafe (*Gliederungsebene 1*)

[ein noch zu findender Begriff] (*Gliederungsebene 1*)

　　Mord (*Gliederungsebene 2*)
　　Raub (*Gliederungsebene 2*)

Jetzt brauchen Sie noch einen Oberbegriff für „Mord" und „Raub". Wir wählen z. B. „Delikte". Schon hätten wir ein ganz rudimentäres StGB. Es wäre folgendermaßen gegliedert:

Freiheitsstrafe
Delikte
　Mord
　Raub

Damit wir uns besser orientieren können, fügen wir noch Gliederungsziffern für die Gliederungsebenen hinzu:

A) Freiheitsstrafe
B) Delikte
　I. Mord
　II. Raub

---

[13] Sie merken: Das ist die „radikale" Fassung Frage: „Was wäre ohne die Norm?" (s. oben C V 3).

Schon haben wir unser rudimentäres StGB gegliedert. Das können Sie jetzt so lange ausbauen, bis Sie „Ihr" Wunsch-StGB gegliedert haben. Probieren Sie das ruhig einmal; ich bin sicher, Sie werden viele „Aha"-Erlebnisse haben.

Diese Übung können Sie ausbauen und dadurch geradezu spielerisch die Grundzüge des Strafrechts kennenlernen. Das können Sie freilich in jedem anderen Rechtsgebiet und mit jedem anderen Gesetz machen. Wählen Sie drei oder mehr Begriffe aus der Gliederung des StGB aus, ohne die Gliederungsziffern zu kennen. Dann versuchen Sie diese, in eine sachlogische Reihenfolge zu bringen. Dabei machen Sie sich die Gründe klar, warum Sie gerade diese Reihenfolge wählen und warum Sie eine andere *nicht* wählen. Vergleichen Sie Ihre Lösung mit der Gliederung des StGB (oder des von Ihnen gewählten anderen Gesetzes). Denken Sie darüber nach, ob Sie etwaige Unterschiede begründen können oder nicht.

Wenn Sie diese Übung zu zweit oder mit mehr Personen machen (etwa in einer privaten Arbeitsgemeinschaft), dann ergibt sich die Begründung aus der Diskussion. Ich bin überzeugt: Sie kommen auf jede Menge wichtige Fragen. Vielleicht stoßen Sie darauf, warum der Besondere Teil des StGB in §§ 80 ff. mit Delikten gegen den Staat (Friedensverrat, Hochverrat etc.) beginnt und Straften gegen das Leben (§§ 211 ff.) erst sehr viel später kommen. Dahinter verbergen sich meines Erachtens Grundpositionen des Staates[14]. Sie sehen: Was vermeintlich nur eine „Spielerei" ist, kann zu ganz grundsätzlichen Fragen führen.

2. Gliederungsfunktion von WORD®

Beim Erstellen von Gliederungsstrukturen ist die Gliederungsfunktion von WORD® sehr hilfreich. Sie ermöglicht, dass man

- nur die Gliederung (ohne Text) sieht,
- untergeordnete Gliederungsebenen ausblenden kann,
- Gliederungsebenen samt zugehörigem Text leicht verschieben kann,
- die Übersicht über die Gesamtstruktur des Textes behalten kann,
- und vieles mehr.

Zu Details arbeiten Sie im Handbuch die Hilfsfunktion zur Gliederungsfunktion durch. Es lohnt sich garantiert! Ich kann für mich sagen: Die Gliederungsfunktion hat mich zu sehr viel strukturiertem Denken erzogen.

Sie können sich z. B. Überschriften machen mit dem Titelzusatz: „noch zuordnen" oder „verschieben?", wenn Sie für diese Überschrift noch keinen Sie überzeugenden genauen Platz gefunden haben. Auf diese Weise entsteht eine grobe und auch detaillierte Gliederung fast spielerisch und „von selbst".

Freilich gibt es sicher sehr viel mehr Wege, die zu einer sachlogisch überzeugenden Gliederung führen. Ob es tausend sind, wie die Wege nach Rom, weiß ich nicht.

---

[14] Vgl. dazu *Lagodny*, Paternalistische Züge im Strafrecht am Beispiel Deutschland und Österreichs, in: *Anderheiden/Bürkli/Heinig/Kirste/Seelmann* (Hrsg.) Paternalismus im Recht. In Memoriam Angela Augustin (1968-2004), Tübingen 2006, S. 225–234, 228 f.

Aber auch hier gilt: Suchen Sie *Ihren* Weg. Ich kann Ihnen nur Anregungen geben, indem ich Ihnen *meinen* Weg schildere.

3. Bezeichnung der Gliederungsebenen (A, I, 1, a etc.)

Von dieser inhaltlichen Strukturierungsarbeit müssen Sie die formelle Frage unterscheiden, wie Sie die Strukturen bezeichnen. Generell gibt es zwei Möglichkeiten: numerisch (z. B. 1.1.1.1.1 und 1.1.1.1.2 etc.) oder durch eine Kombination von Buchstaben und Zahlen (A, I, 1, a). Ich selbst halte das numerische System für sehr unübersichtlich. Aber das ist Geschmackssache. Vor allem sollten Sie sich hier nach den Vorgaben Ihrer BetreuerIn richten. Das ist im Wissenschaftsbetrieb auch nicht anders: Für jede Publikation gibt es (oder sollte es geben): „redaktionelle Richtlinien", in denen solche und andere technischen Details geregelt sind.

Schon jetzt sollten Sie sich aber als Regel (mit Ausnahmen) vornehmen: **Verwenden Sie nicht mehr als eine Zeile pro Überschrift.**

Wenn Sie in Ihren Überschriften Namen erwähnen, dann ist das ein wichtiges Alarmzeichen. Sie müssen sich dann nämlich fragen, ob die Namen für eine Sachstruktur[15] stehen oder ob Sie diese noch nicht erarbeitet haben und schlicht Autoren gleichsam „Erbsen zählend" aneinander reihen. Dann haben Sie noch nicht hinreichend genug gearbeitet. Denn als Autor müssen Sie dem Leser die Arbeit abnehmen[16], nicht umgekehrt.

III.   Disposition/Expose als sich ständig verändernde und notwendige Arbeitshilfe („Bauplan")

Wenn Sie den ersten Entwurf Ihres Bauplans/Exposés haben, dann müssen Sie sich klarmachen: **Dieser Bauplan ist ab sofort Ihr ständiger Begleiter.**

Sie aktualisieren und ändern das Exposé ständig, weil es Ihr Bauplan ist. Am besten machen Sie sich **jeden Abend** klar: **Stimmt mein Exposé noch?**

Wenn Sie das konsequent machen, werden Sie am Ende der Arbeit belohnt: Ihr Exposé ist der zentrale Teil der Einleitung zu Ihrer Arbeit. Denn ein „Problemaufriss" und ein „Gang der Darstellung" (oder ähnlich benannt) gehört in jede Einleitung einer leserfreundlichen Arbeit[17].

Das macht Ihnen auch klar, warum es nicht hinreichend ist, wenn Sie „nur" eine Gliederung erarbeiten. Zwingend ist auch ein Text, aus dem sich die Struktur ergibt. Oft merkt man erst dann, dass sich hinter einer Überschrift etwas ganz anderes verbirgt, als man zunächst annimmt oder sich vorstellt.

Sinnvoll und sehr leserfreundlich ist es, wenn Sie eine solche Vorschau nicht nur an den Beginn Ihrer Arbeit stellen, sondern vor jeden größeren Abschnitt.

---

[15] Z. B. „Der funktionale X-Begriff von N.N.". Vgl. näher auch unten V 2.

[16] Treffend *Tonio Walter*, Kleine Stilkunde für Juristen, München 2002, S. 1–3.

[17] Zu diesem Prinzip siehe unten V 2.

IV. Ausarbeitung und Endfassung: Gliederung und Disposition fortschreiben als ständige Aufgabe

Die weitere Arbeit besteht darin, dass Sie noch mehr recherchieren. Das bedeutet heute vor allem elektronische Recherche. Bedenken Sie dabei aber bitte, dass folgender Satz falsch und tödlich ist für eine wissenschaftliche Denkweise: *„Quod non est in ‚Google' non est in mundo"*: Was man in ‚Google' nicht findet, existiert nicht.

Neben den elektronischen Quellen gibt es nämlich auch noch herkömmliche Zugangsmöglichkeiten wie Kommentare, Lehrbücher oder Mongrafien[18]. Diese befinden sich in Bibliotheken. Zu den vielen Recherchemöglichkeiten vgl. die im Text oben I erwähnten Ausbildungsbücher.

V. Formulieren

Wenn Sie bei Ihrer Arbeit meinen Anregungen gefolgt sind, haben Sie bislang schon eine ganze Menge Text formuliert. Damit haben Sie etwas ganz wichtiges gemacht: Sie haben einer Schreibhemmung (unten 5) vorgebeugt. Diese stellt sich nämlich schnell ein, wenn man zu viel zu formulierenden „Stoff" vor sich her schiebt.

Folgende Hinweise sind nicht abschließend gemeint, aber aus meiner Erfahrung heraus sehr hilfreich. Vor allem beugen sie vor, damit Ihr „innerer Schweinehund" nicht gewinnt. Im Gegenteil: Schreiben sollte uns Spaß machen. Mit „uns" meine ich Sie und mich und alle anderen, die juristisch schreiben wollen oder sollen. Und das bedeutet in erster Linie leserorientiert zu formulieren (unten 2) und dabei Stil und Sprache (unten 3) wie auch den Gedankengang (unten 4) im Auge zu behalten. Dabei sollten wir die Annehmlichkeiten des von uns benutzten Textverarbeitungsprogramms nutzen (unten 1).

1. Textverarbeitungsprogramm

Sie sollten gediegene Kenntnisse in dem von Ihnen benutzten Textverarbeitungsprogramm haben. Eine Kollegin meinte unlängst: „Die Studierenden kennen sich sehr gut mit PC-Spielen aus, also können wir auch Kenntnisse im Textverarbeitung erwarten." Das kann ich nur mit größtem Nachdruck unterstreichen.

Man kann deshalb nicht deutlich genug darauf hinweisen[19]: Machen Sie sich bereits *vor* Beginn Ihrer Arbeit damit vertraut. Sie vergeuden Ihre wertvolle Zeit, wenn Sie sich z. B. erst am Ende mit Formatierungsfragen befassen. Viel Zeit können Sie sich sparen, wenn Sie sehr gut umgehen können mit[20]:

---

[18] „Mongrafie" ist eine Arbeit, die sich zu „einem" (deshalb „Mono") Thema verfasst ist (deshalb: „-grafie").

[19] Vgl. auch z. B. *Putzke*, Juristische Arbeiten erfolgreich schreiben, 4. Aufl., München 2012, Kapitel 6 A zu Beginn.

[20] Die nachfolgenden Angaben beziehen sich auf das Programm „WORD®".

- „Formatvorlagen" (statt „Direktformatierung");
- der „Gliederungsfunktion"[21];
- „Suche" und „Ersetze" und „Suche und Ersetze": Diese Befehle ersparen ihnen ebenso viel Handarbeit wie „Autotext". Letzterer drängt sich für Angaben in den Fußnoten geradezu auf. Zudem kann man einen „Autotext" über „Suche und Ersetze" leicht abändern.
- „Tabstopps" (z. B. zu Beginn einer Fußnote: Tabstopp nach dem Fußnotenzeichen);
- der „Seitenansicht" (zur Überprüfung des Layouts vor Abgabe);
- Selbstverständlich sollte inzwischen sein, dass Sie die „Rechtschreibprüfung" benutzen.
- [...]

Ich verzichte an dieser Stelle bewusst auf nähere Erläuterungen hierzu, weil Sie sich diese selbst erarbeiten müssen, und zwar von Grund auf.

2. Zentrale Dauerfrage: Wie mache ich es für den Leser am einfachsten?

Der Autor muss dem Leser die Arbeit abnehmen, nicht umgekehrt. Diesen zentralen Hinweis von *Tonio Walter*[22] kann man sich nicht oft genug in Erinnerung rufen. Ein Musterbeispiel für Arbeit, die dem Leser aufgebürdet wird, sind Darstellungen nach Autoren, etwa nach folgendem Muster:

A sagt dies [...].
B sagt das [...].
C sagt jenes [...] etc. pp.

Ganz schlimm ist diese Art der Darstellung, wenn sich die Meinungen von A, B und C decken oder nur geringfügig unterscheiden. Als Leser will man doch keine solche Auflistung (man müsste treffender sagen: Erbsenzählerei), sondern die *Sachgesichtspunkte* erfahren. Diese können mit der Person ausnahmsweise zusammenfallen, wenn z. B. eine Person eine bestimmte Auffassung geprägt hat. Das ist aber die Ausnahme.

Bitte schauen Sie doch irgendeinen Aufsatz oder irgendeine Dissertation darauf hin durch, welche Art der Darstellung der Autor gewählt hat. Dann merken Sie sehr schnell, was ich meine. Vor allem dann, wenn Sie selbst zu formulieren versuchen, werden Sie merken: Die eigentliche Arbeit und Mühe hat man damit, dass man die zutreffenden Sachgesichtspunkte herausarbeitet. Ob diese dann gleichsam mit dem Namen des Schöpfers im Text oder gar in der Gliederung „garniert" werden, ist sekundär. Allerdings müssen Sie in den Fußnoten – wenn irgend möglich – auf denjenigen hinweisen, der eine bestimmte Auffassung zum ersten Mal geprägt hat. Das ist sehr aufwändig. Deshalb macht man das auch nur bei zentralen Punkten

---

[21] Dazu schon oben II 2 (S. 207).
[22] *Tonio Walter*, Kleine Stilkunde für Juristen, München 2002, S. 1–3.

der Arbeit. Diese muss man herausgefunden haben. Das hängt von der Qualität des Bauplans ab. Damit schließt sich wieder der Kreis des Schreibens.

3. Stil und Sprache:

Ich möchte hier nicht in das allgemeine Lamento über den Verfall der sprachlichen Fähigkeiten einstimmen. Jeder angehende Jurist und jede angehende Juristin muss sich aber darüber im Klaren sein: Die Sprache ist unser Medium, ist für uns das, was etwa Nadel und Faden für den Schneider sind. Wir müssen lernen, damit bestens umzugehen.

In dem Aufgabenblatt für meine Lehrveranstaltungsprüfungen (ca. 20 Fragen zum Stoff einer Vorlesung) weise ich deshalb im Vorspann darauf hin: *„Bitte antworten Sie in grammatikalisch vollständigen Sätzen."* Damit möchte ich eine Comic-Sprache oder SMS-Sprache („lol") verhindern. Oder wären Sie damit einverstanden, wenn der von Ihnen bezahlte Anwalt seine Schriftsätze in einer solchen Sprache abfassen würde? Oder der Sie verurteilende Richter sein Urteil damit zieren würde?

Damit bin ich beim Vorbild, das uns unsere Höchstgerichte geben. In meinem eigenen Studium habe ich zum Beispiel Entscheidungen des Bundesverfassungsgerichts mit größtem Interesse gelesen. Sie waren selbst für mich als Studienanfänger aus sich heraus verständlich. Mir war klar, wozu ich etwas nachlesen musste, wenn ich etwas nicht verstanden hatte. Ganz anders waren jedenfalls seinerzeit meine Erfahrungen mit Entscheidungen des Bundesverwaltungsgerichts. Unser Dozent im Baurecht hatte uns eine Reihe von Entscheidungen dringend zur Lektüre empfohlen. Ich habe diese trotz mehrmaligen Versuchen nicht verstanden. Noch schlimmer sind heute Entscheidungen des Europäischen Gerichtshofs in Luxemburg: hier benötigt man für manche Monstersätze[23] geradezu ein gedankliches Schneidemesser, um verstehbare Satzteile herzustellen. Wenn jemand wie ich als berufserfahrener Jurist schon Probleme damit hat, dann muss es für Anfänger oder gar für Laien geradezu unmöglich sein, eine solche Rechtsprechung zu verstehen. Ob diese insoweit ihrem Auftrag gerecht wird, „im Namen des Volkes" zu sprechen, mag sehr bezweifelt werden.

Ein gutes Hilfsmittel ist es, schwierige Passagen von Hand zu schreiben. Probieren Sie dieses antiquierte Mittel in Ruhe einmal aus. Sie werden sehen: Gerade weil es sehr viel mehr Mühe macht, einen Text von Hand zu schreiben, überlegt man sich sehr gut, welche Wörter man zu Worten zusammenfügt und zu Papier bringt. Während meiner Zeit am Max-Planck-Institut für ausländisches und internationales Strafrecht in Freiburg hatte ich die Chance, einmal Briefe aus der Zeit zu Beginn des 20. Jahrhunderts zwischen Autoren der ZStW und der seinerzeitigen Schriftleitung zu lesen. Ich war sehr beeindruckt von der so klaren und eindeutigen Schrift. Ich merkte schnell: Jedes Wort war wohlüberlegt; jeder Brief auf den Punkt gebracht; kein Wort überflüssig. Das ist heute gar keine Notwendigkeit mehr. Aber zu jener Zeit gab es noch den Bleisatz. Jeder Buchstabe musste von Hand gesetzt werden. Die Streichung nur eines Wortes bedeutete höchstwahrscheinlich einen Zeilenumbruch, wenn nicht gar einen Seitenumbruch. Und damit sehr viel Arbeit

---

[23] Dazu schon oben C IV 2 e.

von Hand. Noch deutlicher wird der Unterschied zur heutigen Zeit, wenn man sich vor Augen hält, welcher Aufwand nur eine einzige beschriebene Seite im Mittelalter bedeutete[24]: Nicht nur mussten Pergament, Feder und Tinte hergestellt werden. Die Mönche mussten alles von Hand schreiben. Da ist es nachvollziehbar, dass ein Buch damals in etwa so viel kostete wie heute eine Eigentumswohnung.

Schließlich sei noch ein ganz probates Hilfsmittel erwähnt: Lesen Sie sich die Arbeit laut vor. Oder „gönnen" Sie sich dies wenigstens bei Passagen, bei denen Sie sich unsicher sind. Ich bin sicher: das hilft! Und führt Sie automatisch zu den sprachlichen Schwachstellen Ihrer Arbeit.

4. Gedankengang, vor allem Absatzbildung:

Bisher haben wir darauf geachtet, dass die Gliederung in sich logisch und folgerichtig aufgebaut ist. Das gilt genauso für den Text. Ihr Ziel muss sein, dass nicht nur jede Gliederungszeile zu den andern passt, sondern vor allem, dass jeder Satz an den vorausgehenden und an den nachfolgenden anschließt.

Weil mehrere Sätze einen „Absatz" bilden, müssen auch die Absätze sachlogisch aufeinander folgen. Sie müssen aneinander anschließen. Wo das nicht mehr möglich ist, beginnt ein neuer Gliederungsgesichtspunkt.

Es ist auch hier wie beim Gesetzestext: Nicht nur die „Paragrafen" müssen in einer sachlogischen Abfolge stehen, sondern innerhalb der Paragrafen auch deren Absätze. Erstaunlicherweise wird hierauf – wie *Haft* zutreffend hervorhebt[25] – viel zu wenig Aufmerksamkeit gerichtet.

Jeder Schreibabsatz muss aus mindestens zwei Sätzen bestehen. „1-Satz"-Absätze machen nur ausnahmsweise Sinn, wenn dieser eine Satz nämlich besonderes betont werden soll. Gehen Sie Ihren bisherigen Text auf diesen nur scheinbar formalen Aspekt hin durch: Sie werden manche Schwachstelle entdecken.

Zu jedem Schreibabsatz müssen Sie deshalb in Gedanken eine Überschrift bilden können oder einen Begriff als Hauptstichwort „fett" formatieren. Wenn Sie für einen Schreibabsatz *zwei* Hauptbegriff oder Überschriften (oder gar noch mehr) haben, ist dies ein starkes Indiz, dass Sie (mindestens) zwei Absätze machen sollten. Wenn die Hauptbegriffe der von Ihnen formulierten Schreibabsätze – nacheinander gelesen – eine sachlogische Reihenfolge ergeben, dann ist das ein starkes Indiz dafür, dass Ihr Text in sich stimmig ist. Und umgekehrt.

Ich praktiziere dies z. B. dann, wenn mich meine eigenen Schreibabsätze nicht überzeugen. Spätestens an der Reihenfolge der Absätze merke ich dann oft, „wo es hakt". Wenn ich meinen Textentwurf einer solchen Kontrolle der Schreibabsätze unterziehe, gelingt es mir in der Regel, einen schlüssigen und lesbaren Text zu formulieren.

---

[24] Dazu *Haft*, Juristische Schreibschule (nachfolgend: *Haft*, Schreibschule), Normalfall, München 2009, S. 36 ff.

[25] *Haft*, Schreibschule, S. 166–183.

Auf diesen Weg bin ich durch die Arbeit am Kommentar zur Internationalen Rechtshilfe in Strafsachen[26] aufmerksam geworden. Hier haben wir uns zur Regel gemacht, eine Randnummer pro Schreibabsatz zu vergeben und pro Randnummer nur ein Wort „fett" zu formatieren. Leider gelingt das nicht immer. Aber wenn man als Jurist von „Regel" spricht, denkt man automatisch mit, dass es „Ausnahmen" gibt[27].

Zusammenfassend lassen sich folgende Sätze formulieren:

* Jeder neue Satz muss inhaltlich an den vorausgehenden anschließen.
* Jeder neue Textabsatz muss inhaltlich an den vorausgehenden anschließen.

5. Schreibhemmungen

Schreibhemmungen müssen erkannt und überwunden werden. Deshalb sollten Sie so bald als möglich mit dem Schreiben beginnen, und sei es zunächst in Form eines Briefes an einen Freund[28].

Ganz wichtig ist hierbei auch, dass Sie sich nicht ins Unproblematische flüchten. Denn dadurch täuschen Sie sich selbst, weil Sie sagen können „Ich schreibe doch...", aber eben nur Nebensächliches und Unproblematisches. Nicht nur beim Klausurenschreiben[29] gilt die Konzentration auf die Frage: „Wo ist das Problem?" Darauf kommt es gerade auch beim wissenschaftlichen juristischen Schreiben an.

Ich empfehle Ihnen dringend, die von Ihnen erkannten „Problembereiche" vor allen anderen Fragen abzuarbeiten und auszuformulieren. Sollte sich dabei etwa herausstellen, dass ein zentraler Punkt ganz anders aussehen wird, als Sie zunächst angenommen haben, dann ist das nicht weiter ärgerlich, sondern positiv. Ganz anders sähe es aber aus, wenn Sie z. B. schon zwei Wochen in die Ausarbeitung von Selbstverständlichkeiten investiert haben, aber jetzt merken: Diese Ausarbeitung kann ich nur noch in den Papierkorb werfen, weil es auf sie nicht mehr ankommt. Da hilft Ihnen auch die Erkenntnis nichts: „Das wichtigste Arbeitsgerät des Wissenschaftlers ist der Papierkorb". Damit ist gemeint, dass man Wichtiges vom Unwichtigen trennt, aber eben nicht, dass man überflüssige Arbeit macht.

6. Fußnoten und Verzeichnisse

Fußnoten dienen vor allem der methodischen Korrektheit und Redlichkeit der Begründung. Sie dürfen nicht fremde Gedanken als eigene ausgeben und müssen klarstellen, woher Sie fremde Gedanken haben.

---

[26] *Schomburg/Lagodny/Gleß/Hackner*, Internationale Rechtshilfe in Strafsachen, 5. Aufl. München 2012.

[27] Insofern ist dies ein „Alltagsfall" der oben erwähnten 4. Frage (Wozu sagt die Norm nichts?); s. o. C V 4.

[28] Siehe oben E I.

[29] Siehe oben D II 2.

So klar dieser Ausgangspunkt ist, so schwierig ist es, ihn und seine Konsequenzen einzuhalten. Viele haben deshalb sogar Angst vor den Fußnoten und auch vor den Verzeichnissen zur Literatur. Hierzu gibt es viel zu schreiben[30]. Insofern möchte ich auf die hier im Text erwähnten Darstellungen verweisen. Manche Betreuer haben auch eigene Richtlinien[31]. Und lassen Sie ansonsten bitte Ihren gesunden Menschenverstand walten, indem sich vor Augen halten: In der Fußnote wird vor allem nachgewiesen, welche Quelle man benutzt hat oder wer dasselbe (oder das Gegenteil) vertritt. Es geht um Lauterkeit und Redlichkeit. Man soll sich nicht verdeckt mit fremden Federn schmücken. Derer gibt es viele. Jede wissenschaftliche Arbeit beruht zu mindestens 95 % (meistens 99 %) auf „fremden Federn". Wenn es um fünf (oder ein) Prozent neuer Eigenleistung geht, dann ist das schon sehr viel. Es geht also nicht darum, keine fremden Hilfsmittel zu verwenden, sondern nur darum, diese offenzulegen[32].

Daneben praktizieren es manche auch, in den Fußnoten ergänzende Hinweise zum Text zu geben. Das geht manchmal so weit, dass ein „Paralleltext" entsteht, der zumindest die Aufmerksamkeit beeinträchtigen kann.

Sie sollten ebenso wenig „Zitatenfriedhöfe" schaffen mit einer unüberschaubar großen Zahl von Nachweisen. Das weckt nur den Anschein von Wissenschaftlichkeit und den Verdacht, dass Sie mit unzulässigen Sekundärzitaten arbeiten. Letztere sind nur statthaft, wenn die Originalquelle für Sie z. B. mit unverhältnismäßig hohem Aufwand zu besorgen ist. Kein solcher Grund wäre etwa die Notwendigkeit von Fernleihe. Wenn der Aufsatz wichtig ist, müssen Sie ihn gegebenenfalls auf diesem Weg besorgen; wenn er nicht so wichtig ist, dann brauchen Sie ihn auch nicht besorgen. Sie merken: Hier kehrt das Prinzip wieder: „Wo ist das Problem?"[33] Hinter diesen Gedanken steht Ihre unausgesprochene Zusicherung: „Was ich zitiere habe ich mit eigenen Augen gelesen."

Wenn ich hier auf den „gesunden Menschenverstand" rekurriere, dann meine ich damit auch und besonders die Kontrollüberlegung: Angenommen, Sie selbst hätten in Ihrer Arbeit die erwähnten fünf Prozent Eigen- und Neuleistung erbracht. Dann erwarten Sie doch in zukünftigen Arbeiten von anderen WissenschaftlerInnen, dass Sie zitiert werden.

Verzeichnisse sind unverzichtbar. Welche Verzeichnisse Sie im Einzelnen benötigen, müssen Sie mit Ihrem Betreuer/Ihrer Betreuerin abklären. Im Völkerrecht ist

---

[30] Speziell zur Frage des Plagiats ausführlich: *Möllers,* Juristische Arbeitstechnik und wissenschaftliches Arbeiten, München 6. Aufl. 2012, S. 482–516.

[31] Meine eigene, die ich zusammen mit Kollegen *Hinterhofer* herausgegeben habe, finden Sie z. B. im Internet unter < http://www.uni-salzburg.at/portal/page?_pageid=905,270645&_dad=portal&_schema=PORTAL > auf der Homepage des Fachbereichs Öffentliches Recht der Juristischen Fakultät der Universität Salzburg.

[32] Ein ganz praktischer Hinweis am Rande: Sie können sich die Ausarbeitung der Fußnoten sehr erleichtern, indem Sie sinnvoll kopieren. Das heißt: möglichst Anfangs- und Endseite sowie alle bibliografischen Angaben. Diese sind bei Aufsätzen in Sammelwerken nicht beim jeweiligen Aufsatz, sondern vorne.

[33] Siehe oben D II 2.

es z. B. üblich, dass man ein Dokumentenverzeichnis macht, nicht nur ein Literatur- und ein Abkürzungsverzeichnis.

Verzeichnisse haben Informations- und Abkürzungsfunktion. In das *Literatur-verzeichnis* gehört schon von der Bezeichnung her keine *Rechtsprechung*. Es enthält auch nur solche Literatur, die Sie in den Fußnoten verwendet haben. Es macht einen äußerst schlechten Eindruck, wenn man merkt: Sie „bauschen" das Literatur-verzeichnis auf, indem Sie dort Literatur aufnehmen, die Sie vielleicht gelesen haben, aber nicht in den Fußnoten verwendet. Weil Sie ein Literaturverzeichnis haben, können Sie in Ihren Fußnoten auch abgekürzte Bezeichnungen verwenden, solange man die vollständigen Angaben im Literaturverzeichnis findet.

Diese Hinweise mögen hier genügen. Jetzt müssen Sie selbst Erfahrung sammeln und mit dem Scheiben beginnen. Viel Erfolg und – nicht zuletzt – viel Spaß!

F. Meine „Tipps" im Überblick

Über den ganzen Text hinweg habe ich „Tipps" hervorgehoben, die mir wichtig erscheinen. Es handelt sich um Erkenntnisse, die für mich bis heute wesentlich geworden sind bei meiner juristischen oder jedenfalls bei meiner universitären Lehrtätigkeit. Dabei erhebe ich weder einen Anspruch auf Systematik noch auf Vollständigkeit. Gleichwohl liste ich sie hier nochmals (eventuell sprachlich angepasst) zur Information auf. Es erfolgt jeweils ein Hinweis auf die Stelle, an der sich der „Tipp" befindet. Dies ermöglicht Ihnen, den Sachzusammenhang zu erfassen. Ich habe die „Tipps" nach Sachgesichtspunkten geordnet, damit jeweils der Gesamtzusammenhang erkennbar wird.

Für alle diese Tipps gilt: Sie müssen Sie eventuell für Ihren eigenen Lern- und Arbeitsstil anpassen. Denn das ist eigentlich der wichtigste „Tipp": **Es geht um *Ihr* Lernen.**

I. Umgang mit den Strukturen eines Textes (insbesondere: Unterstreichungen)

1. Das **Unterstreichen** soll das sinnvolle Strukturieren durch Formatieren insoweit ersetzen. Deshalb lautet die Frage, die Sie sich immer stellen sollen: Wie unterstreiche ich sinnvoll?[1]
2. Ein ganz wichtiger **Effekt**, der durch alle **Unterstreichungen** gewährleistet werden soll, besteht im: „Zeitgewinn durch schnellere inhaltliche Erfassung"[2].
3. In Ihrem Gesetzestext können Sie die **Strukturierung durch Unterstreichen** erreichen. Aber: Sie müssen **sinnvoll und sparsam** damit umgehen. Dies können wir uns bei anderen Vorschriften zu nutze machen[3]. Sie müssen die Struktu-

---

[1] S. 9
[2] S. 72
[3] S. 79

O. Lagodny, *Gesetzestexte suchen, verstehen und in der Klausur anwenden,* Tutorium Jura, 217
DOI 10.1007/978-3-642-31244-1_6, © Springer-Verlag Berlin Heidelberg 2012

rierung, die Sie beim Verstehen der Vorschriften erkennen, in der Art und Weise der Unterstreichung „deponieren"[4].

4. Wenn Sie die **Rechtsfolge unterstreichen**, erleichtert dies das Verständnis der Normen ganz erheblich[5].

II. Klausuren

5. Kriminalfilme oder Zeitungsnotizen können den **„Plot" für einen Klausursachverhalt** abgeben[6].

6. Für Klausuren kommt es zentral darauf an, dass man sich **absolut sicher** ist, welche **Rechtsfolge** die Norm hat, die man zur Beantwortung der Frage heranzieht[7].

7. Für das Schreiben von Klausuren ist besonders wichtig: **Je weiter oben Sie sich falsch entscheiden, umso weiter entfernt sind Sie von der Lösung.** Suchen Sie im falschen Gesetz, dann driften Sie völlig ab und können die richtige Norm niemals finden[8].

III.   Juristisches Lernen (für alle Fächer)

8. Generell gilt: Sie sollten nicht erwarten, dass Ihnen alles „pfannenfertig" serviert wird. Wirklichen Gewinn haben Sie nur durch **eigenes Mitdenken**[9].

9. Gerade für Anfänger ist es sehr hilfreich, etwa die **Einführung** (z. B. von *Hartmut Köhler* zum BGB oder *Thomas Weigend* zum StGB) in der **Textausgabe „Beck-Texte im dtv"** zu lesen. Auf solche Kurzdarstellungen werden Sie in universitären Lernunterlagen oder in Lehrbüchern kaum hingewiesen. Sie sind aber gerade zu Beginn sehr nützlich. Es ist nämlich sehr schwierig, etwas Kompliziertes nicht nur kurz, sondern gleichzeitig verständlich darzustellen[10].

10. Es ist von hohem Lernwert, wenn Sie sich **anhand der Inhaltsverzeichnisse** der beiden Gesetzessammlungen Schönfelder und Sartorius einen **Überblick verschaffen** und ein Gefühl dafür bekommen: „Was steht wo?" Diese Inhaltsverzeichnisse weisen nämlich eine Gliederung mit klarer Struktur auf. Man muss insofern unterscheiden: Jede Gliederung ist in Gliederungsstufen aufgebaut. Es gibt

---

[4] S. 95
[5] S. 144
[6] S. 136
[7] S. 138
[8] S. 14 f
[9] S. 189
[10] S. 38

Überschriften der 1. Ordnung
  → Überschriften der 2. Ordnung
    → Überschriften der 3. Ordnung
      etc.

Entsprechend ist jede Überschrift das „Thema" dieser Gliederungsstufe[11]. Es ist deshalb sehr sinnvoll, wenn man nicht erst in der Klausur zum ersten Mal im „**Sartorius**" oder im „**Schönfelder**" blättert. Orientieren Sie sich schon früh an deren Inhalt[12].

11. Sie müssen ein **Aufbauschema** aus sich heraus **entwickeln können**. Dazu müssen Sie die Reihenfolge der Frage verstanden haben. Auswendig lernen ist sinnlos[13].

12. Wichtig ist nicht, dass man **Legaldefinitionen** auswendig kennt, sondern dass man weiß, dass es sie gibt, sonst macht man im günstigsten Fall überflüssige Arbeit, zeigt aber auch wenig Sachverständnis[14].

13. Aus der **Parallele zwischen Fremdsprachenerwerb und juristischer Methodik** ergibt sich, dass man gewisse Rückschlüsse aus den Sprachfähigkeiten einer Person auf deren juristisches Potential ziehen kann. Das können Sie auch für sich selbst fruchtbar machen: Wenn Sie die Überlegungen in diesem Buch eher langweilig finden, dann ist das eine ganz konkrete Frage an Sie selbst: Ist Jura das richtige Fach für mich?[15]

14. Es hilft sehr, wenn man beim Lernen **Tabellen zu den verschiedensten Fragen erstellt**. Dies fördert das Denken in Strukturen. Die Tabelle illustriert zugleich, wie sinnvoll es ist, sich den Inhalt einer Regelung zunächst anhand des Gesetzestextes klarzumachen, um erst dann ein Lehrbuch zu konsultieren[16].

15. Seien Sie bequem und **lernen Sie so wenig wie möglich auswendig**. Auswendiglernen gaukelt Ihnen nur eine vermeintliche Sicherheit vor[17].

16. Lesen Sie die einschlägigen **Normen** der Materie, die Sie gerade in einem **Lehrbuch** lesen. Die hierfür scheinbar zu viel aufgewendete Zeit kann Ihnen sehr viel umsonst vertane Lern-Zeit ersparen[18]. Es ist nämlich ein großer **Trugschluss**, wenn Sie meinen, Sie würden irgendetwas beschleunigen, wenn Sie nicht mit dem Gesetzestext lernen[19].

---

[11] S. 16
[12] S. 26
[13] S. 194
[14] S. 54
[15] S. 56
[16] S. 61
[17] S. 73
[18] S. 124
[19] S. 182

17. Ihre ständige Frage beim Lesen und Lernen muss sein: **„Wo ist das Problem?"**[20]
18. Ich empfehle Ihnen dann als Zugang zu Ihnen unbekannten Normen, sich folgende **vier Fragen** einzuprägen:

   – Welches tatsächliche Geschehen betrifft die Norm?
   – Was ist ihr wesentlicher Regelungsgehalt: Dazu muss man die Frage stellen: Worin besteht die Rechtsfolge einer bestimmten Vorschrift und worin bestehen die Voraussetzungen dieser, damit die Rechtsfolge eintritt?
   – Warum gibt es diese Vorschrift(en)? = Was wäre, wenn es diese Vorschrift(en) *nicht* gäbe?
   – Wozu sagt die Norm *nichts*?[21]

19. **Wie stellt** das von mir benutzte **Lehrbuch eine bestimmte Frage** oder einen bestimmten Fragenkomplex **dar**? Was steht davon schon im Gesetz? – Was steht nicht im Gesetz?[22] Auf welches **Wort im Gesetz** bezieht sich die Passage, die ich gerade im Lehrbuch lese?[23]
20. Sobald im Text oder in den Fußnoten eines Lehrbuchs steht: „A.A" oder „str." oder vergleichbare Hinweise, handelt es sich um ein Rechtsproblem, das Sie sich grundsätzlich näher anschauen sollten[24].

IV.   Klausur: Begründungen formulieren

21. Wenn das Rechtsproblem klar formuliert ist (z. B.: Ist ein Taschenmesser eine Waffe im Sinne von § 244 Abs. 1 Nr. 1a StGB?), dann begründen Sie Ihr „Ja" oder ihr „Nein" in einem ersten Schritt zunächst mit **Alltagsbegründungen** (bis hin zu „ungerecht"). In einem zweiten Schritt versuchen Sie dann, diese Alltagsargumente entweder in juristisch-dogmatische umzuwandeln; oder Sie kommen zur Erkenntnis, dass es sich um eine nicht „übersetzbare" Alltagsbegründung handelt[25].
22. Bedienen Sie sich Ihres **gesunden Menschenverstandes** und benützen Sie den **Urteilsstil (Behauptungsstil)**, solange Sie selbst überzeugt sind, dass es zu diesem Punkt keine andere Meinung geben kann. Den Gutachtenstil (Begründungsstil) verwenden Sie nur dann, wenn Sie sicher sind: „Da ist das/ein Problem!"[26]

---

[20] S. 182
[21] S. 128
[22] S. 182
[23] S. 182
[24] S. 183
[25] S. 47
[26] S. 186

23. Falsch angewandter Gutachtenstil und das Klipp-Klapp des Schemas zusammen führen zu noch **schlechteren Ergebnissen**[27].

24. Probieren Sie das **kurze und knappe Formulieren** in einer Klausur im Klausurenkurs selbst aus und analysieren Sie, ob Sie Leerformeln weggelassen haben – das ist richtig – oder ob Sie Probleme übersehen haben – das wäre falsch (und wird weder durch Gutachtenstil noch durch das Abspulen von Schemata richtig)[28].

25. Wenn bereits Ihr **Konzept** keine **Schwerpunkte** (= Problemstellen) erkennen lässt, ist das ein sicheres Indiz dafür, dass Ihre Klausur – wenn überhaupt, dann allenfalls mit Mühe – die Grenze zum „ausreichend" überschreitet[29].

26. Die Gliederung des **vorgegebenen Sachverhalts** in Schreibabsätze sagt nicht notwendigerweise etwas darüber aus, in wie viele Handlungsabschnitte der Sachverhalt gegliedert werden soll[30].

27. Speziell für eine Strafrechtsklausur gilt: Zugleich immer nur „3 mal die 1" prüfen (also: nur *eine* Person, *eine* Handlung und *ein* Delikt auf einmal prüfen)[31].

28. Für die Reinschrift gilt der Satz: „**Ein Schriftstück ist dann vollständig, wenn nichts mehr weggelassen werden kann.**"[32]

29. Dem **Leser** muss klar werden, welche Normen zu prüfen sind und warum man welche Vorschrift bejaht bzw. verneint[33].

V. Zur Strafrechtsdogmatik

30. Der **Allgemeine Teil** (z. B. des StGB) betrifft diejenigen Voraussetzungen, die für alle Vorschriften des Besonderen Teils gelten[34].

31. Zu Tathandlung und erweitertem Vorsatz ist es sehr hilfreich, wenn Sie sich das **Delikt als „Videoaufnahme"** vorstellen, die nur das äußere Geschehen wiedergibt. Dieser Gedanke ist besonders hilfreich für zwei Fragen:

   – Was wird objektiv (vereinfacht: in der Realität) vorausgesetzt?
   – Was wird hingegen nur subjektiv (vereinfacht: im Kopf des Täters) vorausgesetzt?[35]

---

[27] S. 187
[28] S. 188
[29] S. 191
[30] S. 192
[31] S. 193
[32] S. 194
[33] S. 196
[34] S. 32
[35] S. 104

32. Weil Sie die **Funktion von § 18 StGB** verstanden haben, müssen Sie nicht bei jedem „erfolgsqualifizierten Delikt" auswendiglernen, dass es ein solches ist. Es genügt, wenn Sie sensibilisiert sind auf Worte in Delikten des Besonderen Teils wie „hat zur Folge", „dadurch" etc.[36]

33. Insbesondere muss man **die allgemeinen „Aufbauschemata"** jeweils speziell **auf jedes einzelne Delikt umsetzen können**. Hierzu müssen Sie jedes Wort eines Delikts aus dem Besonderen Teil einer Kategorie aus dem Aufbau der Straftat zuweisen. Das sollten Sie beim Studium des Besonderen Teils üben[37].

---

[36] S. 116
[37] S. 122

Anhang 1: Lösungen zu den Aufgaben

Aufgabe 1 (oben B II 2, S. 23): Übertragen Sie diesen Gedankengang auf die Gesetzessammlung „Sartorius" und suchen Sie das Bundeswasserstraßengesetz.

1. Die Struktur des „Sartorius" sieht folgendermaßen aus:

A. Staats- und Verfassungsrecht
    I.   Verfassungsrecht
    II.   Staatliche Organisation
    III.   Verfassungsschutz
    IV.   Bundespolizei
    V.   Vereinigung Europas

B. Verwaltungsrecht
    I.   Allgemeines Verwaltungsrecht
    II.   Beamten- und Disziplinarrecht
    III.   Datenschutz
    IV.   Pass- und Ausweiswesen
    V.   Personenstandswesen
    VI.   Gesundheitswesen
    VII. Umweltschutz
    VIII. Bau- und Wohnungswesen, Raumordnung
    IX.   Jugendrecht
    X.   Sozialrecht
    XI.   Vereins- und Versammlungsrecht
    XII. Bundeskriminalpolizei
    XIII. Kulturelle Angelegenheiten
    XIV. Ausländer- und Asylrecht
    XV. Auswärtiger Dienst

O. Lagodny, *Gesetzestexte suchen, verstehen und in der Klausur anwenden*, Tutorium Jura,
DOI 10.1007/978-3-642-31244-1, © Springer-Verlag Berlin Heidelberg 2012

C. Rechtspflege
D. Verteidigung und Katastrophenschutz
E. Haushaltsrecht und Bundesvermögen
F. Wirtschaftsrecht

    I.   Gewerbe-, Berufs-, Arbeitsschutz- und Technikrecht
    II.   Energie- und Wasserwirtschaft
    III. Geld- und Kreditwesen
    IV. Lebensmittel, Bedarfsgegenstände und Futtermittel
    V.   Land-, Forst- und Ernährungswirtschaft
    VI. Naturschutz
    VII. Jagdwesen

G. Post und Telekommunikation, Verkehrswesen

    I.   Post und Telekommunikation
    II.   Straßenbau
    III. Straßenbeförderungsrecht
    IV. Eisenbahnwesen
    V.   Bundeswasserstraßen
    VI. Luftverkehr, Fluglärm

H. Europarecht

---

2. Wir überlegen uns dann, in welchem der Gliederungspunkte der 1. Ordnung das Bundeswasserstraßengesetz zu finden sein könnte:

A. Staats- und Verfassungsrecht (−)
B. Verwaltungsrecht (?)
C. Rechtspflege (−)
D. Verteidigung und Katastrophenschutz (−)
E. Haushaltsrecht und Bundesvermögen (−)
F. Wirtschaftsrecht (−)
G. Post und Telekommunikation, Verkehrswesen (+)

---

3. Damit bleiben übrig:

B. Verwaltungsrecht (?)
G. Post und Telekommunikation, Verkehrswesen (+)

---

4. Weil das „Bundeswasserstraßengesetz" eher unter „Verkehrwesen" zu finden ist, schauen wir uns zunächst zu dieser Überschrift die nächste Unterteilung an.

Diese lautet

    I.   Post und Telekommunikation (−)
    II.   Straßenbau (−)
    III. Straßenbeförderungsrecht (−)

IV. Eisenbahnwesen (−)
V.   Bundeswasserstaßen (+)

5. Dort werden wir unter Ordnungsziffer 971 fündig.

Aufgabe 2 (oben B II 5, S. 37):
a) Haben Bundestagsabgeordnete ein besonderes
   Zeugnisverweigerungrecht?
b) Ist die Wohnung „unverletzlich"?
c) Enthält das GG eine Regelung zu Rechtsverordnungen?

Die nachfolgenden Vorschriften sind aufzufinden, indem Sie sich von Überschriften der höheren Ordnung zu tieferen vorarbeiten:

Art. 47 GG
[Zeugnisverweigerungsrecht der Abgeordneten]
Die Abgeordneten sind berechtigt, über Personen, die ihnen in ihrer Eigenschaft als Abgeordnete oder denen sie in dieser Eigenschaft Tatsachen anvertraut haben, sowie über diese Tatsachen selbst das Zeugnis zu verweigern. Soweit dieses Zeugnisverweigerungsrecht reicht, ist die Beschlagnahme von Schriftstücken unzulässig.

Art. 13 GG
[Unverletzlichkeit der Wohnung]
(1) Die Wohnung ist unverletzlich.

Art. 80 GG
[Erlass von Rechtsverordnungen]
(1) Durch Gesetz können die Bundesregierung, ein Bundesminister oder die Landesregierungen ermächtigt werden, Rechtsverordnungen zu erlassen. Dabei müssen Inhalt, Zweck und Ausmaß der erteilten Ermächtigung im Gesetze bestimmt werden. Die Rechtsgrundlage ist in der Verordnung anzugeben. Ist durch Gesetz vorgesehen, daß eine Ermächtigung weiter übertragen werden kann, so bedarf es zur Übertragung der Ermächtigung einer Rechtsverordnung.
(2) Der Zustimmung des Bundesrates bedürfen, vorbehaltlich anderweitiger bundesgesetzlicher Regelung, Rechtsverordnungen der Bundesregierung oder eines Bundesministers über Grundsätze und Gebühren für die Benutzung der Einrichtungen des Postwesens und der Telekommunikation, über die Grundsätze der Erhebung des Entgelts für die Benutzung der Einrichtungen der Eisenbahnen des Bundes, über den Bau und Betrieb der Eisenbahnen, sowie Rechtsverordnungen auf Grund von Bundesgesetzen, die der Zustimmung des Bundesrates bedürfen oder die von den Ländern im Auftrage des Bundes oder als eigene Angelegenheit ausgeführt werden.
(3) Der Bundesrat kann der Bundesregierung Vorlagen für den Erlaß von Rechtsverordnungen zuleiten, die seiner Zustimmung bedürfen.
(4) Soweit durch Bundesgesetz oder auf Grund von Bundesgesetzen Landesregierungen ermächtigt werden, Rechtsverordnungen zu erlassen, sind die Länder zu einer Regelung auch durch Gesetz befugt.

Aufgabe 3 (oben C IV 2 a ff, S. 70): Strukturieren Sie die nachfolgend abgedruckten Vorschriften (§§ 823 ff. BGB).

§ 823 BGB
Schadensersatzpflicht
(1) Wer vorsätzlich oder fahrlässig das **Leben**, den Körper, die Gesundheit, die Freiheit, das Eigentum **oder ein sonstiges Recht** eines anderen widerrechtlich **verletzt**, ist dem anderen **zum Ersatz** des daraus entstehenden **Schadens verpflichtet.**
(2) Die gleiche Verpflichtung trifft denjenigen, welcher gegen ein **den Schutz eines anderen bezweckendes Gesetz verstößt.** Ist nach dem Inhalt des Gesetzes ein Verstoß gegen dieses auch ohne Verschulden möglich, so tritt die Ersatzpflicht **nur im Falle des Verschuldens** ein.

§ 830 BGB
Mittäter und Beteiligte
(1) Haben **mehrere** durch eine **gemeinschaftlich begangene unerlaubte Handlung** einen Schaden verursacht, so ist **jeder** für den Schaden **verantwortlich.** Das **Gleiche** gilt, wenn sich **nicht ermitteln lässt,** wer von mehreren Beteiligten den Schaden durch seine Handlung verursacht hat.
(2) Anstifter und Gehilfen **stehen** Mittätern **gleich.**

§ 832 BGB
Haftung des Aufsichtspflichtigen
(1) Wer kraft **Gesetzes** zur Führung der **Aufsicht über eine Person verpflichtet** ist, die wegen Minderjährigkeit oder wegen ihres geistigen oder körperlichen Zustands der Beaufsichtigung bedarf, ist zum **Ersatz** des Schadens **verpflichtet,** den diese Person einem Dritten widerrechtlich zufügt. Die Ersatzpflicht **tritt nicht ein,** wenn er seiner Aufsichtspflicht genügt oder wenn der Schaden auch bei gehöriger Aufsichtsführung entstanden sein würde.
(2) Die gleiche Verantwortlichkeit trifft denjenigen, welcher die Führung der Aufsicht durch Vertrag übernimmt.

§ 836 BGB
Haftung des Grundstücksbesitzers
(1) Wird durch den Einsturz eines **Gebäudes** oder eines anderen **mit einem Grundstück verbundenen Werkes** oder durch die Ablösung von Teilen des Gebäudes oder des Werkes ein Mensch **getötet,** der Körper oder die Gesundheit eines Menschen **verletzt** oder eine Sache **beschädigt,** so ist der Besitzer des Grundstücks, sofern der Einsturz oder die Ablösung die Folge fehlerhafter Errichtung oder mangelhafter Unterhaltung ist, **verpflichtet,** dem Verletzten den daraus entstehenden **Schaden zu ersetzen.** Die Ersatzpflicht **tritt nicht ein,** wenn der Besitzer zum Zwecke der Abwendung der Gefahr die im Verkehr erforderliche Sorgfalt beobachtet hat.
(2) Ein **früherer Besitzer** des Grundstücks ist für den Schaden verantwortlich, wenn der Einsturz oder die Ablösung innerhalb eines Jahres nach der Beendigung seines Besitzes eintritt, **es sei denn,** dass er während seines Besitzes die im Verkehr erforderliche Sorgfalt beobachtet hat oder ein späterer Besitzer durch Beobachtung dieser Sorgfalt die Gefahr hätte abwenden können.
(3) Besitzer im Sinne dieser Vorschriften ist der Eigenbesitzer.

Aufgabe 4 (oben C IV 2 b cc, S. 79): Strukturierung von § 261 StGB (Geldwäsche) und Vergleich mit § 165 öStGB

§ 261 StGB

Geldwäsche; Verschleierung unrechtmäßig erlangter Vermögenswerte

(1) Wer einen Gegenstand, der aus einer in Satz 2 genannten rechtswidrigen Tat herrührt, verbirgt, dessen Herkunft verschleiert oder die Ermittlung der Herkunft, das Auffinden, den Verfall, die Einziehung oder die Sicherstellung eines solchen Gegenstandes vereitelt oder gefährdet, wird mit Freiheitsstrafe von drei Monaten bis zu fünf Jahren bestraft. Rechtswidrige Taten im Sinne des Satzes 1 sind

1. Verbrechen,
2. Vergehen nach
   a) § 332 Abs. 1, auch in Verbindung mit Abs. 3, und § 334,
   b) § 29 Abs. 1 Satz 1 Nr. 1 des Betäubungsmittelgesetzes und § 19 Abs. 1 Nr. 1 des Grundstoffüberwachungsgesetzes,
3. Vergehen nach § 373 und nach § 374 Abs. 2 der Abgabenordnung, jeweils auch in Verbindung mit § 12 Abs. 1 des Gesetzes zur Durchführung der Gemeinsamen Marktorganisationen und der Direktzahlungen,
4. Vergehen
   a) nach den §§ 152a, 181a, 232 Abs. 1 und 2, § 233 Abs. 1 und 2, §§ 233a, 242, 246, 253, 259, 263–264, 266, 267, 269, 271, 284, 326 Abs. 1, 2 und 4, § 328 Abs. 1, 2 und 4 sowie § 348,
   b) nach § 96 des Aufenthaltsgesetzes, § 84 des Asylverfahrensgesetzes, nach § 370 der Abgabenordnung, nach § 38 Absatz 1–3 und 5 des Wertpapierhandelsgesetzes sowie nach den §§ 143, 143a und 144 des Markengesetzes, den §§ 106–108b des Urheberrechtsgesetzes, § 25 des Gebrauchsmustergesetzes, den §§ 51 und 65 des Geschmacksmustergesetzes, § 142 des Patentgesetzes, § 10 des Halbleiterschutzgesetzes und § 39 des Sortenschutzgesetzes,
      die gewerbsmäßig oder von einem Mitglied einer Bande, die sich zur fortgesetzten Begehung solcher Taten verbunden hat, begangen worden sind, und
5. Vergehen nach § 89a und nach den §§ 129 und 129a Abs. 3 und 5, jeweils auch in Verbindung mit § 129b Abs. 1, sowie von einem Mitglied einer kriminellen oder terroristischen Vereinigung (§§ 129, 129a, jeweils auch in Verbindung mit § 129b Abs. 1) begangene Vergehen.

Satz 1 gilt in den Fällen der gewerbsmäßigen oder bandenmäßigen Steuerhinterziehung nach § 370 der Abgabenordnung für die durch die Steuerhinterziehung ersparten Aufwendungen und unrechtmäßig erlangten Steuererstattungen und -vergütungen sowie in den Fällen des Satzes 2 Nr. 3 auch für einen Gegenstand, hinsichtlich dessen Abgaben hinterzogen worden sind.

(2) Ebenso wird bestraft, wer einen in Absatz 1 bezeichneten Gegenstand

1. sich oder einem Dritten verschafft oder
2. verwahrt oder für sich oder einen Dritten verwendet, wenn er die Herkunft des Gegenstandes zu dem Zeitpunkt gekannt hat, zu dem er ihn erlangt hat.

Diese Vorschrift unterscheidet: in Satz 1 werden die vielen verschiedenen Tathandlungen normiert; in Satz 2 die einzelnen Delikte, aus denen die Gegenstände stammen können. Damit ergeben sich als Tathandlungen nach Abs. 1 Satz 1:

Wer einen Gegenstand, der aus einer in Satz 2 genannten rechtswidrigen Tat herrührt,

* verbirgt,
* dessen Herkunft verschleiert oder
* *die Ermittlung der Herkunft,*
  das Auffinden,
  den Verfall,
  die Einziehung oder die Sicherstellung eines solchen Gegenstandes
  vereitelt oder gefährdet [...].

Lesen Sie zum Vergleich die entsprechende österreichische Vorschrift, die in Absatz 1 aus nur einem Satz besteht und dadurch noch unübersichtlicher ist als die deutsche Norm:

§ 165 öStGB
Geldwäscherei
(1) Wer Vermögensbestandteile, die aus einem Verbrechen, einer mit Strafe bedrohten Handlung gegen fremdes Vermögen, die mit mehr als einjähriger Freiheitsstrafe bedroht ist, einem Vergehen nach den §§ 223, 224, 225, 229, 230, 269, 278, 288, 289, 293, 295 oder 304–308, einem gewerbsmäßig begangenen Vergehen gegen Vorschriften des Immaterialgüterrechts oder einem in die Zuständigkeit der Gerichte fallenden Finanzvergehen des Schmuggels oder der Hinterziehung von Eingangs- oder Ausgangsabgaben herrühren, verbirgt oder ihre Herkunft verschleiert, insbesondere, indem er im Rechtsverkehr über den Ursprung oder die wahre Beschaffenheit dieser Vermögensbestandteile, das Eigentum oder sonstige Rechte an ihnen, die Verfügungsbefugnis über sie, ihre Übertragung oder darüber, wo sie sich befinden, falsche Angaben macht, ist mit Freiheitsstrafe bis zu drei Jahren zu bestrafen.

Aufgabe 5 (oben C IV 2 e, S. 95): Satzstruktur von § 174 c StGB

§ 174c StGB
Sexueller Missbrauch unter Ausnutzung eines Beratungs-, Behandlungs- oder Betreuungsverhältnisses
(1) Wer **sexuelle Handlungen an** einer Person, die ihm wegen einer geistigen oder seelischen Krankheit oder Behinderung einschließlich einer Suchtkrankheit oder wegen einer körperlichen Krankheit oder Behinderung zur Beratung, Behandlung oder Betreuung anvertraut ist, unter Missbrauch des Beratungs-, Behandlungs- oder Betreuungsverhältnisses **vornimmt oder an sich von ihr vornehmen lässt,** wird mit Freiheitsstrafe von drei Monaten bis zu fünf Jahren bestraft.

Dieser Wortlaut lässt sich in folgende Sinneinheiten auflösen:

Wer
WAS: **sexuelle Handlungen an**
AN WEM: einer Person, die ihm wegen einer geistigen oder seelischen Krankheit oder Behinderung einschließlich einer Suchtkrankheit oder wegen einer körperlichen Krankheit oder Behinderung zur Beratung, Behandlung oder Betreuung anvertraut ist,
AUF WELCHE WEISE: unter Missbrauch des Beratungs-, Behandlungs- oder Betreuungsverhältnisses
WAS TUT: **vornimmt oder an sich von ihr vornehmen lässt,**
wird mit Freiheitsstrafe von drei Monaten bis zu fünf Jahren bestraft.

Anhang 2: Merkblatt für den Studienbeginn

Nachfolgend finden Sie mein Merkblatt für Studienanfänger, das ich für Anfänger-veranstaltungen konzipiert habe:

In der ersten Zeit ist es normal, dass nichts mehr – bzw. noch nichts – „normal" ist. Sie müssen sich in eine völlig neue Lebenswelt mit einem neuen Rhythmus einleben. Das wird sich geben. Vertrauen Sie auf sich selbst. Lassen Sie sich insbesondere nicht verrückt machen – nicht von Mitstudierenden, Eltern, Freunden und auch nicht von uns Professoren.

Ich möchte Sie auf einige Dinge hinweisen, die insbesondere für Erstsemester, aber auch noch für fortgeschrittenere Studierende ein Problem sein können.

1. Im Studium gilt das Prinzip der Eigen-Verantwortung und der Eigen-Initiative.
2. Anfangskonflikt Umstellung von der Schule auf das Studium:

Schule	Studium
Man bekommt weitgehend gesagt, was man zu tun hat	Man muss selbst herausfinden, was man zu tun hat
	Eigene Planung und Organisation sind erforderlich
	Deshalb müssen z. B. auch Informationsveranstaltungen wahrgenommen und Aushänge beachtet werden, z. B. Toskana-Trakt: Prüfungsamt; Institute, Bibliothek; Firmian-Salm-Haus: Institute; am besten aber: über die Homepage der Fakultät: http://www.sbg.ac.at/jus/home.htm
Hausaufgaben	Keine Hausaufgaben; daher sind eigenständige Vor- und Nachbereitung erforderlich
Begrenzung auf den im Unterricht vermittelten Stoff	Vorlesungen und andere Lehrveranstaltungen können nur eine Orientierung geben und einen Rahmen abstecken. Sie sollen Hilfestellung zum Eigenstudium geben und ein erstes Raster vermitteln
In der Regel ein Schulbuch zu einem bestimmten Thema	Vielfalt der Lehrbücher und sonstigen Lernmittel zu einem Thema

O. Lagodny, *Gesetzestexte suchen, verstehen und in der Klausur anwenden*, Tutorium Jura,   229
DOI 10.1007/978-3-642-31244-1, © Springer-Verlag Berlin Heidelberg 2012

Schule	Studium
Anwesenheitspflicht	Keine Anwesenheitspflicht in Vorlesungen. In Vorlesungen sollte nur gehen, wer davon profitiert
	Allerdings besteht folgende Gemeinsamkeit mit Schulstunden: Unterhaltungen während der Vorlesung stören die anderen
	Machen Sie Ihre „Dates" vorher oder nachher aus
	Lesen Sie Zeitungen etc vorher oder nachher; Sie erwecken nicht den Anschein besonderer Klugheit. Vielmehr zeigen Sie, dass Sie es nicht gelernt haben, Ihre Zeit sinnvoll zu nutzen
Prüfung: Zu einem nicht geringen Teil = Reproduktion von Gelerntem	Prüfung: Übertragung von Gelerntem auf bislang unbekannte Fragestellungen
	Ein wichtiges Ziel: Erkennen von Rechtsproblemen und Erarbeiten von juristischen Begründungen zur Lösung eines Falles. Das Ergebnis ist in aller Regel nicht ausschlaggebend, sofern eine vertretbare Begründung gegeben wird

Mit anderen Worten: Sie müssen das Lernen lernen, und zwar: Ihr ganz persönliches Lernen.

3. Rechtswissenschaften sind eine auf diskursives Denken und Argumentieren angelegte Materie. Die Spezifika des Studiums sind zu begreifen als stufenweise Sozialisation in eine neue Denk- und Argumentationswelt, in der es – vor allem – nur sehr wenige „feststehende" Ergebnisse gibt. Erwarten Sie deshalb nicht, Ergebnisse zu pauken, sondern lernen Sie, Begründungen geben zu können. Es geht also darum, komplexe Regelungszusammenhänge zu verstehen und auf andere Problemstellungen anwenden zu können. Letzteres mag auch Ziel etwa eines naturwissenschaftlichen Studiums sein. Aber im Jurastudium benötigt die hierfür erforderliche Sinnerfassung Zeit. Das dafür erforderliche Maß variiert von Mensch zu Mensch: Der eine hat z. B. eine schnelle Auffassungsgabe, hat dann aber Probleme mit der Umsetzung; die andere braucht z. B. länger, um etwas zu verstehen, dann aber sitzt es „felsenfest". Das bedeutet z. B. auch, dass man vier Stunden über einem Thema sitzen kann und nur eine halbe Seite exzerpiert. Wenn es sich dabei um die „Essentials" handelt oder wenn Ihnen bewusst wird, woran es liegt, dass Sie nicht weiterkommen, war die Zeit sinnvoll genutzt.

4. Gespräche mit Eltern, Freunden und Studienkollegen sind sinnvoll, um mit der neuen Lebenssituation fertig zu werden. Aber dabei beachten:

- Wer ist kompetent, welchen Rat zu erteilen? Kann der- oder diejenige mir persönlich mit meinen Vorstellungen und Problemen überhaupt kompetent einen solchen Rat geben, d. h. weiß er/sie über die in Frage stehende Thematik Bescheid? Erfahrungsgemäß werden Sie auch mit – subjektiv sicher bestens gemeinten – inkompetenten Ratschlägen oder Hinweisen überhäuft und wissen dann erst recht nicht weiter.
- Eine zu hohe Erwartungshaltung des sozialen Umfelds kann lähmend wirken.

5. Sie müssen herausfinden, welcher Lerntyp Sie sind, um diskursives Denken und Argumentieren zu lernen:

   - Schreib-Lerntyp – lernt primär durch Mitschreiben;
   - Hör-Lerntyp – lernt primär durch Zuhören;
   - Diskussions-Lerntyp – lernt primär dadurch, dass er Dinge formulieren muss;
   - Kleingruppen-Lerntyp – lernt durch Mitarbeit in privaten Kleingruppen;
   - es gibt aber auch den Allein-Lerntyp etc.

   In der Regel ist jeder ein Misch-Lerntyp, allerdings mit unterschiedlichen Schwerpunkten. Entsprechend müssen Sie Ihre persönliche Lernmethode finden und praktizieren. Suchen Sie entsprechende Studierpartner zum gemeinsamen Lernen, sofern Sie nicht absolut der Allein-Lerntyp sind.

6. Am Anfang geht es darum, ein Grundverständnis aufzubauen, um später tiefer gehende Probleme dort einordnen zu können. Das bedeutet: Mit einfachen Lehrbüchern/Darstellungen beginnen; ggf. auch einen Kommentar zur Hand nehmen. Schwierig erscheinende Darstellungen (z. B. in Aufsätzen, aber auch in manchen Lehrbüchern) am Anfang im Zweifel meiden; man versteht sie ggf. dann später. Wenn man am Anfang gleich zu „tief eintaucht", droht die Gefahr, dass man das Wesentliche aus den Augen verliert.

7. Repetieren heißt Wiederholen. Das gilt auch und gerade in den Anfangssemestern: Also sich selbst immer wieder den behandelten Stoff vor Augen halten, insbesondere – zusätzlich zur Nachbereitung: 5–10 min vor der Vorlesung nochmals rekapitulieren.

8. Notenniveau: Der Notendurchschnitt bei juristischen Prüfungsarbeiten an der Universität liegt erfahrungsgemäß sehr viel tiefer als am Gymnasium. Jedenfalls müssen sich auch Studienanfänger mit einem „1, .."- oder „2, .."-Abitur-Durchschnitt darauf einstellen, dass auch ihre Arbeiten eher durchschnittlich = „ausreichend" sein können.

9. Es gibt ein Leben außerhalb der Uni:

   - Freunde, Sport und z. B. Sprachen sind ebenfalls wichtig.
   - Werden Sie kein „Fachidiot" und kapseln Sie sich nicht ab.
   - Bauen Sie sich schon mittelfristig (also: keine Panik in den Anfangswochen!) während des Studiums ein „zweites Standbein" auf, um sich ganz persönlich-individuelle Zusatzqualifikationen zu verschaffen, z. B. eine nicht übliche Fremdsprache, Praxiserfahrung, BWL, Politik(wissenschaft), aber auch Medienarbeit, Auslandskontakte, etc. Der konstruktiven Phantasie in der Kombination mit einer juristischen Ausbildung sind hier fast keine Grenzen gesetzt.

10. Peilen Sie nach einer notwendigen Eingewöhnungsphase eine 40-Stunden-Lernwoche an, bestehend aus dem Besuch von Veranstaltungen und der Eigenarbeit – sei es alleine oder in Lerngruppen.

Machen Sie sich immer wieder bewusst: Ich bin für mein Studium selbst verantwortlich.

Weiterführende Hinweise bei *Lange, Barbara*, Jurastudium erfolgreich – Planung, Lernstrategie, Zeitmanagement, 7. Aufl. Köln u. a. 2011.

Anhang 3: BGH, Beschl. v. 3.6.2008 (Taschenmesser-Fall)

BGH, Beschl. v. 3. Juni 2008, 3 StR 246/07.
(Quelle: < www.Bundesgerichtshof.de >)

Leitsatz:
Ein Taschenmesser ist grundsätzlich ein gefährliches Werkzeug im Sinne des § 244 Abs. 1 Nr. 1 Buchst. a StGB; dies gilt unabhängig davon, ob der Dieb es allgemein für den Einsatz gegen Menschen vorgesehen hat.

Gründe:

1 Die Vorlegungssache betrifft die Frage, ob der Täter die Voraussetzungen des Diebstahls mit Waffen (§ 244 Abs. 1 Nr. 1 Buchst. a StGB) erfüllt, wenn er bei der Begehung der Tat ein Taschenmesser bei sich führt.

I.

2 Das Amtsgericht Osterholz-Scharmbeck hat den Angeklagten wegen Diebstahls mit Waffen (§ 244 Abs. 1 Nr. 1 Buchst. a StGB) sowie wegen Diebstahls (§§ 242, 243 StGB) in drei weiteren Fällen zu einer Gesamtfreiheitsstrafe von sechs Monaten verurteilt. Der für die Vorlegung maßgeblichen Verurteilung wegen Diebstahls mit Waffen liegen folgende Feststellungen zugrunde:

3 Der Angeklagte begab sich in einen Lebensmittelmarkt. An seinem Gürtel führte er ein klappbares Taschenmesser mit einer längeren Klinge bei sich, um von Whiskeyflaschen, die er stehlen wollte, die Sicherungsetiketten abzuschneiden. Der Angeklagte nahm drei Flaschen Whiskey aus einem Regal, ging einen Gang weiter, entfernte dort mit dem Messer die Sicherungsetiketten und verließ das Geschäft, ohne zu bezahlen. Das Amtsgericht ist der Einlassung des Angeklagten gefolgt, er habe das Messer keinesfalls gegen Menschen einsetzen wollen.

4 Gegen dieses Urteil hat der Angeklagte Sprungrevision zum Oberlandesgericht Celle eingelegt und diese mit der allgemeinen Sachrüge begründet.

5 1. Das Oberlandesgericht beabsichtigt, den Schuldspruch des Amtsgerichts wegen Diebstahls mit Waffen in entsprechender Anwendung des § 354 Abs. 1 StPO in eine Verurteilung wegen einfachen Diebstahls zu ändern. Es vertritt die Auf-

O. Lagodny, *Gesetzestexte suchen, verstehen und in der Klausur anwenden,* Tutorium Jura, 233
DOI 10.1007/978-3-642-31244-1, © Springer-Verlag Berlin Heidelberg 2012

fassung, die Voraussetzungen des § 244 Abs. 1 Nr. 1 Buchst. a StGB seien nicht gegeben; denn der Angeklagte habe kein anderes gefährliches Werkzeug im Sinne dieser Vorschrift bei sich geführt. Bei der Auslegung dieses Tatbestandsmerkmals müsse die vom Täter mit dem Werkzeug verbundene Gebrauchsabsicht Berücksichtigung finden. Ein Werkzeug, das konstruktionsbedingt nur der Bearbeitung von Gegenständen diene und das der Täter allein in dieser Funktion nutzen wolle, erfülle das Qualifizierungsmerkmal der Gefährlichkeit nicht; es müsse vielmehr hinzukommen, dass der Täter allgemein bereit sei, den Gegenstand unabhängig von dessen konstruktionsbedingten Eigenschaften gegen Menschen einzusetzen, ohne dass festgestellt werden müsse, diese Bereitschaft des Täters habe auch bei dem konkreten Diebstahl vorgelegen.

6   An der beabsichtigten Entscheidung sieht sich das Oberlandesgericht Celle durch die Entscheidungen des Bayerischen Obersten Landesgerichts vom 12. April 2000 – 5 St RR 206/99 – (NStZ-RR 2001, S. 202), des Oberlandesgerichts München vom 16. Mai 2006 – 5 St RR 169/05 – (NStZ-RR 2006, S. 342) und des Schleswig-Holsteinischen Oberlandesgerichts vom 16. Juni 2003 – 1 Ss 41/03 – (NStZ 2004, 212) gehindert. Nach deren Auffassung kommt es für die Verwirklichung des Qualifikationstatbestandes des § 244 Abs. 1 Nr. 1 Buchst. a StGB nur darauf an, dass der Täter bei der Begehung des Diebstahls ein Werkzeug vorsätzlich mit sich führt, das nach „seiner objektiven Beschaffenheit und nach der konkreten Art seiner Benutzung" geeignet ist, erhebliche Verletzungen zu verursachen; eine auch nur generelle Absicht oder „Widmung", das Werkzeug auch gegen Menschen einzusetzen, sei demgegenüber nicht erforderlich.

7   Das Oberlandesgericht Celle hat die Sache deshalb dem Bundesgerichtshof zur Entscheidung folgender Rechtsfrage vorgelegt:
„Ist ein ‚anderes gefährliches Werkzeug' gemäß § 244 Abs. 1 Nr. 1. a) StGB ein Tatmittel, das allein nach seiner objektiven Beschaffenheit geeignet ist, erhebliche Verletzungen zuzufügen, oder muss bei Werkzeugen, die als Gebrauchsgegen- stand nicht zur Verletzung von Personen bestimmt sind, sondern jederzeit sozialadäquat von jedermann bei sich geführt werden können – wie etwa ein Taschenmesser – als subjektives Element seitens des Täters hinzutreten eine generelle, vom konkreten Lebenssachverhalt losgelöste Bestimmung des Werkzeuges zur Verwendung gegen Menschen, wobei die in § 244 Abs. 1 Nr. 1. b) StGB vorausgesetzte konkrete Verwendungsabsicht nicht vorliegen muss?"

8   2. Der Generalbundesanwalt hält eine Einschränkung des den Diebstahl qualifizierenden Tatbestandsmerkmals durch das vom vorlegenden Oberlandesgericht geforderte subjektive Element für nicht geboten. Er beantragt zu beschließen:
„‚Andere gefährliche Werkzeuge' im Sinne von § 244 Abs. 1 Nr. 1 Buchst. a StGB sind Gegenstände, die nicht als Angriffs- oder Verteidigungsmittel konstruiert, die jedoch aufgrund ihrer objektiven Zweckbestimmung oder Beschaffenheit zur Verursachung erheblicher Verletzungen von Personen generell geeignet sind."

II.

9   Die Vorlegungsvoraussetzungen gemäß § 121 Abs. 2 GVG sind erfüllt.

10   Das Oberlandesgericht Celle kann über die Revision des Angeklagten nicht wie von ihm beabsichtigt entscheiden, ohne von den tragenden Erwägungen der

genannten Entscheidungen des Oberlandesgerichts München und des Schleswig-Holsteinischen Oberlandesgerichts sowie von der Rechtsauffassung des Oberlandesgerichts Hamm (Beschl. vom 7. September 2000 – 2 Ss 638/00, NJW 2000, 3510) abzuweichen. Ob auch die Divergenz zu der Rechtsmeinung des aufgelösten Bayerischen Obersten Landesgerichts die Vorlegungspflicht noch begründet (vgl. Hannich in KK 5. Aufl. § 121 GVG Rdn. 17), bedarf daher keiner Entscheidung.

Die Vorlegungsfrage ist jedoch zu weit gefasst, weil sie den Besonderheiten des **11** vorliegenden Falles nicht in genügendem Maße Rechnung trägt und über die für das Ausgangsverfahren entscheidungserheblichen Gesichtspunkte hinausgeht (vgl. BGHSt 25, 281, 283; 43, 285, 288; 45, 140, 142). Das Oberlandesgericht hat zunächst der Tatsache keine hinreichende Beachtung geschenkt, dass es sich bei dem Taschenmesser des Angeklagten um ein solches mit einer relativ langen Klinge handelte (vgl. das amtsgerichtliche Urteil UA S. 6). Entscheidungserheblich ist daher allein, ob derartige größere Taschenmesser unabhängig von einer allgemeinen Zweckbestimmung des Täters zu deren potentiellem Einsatz gegen Menschen als gefährliche Werkzeuge im Sinne des § 244 Abs. 1 Nr. 1 Buchst. a StGB einzustufen sind; darauf, ob dies für alle auf dem Markt vertriebenen Taschenmesser gilt, also auch solche mit sehr kurzer Klinge, kommt es demnach nicht an. Ebenso wenig stellt sich die Frage, ob eine Einschränkung des Tatbestandsmerkmals „anderes gefährliches Werkzeug" in den Fällen vorzunehmen ist, in denen der Täter den in Rede stehenden Gegenstand ohne jede Gebrauchsabsicht in „sozialadäquater" Weise bei der Tat-Beigehung mit sich führt; denn der Angeklagte hat das Taschenmesser hier zielgerichtet zur Entfernung der Sicherungsetiketten und damit zur Verwirklichung des Diebstahls mitgeführt und auch verwendet, so dass er es gerade nicht in „sozialadäquater" Form bei sich getragen hat. Der Senat präzisiert deshalb die Rechtsfrage wie folgt:

Ist ein Taschenmesser grundsätzlich ein gefährliches Werkzeug im Sinne des § 244 Abs. 1 Nr. 1 Buchst. a StGB, oder nur dann, wenn der Dieb es allgemein auch für den Einsatz gegen Menschen vorgesehen hat?

III.

Der Senat beantwortet die Vorlegungsfrage wie aus der Beschlussformel ersicht- **12** lich.

1. § 244 StGB hat seine heutige Fassung durch das Sechste Gesetz zur Reform **13** des Strafrechts vom 26. Januar 1998 (BGBl I 164 ff.) erhalten. Dieses hat mit der Formulierung „Waffe oder ein anderes gefährliches Werkzeug" das gefährliche Werkzeug in § 244 Abs. 1 Nr. 1 Buchst. a StGB als Oberbegriff des Qualifikationstatbestandes eingeführt. § 244 Abs. 1 Nr. 2 StGB aF bedrohte demgegenüber nur für Waffen das reine Mitsichführen mit erhöhter Strafe und setzte für alle sonstigen Werkzeuge und Mittel voraus, dass der Täter sie beim Diebstahl bei sich hatte, um den Widerstand eines anderen durch Gewalt oder Drohung mit Gewalt zu verhindern oder zu überwinden (so jetzt auch § 244 Abs. 1 Nr. 1 Buchst. b StGB nF). Unter den somit nach neuem Recht von dem Begriff des gefährlichen Werkzeugs mit umfassten Waffen sind nach einhelliger Meinung solche im technischen Sinne zu verstehen, das heißt Gegenstände, die nach ihrer Art für Angriffs- oder Verteidigungszwecke bestimmt und zur Verursachung erheblicher Verletzungen generell

geeignet sind (vgl. BGHSt 45, 92, 93; Fischer, StGB 55. Aufl. § 244 Rdn. 3 a; Eser in Schönke/Schröder, StGB 27. Aufl. § 244 Rdn. 3). Sie unterscheiden sich von anderen gefährlichen Werkzeugen bezüglich der ihnen innewohnenden generellen Bestimmung. Während Waffen zum Einsatz als Angriffs- oder Verteidigungsmittel bestimmt sind, ist dies bei anderen gefährlichen Werkzeugen nicht der Fall.

14   Der Gesetzgeber hat den Begriff des gefährlichen Werkzeugs dem Straftatbestand der gefährlichen Körperverletzung (§ 223 a Abs. 1 StGB aF bzw. § 224 Abs. 1 Nr. 2 StGB nF) entnommen. Er war der Ansicht, auf die zu dieser Vorschrift entwickelten Auslegungskriterien könne auch bei der Interpretation des wortlautgleichen Tatbestandsmerkmals des § 244 Abs. 1 Nr. 1 Buchst. a StGB zurückgegriffen werden (vgl. Bericht des Rechtsausschusses, BTDrucks. 13/9064 S. 18). Zu § 224 Abs. 1 Nr. 2 StGB ist allgemein anerkannt, dass ein Werkzeug dann als gefährlich anzusehen ist, wenn es aufgrund seiner objektiven Beschaffenheit und nach der Art seiner Verwendung im konkreten Einzelfall geeignet ist, erhebliche Verletzungen hervorzurufen (st. Rspr.; vgl. BGH NStZ 2007, 95).

15   Die Rechtsprechung hat diese vom Gesetzgeber vorgegebene Definition auf die Fälle des § 250 Abs. 2 Nr. 1 StGB, in denen das gefährliche Werkzeug verwendet werden muss, übertragen (vgl. BGHSt 45, 249, 250; BGH NStZ 1999, 135, 136; 1999, 301, 302; BGHR StGB § 250 Abs. 1 Nr. 1 a Waffe 2; Abs. 2 Nr. 1 Verwenden 1). In einigen Entscheidungen hat sie zunächst das Tatbestandsmerkmal des anderen gefährlichen Werkzeugs auch in den Fällen des Beisichführens gemäß § 244 Abs. 1 Nr. 1 Buchst. a, § 250 Abs. 1 Nr. 1 Buchst. a StGB entsprechend interpretiert (vgl. BGH NJW 1998, 2915; 1998, 2916; 1998, 3130; NStZ 1999, 135, 136, jew. zu § 250 StGB; BayObLG NStZ-RR 2001, 202; OLG Hamm NJW 2000, 3510).

16   In Rechtsprechung und Literatur besteht mittlerweile allerdings weitestgehend Einigkeit darüber, dass für die Auslegung des Begriffs „anderes gefähr- liches Werkzeug" im Sinne des § 244 Abs. 1 Nr. 1 Buchst. a, § 250 Abs. 1 Nr. 1 Buchst. a und § 177 Abs. 3 Nr. 1 StGB die vom Gesetzgeber angeregte Orientierung an der genannten Definition dogmatisch verfehlt bzw. systemwidrig ist (vgl. BGH NStZ 1999, 301, 302; NJW 2002, 2889, 2890; Eser aaO Rdn. 5; Hoyer in SK-StGB § 244 Rdn. 10; Fischer aaO Rdn. 7; Lackner/Kühl, StGB 26. Aufl. § 244 Rdn. 3; Kindhäuser, Strafrecht BT II 4. Aufl. § 4 Rdn. 11; Fischer NStZ 2003, 569; Kindhäuser/ Wallau StV 2001, 18; 2001, 352; Küper in FS für Hanack S. 569, 577, 581; ders. JZ 1999, 187, 189; Otto, GK Strafrecht BT 7. Aufl. § 41 Rdn. 52; Lesch GA 1999, 365, 366; Maatsch GA 2001, 75, 76; Streng GA 2001, 359, 360; Jäger Ju S. 2000, 651, 653; jeweils m. w. N.; aA noch OLG München NStZ-RR 2006, S. 342). Denn anders als bei der gefährlichen Körperverletzung, die „mittels" des gefährlichen Werkzeugs begangen wird, stellt das andere gefährliche Werkzeug im Sinne des § 244 Abs. 1 Nr. 1 Buchst. a StGB – wie im Falle von § 177 Abs. 3 Nr. 1, § 250 Abs. 1 Nr. 1 Buchst. a StGB – gerade kein Tatmittel dar. Für die Verwirklichung des Tatbestandes reicht nach dem eindeutigen Wortlaut des Gesetzes vielmehr das bloße Beisichführen aus, so dass es – im Gegensatz zu § 177 Abs. 4 Nr. 1, § 250 Abs. 2 Nr. 1 StGB – zu einer Verwendung im konkreten Einzelfall, an deren Art die Gefährlichkeit gemessen werden könnte, nicht kommt (so schon BGH NStZ 1999, 301, 302; vgl. auch BGH NStZ 2002, 594, 595).

Der Auslegungshinweis des Gesetzgebers ist deshalb für die Beantwortung der　**17**
Vorlegungsfrage nicht tauglich.

2. Vor diesem Hintergrund sind in Rechtsprechung und Literatur zahlreiche　**18**
unterschiedliche Ansätze zur Bestimmung des Tatbestandsmerkmals des anderen
gefährlichen Werkzeugs für diejenigen Tatbestände entwickelt worden, die lediglich voraussetzen, dass der Täter das Werkzeug bei der Begehung der Tat bei sich
führt. Soweit ersichtlich herrscht dabei noch insofern Einigkeit, dass unter einem
Werkzeug als solchem jeder körperliche Gegenstand zu verstehen ist, der nach seiner konkreten Beschaffenheit die Eigenschaft aufweist, als Mittel zur Gewaltanwendung oder -drohung eingesetzt werden zu können (vgl. BGHSt 24, 339, 341;
38, 116, 117; NJW 1996, 2663 zu §§ 244, 250 StGB aF; Sander in MünchKomm-
StGB § 250 Rdn. 16). Zu der Frage, welche zusätzlichen Kriterien erfüllt sein müssen, damit ein solcher Gegenstand als anderes gefährliches Werkzeug im Sinne des
§ 244 Abs. 1 Nr. 1 Buchst. a StGB anzusehen ist, werden in Rechtsprechung und
Literatur jedoch unterschiedliche Auffassungen vertreten:

a. Unter Bezugnahme auf einen – die Entscheidung allerdings nicht tragenden　**19**
– Hinweis des Senats (NStZ 1999, S. 301, 302) ist ein Teil der Rechtsprechung (vgl.
OLG Frankfurt StV 2002, 145; StraFo 2006, 467; OLG Braunschweig NJW 2002,
S. 1735, 1736) ebenso wie das vorlegende Oberlandesgericht Celle der Meinung,
bei Werkzeugen, die als Gebrauchsgegenstand nicht allgemein zur Verletzung von
Personen bestimmt seien, sondern jederzeit sozial-adäquat von jedermann bei sich
geführt werden könnten, sei erforderlich, dass als subjektives Element eine generelle, vom konkreten Lebenssachverhalt losgelöste Bestimmung des Werkzeuges
zur Verwendung gegen Menschen seitens des Täters hinzutrete, ohne dass indes
die in § 244 Abs. 1 Nr. 1 Buchst. b StGB vorausgesetzte konkrete Verwendungsabsicht gegeben sein müsse. Andere Obergerichte sind der Ansicht, ein Werkzeug
sei bereits dann im Sinne des § 244 Abs. 1 Nr. 1 Buchst. a StGB gefährlich, wenn
es objektiv geeignet sei, erhebliche Verletzungen zu verursachen, und damit dem
Täter bei Begehung des Diebstahls die Möglichkeit biete, es – etwa in einer be-
drängten Situation – als Gewalt- oder Drohungsmittel einzusetzen. Der Tatbestand
enthalte jedoch eine einschränkende subjektive Komponente durch das Merkmal
des Beisichführens, die insbesondere zum Tragen komme, wenn der Täter einen
Gebrauchsgegenstand des täglichen Lebens in sozialadäquater Weise bei sich führe
(vgl. Schleswig-Holsteinisches OLG NStZ 2004, 212; OLG Celle StV 2005, 336;
ähnlich OLG München NStZ-RR 2006, S. 342).

b. Die in der Literatur vertretenen Meinungen lassen sich in zwei Gruppen ein-　**20**
teilen:

aa. Ein Teil des Schrifttums ist der Auffassung, eine Auslegung des Tatbestands-　**21**
merkmals sei allein anhand objektiver Kriterien nicht möglich. Da nahezu jeder
Gegenstand so eingesetzt werden könne, dass er erhebliche Verletzungen hervorzurufen geeignet sei, müsse für die Annahme eines anderen gefährlichen Werkzeugs
im Sinne des § 244 Abs. 1 Nr. 1 Buchst. a StGB auf subjektiver Ebene ein begren-
zendes Element hinzutreten. Dieses wird teilweise – der Auffassung des vorlegenden Oberlandesgerichts entsprechend oder zumindest nahe kommend – darin gesehen, dass der Täter zumindest generell den Willen haben müsse, das Werkzeug auch
zu Verletzungs- oder Bedrohungszwecken einzusetzen (vgl. Erb JR 2001, S. 206,

207; Geppert Jura 1999, S. 599, 602; Küper in FS für Hanack S. 569, 585 ff.; ders. JZ 1999, S. 187, 192 ff.). Andere Vertreter dieses Ansatzes fordern, der Täter müsse das Werkzeug einer gegebenenfalls gefährlichen Verwendung „gewidmet" (vgl. Rengier, Strafrecht BT I 9. Aufl. § 4 Rdn. 25; Hilgendorf ZStW 112 (2000), 811, 812 f.; Maatsch GA 2001, S. 75, 83) oder einen „inneren Verwendungsvorbehalt" gefasst haben, bei dessen Umsetzung sich das Werkzeug als gefährlich erweise (vgl. Wessels/Hillenkamp, Strafrecht BT/2 30. Aufl. § 4 Rdn. 262 b).

22   bb. Der – wohl überwiegende – Teil der Literatur befürwortet hingegen eine Interpretation des Tatbestandsmerkmals allein anhand objektiver Kriterien. Nach diesen Auffassungen ist die Gefährlichkeit eines Werkzeuges nur nach seiner objektiven Zweckbestimmung oder Beschaffenheit zu bestimmen (vgl. Fischer aaO Rdn. 9 b; Laufhütte/Kuschel in LK 11. Aufl. Nachtrag zu § 250 Rdn. 6; Eser aaO; Schmitz in MünchKomm-StGB § 244 Rdn. 14 ff.; Hoyer aaO; Kindhäuser aaO Rdn. 7 ff.; Otto aaO Rdn. 53; Dencker JR 1999, S. 33, 36; Fischer NStZ 2003, S. 569, 572; Hörnle Jura 1998, S. 169, 172; Jäger aaO, S. 654; Kindhäuser/Wallau StV 2001, S. 18 f.; dies. StV 2001, S. 352, 353; Lesch aaO 376; Mitsch ZStW 111 (1999), S. 65, 79; Schlothauer/Sättele StV 1998, S. 505, 507; Schroth NJW 1998, 2861, 2864; Streng GA 2001, S. 359, 365 ff.; alle m. w. N.).

23   Innerhalb dieses Ansatzes wird mit einer Vielzahl unterschiedlicher Anforderungen die Anwendbarkeit des § 244 Abs. 1 Nr. 1 Buchst. a StGB vorrangig mit dem Ziel begrenzt, das bloße Beisichführen von Alltagsgegenständen wie Kugelschreibern, Gürteln, Krawatten, Miniaturschraubenziehern oder Schlüsseln nicht unter den Qualifikationstatbestand zu fassen. Es wird insbesondere vertreten, als andere gefährliche Werkzeuge im Sinne der Norm seien nur solche Gegenstände anzusehen, die zu potentiellen Verletzungszwecken eingesetzt werden könnten (Hörnle aaO), von einer zumindest annähernden abstrakten Gefährlichkeit seien wie Waffen (Dencker aaO), in der konkreten Tatsituation keine andere Funktion erfüllen könnten, als zu Verletzungszwecken eingesetzt zu werden (Eser aaO Rdn. 7; Schlothauer/Sättele StV 1998, S. 505, 508), nach ihrer objektiven Beschaffenheit Waffen ähnelten und bei missbräuchlicher Verwendung das selbe Verletzungspotential aufwiesen wie „echte" Waffen (Fischer NStZ 2003, S. 569, 572), eine objektive Waffenähnlichkeit besäßen (Mitsch aaO), aufgrund ihres immanenten Eskalationspotentials und den damit verbundenen Risiken für die öffentliche Sicherheit und Ordnung nach dem Gesetz nicht für jedermann frei verfügbar seien (Lesch aaO 376), denen eine Waffenersatzfunktion zukomme (Streng aaO) oder vor deren Benutzung generell gewarnt bzw. bezüglich derer üblicherweise auf Vorsicht im Umgang mit ihnen hingewirkt werde (Hohmann/Sander, Strafrecht BT Teilbd. 1, 2. Aufl. § 2 Rdn. 5; Sander in MünchKomm-StGB § 250 Rdn. 29). Schließlich wird gefordert, die konkreten Tatumstände müssten einen objektiven Beobachter zu der Annahme veranlassen, der Täter wolle den Gegenstand zweckentfremdet in gefährlicher Weise verwenden (vgl. Kindhäuser aaO Rdn. 9).

24   3. Bereits die Anzahl der geschilderten Lösungsansätze weist darauf hin, dass die Fassung des § 244 Abs. 1 Nr. 1 Buchst. a StGB missglückt ist. Diese lässt von vornherein keine Auslegung des Begriffs des „anderen gefährlichen Werkzeugs" zu, die unter Anwendung allgemeiner und für jeden Einzelfall gleichermaßen trag-

fähiger rechtstheoretischer Maßstäbe für alle denkbaren Sachverhaltsvarianten eine in sich stimmige Gesetzesanwendung gewährleisten könnte. So ist es etwa schwer verständlich, dass es innerhalb des Strafgesetzbuches und sogar einzelner Normen (§ 250 Abs. 1 Nr. 1 Buchst. a und Abs. 2 Nr. 1 StGB oder § 177 Abs. 3 Nr. 1 und Abs. 4 Nr. 1 StGB) zu einer unterschiedlichen Auslegung dieses wortgleichen Tatbestandsmerkmals kommen kann (vgl. hierzu schon BGH NStZ 1999, S. 301; NStZ-RR 2002, S. 265; aA noch BGH NStZ 2002, S. 594, 595). Beachtet man zudem die Untauglichkeit des vom Gesetzgeber erteilten Auslegungshinweises, so wird deutlich, dass mit den Mitteln herkömmlicher Auslegungstechnik eine umfassende, sachgerechte Lösung für alle denkbaren Einzelfälle nicht zu erreichen ist. Der Senat sieht deshalb davon ab, im vorliegenden Fall über die Beantwortung der präzisierten, dem konkreten Sachverhalt angepassten Rechtsfrage hinaus den Versuch zu unternehmen, das Tatbestandsmerkmal „anderes gefährliches Werkzeug" im Sinne des § 244 Abs. 1 Nr. 1 Buchst. a StGB allgemeingültig zu definieren.

4. Dies vorausgesetzt gilt: **25**

a. Den in Rechtsprechung und Literatur vertretenen Auffassungen, die bei der **26** Bestimmung des Begriffs des anderen gefährlichen Werkzeugs auf eingrenzende subjektive Kriterien wie eine – gegebenenfalls generelle – Verwendungsabsicht, einen „Verwendungsvorbehalt" oder einen „Widmungsakt" des Täters abstellen, vermag der Senat nicht zu folgen; an seinem Hinweis in der Entscheidung NStZ 1999, S. 301, 302 hält er nicht fest.

aa. Die genannten Ansichten lassen sich bereits nicht mit dem Wortlaut des Ge- **27** setzes in Einklang bringen. § 244 Abs. 1 Nr. 1 Buchst. a StGB enthält nach seiner insoweit sprachlich klaren und eindeutigen Fassung – im Gegensatz zu § 244 Abs. 1 Nr. 1 Buchst. b StGB – gerade kein über den Vorsatz bezüglich der objektiven Tatbestandsmerkmale hinausgehendes, wie auch immer im Einzelnen zu definierendes subjektives Element. Insbesondere das Erfordernis einer auf den Einsatz des gefährlichen Werkzeugs als Nötigungsmittel gegen Personen gerichtete Absicht, sei sie generell gefasst oder auf den konkreten Diebstahl bezogen, lässt sich der Norm nicht entnehmen.

Eine derartige Gebrauchsabsicht kann auch nicht in die Tathandlung des § 244 **28** Abs. 1 Nr. 1 Buchst. a StGB hineininterpretiert werden; denn der Täter führt ein anderes gefährliches Werkzeug bei sich, wenn er es bewusst in der Weise bei sich hat, dass er sich seiner jederzeit bedienen kann. Ein darüber hinausgehender Wille, den Gegenstand gegebenenfalls gegen Personen einzusetzen, ist nicht notwendig (vgl. BGHSt 43, 8, 10; BGHR BtMG § 30 a Abs. 2 Mitsichführen 2 jeweils für Fälle des Mitsichführens im Sinne des § 30 a Abs. 2 Nr. 2 BtMG).

bb. Dieses aus dem Wortlaut der Norm folgende Ergebnis wird durch systemati- **29** sche und teleologische Gesichtspunkte bestätigt: Die Absicht, das Werkzeug gegen Personen einzusetzen, wird nur von § 244 Abs. 1 Nr. 1 Buchst. b StGB gefordert, dessen Tatbestand verlangt, dass der Täter ein sonstiges Werkzeug oder Mittel bei sich führt, um es zu Nötigungszwecken zu verwenden. Diese Vorschrift ist vom Gesetzgeber als Auffangtatbestand konzipiert worden, unter den das Beisichführen von Gegenständen zu subsumieren ist, von denen zwar objektiv an sich keine Leibesgefahr ausgeht, die aber zur Verhinderung oder Überwindung des Widerstands einer anderen Person durch Gewalt oder der Drohung mit Gewalt eingesetzt werden sollen (vgl. Bericht des Rechtsausschusses, BTDrucks. 13/9064 S. 18). Tatmittel sind deshalb bei dieser Tatbestandsalternative grundsätzlich beliebige Gegenstände, ohne dass es auf deren objektive Gefährlichkeit ankommt; denn durch die beschriebene Verwendungsabsicht wird die Gefahr des Einsatzes auch solcher Gegenstände zu Zwecken der Gewaltanwendung oder Drohung konkretisiert (vgl. Fischer aaO Rdn. 7, 10) und damit die im Vergleich zum Grundtatbestand des Diebstahls (§ 242 StGB) höhere Strafdrohung gerechtfertigt.

30 Demgegenüber will der Gesetzgeber mit § 244 Abs. 1 Nr. 1 Buchst. a StGB Fallgestaltungen mit einer während der Begehung der Tat erhöhten, abstrakt-objektiven Gefährlichkeit erfassen, die sich bereits daraus ableitet, dass der Täter eine Waffe oder ein anderes gefährliches Werkzeug bei sich führt, weil in diesen Fällen die latente Gefahr des Einsatzes als Nötigungsmittel besteht (vgl. Fischer aaO Rdn. 7; Geppert Jura 1999, S. 599, 600). Dieser Gedanke galt bereits zu § 244 Abs. 1 Nr. 1 StGB aF für den Dieb, der bei der Tat eine Schusswaffe mit sich führte (vgl. Ruß in LK 12. Aufl. § 244 Rdn. 3), und ist vom Gesetzgeber durch die Neuregelung im Sechsten Gesetz zur Reform des Strafrechts nicht aufgegeben worden; vielmehr ist die tatbestandliche Erweiterung auf andere gefährliche Werkzeuge nach der Intention des Gesetzgebers im Hinblick auf Ungereimtheiten vorgenommen worden, die auftreten könnten, wenn Schusswaffen und andere, ebenso bzw. ähnlich gefährliche Gegenstände nicht gleich behandelt würden (vgl. Bericht des Rechtsausschusses, BTDrucks. 13/9064 S. 18).

31 Der Differenzierung bezüglich der subjektiven Voraussetzungen der jeweiligen Tatbestandsalternative des § 244 Abs. 1 Nr. 1 StGB liegt somit die gesetzgeberische Absicht zu Grunde, das Beisichführen von Werkzeugen, die im Falle ihres Einsatzes gegen Personen aufgrund ihrer Beschaffenheit objektiv die Eignung besitzen, schwere Verletzungen herbeizuführen, wegen der latenten Gefahr des Gebrauchs durch den Täter selbst ohne dessen Verwendungs-Absicht oder -vorbehalt mit erhöhter Strafe zu bedrohen. Dieser Konzeption des Gesetzes liefe es zuwider, wollte man in den Fällen des § 244 Abs. 1 Nr. 1 Buchst. a StGB zur Bestimmung des anderen gefährlichen Werkzeugs auf ein zusätzliches subjektives Element abstellen (vgl. BGH NStZ-RR 2002, S. 265, 266; NStZ 2002, S. 594, 595).

32 b. Bei der Bestimmung des Tatbestandsmerkmals „anderes gefährliches Werkzeug" im Sinne des § 244 Abs. 1 Nr. 1 Buchst. a StGB muss somit allein auf objektive Kriterien zurückgegriffen werden. Dabei ist indes nicht zu verkennen, dass gegen diesen Ansatz und die in seinem Rahmen vertretenen einzelnen Auffassungen durchaus gewichtige Argumente vorgebracht werden können. So kann etwa die Bestimmung eines anderen gefährlichen Werkzeugs nach rein objektiven Kriterien in Anbetracht der zahlreichen in Betracht kommenden Gegenstände zu einer schwer kalkulierbaren Einzelfallkasuistik führen, bei der zudem die Gefahr von widersprüchlichen Entscheidungen offenkundig ist. Hinzu kommt, dass im Einzelfall schwierige Abgrenzungsfragen vor allem zu sonstigen Werkzeugen oder Mitteln im Sinne des § 244 Abs. 1 Nr. 1 Buchst. b StGB, aber auch etwa zum Diebstahl in einem besonders schweren Fall (§ 243 Abs. 1 Satz 2 Nr. 1 StGB) oder zum Wohnungseinbruchsdiebstahl (§ 244 Abs. 1 Nr. 3 StGB) im Hinblick auf die hierzu regelmäßig verwendeten Einbruchswerkzeuge aufgeworfen werden können. Jedoch lassen aus den dargelegten Gründen sowohl der Wortlaut als auch Sinn und Zweck des Gesetzes keinen Raum für ein zusätzliches subjektives Element zur Eingrenzung des Tatbestandsmerkmals „anderes gefährliches Werkzeug" im Sinne des § 244 Abs. 1 Nr. 1 Buchst. a StGB. Die sich hieraus ergebenden Misslichkeiten sind gegebenenfalls durch eine adäquate Neufassung des Gesetzes zu beseitigen. Bis zu einer derartigen gesetzlichen Neuregelung wird es indes für besondere Sachverhaltsvarianten – soweit nach den anerkannten Auslegungskriterien möglich – weiterer Präzisierungen des Tatbestandes durch die Rechtsprechung bedürfen.

Für die hiesige Sachverhaltsgestaltung sind die Voraussetzungen eines anderen **33** gefährlichen Werkzeugs im Sinne des § 244 Abs. 1 Nr. 1 Buchst. a StGB jedenfalls zu bejahen. Hierfür sind folgende Überlegungen maßgebend:

Messer, die nicht ohnehin als Angriffs- oder Verteidigungsmittel konstruiert sind **34** und wie etwa Spring-, Fall-, Faust- oder Faltmesser zu den Waffen im technischen Sinne gehören, erfüllen nach ständiger Rechtsprechung, von der abzuweichen kein Anlass besteht, regelmäßig die Voraussetzungen eines anderen gefährlichen Werkzeugs im Sinne des § 244 Abs. 1 Nr. 1 Buchst. a StGB (vgl. BGH NStZ 1999, S. 136; NStZ-RR 2001, 41; BGHR StGB § 250 Abs. 2 Nr. 1 Verwenden 1; BGH NStZ-RR 2006, S. 12, 13 für den Fall eines Klappmessers). Die von ihnen ausgehende hohe abstrakte Gefahr, die Grund für die Strafschärfung durch den Qualifikationstatbestand des § 244 Abs. 1 Nr. 1 Buchst. a StGB ist, ist evident und kommt derjenigen von Waffen im technischen Sinne zumindest nahe.

Dies gilt in vergleichbarer Weise für Taschenmesser mit einer längeren Klin- **35** ge (zuletzt jeweils offen gelassen, weil nicht entscheidungserheblich in BGH StV 2002, S. 191 für § 177 Abs. 3 Nr. 1 StGB; NStZ-RR 2003, S. 12; 2005, S. 340). Auch diese sind objektiv zum Schneiden und Stechen bestimmt und nach ihrer Beschaffenheit hierzu geeignet. Von einem sonstigen Messer unterscheiden sie sich im Wesentlichen lediglich dadurch, dass die Klinge von Hand ausgeklappt werden muss. Dieser Umstand nimmt, worauf der Generalbundesanwalt zu Recht hinweist, einem Taschenmesser aber nicht seine objektive Gefährlichkeit. Ein solches Messer kann wie jedes andere jederzeit gegen Personen gebraucht werden und im Falle seines Einsatzes dem Opfer erhebliche, unter Umständen sogar tödliche Verletzungen zufügen. Die latente Gefahr, die von einem derartigen, von dem Dieb bei der Tat bei sich geführten Taschenmesser ausgeht, ist deshalb nicht in einem Umfang geringer als diejenige von sonstigen Messern mit einer vergleichbar langen feststehenden Klinge, dass nach dem Zweck der Norm eine unterschiedliche Bewertung gerechtfertigt wäre.

Paragraphenverzeichnis

BefBezG
§ 6, 117

BGB
§ 90a, 43
§ 110, 3, 137 f.
§ 119, 120
§ 123, 120
§ 164, 7, 119 f.
§ 204, 84 ff.
§ 232, 71 f.
§ 242, 58
§ 286, 157
§ 288, 157
§ 305, 171 f.
§ 305b, 171 f.
§ 306a, 171 f.
§ 307, 171 f.
§ 308, 78 f.
§ 309, 78 f.
§ 311, 173
§ 312b, 155
§ 312g, 156 f.
§ 314, 173
§ 433, 153
§ 434, 124
§ 446, 123 Fn. 110
§ 459, 123
§ 492, 86 f., 158 f.
§ 493, 157 ff.
§ 640, 159
§ 641, 159
§ 823, 57, 70, 138, 226
§ 827, 153 f.
§ 828, 154
§ 829, 154
§ 830, 70, 154, 226

§ 832, 70, 116, 226
§ 836, 71, 226
§ 904, 155
§ 910, 155
§ 911, 50, 137
§ 912, 154
§ 1626, 126
§ 1923, 171

BNatSchG
§ 18, 118
§ 21, 117

BtMG
§ 1, 54
§ 1 ff., 39 f.
§ 3, 146 ff.
§ 4, 146 f.
§ 5, 114
§ 6, 152
§ 12, 148 f.
§ 13, 148 f.

BVerfGG
§ 31, 44 f.

EuMRK
Art. 6, 117

GG
Art. 1, 170 f.
Art. 8, 39
Art. 13, 130, 225
Art. 19, 170 f.
Art. 23, 118 f.
Art. 38, 170 f.
Art. 46, 61 Fn. 33

O. Lagodny, *Gesetzestexte suchen, verstehen und in der Klausur anwenden,* Tutorium Jura,   243
DOI 10.1007/978-3-642-31244-1, © Springer-Verlag Berlin Heidelberg 2012

Art. 47, 225
Art. 55, 3
Art. 79, 170
Art. 80, 54, 225
Art. 103, 50

GVG
§ 121, 46
§ 130, 45
§ 132, 45

SDÜ
Art. 41, 6 f.

StGB
§ 1, 32, 49, 63, 94, 125, 163
§ 3, 57, 83, 175, 177
§ 5, 175 f.
§ 6, 176
§ 7, 83, 177 f.
§ 9, 83, 177
§ 11, 8 ff., 53, 110
§ 13, 124 f., 140, 174 f.
§ 15, 31 f., 115 f.
§ 16, 104, 126 f., 140
§ 17, 127 f., 140, 163
§ 18, 117 f.
§ 19, 127
§ 20, 127 f., 163, 165
§ 22, 66, 198 ff.
§ 23, 67
§ 24, 5, 64 f., 140
§ 25, 192
§ 26, 67, 90, 192
§ 27, 192
§ 30, 66 f.
§ 31, 83
§ 32, 32, 51, 59 f., 117, 163 f.
§ 33, 140
§ 34, 57, 61
§ 35, 61, 117
§ 38, 3, 30 f.
§ 39, 30 f.
§ 40, 57 f.
§ 42, 58
§ 44, 160 ff.
§ 47, 109
§ 57, 85
§ 63, 165 f.
§ 66, 84 f.
§ 68b, 84 f.
§ 68c, 96
§ 69, 160 ff.
§ 69a, 161

§ 70, 7, 55, 93 ff.
§ 70b, 87
§ 78, 35
§ 79, 35
§ 81, 103
§ 87, 53
§ 88, 130 f.
§ 89, 106
§ 93, 140 f.
§ 97b, 141
§ 100a, 89
§ 102, 75 f.
§ 105, 113
§ 109g, 132
§ 111, 90 f.
§ 113, 114
§ 114, 141
§ 123, 120, 132
§ 125, 105 f.
§ 126, 90 f.
§ 129, 101
§ 129a, 96 ff., 101 f.
§ 130, 132 f
§ 130a, 90 ff.
§ 131, 102
§ 133, 72 f.
§ 138, 74 f.
§ 139, 143
§ 140, 91 f.
§ 145d, 53
§ 148, 106
§ 149, 103
§ 153, 63 ff., 99
§ 157, 141
§ 164, 106
§ 174c, 95 f., 228 f.
§ 177, 113
§ 184, 76 f.
§ 185, 100
§ 190, 141
§ 193, 140
§ 194, 144 f.
§ 203, 76 f.
§ 212, 28, 42, 48, 50, 65, 99 f., 129, 174 f.,
        184 f., 197 ff.
§ 218, 48, 50
§ 218a, 7, 142 f.
§ 219, 141 f.
§ 219a, 139
§ 222, 42, 59, 197 ff.
§ 223, 31, 42 f., 65, 99 ff., 116, 124 f., 126,
        128, 159 f.
§ 224, 109
§ 225, 82

§ 226, 80 f., 115 f.
§ 228, 142
§ 230, 160
§ 231, 102
§ 232, 92
§ 233, 92
§ 238, 81 f.
§ 240, 64 f., 111 f.
§ 242, 49, 58, 104, 122 f., 129, 167, 190, 196 f.
§ 243, 110 f.
§ 244, 45 ff.
§ 246, 190
§ 248a, 142
§ 248b, 164
§ 248c, 49, 105, 167
§ 249, 30, 112
§ 253, 104, 112, 190
§ 255, 112
§ 259, 104
§ 261, 79 f., 129, 227 f.
§ 263, 68 f., 104, 107, 123, 190, 195
§ 264, 107 f.
§ 264a, 102.
§ 265, 68, 133
§ 265b, 123, 133
§ 266a, 108
§ 267, 67 ff., 105
§ 273, 106 f.
§ 283d, 134
§ 288, 103, 157, 167 f.
§ 289, 168 Fn. 158
§ 290, 168 Fn. 158
§ 291, 43 Fn. 3, 168
§ 292, 168 f.
§ 298, 169
§ 299, 169
§ 303, 31 f., 42 f., 56 f., 129 f., 174
§ 303a, 169 f.
§ 303b, 35, 169 f.
§ 314a, 144
§ 315, 87 ff.
§ 315a, 87 ff.
§ 315b, 87 ff.

§ 315c, 87 ff.
§ 316, 99, 123, 125 f., 129 f., 134
§ 316c, 134 f.
§ 318, 82
§ 323c, 125 Fn. 114, 174
§ 324a, 135
§ 329, 162
§ 331, 92 f., 169
§ 332, 92 f., 169
§ 333, 92 f., 169
§ 334, 92 f., 169
§ 343, 135 f.
§ 344, 135 f.

öStGB
§ 3, 60, 164
§ 4, 3 Fn. 7, 44 Fn. 4, 166 Fn. 152
§ 5, 104 Fn. 69, 126
§ 7, 116 Fn. 95
§ 165, 227 f.
§ 222, 43 Fn. 2

StVG
§ 2, 161 ff.
§ 21, 162

TierschutzG
§ 17, 42

VersammlG
§ 1 ff., 38 f.
§ 1, 150 f.
§ 5, 136, 151
§ 6, 120
§ 14, 151
§ 15, 151 f.
§ 16, 57, 152
§ 17, 152
§ 17a, 23 f.
§ 18, 152
§ 21, 152
§ 26, 136
§ 27, 24 f., 108 f.